KURT WOLFF STIFTUNG

DIE STIFTUNG

Die Kurt Wolff Stiftung zur Förderung einer vielfältigen Verlags- und Literaturszene wurde im Oktober 2000 von unabhängigen Verlegerinnen und Verlegern sowie vom damaligen Kulturstaatsminister Michael Naumann gegründet. Der Name der Stiftung erinnert an den bedeutenden Verleger des deutschen Expressionismus, der von 1887 bis 1963 lebte und mit dem Kurt Wolff Verlag unter anderem in Leipzig wirkte. Die Stiftung wurde im Dezember 2000 als gemeinnützig anerkannt und eingetragen. Im Januar des folgenden Jahres konnte sie ihre Arbeit aufnehmen. Seit März 2002 hat die Kurt Wolff Stiftung ihren Sitz im Haus des Buches in Leipzig.

ZIELE DER STIFTUNG

Die Kurt Wolff Stiftung versteht sich als Interessenvertretung unabhängiger deutscher Verlage. Die Zusammenarbeit mit anderen kulturellen Einrichtungen im In- und Ausland, vor allem aus dem Verlagswesen, dem Buchhandel, dem Bibliothekswesen und der Presse sowie mit Autorinnen und Autoren und anderen Kulturschaffenden ist wesentlicher Bestandteil der Arbeit der Stiftung. Dabei werden Netzwerke geknüpft, internationale Kontakte hergestellt und Analysen, Konzepte, Empfehlungen sowie politische Forderungen im Verlagsbereich erarbeitet. Auf den Buchmessen in Frankfurt und Leipzig finden regelmäßig Diskussionsrunden unabhängiger Verlegerinnen und Verleger unter der Leitung der Stiftung statt. Auf der Leipziger Buchmesse wird jährlich, vom Kuratorium der Kurt Wolff Stiftung ausgewählt, der Kurt-Wolff-Preis für das Lebenswerk, für das Gesamtschaffen oder das vorbildhafte Verlagsprogramm eines deutschen oder in Deutschland ansässigen unabhängigen Verlages vergeben. Außerdem wird einem weiteren Verlag der Förderpreis der Kurt Wolff Stiftung für ein herausragendes Einzelprojekt zuerkannt.

DER VORSTAND

Daniel Beskos	mairisch Verlag
Sarah Käsmayr	MaroVerlag
Dr. Katharina E. Meyer (Vorsitzende)	Merlin Verlag

DAS KURATORIUM

Dr. Ulrich von Bülow	Leiter der Abteilung Archiv Deutsches Literaturarchiv Marbach
Dr. Mara Delius	Herausgeberin ›Literarische Welt‹
Matthies van Eendenburg	Rechtsanwalt
Nadine Meyer	Deutsche Akademie für Sprache und Dichtung
Annegret Schult	Buchhändlerin (Vorsitzende)
Nina Wehner	Buchhändlerin
Dr. Korinna Weichbrodt	Vertreterin der Beauftragten der Bundesregierung für Kultur und Medien
Dr. Erdmut Wizisla	Leiter Walter Benjamin Archiv der Akademie der Künste

PRESSESTIMMEN

Mindestens so wichtig wie Fortüne aber ist die verlegerische Grundhaltung: ›Am Anfang war das Wort und nicht die Zahl.‹ Dieser Satz Kurt Wolffs hallt nach. (Frankfurter Allgemeine Zeitung)

Dabei wäre es um die deutsche Literatur, damit um die Verlegerei und damit um den Buchhandel viel schlechter bestellt, wenn es die nicht zu Unrecht als ›Trüffelschweine‹ bezeichneten Verlage nicht gäbe. Wem sonst sollten denn die Größeren und Großen die guten Autoren abkaufen? (Stuttgarter Zeitung)

Wesentliches Ziel der Stiftung: Den unabhängigen Verlagen in der Öffentlichkeit und auf dem Buchmarkt – so z. B. im Dialog mit dem Börsenverein oder den Barsortimenten – eine Stimme zu verleihen. (Buchjournal)

Schnell wird klar: Ohne die unabhängigen Verlage würde jedem etwas fehlen, nicht nur im ideellen Sinn, sondern auch in der Kasse. (Schweizer Buchhandel)

... Abschließend nochmals Merci Bien und ein Lob: Ihre Publikation ist wunderbar und für einen Gernevielleser sehr ergiebig, animierend. (Leserzuschrift)

DER PREIS

Jährlich werden der Kurt-Wolff-Preis in Höhe von 35.000 Euro und der Kurt-Wolff-Förderpreis in Höhe von 15.000 Euro auf der Leipziger Buchmesse im Forum ›Die Unabhängigen‹ vergeben.

DIE PREISTRÄGER*INNEN

Die angesehenste deutsche Verlagsauszeichnung (Andreas Platthaus, FAZ)

KURT-WOLFF-PREIS	KURT-WOLFF-FÖRDERPREIS	JAHR
Theater der Zeit, Berlin	Edition A · B · Fischer, Berlin	2025
AvivA Verlag, Berlin	mikrotext, Berlin	2024
Alexander Verlag Berlin	Elif Verlag, Nettetal	2023
Antje Kunstmann, München	poetenladen Verlag, Leipzig	2022
Verlag Ulrich Keicher, Warmbronn	Edition Converso, Bad Herrenalb	2021
Arco Verlag, Wuppertal	Hentrich & Hentrich Verlag, Berlin / Leipzig	2020
Andreas J. Meyer (Merlin Verlag, Gifkendorf)	edition.fotoTAPETA, Berlin	2019
Elfenbein Verlag, Berlin	Edition Rugerup, Berlin	2018
Schöffling & Co., Frankfurt am Main	Guggolz Verlag, Berlin	2017
Ch. Links Verlag, Berlin	Verlag Vorwerk 8, Berlin	2016
Berenberg Verlag, Berlin	Connewitzer Verlagsbuchhandlung, Leipzig	2015
Verbrecher Verlag, Berlin	mairisch Verlag, Hamburg	2014
Wallstein Verlag, Göttingen	binooki Verlag, Berlin	2013
Verlag Das Wunderhorn, Heidelberg	BELLA triste, Hildesheim	2012
:Transit Buchverlag, Berlin	Lilienfeld Verlag, Düsseldorf	2011
Klaus Wagenbach, Berlin	Verlag Voland & Quist, Dresden	2010
Peter Hammer Verlag, Wuppertal	Wehrhahn Verlag, Hannover	2009
Matthes & Seitz Berlin	Verlag Ulrich Keicher, Warmbronn	2008
Stroemfeld Verlag, Frankfurt am Main	Urs Engeler Editor, Weil am Rhein	2007
Friedenauer Presse, Berlin	kookbooks, Idstein / Berlin	2006
Weidle Verlag, Bonn	Lehmstedt Verlag, Leipzig	2005
Edition Nautilus, Hamburg	supposé, Köln	2004
Verlag Neue Kritik, Frankfurt am Main	Verlag Brinkmann & Bose, Berlin	2003
MaroVerlag, Augsburg	P. Kirchheim Verlag, München	2002
Merve Verlag, Berlin	Literaturzeitschrift ›Schreibheft‹, Essen	2001

Für die Ortsangabe ist das Jahr der Preisverleihung maßgeblich.
Bis einschließlich 2019 betrug das Preisgeld 26.000 bzw. 5.000 Euro.

INHALT

EDITORIAL

LIEBE LESERINNEN UND LESER, LIEBE BUCHHÄNDLERINNEN UND BUCHHÄNDLER!

Weltweit sind demokratische Gesellschaften herausgefordert. Bildung, Meinungsvielfalt, Diskussion und kultureller Austausch sind Stützpfeiler der Demokratie. Bibliodiversität, also die Vielfalt der Buchkultur, Literatur und Kunst beleben und stärken offene und vielfältige Gesellschaften. Deshalb sind Verlage systemrelevant.

In den 1990ern erkannten kluge Verlegerinnen und Verleger, dass die strukturellen Veränderungen in der Buchbranche und ein von zunehmender Technologisierung beschleunigter gesellschaftlicher Wandel die Institution einer eigenen starken Stimme für die Interessen der unabhängigen Verlage erforderten. Sie gründeten mit Unterstützung des ersten Kulturstaatsministers Michael Naumann im Jahr 2000 die Kurt Wolff Stiftung, deren 25-jähriges Bestehen wir nun feiern.

Seither setzt sich die Stiftung als Interessenvertretung der unabhängigen Verlage in Deutschland und im internationalen Austausch weltweit für eine vielfältige Verlags- und Literaturszene ein. Die jährlich vergebenen, prestigeträchtigen Kurt-Wolff-Preise und der Katalog ›Es geht um das Buch‹ sorgen für die Sichtbarkeit unabhängigen Buchverlegens.

In einer Welt, in der die sozialen Medien und das Internet zunehmend von Algorithmen und KI geprägt sind, laden Bücher ein zur differenzierten und reflektierten Auseinandersetzung mit Themen und kontroversen Meinungen. Bücher entführen in fremde Welten, ermöglichen das Begreifen unbekannter Sachverhalte, sorgen für Unterhaltung und Spannung. Immer wieder überrascht die Bücherwelt in ihrer unerschöpflichen Genre-Vielfalt – von Prosa über Essay, Lyrik, Krimi, Theaterstück, Graphic Novel bis zu Sach- und Kinderbuch – mit kreativen Ideen, Inhalten und Formaten.

Die unabhängigen Verlage tragen mit ihren Programmen abseits des Mainstreams besonders zur Bibliodiversität bei. Doch sie sind in den vergangenen Jahren infolge von Konzentrationsprozessen, verändertem Medienkonsum und kurzfristigen Entwicklungen (Pandemie, Inflation, Krieg) zunehmend in ihrer Existenz bedroht. Daher setzt sich die Kurt Wolff Stiftung seit Langem für die Einführung einer strukturellen Verlagsförderung ein. Wir begrüßen sehr, dass die aktuelle Bundesregierung vorhat, dies zu prüfen.

Dem Freundeskreis der Kurt Wolff Stiftung gehören aktuell 148 Verlage an, von denen 121 ihre diesjährige Arbeit im vorliegenden 20. Katalog vorstellen. Wir danken Jakob Kirch herzlich für die einzigartige Gestaltung dieses Katalogs, insbesondere für die Bildstrecke, die im 25. Jahr des Bestehens ausnahmsweise der Stiftungsarbeit gewidmet ist. Herrn Kulturstaatsminister Wolfram Weimer danken wir für die finanzielle Förderung der Stiftungsarbeit, die diesen Katalog ermöglicht.

Liebe Kolleginnen und Kollegen in Buchhandel, Bibliotheken und Literaturinstituten, herzlichen Dank, dass Sie mit diesem Katalog arbeiten und ihn öffentlich auslegen. Mit Ihrem Engagement sorgen Sie für die Sichtbarkeit von Vielfalt.

Ihnen, liebe Leserinnen und Leser, danken wir für Ihre Offenheit und Neugier. Lesen Sie unabhängig – es lohnt sich!

Daniel Beskos, Sarah Käsmayr, Dr. Katharina E. Meyer (Vorsitzende)

Dieser Katalog kann aus Platzgründen nicht alle Verlage des Freundeskreises der Kurt Wolff Stiftung vorstellen. Die vollständige Liste findet sich unter: www.kurt-wolff-stiftung.de/freundeskreis

* Buchhandlungen können den Katalog über die Barsortimente Libri und Zeitfracht sowie die Verlagsauslieferungen GVA, LKG und Prolit beziehen, denen wir für die Unterstützung danken!

Eine aktuelle Liste der Verlage, Institutionen und Firmen, die uns unterstützen, finden Sie unter: www.kurt-wolff-stiftung.de/unterstuetzer

RÜCKEN

ES GEHT UM DAS BUCH
2006–2025

1	2006/07	Es geht um das Buch, 96 S., 38 Verlage
2	2007/08	Es geht um das Buch, 100 S., 41 Verlage
3	2008/09	Es geht um das Buch, 76 S., 55 Verlage
4	2009/10	Es geht um das Buch, 80 S., 57 Verlage
5	2010/11	Es geht um das Buch, 80 S., 61 Verlage
6	2011/12	Es geht um das Buch, 80 S., 65 Verlage
7	2012/13	Es geht um das Buch, 80 S., 65 Verlage
8	2013/14	Es geht um das Buch, 80 S., 65 Verlage
9	2014/15	Es geht um das Buch, 80 S., 65 Verlage
10	2015/16	Es geht um das Buch, 80 S., 65 Verlage
11	2016/17	Es geht um das Buch, 80 S., 65 Verlage
12	2017/18	Es geht um das Buch, 80 S., 65 Verlage
13	2018/19	Es geht um das Buch, 80 S., 65 Verlage
14	2019/20	Es geht um das Buch, 92 S., 77 Verlage
15	2020/21	Es geht um das Buch, 108 S., 89 Verlage
16	2021/22	Es geht um das Buch, 120 S., 101 Verlage
17	2022/23	Es geht um das Buch, 120 S., 101 Verlage
18	2023/24	Es geht um das Buch, 128 S., 109 Verlage
19	2024/25	Es geht um das Buch, 128 S., 109 Verlage
20	2025/26	Es geht um das Buch, 140 S., 121 Verlage

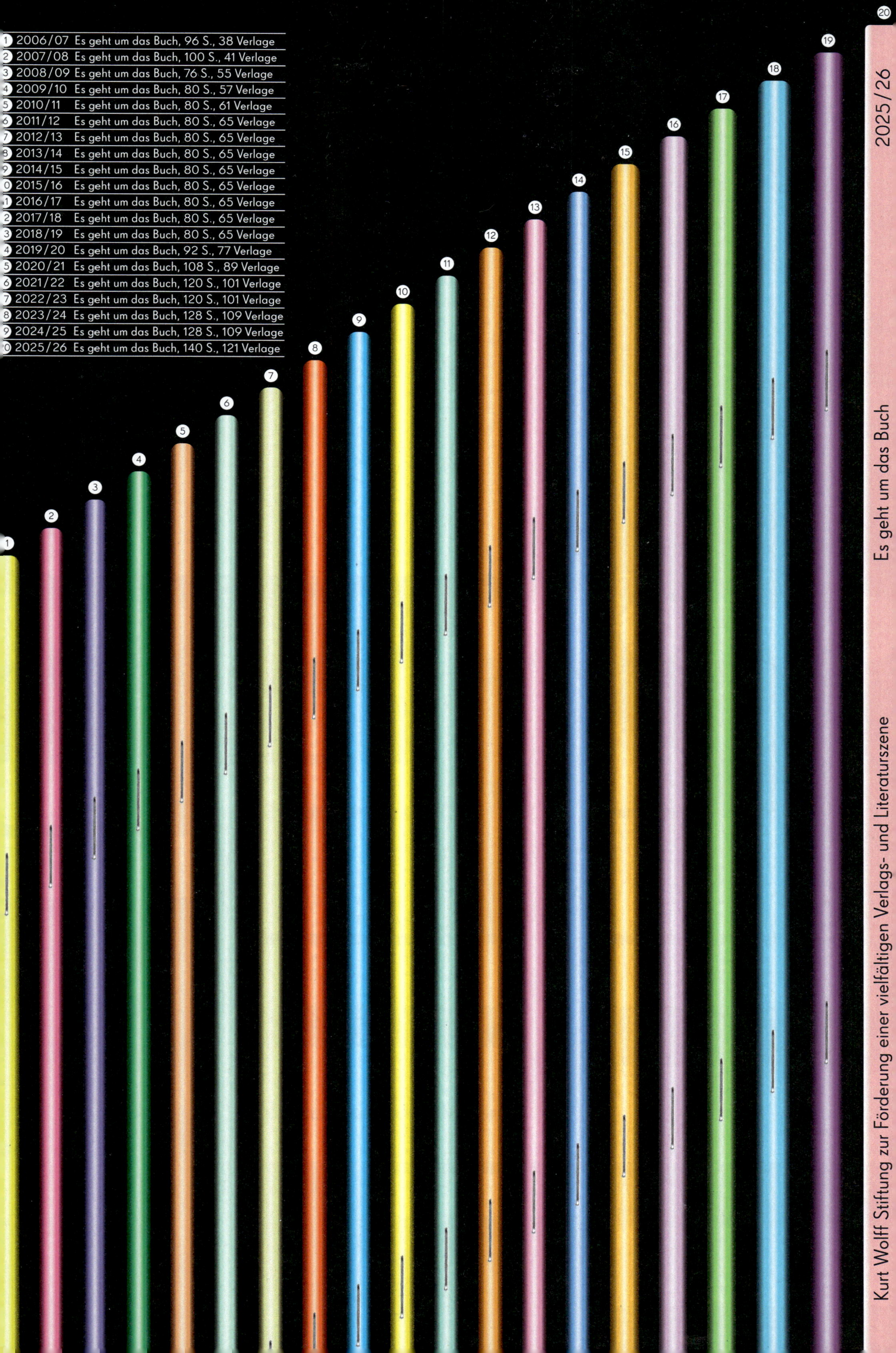

25 JAHRE KURT WOLFF STIFTUNG

EINFÜHRUNG

Im 25. Jahr des Bestehens der Stiftung und aus Anlass der Veröffentlichung der 20. Ausgabe dieser Publikation werfen wir einen Blick zurück. Auf den kommenden Bildstreckenseiten (6/7, 34/35, 60/61, 86/87, 112/113) zeigen wir ausgewählte Aktivitäten der Stiftung, Begegnungen auf den Buchmessen und bei Auszeichnungen, beispielhaft für das Stiftungsengagement für die Bibliodiversität: Zu sehen sind Bücher unabhängiger Verlage, besondere Momente und ausgewählte thematische Akzente, zudem einige Menschen, die sich, zumeist ehrenamtlich, in den letzten Jahren für unser Anliegen engagiert haben und dies bis heute tun. Das Erscheinungsbild der Stiftung ist maßgeblich durch die sich wandelnden Messeauftritte und die jährlichen Kataloge geprägt, von denen wir einen kleinen Eindruck vermitteln möchten. Ein wesentlicher Teil der Tätigkeit dieser Stiftung kann hier indes nicht gezeigt werden: Als Interessenvertretung unabhängiger Verlage treten wir seit unserer Gründung für deren Belange ein, knüpfen Netzwerke, beklagen öffentlich Missstände, fordern Unterstützung ein und erinnern an den Wert dieser Verlage für die kulturelle Bildung sowie im Bereich der Demokratieförderung. Neben Journalistinnen und Journalisten sprechen wir mit Kulturpolitikerinnen und Kulturpolitikern. Eine zentrale Forderung, nämlich jene nach einer strukturellen Verlagsförderung, ist indes weiter in Prüfung – mit ungewissem Ausgang.

WIE DIE KURT WOLFF STIFTUNG ENTSTAND

Von Manfred Metzner
(Gründungsmitglied und 1. Stiftungs-Vorsitzender von 2000–2010)

Nach der Wunderhorn-Verlagsgründung 1978 war ich immer darauf bedacht, Sorgen und Nöte der unabhängigen Verlage Kultur-PolitikerInnen und VerlegerInnen zu vermitteln. Viel Zeit verbrachte ich in den 1980er Jahren in der Hamburger Literaturszene (Buchhandlung Welt, Hilka Nordhausen, Michael Kellner, Delf Schmidt / Rowohlt u. a.). In dieser Zeit lernte ich auch Michael Naumann kennen, der seit 1985 Rowohlt-Geschäftsführer war. Am 2. Februar 1999 wurde er der erste Kulturstaatsminister. Er kam aus New York zurück, wo er den Verlag Henry Holt geleitet hatte. Auf der Leipziger Buchmesse trafen wir uns im März 1999 und ich sprach ihn an, was wir für die unabhängigen Verlage tun könnten, denen es allesamt nicht besonders gut ging. Er fand die Idee, sich für die unabhängigen Verlage einzusetzen, sehr gut. Sofort lud er mich nach Bonn (er war noch im alten Kanzleramt angesiedelt) ein und wir tauschten uns aus, wie wir vorgehen sollten. Aus diesen Gesprächen heraus entwickelte sich die Idee zu einer größeren Gesprächsrunde und er bat mich, weitere VerlegerInnen dazu einzuladen (u. a. Neue Kritik, Friedenauer Presse, Klostermann, Kunstmann, Wagenbach, Transit, Wallstein, Ebersbach, zu Klampen). Das BKM, das beim Kanzleramt angesiedelt ist, war damals in der Stresemannstraße 6 in Berlin untergebracht, bevor es dann in das neue Kanzleramt umzog. Unsere Sitzungen fanden dort regelmäßig statt und so kam es, dass wir die Gründung einer gemeinnützigen Stiftung beschlossen. Wir bekamen von den Erben des Verlegers Kurt Wolff (der für uns alle als Verleger ein großes Vorbild war und ist) die Zustimmung, unsere Stiftung ›Kurt Wolff Stiftung zur Förderung einer vielfältigen Verlags-und Literaturszene‹ nennen zu dürfen. Wir beschlossen auch, dass es ab 2001 den Kurt-Wolff-Preis und -Förderpreis geben soll.
Auf der Buchmesse in Frankfurt traf sich unsere Arbeitsgruppe am 17. Oktober 2000 und gründete die Stiftung, die dann, nachdem sie im Dezember 2000 eingetragen und als gemeinnützig anerkannt war, im Januar 2001 ihre Arbeit aufnahm. Die Folgen sind bekannt!

2000

17. Oktober: Gründung in Frankfurt a. M. am Rand der Buchmesse. Erster Vorstand: Brigitte Ebersbach, Manfred Metzner (Vorsitzender), Klaus Wagenbach

2001

26. Januar: Katharina Wagenbach-Wolff wird zur ersten Vorsitzenden des Kuratoriums gewählt

22. März: erste Kurt-Wolff-Preisverleihung im Berliner Zimmer auf der Leipziger Buchmesse an den Merve Verlag (Hauptpreis: 50.000 DM) und an das Schreibheft (Förderpreisträger: 10.000 DM)

2002

18. März: Eröffnung der Geschäftsstelle im Leipziger ›Haus des Buches‹ – Bettina Baltschev ist die erste Mitarbeiterin

2003

Die Homepage der Stiftung geht online

2004

Erstmalig mit eigenem Messestand auf der Leipziger und der Frankfurter Buchmesse vertreten

Joachim Kersten wird Vorsitzender des Kuratoriums

2005

›Wir tanzen aus der Reihe‹ (Gruppen-event / Happy Hour unabhängiger Verlage, Frankfurter Buchmesse)

2006

Erste Ausgabe ›Es geht um das Buch‹ – Katalog der Kurt Wolff Stiftung mit 38 teilnehmenden Verlagen, Präsentation auf der Frankfurter Buchmesse

Start ›Leseinsel der unabhängigen Verlage‹ auf der Frankfurter Buchmesse mit jährlich ca. 70 Veranstaltungen

2007

Kerstin Wangemann übernimmt die Geschäftsstelle

2008

Beginn der Kooperation mit den ›Schulen des Deutschen Buchhandels‹

2009

2010

10 Jahre KWS – Sommerfest Literaturhaus Berlin

Neuer Vorstand: Monika Bilstein, Dietrich zu Klampen und Stefan Weidle (Vorsitzender)

2011

2012

Das Wirken der Stiftung ist untrennbar mit einzelnen Personen verbunden. Neben den ehrenamtlichen Gremien (Kuratorium und Vorstand) ist die Geschäftsstelle wichtig für die Außenwirkung.

1. Annegret Schult (Kuratoriumsvorsitz seit 2023), Joachim Kersten (Kuratoriumsvorsitz 2004–2023)
2. Bettina Baltschev (Geschäftsstelle 2002–2007), Kerstin Wangemann (Geschäftsstelle 2007–2014)
3. Karsten Dehler (Geschäftsstelle seit 2014)
4. Stefan Weidle, Dietrich zu Klampen, Monika Bilstein (Vorstand 2010–2015)
5. Sarah Käsmayr, Daniel Beskos, Katharina E. Meyer (Vorstand seit 2021)
6. Jörg Sundermeier, Britta Jürgs, Leif Greinus (Vorstand 2015–2021)
7. Manfred Metzner (Vorstandsvorsitzender 2000–2010)

2013 · 2014 · 2015 · 2016 · 2017 · 2018 · 2019 · 2020 · 2021 · 2022 · 2023 · 2024 · 2025

2014
- Karsten Dehler übernimmt die Geschäftsstelle

2015
- Erste Vergabe des Deutschen Buchhandlungspreises durch die Kulturstaatsministerin (initiiert durch die Kurt Wolff Stiftung)
- Neuer Vorstand: Leif Greinus, Britta Jürgs (Vorsitzende), Jörg Sundermeier
- Start Forum ›Die Unabhängigen‹ Leipzig in der Nachfolge des zuvor geschlossenen Berliner Zimmers. Jährlich ca. 50 Veranstaltungen, darunter Verleihung Kurt-Wolff-Preis

2019
- Erste Vergabe des Deutschen Verlagspreises durch die Kulturstaatsministerin (u. a. als Reaktion auf die Branchenforderungen nach einer Verlagsförderung)

2020
- Bedingt durch die Coronapandemie fällt die Leipziger Buchmesse erstmalig aus, die Kurt-Wolff-Preisverleihung ebenfalls. Die Preisträger werden ohne Veranstaltung geehrt
- Empfang 20 Jahre Kurt Wolff Stiftung in der Berliner Landesvertretung des Freistaates Sachsen

2021
- Dank einer Entscheidung von Kulturstaatsministerin Grütters wird die Dotierung des Kurt-Wolff-Preises erhöht (Hauptpreis 35.000 Euro / Förderpreis 15.000 Euro)
- Neuer Vorstand: Daniel Beskos, Sarah Käsmayr, Katharina E. Meyer (Vorsitzende)
- Erneute Absage der Leipziger Buchmesse. Die Kurt-Wolff-Preisträger werden in der Leipziger Kongresshalle geehrt

2022
- Start der Spendenaktion ›10000 ukrainische Bücher für geflüchtete Kinder‹

2023
- Annegret Schult wird Vorsitzende des Kuratoriums
- Erste ›Spätausgabe‹ vor Publikum im ausverkauften Westflügel Leipzig
- Plakat ›Wer bekommt was vom Buch‹

2025
- 25 Jahre Kurt Wolff Stiftung
- 20. Ausgabe des Kataloges mit 121 Verlagen

VERLAGE (A–Z)

ABKÜRZUNGEN

a. d.	aus dem / auf dem
Abb.	Abbildung / Abbildungen
amerik.	amerikanisch
arab.	Arabisch
armen.	armenisch
Aufl.	Auflage
Ausg.	Ausgabe
Bd. / Bde.	Band / Bände
belarus.	belarusisch
BR	Broschur
bosn.	bosnisch
bulg.	bulgarisch
bzw.	beziehungsweise
ca.	circa
chin.	chinesisch
d. h.	das heißt
dän.	dänisch
dt.	deutsch
e.	einem / einer
EA	Erstausgabe
engl.	englisch
erw.	erweitert
Erz.	erzählend
farb.	farbig
Farbschn.	Farbschnitt
FB	Fadenbindung
FH	Fadenheftung
finn.	finnisch
Fotogr.	Fotograf / Fotografin / Fotografie / Fotografien
frz.	französisch
geb.	gebunden / geboren
gel.	gelesen
georg.	georgisch
griech.	griechisch
HC	Hardcover
hebr.	hebräisch
Hg.	Herausgeber / Herausgeberin
hg.	herausgegeben
Hgg.	Herausgeber / Herausgeberinnen
HL	Halbleinen
i.	in / im
Illu.	Illustrator / Illustratorin / Illustration
illu.	illustriert
ind.	indischen
ir.	Irisch
isl.	isländisch
ital.	italienisch
J.	Jahre / Jahren
jap.	japanisch
kart.	kartoniert
Kass.	Kassette
kat.	katalanisch
KB	Klappenbroschur
kor.	koreanisch
kroat.	kroatisch
kurm.	Kurmancî
LB	Lesebändchen
lett.	lettisch
lim.	limitiert
lit.	litauisch
Ln.	Leinen
m.	mit
maz.	mazedonisch
montenegr.	montenegrinisch
Min.	Minute / Minuten
NA	Neuausgabe
Nachw.	Nachwort
ndl.	niederländisch
norw.	norwegisch
Nr.	Nummer
PB	Paperback
pers.	Persisch
phil.	philippinisch
poln.	polnisch
port.	portugiesisch
russ.	russisch
S.	Seiten
SC	Softcover
schwed.	schwedisch
serb.	serbisch
span.	spanisch
SU	Schutzumschlag
Subskr.	Subskription
s/w	schwarz-weiß
TB	Taschenbuch
tagalog.	tagalogisch
tigrin.	tigrinisch
türk.	türkisch
tw.	teilweise
u.	und
u. a.	unter anderem / unter anderen
ungek.	ungekürzt
u. v. a.	und viele/s andere
überarb.	überarbeitete
Übers.	Übersetzer / Übersetzerin / Übersetzung
übers.	übersetzt
ukr.	ukrainisch
ung.	ungarisch
v.	von
vierf.	vierfarbig
Vorw.	Vorwort
zahlr.	zahlreiche
zweispr.	zweisprachig

Website www.8gradverlag.de
E-Mail info@8gradverlag.de

Anschrift 8 grad verlag
Sonnhalde 73
79104 Freiburg im Breisgau

Telefon 0761 / 69 66 91 43

8 GRAD VERLAG

2021 Gründung
2022 1. Programm

Deutschlands Südwesten ist Kultur, Kunst, Landschaft, Natur und Genuss. Ideenreichtum und Erfindergeist machen die Menschen der Region aus – und ihre Geschichten. Der 8 grad verlag gibt diesen Geschichten eine Heimat. Geschichte, Literatur, Politik, Gesellschaft und Natur, thematische Vielfalt bestimmt das Verlagsprogramm, dabei immer im Blick: Land und Leute entlang des namensgebenden 8. Längengrades. So finden sich neben Klassikern auch fast vergessene oder noch unbekannte Stimmen, neben literarischen auch landeskundliche und kulturhistorische Titel, neben Reisebüchern auch Bücher zum Thema Genuss und Landschaft. Unabhängigkeit bedeutet für uns die Freiheit, uns auf die Bedürfnisse und Interessen unserer Leserinnen und Leser zu konzentrieren und eine breite Palette von Themen anzusprechen, für Menschen im Südwesten Deutschlands und darüber hinaus. Unabhängig, regional und weltoffen.

Lotte Paepcke
›Ein kleiner Händler, der mein Vater war‹
Roman,
120 S., geb.
978-3-910228-51-1
22,00 Euro

Die Schriftstellerin Lotte Paepcke schildert in dieser Neuausgabe ihres erstmals 1972 erschienenen Romans die Lebensgeschichte ihres Vaters Max Mayer (1873–1962). Der Lederhändler lebte mit seiner jüdischen Familie in der Freiburger Schusterstraße und engagierte sich zur Zeit der Weimarer Republik als Sozialdemokrat im Freiburger Stadtrat. ›Pflichterfüllt und opferbereit‹, so heißt es im Buch, zog er fürs deutsche Vaterland in den Ersten Weltkrieg und erlebte danach die Schrecken der Nazi-Herrschaft. Am 9. November 1938 wurde Max Mayer verhaftet und kam erst Wochen später wieder aus dem Konzentrationslager Dachau frei. In der Nacht vor Kriegsbeginn gelang Max Mayer mit seiner Frau Olga die Flucht in die USA. ›Nicht einfach nur eine Biografie, die man unbeteiligt liest, sondern eine Geschichte, die zur Auseinandersetzung reizt und ein enorm hohes Identifikationspotential besitzt. Das ist wirklich beeindruckend.‹ (Leander Berger, DLF)

Wolfgang Alber
›ALB‹
Literarischer Reisebericht,
208 S., geb.
978-3-910228-48-1
35,00 Euro

Die Schwäbische Alb steckt voller Geschichten. Der Autor Wolfgang Alber und die Fotografin Carolin Albers besuchen zwanzig der schönsten literarischen Schauplätze und vergleichen die historische Sichtweise mit der heutigen Perspektive. Sie folgen Friedrich Hölderlin zum Ulrichstein, erklimmen mit Gustav Schwab den Roßberg und steigen mit Wilhelm Hauff in die Nebelhöhle, streifen mit Amalie Zephyrine durch den Park von Inzigkofen und entdecken Spuren jüdischen Lebens in Buttenhausen. So entsteht im Vorübergehen eine schwäbische Literatur- und Geistesgeschichte. ›Weshalb sind so viele Geistesgrößen fleißige Spaziergänger und Wanderer? Es ist womöglich nicht nur die Entschleunigung, sondern daraus das Resultat, dass man die Landschaft genauer betrachten lernt und auch in sich schaut. Mit Wolfgang Albers Buch erwandert man sich Lebensfreude, innere Ruhe und große Gedanken, die nur beim gemeinsamen Wandern mit Dichtern und Denkern zu ernten sind.‹ (Vincent Klink)

Justinus Kerner
›Das Mädchen von Orlach‹
Eine Geistergeschichte,
88 S., farb. illu.
978-3-910228-57-3
24,00 Euro

Die Bauerntochter Magdalene Gronbach wird von Geistern heimgesucht. Eine weiße Frau und ein schwarzer Dämon ringen um die Seele des Mädchens, das immer heftigere Anfälle von Besessenheit zeigt. Die Eltern holen Ärzte und Pfarrer zu Hilfe, aber kein Mittel, kein Gebet scheint zu fruchten. Der Erzähler nimmt sich der Kranken an. Er verzeichnet eingehend die Symptome und ermahnt alle Beteiligten, Ruhe zu bewahren, denn der Schlüssel zur Heilung liege in den Befehlen der Geisterfrau ... Die Geschichte folgt einer wahren Begebenheit aus den Jahren 1831 bis 1833. Liebe, Tod und das Übernatürliche begegnen sich im Weltgefühl der Romantik. In der Neuausgabe bringt die Bildsprache Christian Sobecks den Text zum Leuchten. ›Die Geschichte des Mädchens von Orlach ist deshalb nicht allein von historischem Interesse, weil sie – in der Sprache und Begriffswelt der romantischen Medizin – das Syndrom der dissoziativen Identitätsstörung sehr eindrücklich beschreibt.‹ (Burkhard Peter, Hypnose)

Autor / Autorin	Titel (Spezifikationen)	ISBN	Preis in Euro
Blazon, Nina	Hans Christian Andersen (Biografische Skizze, 168 S., m. Abb.)	978-3-910228-55-9	24,00
Blazon, Nina	Stuttgarts verborgene Geschichten (Literarischer Reisebericht, 168 S., m. Abb.)	978-3-910228-44-3	24,00
Ellsässer, Dietlinde	Mach nur so weiter (Memoir, 168 S.)	978-3-910228-56-6	24,00
Fath, Andreas	Aus Liebe zum Wasser (Sachbuch, 208 S., m. Abb.)	978-3-910228-54-2	26,00
Hauff, Wilhelm	Das kalte Herz (Märchen, 26 Zickzackfalzbögen, m. Abb.)	978-3-910228-16-0	24,00
James, Henry	Vertrauen (Roman, 336 S., m. Abb.)	978-3-910228-21-4	28,00
Knoll, Rudi	Baden. Meine Weinheimat (Sachbuch, 208 S., m. Abb.)	978-3-910228-46-7	35,00
Moritz, Rainer	Heldinnen und Helden des Südwestens (Geschenkbuch, 240 S., m. Abb.)	978-3-910228-32-0	18,00
Rodoreda, Geoff	George Orwell in Stuttgart (Biografische Skizze, 168 S., m. Abb.)	978-3-910228-47-4	24,00
Steck, Susanne	Nichts als Tage (Roman, 240 S.)	978-3-910228-50-4	24,00
Tischer, Sarah	750 Meter Glück (Memoir, 312 S.)	978-3-910228-49-8	24,00

ADOCS VERLAG

Website www.adocs.de
E-Mail info@adocs.de

Anschrift adocs Produktion und Verlag gGmbH
Annenstraße 16
20359 Hamburg
Telefon 040 / 31 75 064

2011 Verlagsgründung
2023 Deutscher Verlagspreis
Verleger: Oliver Gemballa

adocs publiziert in den Feldern Architektur, Urbanismus und Designtheorie, visuelle Kultur und Sound, künstlerische Forschung und Literatur. Grundlage des verlegerischen Handelns ist eine produktive Gemengelage aus Forschung, Vernetzung, Publikation und Vermittlung. Die Publikationen verhandeln experimentelle Formen der Gestaltung, konzeptionelle Positionierungen und Praktiken des täglichen Gebrauchs. Das Spektrum der Arbeitsweisen lässt sich als dokumentarisch, subjektiv, theoriebildend, analytisch und erzählend beschreiben. Die Entwicklung und Formfindung der Publikationsprojekte findet in engagierter Zusammenarbeit zwischen Verlag und Autor*innen statt.

Transforming Solidarities (Hg.)
›Solidaritäten transformieren. Praktiken und Infrastrukturen in der Migrationsgesellschaft‹
336 S.
978-3-943253-86-3
26,00 Euro

Unsere Gegenwart ist geprägt von Umbrüchen, Krisen und Herausforderungen. Die globale Welle der Entsolidarisierung fordert alle auf, die Beziehungen zueinander neu zu gestalten. Aber welche Praktiken und Infrastrukturen sind dafür in der Migrationsgesellschaft notwendig? Das Forschungsprojekt ›Transforming Solidarities‹ hat seit 2021 in den Feldern Arbeit, Gesundheit und Wohnen zu dieser Frage geforscht. Im ›Labor der Migrationsgesellschaft‹ in Berlin wurde untersucht, wie Solidaritäten die notwendigen Antworten auf diese Herausforderungen liefern können. Und: wie diese ausgehandelt, ermöglicht oder verhindert werden. Dieser Band präsentiert theoretische Überlegungen zu Solidarität, Formen der Entsolidarisierung, Reflexionen methodischer und solidarischer Praktiken, Untersuchungen von Infrastrukturen der Solidarität sowie Anregungen, neue solidarische Praktiken zu entwickeln.

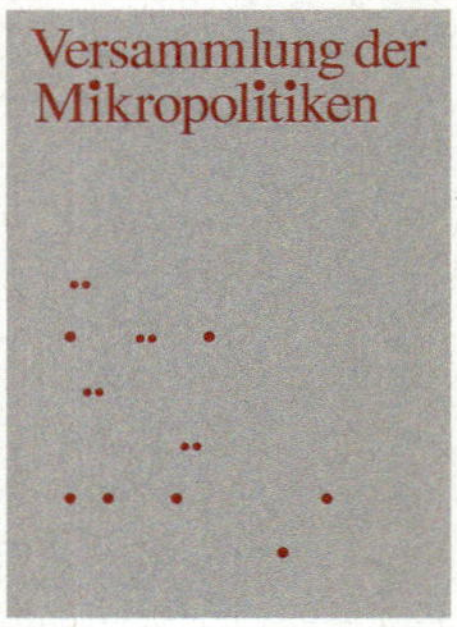

Kayoung Kim / Lisa Marie Zander / Marius Töpfer / Thies Warnke (Hgg.)
›Versammlung der Mikropolitiken‹
208 S.
978-3-943253-98-6
22,00 Euro

Solidarische Initiativen, selbstorganisierte Treffpunkte, künstlerische Interventionen, utopische Feste und soziale Architekturen sprießen aus den Löchern im Gefüge der Städte. Mikropolitische Praxen greifen Beziehungen, Bedarfe und Interessen vor Ort auf, schaffen soziale und räumliche Fakten und unterlaufen auf diese Weise eingefahrene politische Prozesse. Die Beitragenden dieses Buches berichten, sprechen und reflektieren darüber, was es heißt, gemeinsam die Stadt zu durchlöchern. So nimmt dieses Buch jene mikropolitischen Vorgehens- und Seinsweisen in den Blick, die vielerorts auf die Handlungsmacht alltäglicher Beziehungen setzen und damit die Stadt von ihren Rissen her radikal verändern. Mit Beiträgen von Kike España, Ingo Böttcher und Barbara Niklas, Petra Barz und Liz Rech, Jesko Fezer, Jeanne van Heeswijk, L'après M und Thies Warnke, Sandy Kaltenborn, Fran Edgerley und Aska Welford, Christoph Schäfer, Lisa Zander und Marius Töpfer.

Anna Ulmer / Markus Scholz (Fotos)
›Kunst gegen Kälte. Die »Mission« in Hamburg 1997–2022‹
240 S.
978-3-943253-99-3
24,00 Euro

›Kunst gegen Kälte‹ ist ein Streifzug durch verschiedene Perspektiven auf einen von wohnungslosen Personen selbstverwalteten Raum. Ausgangspunkt war eine einwöchige Intervention von Christoph Schlingensief im Jahr 1997: In einer ehemaligen Polizeiwache nahe des Hamburger Hauptbahnhofs entsteht der ›Prototyp einer neuen Bahnhofsmission‹. Was als künstlerische Inszenierung begann, entwickelte sich über 25 Jahre zu einer kollektiven Realität – mit Suppenküche, Kulturprogramm, Innenstadtaktionen, Vereinsgründung und selbstverwalteten Strukturen. Die ›Mission‹ war Bühne und Rückzugsort, Alltag und Ausnahme, zwischen Kunst und Verantwortung, Sichtbarkeit und Verdrängung, Einbindung und Widerstand. Die Fotografien von Markus Scholz begleiten die Publikation aus der Mitte des Geschehens und dokumentieren eine langjährige Beziehung zur Praxis und den Menschen vor Ort.

Autor / Autorin	Titel (Spezifikationen)	ISBN	Preis in Euro
Baldischwyler, Thomas	Doppelte Buchführung	978-3-943253-73-3	46,00
Bitter, Sabine / Weber, Helmut	Encounter Educational Modernism	978-3-943253-79-5	25,00
Cvijetić, Darko	Schindlers Lift (Roman)	978-3-943253-34-4	15,00
Farías, Ignacio / Marlow, Felix / Wall, Rebecca	Zaudern ums Gemeinwohl	978-3-943253-80-1	24,00
Funke, Hermann	Architekturkritiken 1962–2003	978-3-943253-57-3	26,00
Heindl, Gabu / Robnik, Drehli	Nonsolution. Zur Politik der aktiven Nichtlösung im Planen und Bauen	978-3-943253-82-5	18,00
Hildebrandt, Paula	Welcome City	978-3-943253-56-6	18,00
Köbberling, Folke	Wollbau. Wolle – eine unterschätzte Ressource	978-3-943253-75-7	28,00
Strack, L. / Hannemann, M. / Ronneberger, K. (Hgg.)	Baustelle Commune. Henri Lefebvre und die urbane Revolution von 1871	978-3-943253-61-0	24,00
Unterstab, Anna	Design intersektional unter die Lupe nehmen	978-3-943253-55-9	16,00

Website www.aisthesis.de
E-Mail info@aisthesis.de

Anschrift Aisthesis Verlag GmbH & Co. KG
Oberntorwall 21
33602 Bielefeld

Telefon 0521 / 17 26 04

1985 Gründung in Bielefeld durch Detlev Kopp u. Michael Vogt
Verlagsleiter u. Geschäftsführer: Prof. Dr. Detlev Kopp

AISTHESIS VERLAG

40 Jahre Aisthesis – ein Verlag, der Wahrnehmung schärft. ›Aisthesis‹ – das ist der Anspruch, die Wahrnehmung von Kunst und Wirklichkeit durch neue Einsichten, Entdeckungen und Perspektiven zu erweitern. Zum 40-jährigen Bestehen im September 2025 lässt sich sagen: Das ist gelungen. Aisthesis steht für kenntnisreiche Editionen (u. a. Georg Herwegh, Georg Lukács, Heinrich Mann, Max Herrmann-Neiße), für fundierte und innovative Wissenschaft (v. a. Komparatistik, Literatur- und Medienwissenschaft) sowie für ein Literaturprogramm mit veritablen Entdeckungen – unabhängig, anspruchsvoll und mit Leidenschaft gemacht.

Michael Kuderna
›Rudi Dutschke und der Bombenkoffer. Fake News aus der 68er-Revolte?‹
200 S., kart.
978-3-8498-2080-0
20,00 Euro

Studentenrevolte 1968: Rudi Dutschke, der charismatische Anführer des SDS, reist in Begleitung des Exil-Iraners Bahman Nirumand mit einer Bombe im Fluggepäck von Berlin nach Frankfurt. Von dort geht es mit dem Bombenkoffer weiter ins Saarland, wo Dutschke am Ende seiner Mission vom Liedermacher Franz Josef Degenhardt an einem Anschlag auf einen dortigen Rundfunkmast des US-amerikanischen Militärrundfunks (AFN) gehindert wird. Diese abenteuerliche Geschichte geistert seit Jahrzehnten durch die Presse sowie die Geschichtsschreibung zur 68er-Revolte und dient dabei immer wieder als Beleg für Dutschkes angebliche Gewaltbereitschaft. Der Clou: Niemand hat je untersucht, ob die Geschichte sich auch wirklich so zugetragen haben kann. Michael Kuderna ist dem jetzt in akribischen Recherchen nachgegangen und legt – ebenso überzeugend wie unterhaltsam erzählt – stichhaltige Argumente dafür vor, dass es sich bei der vielzitierten Story wohl um einen Fake handelt. Er liefert damit zudem ein prägnantes Beispiel für die Gefahren unkritischer Rezeption und fehlender Quellenkritik – für die Medien wie für die historische Forschung.

Olaf Briese
›Gesellschaft statt Staat. Sozialismus und Anarchismus vor und nach 1848. Band 1: Akteure, Konzepte, Begriffe‹
ca. 400 S., kart.
978-3-8498-2098-5
40,00 Euro

In die Forschungen zum deutschsprachigen Frühsozialismus ist Bewegung gekommen. Einerseits hat man es mit einem überraschend breiten Feld von Akteuren zu tun. Andererseits werden die anarchoiden und anarchistischen Dimensionen ihrer Entwürfe erkennbar. Diese wurden in der übermächtigen Fokussierung auf den Einzelautor Marx bislang übergangen. Im Mittelpunkt dieser sozialistischen wie anarchistischen Konzepte stand der Begriff ›Gesellschaft‹. Er fungierte als grundsätzliche Alternative zu Staat. Die beiden Bände dieser Studie, die unabhängig für sich gelesen werden können, aber auch zusammen als Tandem, rücken diese Alternative wieder ins Zentrum. In der hier vorliegenden Abhandlung wird anhand von ca. 15 sozialistischen Akteuren untersucht, auf welche Weise Gesellschaft als Krisen- und vor allem als Verheißungsbegriff galt.

Olaf Briese
›Gesellschaft statt Staat. Sozialismus und Anarchismus vor und nach 1848. Band 2: Die »Trier'sche Zeitung«‹
ca. 500 S., kart.
978-3-8498-2100-5
70,00 Euro

Der Nichtforschungsstand zur ›Trier'schen Zeitung‹, der ersten deutschsprachigen sozialistischen Tageszeitung (1843–1851), übertrifft alle Erwartungen. In der hier vorliegenden Abhandlung wird die ›Trier'sche Zeitung‹ analysiert. Zum einen geht es in thematischen Längsschnitten um die Rezeption Proudhons und die Polemiken gegen Marx' Staatskult. Zum anderen werden die Gesellschaftskonzepte von Korrespondenten wie etwa Grün, Weydemeyer und Pinoff untersucht. Dadurch wird deutlich, auf welche Weise Gesellschaft – und zwar jenseits von Staatlichkeit – für Krisen, aber vor allem für Verheißungen stand.

Autor / Autorin	Titel (Spezifikationen)	ISBN	Preis in Euro
Bruckmann, Florian u. a. (Hg.)	Geschichtenphilosophie von Wilhelm Schapp (165 S.)	978-3-8498-1997-2	26,00
Delabar, Walter (Hg.)	Aetherische Stimmen. JUNI. Mag. f. Literatur u. Kultur (320 S., Abb.)	978-3-8498-2092-3	38,00
Eke, Norbert Otto u. a. (Hg.)	Alltagskultur im Vormärz (277 S.)	978-3-8498-2075-6	45,00
Eke, Norbert Otto u. a. (Hg.)	Was im Gedicht geschieht: Jan Wagner (202 S.)	978-3-8498-2062-6	30,00
Jung, Werner u. a. (Hg.)	»Irgendwas mit Büchern«. Heinrich Bölls Perspektiven (290 S.)	978-3-8498-2088-6	38,00
Kiefer, Sebastian	Herzenseinfalt und Artistik. Joseph v. Eichendorffs Verskunst (727 S.)	978-3-8498-2090-9	68,00
Mahayni, Ziad (Hg.)	Ethische Fragen im Digitalzeitalter (176 S.)	978-3-8498-1995-8	28,00
Mann, Heinrich	Essays und Publizistik. Band 9 (2 Bde., Ln., 1201 S.)	978-3-8498-1900-2	298,00
Märten, Lu	›... von Anfang an auf Seiten des Sozialismus‹ (271 S., Abb.)	978-3-8498-1821-0	28,00
Müller, Lotti u. a. (Hg.)	Integrative Therapie heute (764 S., Abb.)	978-3-8498-2078-7	88,00

ALEXANDER VERLAG BERLIN

Website www.alexander-verlag.com
E-Mail info@alexander-verlag.com

Anschrift Alexander Verlag Berlin
Fredericiastraße 8
14050 Berlin
Telefon 030 / 30 21 826
Telefax 030 / 30 29 408

Der Schwerpunkt liegt bei Theater- und Filmbüchern sowie ausgewählter Literatur. Das Programm umfasst Autobiografien, Interviewbände, praxisorientierte Fachbücher. Zu den Autoren zählen Peter Brook, Jean-Claude Carrière, Michel Piccoli, Valeska Gert, Margarita Broich, Sasha Waltz, Milo Rau, Rimini Protokoll, Michael Caine, Aki Kaurismäki, Ingmar Bergman, Michael Haneke, David Lynch u. a. Daneben eine 9-bändige Jörg-Fauser-Edition, eine 25-bändige Werkausgabe des Polit-Thriller-Autors Ross Thomas, Schriften von Chinau Achebe, Aimé Césaire, Guy de Maupassant, Alphonse Daudet. In den ›Kreisbändchen‹ erscheinen ausgesuchte Texte u. a. von Robert Musil, Stefan Zweig, Walter Benjamin, Heiner Müller, Gottfried Benn. Das Logo – Roland Topors über ein Gehirn fahrender Skiläufer – entspricht noch immer der Vorstellung des Verlags: ›Der Kopf ist rund, damit das Denken die Richtung wechseln kann.‹

1983	Verlagsgründung durch Alexander Wewerka
2012	Deutscher Hörbuchpreis für ›Müller MP3‹
2019 + 24	Deutscher Verlagspreis
2023	Kurt-Wolff-Preis

Ross Thomas
›Stimmenfang. Ein afrikanischer Wahlkampf‹
Politthriller, aus d. Amerik. neu übers. v. Gisbert Haefs,
416 S., BR
978-3-89581-630-7
18,00 Euro

Drei Kandidaten treten bei den ersten freien Wahlen im fiktiven afrikanischen Albertia an, das im Anschluss von der britischen Krone unabhängig werden soll. Der Rohstoffreichtum macht das Land attraktiv und öffnet der politischen Korruption Tür und Tor. Der PR-Mann Peter Upshaw, der eine erfolgreiche Werbeagentur mit Sitz in London vertritt, heuert den gewieften politischen Strategen Clinton Shartelle an, um der Kampagne ›ein bisschen amerikanisches Rambazamba einzublasen‹ – und dafür zu sorgen, dass Chief Akomolo die Wahl gewinnt. Beide müssen tief in die (dreckige) Trickkiste greifen, denn auch die CIA arbeitet hinter den Kulissen daran, ihren eigenen Kandidaten um jeden Preis durchzubringen. ›Nun ist die Werkausgabe mit dem letzten Band »Stimmenfang« abgeschlossen, man kann sie nicht genug loben.‹ (FAZ)

Andreas Knie
›Wo kommen bloß die vielen Autos her und wie werden wir sie wieder los?‹
196 S., 18 Abb., BR
978-3-89581-631-4
20,00 Euro

Immer mehr Verkehr und parkende Autos verstopfen die Straßen. Familie, Arbeit, Urlaub und Großeinkauf – alles funktioniert nur mit dem Auto. Warum ist das so? Und kann man das ändern? Der Mobilitätsforscher Andreas Knie beleuchtet die Entwicklung der Massenmotorisierung in Deutschland, die vielen staatlichen Unterstützungsleistungen und deren Folgen. Durch die große Anzahl an Fahrzeugen verliert das Auto allmählich seine eigentliche Funktion: Es wird unpraktisch und stellt zudem eine erhebliche Belastung für Mensch und Umwelt dar. Aber wie können wir uns vom Auto befreien? Sind moderne Gesellschaften nicht auf das Auto angewiesen? Welche Ideen gibt es für eine mobile Wende, von der alle profitieren?

Michel-Rolph Trouillot
›Vergangenheit verschweigen. Macht und die Produktion von Geschichte‹
Aus d. Engl. v. Michael Schiffmann, m. e. Vorw. v. Hazel V. Carby,
ca. 288 S., geb., SU
978-3-89581-644-4
ca. 30,00 Euro

Wie entstehen historische Narrative? Warum bleiben bestimmte Teile der Geschichte in Erinnerung, während andere in Vergessenheit geraten? Wer entscheidet, was dokumentiert und was ausgelassen wird? Der haitianische Anthropologe Michel-Rolph Trouillot untersucht, wie Machtdynamiken, oft unsichtbar, die Geschichtsschreibung beeinflussen und das kollektive Gedächtnis von Gesellschaften formen. Anhand von Beispielen – vom Kolumbus-Narrativ von der Entdeckung Amerikas über den texanischen Heldenmythos der Schlacht von Alamo (1836) bis hin zur vergessenen Geschichte der Haitianischen Revolution (1791–1804) – zeigt Trouillot auf, wie jeder historischen Darstellung ein ›Bündel von Verschweigungen‹ innewohnt, die freigelegt und dekonstruiert werden müssen. Das Schweigen ist nie zufällig, sondern eine ideologische Entscheidung, die die Machtstrukturen der Zeit widerspiegelt. ›Vergangenheit verschweigen‹ bildete eine der drei Grundlagen für die 2022 ausgestrahlte vierteilige ARTE-Dokumentation ›Rottet die Bestien aus!‹ (bitte beachten Sie auch das gleichnamige Buch von Sven Lindqvist), in der sich der haitianische Regisseur Raoul Peck mit der Geschichte des Kolonialismus, der Sklaverei und des Rassismus auseinandersetzt.

Autor / Autorin	Titel (Spezifikationen)	ISBN	Preis in Euro
Benjamin, Walter	Kleine Geschichte der Photographie (120 S.)	978-3-89581-587-4	18,00
Boenisch, V. / Ubenauf, M. (Hg.)	Nahaufnahme Christopher Rüping (284 S.)	978-3-89581-615-4	28,00
Brook, Peter	Der leere Raum (200 S.)	978-3-923854-90-5	16,90
Groys, Boris	Zum Kunstwerk werden (224 S.)	978-3-89581-624-6	28,00
Johler, Jens	Die Stimmung der Welt. Der Bach-Roman (352 S.)	978-3-89581-364-1	24,00
Lindqvist, Sven	Rottet die Bestien aus! Auf den Spuren des europäischen Völkermords	978-3-89581-598-0	28,00
Lynch, David	Catching The Big Fish. Meditation, Kreativität, Film (168 S.)	978-3-89581-380-1	18,90
Maupassant, Guy de	Pläsier. Vier Erzählungen (152 S.)	978-3-89581-590-4	16,90
McKee, Robert	Story. Prinzipien des Drehbuchschreibens (496 S.)	978-3-89581-045-9	33,00
Piccoli, Michel	Ich habe in meinen Träumen gelebt. Erinnerungen (192 S.)	978-3-89581-603-1	24,00
Tarkowski, Andrej	Die versiegelte Zeit (400 S.)	978-3-89581-549-2	35,00

ARCO VERLAG

Website www.arco-verlag.com
E-Mail service@arco-verlag.com

Anschrift 1 Arco Verlag GmbH
Obergrünewalder Straße 17
42103 Wuppertal
Anschrift 2 Arco Verlag (Büro Wien)
Lorbeergasse 10/12
A-1030 Wien

Telefon 0043-(0)1 / 71 54 606
Telefax 0049-(0)202 / 26 34 000

2002 Gründung zu viert, Verleger Christoph Haacker
2009 Ausweitung nach Wien
2016 Preis der Hotlist
2020 Kurt-Wolff- Preis
2020 Deutscher Verlagspreis
2023 Tod des Mitbegründers Markus Haacker (1970–2023)

Mit dem Typoskript von Fritz Beer unterm Arm nahm der Arco Verlag 2002 schon im Vorortzug in London Fahrt auf – lesend, mitunter sogar lachend. Was in Wimbledon wurzelte und in Wuppertal reifte, wächst auch in Wien und im Piemont weiter: Zum ersten Autor, damals 91, gesellten sich u. a. Georg Kreisler, Ludvík Kundera, Peter Demetz und die über hundertjährige Marga Minco. Arco – benannt nach dem Prager Café, mit Barlachs ›Buchleser‹ im Schilde – behauptet sich als Heimat für Exilliteratur und für literarische Moderne wie von Debora Vogel, Claude Cahun, Vladislav Vančura, Hagar Olsson, Endre Ady, Bruno Corra, Jiří Orten, Francesc Pujols, Oscár Domínguez, Jiří Kolář, Gilberto Owen oder Iliazd. Hinzu kommen ausgesuchte Stimmen der Gegenwartsliteratur. Im Arco steckt auch ›Orca‹ – klassische Kinder- und Jugendliteratur – sowie ›Arco Wissenschaft‹.

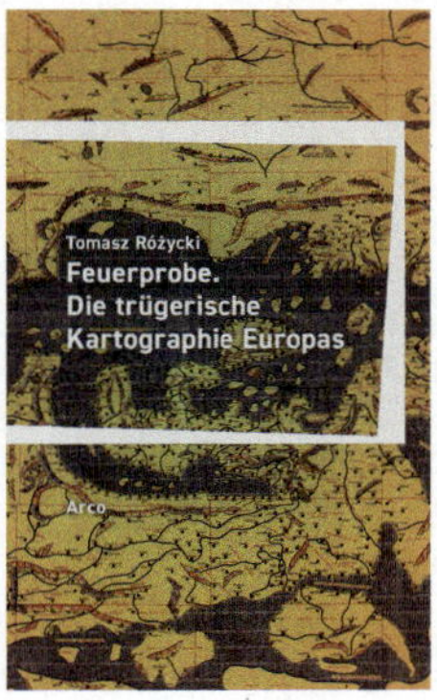

Tomasz Różycki
›Feuerprobe. Die trügerische Kartographie Europas‹
A. d. Poln. v. Bernhard Hartmann,
300 S., PB
978-3-96587-070-3
23,00 Euro

In ›Feuerprobe‹ setzt Tomasz Różycki sich mit europäischen Identitäten auseinander – in einer faszinierenden poetischen, teils philosophischen Prosa. Zentrale Metapher ist die Landkarte, die immer schon falsch oder irreführend ist, weil sie die Wirklichkeit in abstrakte Kategorien und willkürliche Grenzen zwängt. Różycki geht es nicht nur um geographische Orte, sondern auch um Topoi der Literatur, Kunst und Musik von der griechischen Antike bis heute. Souverän und scharfsinnig bewegt er sich durch Geschichte und Traditionen der europäischen Kultur. Różyckis Europa erstreckt sich von Lissabon bis nach Lemberg, Sofia und darüber hinaus. Es ist bevölkert von Homer, Dante und Cervantes, Bruno Schulz, Witkacy und Debora Vogel, Zbigniew Herbert, Czesław Miłosz, und Andruchowytsch, Ariost und Aristoteles, Proust, Rilke, Gogol, Pessoa, Kafka u. v. m.

Zuzanna Ginczanka
›Mit Augen trinke ich den Himmel‹
Gedichte, Poln. / Dt., hg. u. übers. v. Anna Maja Misiak,
ca. 520 S., PB
978-3-96587-064-2
ca. 32,00 Euro

Zuzanna Ginczankas Gedichte zeigen eine moderne junge Frau, die in keinem Lebensbereich bereit ist, sich Konventionen zu unterwerfen, die selbstbewußt das Recht einfordert, frei zu lieben und darüber zu schreiben. Doch gerade das hat zu einem unangemessenen Fremdbild Ginczankas als exotischer Schönheit beigetragen. Ebenso gepflegt wird das Bild einer Märtyrerin, das auf ein in Polen berühmtes Gedicht zurückgeht, in dem die untergetauchte Dichterin ihre Denunziantin vor der Nachwelt beim Namen nennt und verhöhnt. Anna Maja Misiaks Edition rückt das Werk von Ginczanka (1917–1944) in den Vordergrund. Zwischen 1936 und 1939 entlud sich in der radikal-liberalen Wochenschrift ›Szpilki‹ ihr Spott über Snobs und Spießer. Das Weltgeschehen kommentierte sie politisch wach mit dem ›sonoren Honig des anderen, des weiblichen Klangs‹, registrierte Hitlers Aufrüstung und witzelte über Francos Selbstinszenierungen. Doch wo es um die Bedrohtheit der Juden ging, wurde sie beklemmend ernst. Die zweisprachige Ausgabe enthält rund 160 Gedichte, teils aus Handschriften.

Susanne Schädlich
›Kabarett der Namenlosen‹
Roman,
244 S., PB
978-3-96587-065-9
22,00 Euro

Los Angeles zwischen 1939 und 1945. Zuflucht für deutsch-jüdische Schauspieler und Regisseure. Einer von ihnen ist Leopold Jessner. In Berlin Revolutionär der Bühne, bewundert, gehaßt, bekämpft. Eng verknüpft mit ihm ist das Los ›seiner‹ Stars: Alexander Granach, Fritz Kortner, Elisabeth Bergner und Ernst Deutsch. Ihr Schicksal teilen Schriftsteller wie Alfred Döblin, Ludwig Marcuse oder Bruno Frank. Sie alle waren berühmt – in Deutschland. In Amerika sind sie ›namenlos‹, können hier kaum arbeiten, das größte Hindernis ist die Sprache. Zwischen diesen Mittellosen und den Feuchtwangers oder Thomas Mann in ihren Villen in Pacific Palisades liegen Welten. Doch im ›Jewish Club of 1933‹ kommen sie alle zusammen. Mit Lesungen und Theater kämpfen sie dort gegen die Unkultur in Deutschland, aber auch gegen Nazi-Anhänger in den USA. Bei privaten Treffen geht es um das Leben in der Glitzerstadt, um Hoffnungen und Träume, auch die geplatzten. Um ihre deutsch-jüdische Identität, zwischen alter und neuer Heimat. In ›Kabarett der Namenlosen‹ schlägt Susanne Schädlich eines der aufregendsten Kapitel der deutschen Kulturgeschichte im Exil auf – und holt Leopold Jessner und einige seiner Weggefährten zurück auf die Bühne.

Autor / Autorin	Titel (Spezifikationen)	ISBN	Preis in Euro
Becker, Artur	Schwarze Servietten auf meinem Herzen. Aus den Leben der Kosmopolen	978-3-96587-068-0	25,00
Brunner / Dathe / Kersten / Katochvil / Nagel (Hgg.)	Ein Hauch von Grauen und verborgene Hoffnung (Anthologie ukrainischer Literatur)	978-3-96587-030-7	26,00
Buch, Hans Christoph	Vom Bärenkult zum Stalinkult	978-3-96587-066-6	22,00
Cahun, Claude	Heroinnen (A. d. Frz. v. Magnus Chrapkowski)	978-3-96587-028-4	15,00
Herbst, Alban Nikolai	Briefe nach Triest (Roman)	978-3-96587-055-0	28,00
Martin, Marko	›Brauchen wir Ketzer?‹ Stimmen gegen die Macht	978-3-96587-038-3	24,00
Neumann, Robert	Blindekuh (Roman, a. d. Engl. v. Jörg Thunecke)	978-3-96587-075-8	26,00
Petersen, Andreas	Die Nathansohns. Suse, Hans, Cläre und ihr Jahrhundert	978-3-96587-061-1	24,00
Pinckney, Darryl	Black Deutschland (Roman, Dt. EA)	978-3-96587-053-6	24,00
Röhnert, Jan	Wildnisarbeit. Schreiben, Tun und Nature Writing	978-3-96587-076-5	18,00
Vutimski, Aleksandăr	Gedichte vom blauen Jungen (Übers. u. hg. v. A. Tretner, Bulg. / Dt.)	978-3-96587-059-8	28,00

ARGUMENT VERLAG MIT ARIADNE

Website	www.argument.de
E-Mail	verlag@argument.de
Anschrift	Argument Verlag mit Ariadne Glashüttenstraße 28 20357 Hamburg
Telefon	040 / 40 18 000
Instagram	@argumentverlag

Packende Gegenwartsliteratur in Form herausragender Spannungsromane – diese wilde Blume wächst hier auf dem Boden linker und feministischer Wissenschaft. Einst begann der Verlag mit der Zeitschrift ›Das Argument‹, später kamen aktuelle politische Sachbücher hinzu, die Schriften von Antonio Gramsci, Stuart Hall, Donna Haraway, Frigga Haug und W.F. Haug sowie das ›Historisch-kritische Wörterbuch des Marxismus‹. Doch wir beschränken Politisches und Bildung nicht auf Theorie: ›Ariadne‹, das intersektional feministische Kulturprojekt, beförderte ab 1988 kluge Frauen ins einstige Macho-Genre Krimi. Heute ist Ariadne eine mehrfach preisgekrönte Politkrimi-Edition mit internationalen und deutschsprachigen Autorinnen, deren Erzählkunst weit aus der Nische herausragt. Ein Gegengewicht zur immer noch schlagseitigen Erzählhoheit: kühne, starke, charismatisch diverse feministische Spannungsliteratur.

1959	Ursprung der Zeitschrift ›Das Argument‹
1988	Beginn der Reihe ›Ariadne‹
2019 + 22 + 23	Deutscher Verlagspreis

Mario Candeias
›Monster verstehen. Eine Chronik des Interregnums‹
344 S.
987-3-86754-527-3
20,00 Euro

Sara Paretsky
›Wunder Punkt‹
Ariadne 1281
A. d. Engl. v. Else Laudan,
500 S., geb. m. LB
978-3-86754-281-4
25,00 Euro

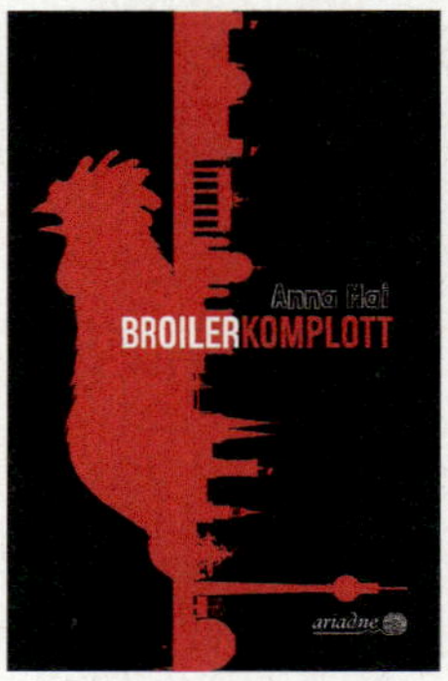

Anna Mai
›Broilerkomplott‹
Ariadne 1280
272 S.
978-3-86754-280-7
15,00 Euro

Die Verhältnisse begreifen heißt ihnen weniger ausgeliefert sein. Der Transformationsforscher Mario Candeias hat mehrere theoretisch akkurate und konkret nützliche Bücher herausgegeben, die dafür Material bereitstellen (z. B. ›Gramsci lesen‹ und ›Klassentheorie‹). In ›Monster verstehen‹ versammelt er eigene Texte, die sich mit grundlegenden transformatorischen Themen auseinandersetzen: mit den Krisen, der Erosion des Exportmodells, dem Aufstieg der radikalen Rechten (Alltagsverstand und Populismus; Rassismus von unten als reaktionäre Selbstermächtigung) sowie des globalen Autoritarismus, der Wechselwirkung von Faschisierung und blockierter Transformation, schließlich der Frage nach sozialistischen Perspektiven. So stellt er ›Eine Chronik des Interregnums‹ zusammen und lädt dazu ein, begreifend über den Tellerrand hinauszuspähen, um gemeinsam eine Zukunft zu erarbeiten.

Fünf Studentinnen fahren zum Auswärtsspiel nach Kansas. Ihr Team siegt, sie feiern. Am nächsten Morgen sind es nur noch vier. Privatdetektivin V.I. Warshawski muss auf die Suche gehen. Doch unter jedem Stein, den sie umdreht, kriechen neue Rätsel hervor. Sind die Ungeheuer, mit denen sie ringt, real oder Produkt ihrer Albträume? Entsteigen sie der Gegenwart oder der Vergangenheit? – Sara Paretsky legt mit diesem Hardboiled-Roman den Finger aufs Unbehagen unserer Zeit: die Gier, die Gewalt, das Trauma, die grausame Normalität. Stur folgt die Detektivin dem Faden des ›cui bono‹ – wem nützt es? –, enthüllt Geschichtsklitterung und Gedeckeltes, dröselt Knoten auf, bis klar wird, wie die Puppenspielereien mächtiger Männer Leben kosten, während ihre Erfolgslegende aalglatt in die Große Erzählung einfließt. Kann Warshawski dem Einhalt gebieten, oder ist sie zu ausgebrannt für diese Schlacht?

Man muss was tun, findet Antonia ›Toni‹ Hansen: Das Klima kollabiert, und noch immer zählt nichts als Profit. Mit engsten Vertrauten in Berlin plant sie eine gewaltlose Aktion, um das ekelhafte Geschäftsgebaren einer erfolgreichen Fleischgroßhändlerin anzuprangern. Doch was als subversiver PR-Gag gedacht war, verwickelt urplötzlich alle Beteiligten in eine mörderische Kollision … Anna Mai ist selbst im Umweltschutz tätig. Ihr Krimidebüt erzählt rasant, lebhaft und mit Witz von einer jungen Klimaaktivistin mit kurzer Lunte und einer unterforderten Provinzpolizistin mit Bindungsangst. Erst scheint sich alles um Fleischkonsum und Hähnchen zu drehen. Aber dann zeigt sich: Bei dieser fatalen Gockelei haben auch Profitgeier und Gelegenheitsdiebe ihre Finger im Spiel – und obendrein ein katholischer Profikiller.

Autor / Autorin	Titel (Spezifikationen)	ISBN	Preis in Euro
Cayre, Hannelore	Finger ab (Steinzeit-Krimi, a. d. Frz. v. I. Konopik, TB 2024)	978-3-86754-279-1	15,00
Cody, Liza	Die Schnellimbissdetektivin (Krimi, a. d. Engl. v. I. Konopik, TB 2024)	978-3-86754-275-3	18,00
Das, Rijula	Die Frauen von Shonagachi (Roman, a. d. Engl. v. E. Laudan, TB 2025)	978-3-86754-282-1	16,00
Geier, Monika	Antoniusfeuer (Kriminalroman, Orig., Dt. Krimipreis, TB 2025)	978-3-86754-283-8	17,00
Gramsci, Antonio	Gefängnishefte (Gesamtausgabe in 10 Bänden, TB)	978-3-86754-100-8	180,00
Hall, Stuart	Schriften I und II (Werkausg., 1100 S. in 2 Bänden, geb.)	978-3-86754-104-6	98,00
Haraway, Donna	Monströse Versprechen. Gender & Technologie (Erw. NA)	978-3-86754-504-4	27,00
Manotti, Dominique	Marseille.73 (Noir-Roman, a. d. Frz. v. I. Konopik, TB)	978-3-86754-263-0	15,00
Nunn, Malla	Ist die Erde hart (All-Age-Roman, a. d. Engl. v. E. Laudan, geb.)	978-3-86754-409-2	24,00
O'Dell, Tawni	Wenn Engel brennen (Country-Noir, TB 2024)	978-3-86754-277-7	16,00
Paretsky, Sara	Entsorgt (Kriminalroman, a. d. Engl. v. E. Laudan, geb., 2024)	978-3-86754-276-0	25,00

Website www.ariella-verlag.de
E-Mail halberstam@ariella-verlag.de

Anschrift c/o Presspoint
Bregenzer Straße 9
10707 Berlin
Telefon 0173 / 87 53 883
Instagram @ariella_verlag

2010 Gründung
ab 2018 Start des Literaturprogrammes für Erwachsene
2020 + 24 Deutscher Verlagspreis
2023 Hotlist: ›Wagner und die Klezmerband‹
Verlegerin: Myriam Halberstam

ARIELLA VERLAG

Der Ariella Verlag hat seinen Fokus auf Literatur zum modernen jüdischen Leben und zur Kultur des Judentums für Erwachsene sowie pädagogisch wertvolle Kinder- und Jugendliteratur. Unsere Publikationen geben einen Einblick in jüdisches Leben auf spannende, moderne und humorvolle Weise – wie z. B. unsere Cartoon-Anthologie #Antisemitismus für Anfänger, die ein Longseller ist und als Wanderausstellung bundesweit tourt. Aber auch ernsthafte, wegweisende Publikationen wie z. B. Erstbegegnungen mit der NS-Geschichte und Schoah für Kinder, Titel zum interreligiösen Dialog (›Gute Nachricht. Geschichten von Jesus für Kinder fair erzählt‹, 2025) oder die Torah auf Deutsch mit hebräischem Originaltext bereichern unser Programm. Wir veranstalten Lesungen in Schulen und anderen Bildungseinrichtungen, Ausstellungen in Museen sowie Workshops zu Judentum und gegen Antisemitismus.

Eva Szepesi / Stephanie Lunkewitz (Illu.)
›Ich war Eva Diamant‹
Ab 12 J.,
56 S., HC, farb. illu.
978-3-945530-47-4
19,90 Euro

Mit 12 Jahren wird Eva Diamant 1945 in Auschwitz von der Sowjetarmee befreit. In diesem bewegenden Buch mit emotionalen Tableaus erzählt Eva Szepesi, geb. Diamant, gemeinsam mit Illustratorin Stephanie Lunkewitz ihre Überlebensgeschichte – von der bürgerlich-jüdischen Familienidylle in Budapest, der beginnenden Ausgrenzung, dem Verlust von Vater, Mutter u. Bruder, dem Leben im Versteck und schließlich der Deportation ins Konzentrationslager Auschwitz. Seit den 1960ern lebt Eva Szepesi in Frankfurt und ist aktiv in der Erinnerungsarbeit. Als eine der letzten Zeitzeug:innen besucht die heute 92-Jährige regelmäßig Schulen, um für die Demokratie und gegen Antisemitismus aufzuklären. 2017 erhielt sie das Bundesverdienstkreuz. Stephanie Lunkewitz, deren ausdrucksstarke Bilder an das Thema heranführen, lebt mit ihrer Familie in L.A.

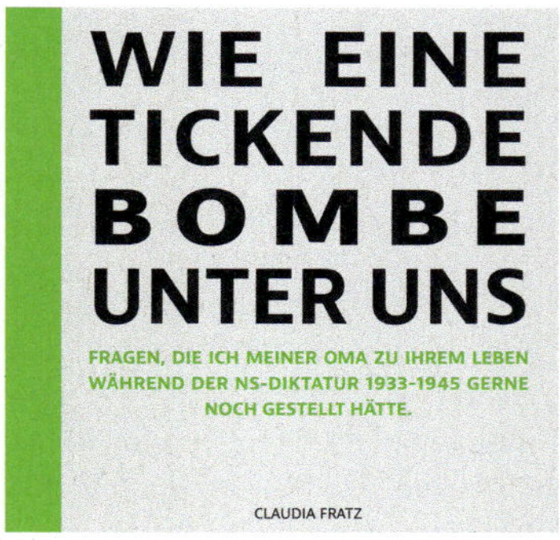

Claudia Fratz
›Wie eine tickende Bombe unter uns.
Fragen, die ich meiner Oma vor ihrem Tod zu ihrem Leben während der NS-Diktatur 1933–1945 gerne noch gestellt hätte‹
Sachbuch, 160 S., 14 × 14 cm, HC, Fotos, farb.
978-3-945530-55-9
18,00 Euro

Ein mutiges und wichtiges Buch! In 65 Fragen nimmt uns Claudia Fratz mit auf ihre langjährige Suche nach Antworten auf die vielen Fragen zum Leben ihrer Großeltern während der NS-Diktatur 1933–1945 und dem Versuch, deren Mittäterschaft und die daraus resultierenden Auswirkungen auf die Familie zu beleuchten. Eine Gärtnerei in Potsdam-Babelsberg – eine Familie mit gutem Auskommen während des Krieges und Hetze, die alles vergiftete. Claudia Fratz, 1968 in Frankfurt am Main geboren, interessierte sich bereits als Kind für die Vergangenheit der eigenen Familie. Ihrem Grafik-Design-Studium an der FH für Gestaltung Mannheim und dem Diplom folgte ein M.A. des Kommunikationsdesigns. Claudia Fratz arbeitet als selbstständige Designerin.

Cezary Harasimowicz
›Mirabelka – ein Mirabellenbaum erzählt Geschichte‹
Roman, ab 8 J.,
a. d. Poln. v. Alexandra Wolfinger,
illu. v. Marta Kurczewska,
175 S., HC, farb. illu.
978-3-945530-54-2
18,00 Euro

Der Mirabellenbaum im Warschauer Stadtteil Muranów kennt die Menschen aus den umliegenden Straßen, die jeden Sommer aus seinen Früchten köstliches Kompott machen. Mit den Kindern kann sich Mirabelle sogar unterhalten. Aber die Zeiten ändern sich, Besatzer kommen, das Leben rund um den Baum wird von Mauern umschlossen. Die Menschen werden ausgegrenzt, weil sie jüdisch sind, ihr Viertel wird zum Ghetto. Dann kommt der Krieg, die Menschen werden abtransportiert, Häuser zerstört. Nach dem Krieg gibt es neue Straßen und neue Menschen – Mirabelle ist immer mittendrin. Sie schafft es, alle miteinander zu verbinden. Als Zeitzeuginnen erzählen die Mirabellen in diesem Jugendroman auf märchenhaft poetische Weise die Geschichte ihres Viertels im Kleinen wie im Großen, auch weil sich die eine nicht ohne die andere verstehen lässt. Wir erfahren etwas über seine jüdischen Einwohner in den 1920er- und 30er-Jahren, die Zerstörung im Zweiten Weltkrieg, die Schoah, das Leben im sozialistischen Polen.

Autor / Autorin	Titel (Spezifikationen)	ISBN	Preis in Euro
Altman-Kaydar, Ronen	Berliner Rebell*innen. Wie junge Juden die Geschichte Berlins prägten (200 S., farb. Abb. u. Fotos, KB)	978-3-945530-39-9	18,00
Dzubas, Silvia	Dialogbilder (Künstlerkatalog m. begleitendem Essay)	978-3-945530-56-6	20,00
Gary, Tuncay	Mein grünes Niltagebuch, Lyrikband	978-3-945530-50-4	18,00
Gurzhy, Yuri	Richard Wagner und die Klezmerband. Neuer jüd. Sound i. Dt. (275 S., Fotos, farb.)	978-3-945530-38-2	24,95
Halberstam, Myriam (Hg.)	#Antisemitismus für Anfänger (Cartoon-Anthologie, 90 S., farb. Abb.)	978-3-945530-29-0	18,00
Halberstam, Myriam	Ein Pferd zu Channukka (Bilderbuch, 32 S., m. Gold)	978-3-945530-22-1	18,00
Kölsch-Bunzen, Nina u. a.	Gute Nachricht. Geschichten von Jesus für Kinder fair erzählt (88 S., HC, farb. illu.)	978-3-945530-51-1	22,00
Kvitko, Leyb / Leitner, Inbal	›Tollpatsch Lemmel‹ (Gedichte für Kinder, farb. Illu.)	978-3-945530-42-9	19,95
Landthaler / Liss	Erzähl es Deinen Kindern. Die Torah in Fünf Bänden (728 S., farb. illu.)	978-3-945530-44-3	140,00
Landthaler / Liss	Erzähl es Deinen Kindern. Band 1 – Bereschit (128 S., farb. illu.)	978-3-9813825-9-4	29,95
Neubert, Marina B.	Bella und das Mädchen aus dem Schtetl (Roman, 112 S., s/w illlu.)	978-3-945530-04-7	12,99

ASSOZIATION A

Website www.assoziation-a.de
E-Mail berlin@assoziation-a.de
hamburg@assoziation-a.de
Anschrift Assoziation A
Gneisenaustraße 2 a
10961 Berlin
Telefon 030 / 69 58 29 71
Telefax 030 / 69 58 29 73

2001 Gründung
Verleger: Theo Bruns (Hamburg), Rainer Wendling (Berlin)

Assoziation A entstand 2001 aus dem Zusammenschluss der Verlage Libertäre Assoziation (Hamburg) und Schwarze Risse (Berlin). Er steht in der Tradition der Protestbewegungen, deren Ursprung in der antiautoritären Revolte des Jahres 1968 liegt. Dem Einsatz für Emanzipation und Schaffung egalitärer und solidarischer gesellschaftlicher Verhältnisse fühlen wir uns weiterhin verpflichtet. Thematische Schwerpunkte sind: Linke Theorie und Debatte; Geschichte der Klassenkämpfe und soz. Bewegungen; Antifaschismus, kritische Studien zur Geschichte des Nationalsozialismus; Exil, Migration, Antirassismus; Stadtentwicklung. Ergänzt wird der Sachbuchschwerpunkt durch ein hochkarätiges Belletristikprogramm. Namen wie Luiz Ruffato, Wu Ming, Nanni Balestrini, P.I. Taibo II, Diaty Diallo, Lisette Lombé, Marcus Rediker, Mike Davis und Asef Bayat, Malcom Harris verdeutlichen die internationale Orientierung des Verlages.

Udo Sierck
›Frech und frei.
50 Jahre Kämpfe der Behindertenbewegung‹
ca. 144 S., BR
978-3-86241-514-4
16,00 Euro

Der Buchautor und Aktivist Udo Sierck zeichnet die Geschichte einer selbstbewussten emanzipatorischen Behindertenbewegung nach, die gegen die Tradition und Praxis der Aussonderung sowie mannigfache Diskriminierungen die Rechte behinderter Menschen in jahrzehntelangen Kämpfen durchsetzen musste. Das Buch berichtet von der permanenten Auseinandersetzung mit gängigen Normen, Werten und Körperidealen. Es erinnert an Demonstrationen gegen behindertenfeindliche Gerichtsurteile und an Bühnen- und Rathausbesetzungen. Es dokumentiert Proteste für die barrierefreie Nutzung von Bus und Bahn und zeichnet die Gegenwehr gegen neue ›Euthanasie‹-Forderungen und die Selektion durch humangenetische Techniken nach. Es skizziert den steinigen Weg, bis die Behindertenrechte Eingang in das Grundgesetz fanden, und warnt vor einem drohenden Rollback durch das Erstarken rechtsradikaler Denkweisen.

Leseprobe Ich hatte als Sonderschüler die Erfahrung von Ausgrenzung gemacht und den vorgezeichneten Weg der Arbeit in einer Behindertenwerkstatt und der Unterbringung in einer Anstalt vor Augen. Aus dieser Perspektive drohte mir wie anderen auch eine lebenslängliche Existenz jenseits aller gesellschaftlichen Zusammenhänge. Und: In den 1970er-Jahren bekam ich noch unverhohlen zu hören: ›Unter Hitler hätten sie den vergast!‹ Da lag es nahe, sich mit dem nationalsozialistischen Regime und den medizinischen Verbrechen zu befassen. Eine Erkenntnis war, dass diese Verbrechen stattfinden konnten, weil behinderte Menschen bereits zuvor ausgesondert waren und Angehörige und Öffentlichkeit das Geschehen bequem ignorieren konnten. Die Täter und Täterinnen wirkten in der Behindertenfürsorge weiter fort, und so war es nicht verwunderlich, dass das System der Sonderbehandlungen unbehelligt bestehen blieb. Im Ergebnis tauchten behinderte Personen im normalen Alltag nur ausnahmsweise auf. Hinzu kamen Diskriminierungen wie der Richterspruch, der die Anwesenheit von behinderten Personen als Minderung des Urlaubgenusses beurteilte. Es war höchste Zeit für Protest und Rebellion.

Malcolm Harris
›Palo Alto.
Eine Geschichte Kaliforniens, des Kapitalismus und der Welt‹
784 S., BR
978-3-86241-513-7
29,80 Euro

Die Geschichte des Silicon Valley, von der Eisenbahn bis zu den Mikrochips, ist eine außergewöhnliche Geschichte des permanenten Umbruchs und der tiefgreifenden Zerstörung, die hier zum ersten Mal in einer umfassenden und atemberaubenden Erzählung darlegt wird. Harris untersucht die Geschichte Kaliforniens von den Anfängen bis heute. Disruption, das Modewort der Techies, der ›treibenden Kräfte der Innovation‹, stand bereits an dessen Wiege: Zerstörung in Form des Genozids an den Natives durch die Frontierpioniere, die den Boden für die Akkumulation von Landbesitz und Rohstoffen als Voraussetzung der kapitalistischen Entwicklung bereiteten. Das ökonomische und intellektuelle Zentrum ist Palo Alto mit der Stanford University in der San Francisco Bay Area, der dichtesten Zusammenballung von Tech-Konzernen und Tech-Milliardären. Der Gründer der Universität, Leland Stanford, war eine frühe Figur des heutigen ›Risikokapitalgebers‹, der neue Technologien und Ausbeutungsformen entwickelt.

Leseprobe Palo Alto ist schön. Das Klima ist gemäßigt, die Menschen sind gebildet und unternehmungslustig und verändern nachweislich die Welt. Palo Alto ist jedoch auch eine geisterhafte Giftmülldeponie, die auf gestohlenen indianischen Grabstätten errichtet wurde, und ein integraler Bestandteil des kapitalistischen Weltsystems. In einigen Kreisen hat die kleine Stadt den mythischen Ruf eines postmodernen El Dorado erlangt, in dem das Geld in Milliardenhöhe von den Investoren in der Sand Hill Road in Hunderte von Garagen fließt, in denen findige Programmierer von Grund auf alles umkrempeln, was wir tun vom Autofahren bis zum Essen. Gemessen am Pro-Kopf-Einkommen rangiert das Valley auf einer Stufe mit den reichsten Orten des Planeten. Ein paar Leute sind sogar davon überzeugt, dass Palo Alto tatsächlich das Zentrum der Welt ist. Bereits in den ersten Jahrzehnten des 20. Jahrhunderts wurde dort die Strategie einer spezifischen, rassifizierten Ausbeutung entwickelt, die eine Reihe unerwarteter Auswirkungen hatte. Wenn man Menschen zusammen arbeiten lässt, besteht immer die Gefahr, dass sie auch andere Dinge zusammen tun, zum Beispiel nachdenken. Infolge dessen wurde die Westküste zu einem Sammelbecken revolutionärer Organisationen. Sie wurde zu einem Dreh- und Angelpunkt, an dem Antikolonialist*innen und Anarchist*innen zusammentrafen.

Autor / Autorin	Titel (Spezifikationen)	ISBN	Preis in Euro
Davis, Mike	City of Quartz. Ausgrabungen der Zukunft in Los Angeles (420 S.)	978-3-86241-496-3	24,00
Davis, Mike	Die Geburt der Dritten Welt (Sachbuch, 464 S.)	978-3-935936-43-9	20,00
Diallo, Diaty	Zwei Sekunden brennende Luft (Roman, 192 S.)	978-3-86241-501-4	20,00
Krolow, Wolfgang	Kreuzberg die Welt. Fotografien von Wolfgang Krolow	978-3-86241-508-3	44,00
Linebaugh, P. / Rediker, M.	Die vielköpfige Hydra. Die verborgene Geschichte des revolutionären Atlantiks	978-3-86241-489-5	28,00
Lombé, Lisette	Brennen. Brennen. Brennen (Lyrik, Frz. / Dt., 144 S.)	978-3-86241-505-2	18,00
Reclaim Your City	BITTE LEBN. Urbane Kunst und Subkultur	978-3-86241-479-6	38,00
Rediker, Marcus	Das Sklavenschiff. Eine Menschheitsgeschichte (Sachbuch, 480 S.)	978-3-86241-499-4	24,00
Wu Ming	Schlafwandler (Roman, 672 S.)	978-3-86241-497-0	24,00
Wu Ming	Ufo 78 (Roman, 448 S.)	978-3-86241-500-7	28,00

AVIVA VERLAG

Website www.aviva-verlag.de
E-Mail info@aviva-verlag.de

Anschrift AvivA Verlag
Emdener Straße 33
10551 Berlin

Telefon 030 / 39 73 13 72

1997	Gründung durch Britta Jürgs
2011	BücherFrau des Jahres
2019 + 22	Deutscher Verlagspreis
2020	Großer Berliner Verlagspreis
2024	Kurt-Wolff-Preis

Wir erweitern den Kanon um weibliche und viele jüdische Stimmen. Die Werke von Autorinnen der 1920er und 1930er Jahre machen wir in Neu- und Erstausgaben sichtbar. Daneben veröffentlichen wir Erstübersetzungen, Porträtbände und Biografien außergewöhnlicher Frauen vom Spätmittelalter bis zur Gegenwart, darunter die Bücher der Weltreisenden und Undercover-Reporterin Nellie Bly, die Reisebücher von Alma M. Karlin, die Erstübersetzung von Virginia Woolfs Biografie des Künstlers, Kurators und Kunstkritikers Roger Fry, eine Werkauswahl von Aphra Behn, der ersten Berufsschriftstellerin Englands im 17. Jahrhundert, sowie Werke der französischen Schriftstellerin und Philosophin Christine de Pizan.

Catrin George Ponciano
›Alles – bloß nicht vage! Die portugiesische Dichterin Florbela Espanca‹
224 S., Abb., HC, LB
978-3-949302-30-5
22,00 Euro

Die portugiesische Dichterin Florbela Espanca (1894–1930) wollte zeitlebens nur eins: selbstbestimmt leben. Doch ihr Aufbegehren forderte einen hohen Tribut: Als Unangepasste blieb sie zeitlebens im gesellschaftlichen Abseits, ihr Werk fand erst nach Ende der Diktatur in Portugal die ihm gebührende Anerkennung. Florbela Espancas autobiografische Poesie steht für den weiblichen Aufbruch im ersten Drittel des 20. Jahrhunderts – unerschrocken, ungebändigt und leidenschaftlich. Catrin George Ponciano erzählt von Espancas Leben und Werk, führt an Schauplätze ihrer Biografie und bettet ihr Schaffen ein in den Umbruch Portugals zwischen Monarchie, Republik und Diktatur. Eine zweisprachige Auswahl von über 20 Gedichten, überwiegend in deutscher Erstübersetzung, ergänzen das Porträt.

Salome Benidze
›Maro‹
Illu. v. Tatia Nadareischwili, a. d. Georg. v. Iunona Guruli,
64 S., HC, vierfarb.
978-3-949302-32-9
16,00 Euro

Die 19-Jährige Maro Makaschwili, Freiwillige beim Roten Kreuz, wurde 1921 getötet und in einem Massengrab beerdigt. Erst im Mai 1918 war die Demokratische Republik Georgien gegründet worden. Nach ihrem Tod im Jahr 1921 wurde Maro Makaschwili zur Symbolfigur für die Tragödie, die die sowjetische Besatzung für das freie, unabhängige Georgien bedeutete. Die Erinnerung an die Toten konnte kaum schnell genug ausgelöscht werden, den Besatzern war das Gedenken ein Dorn im Auge. Doch Maros Tagebuch hat überlebt. Die Texte der jungen Frau inspirieren heute diejenigen, die von einem modernen, traditionsbewussten und fortschrittlichen Georgien träumen. 2017 wurde Maro Makaschwili posthum als erste georgische Nationalheldin geehrt. Gerade junge Frauen sehen in ihr auch eine feministische Vorreiterin. Wie Nina und Natalia, die beiden jungen Protagonistinnen von ›Maro‹ – neben der historischen Maro Makaschwili selbst. – Ursprünglich als Libretto für ein auf dem Delft Chamber Music Festival 2022 aufgeführtes musikalisches Monodrama verfasst und 2023 in Georgien veröffentlicht.

Jolán Földes
›Die Straße der fischenden Katze‹
A. d. Ungar. v. Stefan I. Klein, hg. u. m. Nachw. v. Britta Jürgs,
304 S., HC, LB
978-3-949302-31-2
24,00 Euro

Paris, kurz nach dem Ersten Weltkrieg, in der ›Straße der fischenden Katze‹. In dieser kleinen, dunklen Gasse an der Seine wohnt die ungarische Familie Barabás, deren älteste Tochter Anni im Mittelpunkt des Romans steht. In der Nachbarschaft der Gasse treffen Menschen aus den verschiedensten Ländern Osteuropas aufeinander. So unterschiedlich die Beweggründe sind, aus denen sie ihre Heimatländer verlassen mussten, eint sie die Hoffnung auf eine bessere Zukunft und die Sehnsucht nach der verlorenen Heimat, aber auch ihre Entwurzelung. Földes gibt in ihrem Roman den vielen Namen- und Heimatlosen ein Gesicht, deren Situation heute ebenso aktuell ist wie zum Zeitpunkt der Erstveröffentlichung. Mit diesem Roman gewann Földes 1936 einen internationalen Romanwettbewerb, der nicht nur ein sehr hohes Preisgeld beinhaltete, sondern auch mit der Übersetzung und Veröffentlichung in 12 Ländern und Sprachen verknüpft war. 1937 erschien die deutschsprachige Fassung bei Allert de Lange in den Niederlanden, aus dem Ungarischen übersetzt von Stefan Isidor Klein.

Autor / Autorin	Titel (Spezifikationen)	ISBN	Preis in Euro
Babić, G. / Zechner, A. (Hgg.)	Generationen (Frauen und Film Heft 73)	978-3-949302-33-6	25,00
Berend, Alice	Die Bräutigame der Babette Bomberling (Hg. v. Britta Jürgs)	978-3-932338-51-9	15,00
Beutler, Margarete	Ich träumte, ich hätte einen Wetterhahn geheiratet	978-3-932338-95-3	22,00
Goldsmith, Margaret	Good-bye für heute (Hg. u. a. d. Engl. v. Eckhard Gruber)	978-3-949302-29-9	22,00
Hermanns, Doris	Sand im patriarchalen Getriebe. Zur Geschichte d. Frauen-Buch-Bewegung	978-3-949302-28-2	22,00
Karlin, Alma M.	Einsame Weltreise (Hg. v. J. Jezernik)	978-3-932338-75-5	22,00
Leitner, Maria	Elisabeth, ein Hitlermädchen. Ein Roman und Reportagen (1934–1939)	978-3-932338-64-9	20,00
Pizan, Christine de	Das Buch von der Stadt der Frauen (Hg. u. übers. v. M. Zimmermann)	978-3-949302-13-8	26,00
Soyka, Amelie (Hg.)	Tanzen und tanzen und nichts als tanzen. Tänzerinnen der Moderne	978-3-932338-54-0	18,00
Woolf, Virginia	Roger Fry. Eine Biografie (Hg. u. a. d. Engl. v. Tobias Schwartz)	978-3-949302-15-2	32,00

BEBRA VERLAG

Website www.bebraverlag.de
E-Mail post@bebraverlag.de

Anschrift BeBra Verlag
Asternplatz 3
12203 Berlin
Telefon 030 / 44 02 38 10
Telefax 030 / 44 02 38 129

Wir sind der Hauptstadtverlag – der Verlag mit dem größten Berlinprogramm! Und wir publizieren populäre Sachbücher zu den Themen Geschichte, Kultur- und Zeitgeschichte auch über die Stadtgrenze hinaus. Unser Programm umfasst ca. 500 lieferbare Titel, jedes Jahr kommen etwa 60 Neuerscheinungen heraus. 2021 hat Dirk Palm den Verlag übernommen. Sachkundige Autor:innen, brisante Themen und eine ansprechende Gestaltung sind Anliegen des Verlages, der 2021 den Deutschen Verlagspreis gewonnen hat. 2025 feiert der BeBra Verlag sein 30-jähriges Jubiläum.

1994	Gründung in Berlin (erstes Programm 1995)
2003	Gründung BeBra Wissenschaft Verlag
2021	Nominierung Berliner Verlagspreis, Deutscher Verlagspreis, Dirk Palm wird Verleger des BeBra Verlags
2025	30-jähriges Jubiläum

Knut Elstermann
›Bach bewegt. Der Komponist im Film‹
176 S., geb., 37 Fotogr.
978-3-89809-262-3
20,00 Euro

Knut Elstermann begibt sich in diesem Buch auf eine außergewöhnliche Reise zu Johann Sebastian Bach. Als roter Faden dienen ihm die unterschiedlichen Kino- und Fernsehfilme, die sich im Lauf der Jahrzehnte mit dem großen Komponisten beschäftigt haben. Er reist an die Originalschauplätze von Bachs Leben und spricht mit Filmschaffenden und Musik-Enthusiasten über die Herausforderung, sich einem großen Künstler anzunähern, dessen Persönlichkeit ganz im Schatten seiner Werke steht. Elstermanns Buch ist eine Liebeserklärung an Bach, umkreist aber zugleich auf unterhaltsame Weise die grundsätzlichen Fragen nach biografischem Erzählen. Wo verläuft die Grenze zwischen Überhöhung und Banalisierung? Wie kann ein authentisches Porträt entstehen, wenn so vieles doch erfunden sein muss?

Torsten Harmsen
›Nazi und Kommunist. Zwei deutsche Leben‹
240 S., geb.
978-3-89809-263-0
24,00 Euro

Wie entscheidet sich, welchen Weg jemand im Leben geht, ob er auf der ›richtigen‹ oder ›falschen‹ Seite landet? Welche Rolle spielen dabei Herkunft und Ideologien? Und gibt es überhaupt ›gut‹ und ›böse‹? In diesem Buch berichten zwei um 1900 geborene Menschen von ihren Erlebnissen, als wäre alles gerade erst passiert: Otto war Kommunist, Herta war Nationalsozialistin. Beide lebten später in der DDR und blickten ganz unterschiedlich auf die Träume und Ideale ihrer Jugend zurück. Torsten Harmsen führte als junger Journalist intensive Gespräche mit ihnen und verarbeitet nun die authentischen Erinnerungen zu einer bewegenden Reise durch die Umbrüche der deutschen Geschichte im 20. Jahrhundert – ohne Wertung und mit allen Widersprüchen.

Christoph Kreutzmüller / Bjoern Weigel
›Berlin im Nationalsozialismus. Abriss einer Stadtgeschichte‹
336 S., geb., 67 Abb.
978-3-8148-0317-3
28,00 Euro

Mit innovativem Zugriff analysieren die beiden ausgewiesenen Berlin-Kenner Christoph Kreutzmüller und Bjoern Weigel die Geschichte der Hauptstadt im Nationalsozialismus. Ausgangspunkt für diese Alltagsgeschichte der besonderen Art sind idealtypische öffentliche, halböffentliche und private Orte – vom Bett bis zum Reißbrett. Anhand dieser Orte beschreiben die Autoren, wie die nationalsozialistische Ideologie und Herrschaftspraxis auf die Stadt und ihre Gesellschaft wirkten. Gespräche am Kneipentresen geraten dabei ebenso in den Blick wie die Ritualisierung des öffentlichen Lebens oder die Geschehnisse in den vielen verschiedenen Haftorten im Stadtgebiet.

Autor / Autorin	Titel	ISBN	Preis in Euro
Grebe, Anja	Albrecht Dürer	978-3-89809-282-1	26,00
Kirschstein, Jörg	Der Erbe des Kaisers. Prinz Wilhelm von Preußen (1906–1940)	978-3-89809-272-2	28,00
Kisch, Egon Erwin	Berliner Bohème	978-3-8148-0332-6	20,00
Kosert, Olaf	So schmeckt Brandenburg. 80 moderne Landküchen-Rezepte	978-3-89809-283-8	24,00
Kupfer, Traudl	Das große Weihnachtsbuch. Geschichten, Lieder, Bilder und Rezepte aus über 100 Jahren	978-3-89809-845-8	25,00
Leimstoll, Susanne	Berlins süße Seite. Die besten Patisserien, Konditoreien & Chocolaterien der Stadt	978-3-8148-0331-9	26,00
Löttel, Holger	Konrad Adenauer. Leben in Zeiten des Umbruchs	978-3-89809-275-3	24,00
Prell, Uwe (Hg.)	Die Zukunft Berlins. Wohin steuert die Stadt?	978-3-8148-0328-9	24,00
Schröder, Niels	Blindes Vertrauen. Otto Weidt, ein ›Gerechter unter den Völkern‹	978-3-89809-278-4	22,00
Querengässer, Alexander	Gewalt. Eine Kulturgeschichte des Krieges	978-3-89809-273-9	30,00

Website www.bertz-fischer.de
E-Mail mail@bertz-fischer.de

Anschrift Bertz + Fischer Verlag
Franz-Mehring-Platz 1
10243 Berlin

Telefon 030 / 29 78 35 43

1996	Verlagsgründung
1997	Reihe ›film‹
2006	Reihe ›Deep Focus‹
2010	Reihe ›Sexual Politics‹
2021	Deutscher Verlagspreis
2022	Reihe ›IfS Aus der Reihe‹

BERTZ + FISCHER

Der von den beiden cinephilen Politikwissenschaftler*innen Dieter F. Bertz und Katrin Fischer 1996 gegründete Verlag erwarb sich für seine Reihe ›film‹ mit Monografien über bedeutende Regisseure rasch den Ruf, ›Spezialist für kluge Filmbücher‹ (›Die Zeit‹) zu sein. Die Retrospektive-Bände der Berlinale und die Schriftenreihe der DEFA-Stiftung bereicherten später das Filmbuchsegment. – Der Kapitalismus ist nicht die beste aller Welten: Von dieser Überzeugung ist das Politiksegment getragen. Die Autor*innen der Reihen ›Kapital & Krise‹, ›Politik aktuell‹ oder ›Kritische Wissenschaft‹ analysieren und kritisieren die herrschende Ordnung und ihre Begleiterscheinungen, während die Reihe ›Realität der Utopie‹ Alternativen zum globalen Krisenregime diskutiert. Und die Zeitschrift PROKLA liefert Beiträge zu einer kritischen Sozialwissenschaft.

Fabian Georgi
›Grenzen und Bewegungsfreiheit.
Eine kritische Einführung‹
320 S., Abb., FH
978-3-86505-780-8
19,00 Euro

Seit rund vier Jahrzehnten schottet sich die EU gegenüber Flucht und Migration mit wachsender Härte ab. Getrieben vom Aufschwung rechtsautoritärer Kräfte, unterstützen mittlerweile auch Parteien der ›Mitte‹ eine Migrationspolitik weit jenseits grund- und menschenrechtlicher Standards. Gleichzeitig sind immer noch viele Menschen empört über Pläne zur ›Remigration‹, geschockt über die jährlich tausenden Toten an den europäischen Grenzen und zornig angesichts der moralischen Kälte, mit der die EU ihre Migrationskontrollen an Diktaturen und Milizen delegiert. Und immer noch wissen viele Menschen im Globalen Norden, dass hier ihre eigene, privilegierte Lebensweise gegen jene verteidigt wird, die in der Geburtsort-Lotterie weniger Glück hatten. Fabian Georgi diskutiert vor diesem ambivalenten Hintergrund die Idee ›globaler Bewegungsfreiheit‹ als emanzipatorisches Projekt. Was sind die Bedingungen und Konsequenzen dieses Konzeptes? Was wären Umsetzungsschritte und Ansatzpunkte für praktisches Handeln?

Christina Engelmann / Lena Reichardt /
Bea S. Ricke / Sarah Speck /
Stephan Voswinkel (Hgg.)
›Im Schatten der Tradition.
Eine Geschichte des IfS
aus feministischer Perspektive‹
IfS Aus der Reihe 5
256 S., FH
978-3-86505-855-3
18,00 Euro

Die Geschichte des Frankfurter Instituts für Sozialforschung (IfS) wird in der Regel anhand der Biografien und Werke männlicher Protagonisten erzählt. So erscheint das Institut als Ort einer intellektuellen Tradition, in der weder Frauen noch Fragen der Geschlechterverhältnisse eine Rolle spielen. Dementgegen wirft der vorliegende Band einen dezidiert feministischen Blick auf die 100-jährige Geschichte des IfS. Die versammelten Beiträge vergegenwärtigen, dass das IfS von Beginn an Frauen in die Forschung eingebunden hat und dass zu verschiedenen Zeitpunkten geschlechtertheoretische Überlegungen am Institut entwickelt wurden, die in Verbindung zu politischen Debatten standen. Der Band beleuchtet die ambivalenten Ein- und Ausschlüsse von Frauen sowie Modi der Arbeitsteilung und damit einhergehende (Un-)Sichtbarkeiten in der Wissenschaft im Allgemeinen und am Institut im Besonderen. – ›Der Sammelband ist ein Glücksfall.‹ (Sebastian Klauke, WOZ – Die Wochenzeitung)

Georg Seeßlen
›Elon Musk:
Der dunkle Visionär.
Geld, Frauen, Pop
und Tech-Faschismus‹
Politik aktuell 11
ca. 240 S., Abb., FH
978-3-86505-781-5
ca. 18,00 Euro

Elon Musk zählt zu den meistbewunderten, umstrittensten und inzwischen auch meistgehassten Personen des öffentlichen Lebens. Das Buch zeichnet die Biografie des Visionärs nach, der die Welt zu seinem Spielball machen will: Als südafrikanischer Emigrant in den USA revolutioniert er die Elektromobilität, macht der NASA Konkurrenz, verwandelt Twitter (nun ›X‹) in eine Bühne für extreme Rechte – und steigt währenddessen zum reichsten Mann der Welt auf. Seeßlen umreißt Musks Charakter als dunkle Trinität – als Narzisst, Machiavellist und Soziopath – und versucht, die Frage zu klären: ›Wie denkt Elon Musk?‹ Zudem betrachtet er Musks Verhältnis zu seinen (bisher) vier Frauen und analysiert ihn als Pop-Ikone. Zugleich personifiziert Musk die autoritäre Herrschaft der Tech-Milliardäre. Ob sein Erfolg allerdings von Dauer sein wird, erscheint fraglich: Ausgehend von den aktuellen Krisen im ›Muskismus‹, entwirft Georg Seeßlen ein Szenario, in dem das Imperium des Kulturkämpfers und Kriegsunternehmers wie ein Kartenhaus zusammenbrechen könnte.

Autor / Autorin	Titel (Spezifikationen)	ISBN	Preis in Euro
AG Rechtskritik	Rechtskritik mit Louis Althusser (216 S.)	978-3-86505-805-8	20,00
Altvater, Elmar / Zelik, Raul	Vermessung der Utopie (240 S.)	978-3-86505-729-7	9,90
Lessenich, St. / Scheffer, Th. (Hgg.)	Gesellschaften unter Handlungszwang. Existenzielle Probleme … (208 S.)	978-3-86505-852-2	18,00
Liebel, Manfred / Meade, Philip	Adultismus. Die Macht der Erwachsenen über die Kinder (440 S., Abb.)	978-3-86505-768-6	19,00
Liebel, Manfred / Meade, Philip	Was ist Adultismus? Eine Einführung in einfacher Sprache (88 S., Abb.)	978-3-86505-775-4	7,00
Mayer, Margit	Die US-Linke und die Demokratische Partei (252 S., Abb.)	978-3-86505-770-9	12,00
Metz, Markus / Seeßlen, Georg	Apokalypse & Karneval. Neoliberalismus: Next Level (192 S., Abb.)	978-3-86505-769-3	14,00
Pikarski / Rittmeyer / Schenk (Hgg.)	… und wer wird die Welt verändern? Slatan Dudow (688 S., Abb.)	978-3-86505-425-8	43,00
Schädler, Sebastian	Kontrollver*lust. Männer – Sex – Gewalt (224 S., Abb.)	978-3-86505-778-5	12,00
Scholz, Nina	Die wunden Punkte von Google, Amazon, Deutsche Wohnen & Co. (220 S.)	978-3-86505-766-2	10,00
Seeßlen, Georg	Trump & Co. Der Weg des Westens in die Anti-Demokratie (240 S., Abb.)	978-3-86505-779-2	18,00

BÜCHNER-VERLAG

Website www.buechner-verlag.de
E-Mail info@buechner-verlag.de

Anschrift Büchner-Verlag eG
Bahnhofstraße 5
35037 Marburg
Telefon 06421 / 88 97 373

Der Büchner-Verlag ist ein genossenschaftlich organisierter Verlag für wissenschaftliche Literatur und Sachbücher. Veröffentlicht werden innovative Arbeiten aus den Sprach-, Kultur- und Sozialwissenschaften, die sich um einen Schwerpunkt von medien- und filmwissenschaftlichen Titeln gruppieren. Im Rahmen seines Sachbuchprogramms lädt der Büchner-Verlag vor allem Autor_innen ein, die sich engagiert und differenziert mit relevanten Fragen der Gegenwart beschäftigen. Zu diesem Kreis gehören neben erfahrenen Autor_innen auch Menschen, die – aus der sozialen oder politisch-aktivistischen Arbeit kommend – ihre Praxis erstmals für einen breiten Leser_innenkreis reflektieren. Für Recherchereisen und Filmaufnahmen kommt immer wieder der Verlagsbulli zum Einsatz, ein T2 aus dem Jahr 1978.

2008 Gründung in Darmstadt
2017 Umzug nach Marburg und Relaunch
2018 Hessischer Verlagspreis (Gründer)
2020 + 22 Deutscher Verlagspreis
Verleger_innen: Ina Beneke, Mareike Gill, Judith Göbel, Sabine Manke, Norman Rinkenberger

Eva-Maria Siegel
›Der Wolkenraser. Ein Roman‹
ca. 280 S., geb., FH, LB
978-3-96317-421-6
29,00 Euro

Paula sucht nach Ordnung in dieser unruhigen Welt. Mangels anderer Gelegenheiten beginnt sie mit ihrer Bibliothek. Zwischen den Bänden, die Erinnerungen an Kindheit und Jugend in der DDR hervorrufen, stößt sie auf einen Bauplan – einen ›Cloudbuster‹, jenen Regenmacher, dessen Konstruktion auf den Psychoanalytiker Wilhelm Reich zurückgeht. Der Legende nach verbindet er die Einflussnahme auf das Wetter mit der Beeinflussung der menschlichen Psyche. Die von Dürren geplagte Welt im Jahr 2035 braucht dringend einen solchen Wolkenraser und so beschließt Paula, den Plan Wirklichkeit werden zu lassen. Für seine technische Realisierung benötigt sie allerdings Verbündete. Die findet Paula in einer Freundin aus früheren Zeiten, Carla, mit der sie sich über die Zeit nach der Wende, über Liebesverhältnisse und die Sorge um den Planeten austauschen kann. Erst eine Reise nach Westafrika, zwei Torhüter und eine Autowerkstatt helfen schließlich dabei, eine Lösung für den Bau des Instruments zu finden.

Eva-Maria Siegel
›Ostfrauen und der Westen. Anfänge, Aufbrüche, Ankünfte – lebensgeschichtliche Porträts‹
ca. 240 S., geb., FH, LB
978-3-96317-422-3
25,00 Euro

Debatten über Unterschiede zwischen Ost- und Westdeutschen sind jüngst erneut aufgeflammt und betrachten vor allem das Wahlverhalten. Wer sich jahrzehntelang im Wesentlichen durch Stereotype repräsentiert sieht, kapselt sich allerdings auch gerne mal ab. Kaum jemand fragt nach den Biografien ›ganz normaler‹ Menschen im Osten, die nicht nur von der Zeitenwende 1989 geprägt wurden, sondern vor allem auch von den Ereignissen danach. In Interviews hat die Autorin Eva-Maria Siegel mit 14 Ostfrauen über ihre Lebenswege zwischen Ost und West gesprochen. Gelungen sind ihr eindringliche Porträts, die Sichtbarkeit schaffen für bislang Unerzähltes. So entsteht ein vielschichtiges Panorama, das von den Erzählungen der Ausgewiesenen und Ausgereisten über fest verwurzelte Ost-Lebensläufe bis zu denjenigen reicht, die über Erfahrung in beiden Systemen verfügen. Deutlich wird: Der Einfluss von Geburts- und Wohnumfeld bleibt bis in die Gegenwart erhalten.

Autor / Autorin	Titel (Spezifikationen)	ISBN	Preis in Euro
Brunschweiger, Verena	Kinderfrei statt kinderlos. Ein Manifest	978-3-96317-148-2	16,00
Ederer, Jonathan / Gmelch, Adrian	David Lynch begreifen. Kunst – Kino – Kreativität (Sachbuch)	978-3-96317-318-9	30,00
FC-Kollektiv	Finanzcoop oder Revolution in Zeitlupe (Erzählendes Sachbuch)	978-3-96317-149-9	18,00
Große, Jürgen	Gefühlte Bürgerlichkeit. Zur Seelengeschichte der späten Bundesrepublik (Sachbuch)	978-3-96317-420-9	28,00
Haniak, Gregor	Ein Tag unter Bienen (Sachbuch)	978-3-96317-413-1	25,00
Kimmel, I. / Schoeller Bouju, B. / Teufel, B.	Anleitung für eine Rebellion. 12 Regisseurinnen schreiben Geschichte (Sachbuch)	978-3-96317-424-7	25,00
Klotzbücher, Manuela-Susanne	Nach oben hin offen. Historisch-kulturanalytische Perspektiven auf den Balkon	978-3-96317-395-0	29,00
Mayer, Milton S. / Nolte, Stephan H. (Übers.)	›Sie hielten sich für frei‹. Die Deutschen 1933–1945. M. e. Nachw. v. Sir Richard J. Evans	978-3-96317-419-3	28,00
Mundlos, Christina	Mütter klagen an. Institutionelle Gewalt gegen Frauen und Kinder im Familiengericht	978-3-96317-332-5	22,00
Peiter, Anne D.	Der Genozid an den Tutsi Ruandas (Politisches Sachbuch)	978-3-96317-381-3	45,00
Schroeder, Heidemarie	Eine Gigafabrik in Grünheide. Oder der Albtraum vom grünen Kapitalismus (Sachbuch)	978-3-96317-404-9	22,00

ÇA IRA

Website www.ca-ira.net
E-Mail info@ca-ira.net
Anschrift ça ira-Verlag
Günterstalstraße 37
79102 Freiburg
Telefon 0761 / 37 939
Instagram @cairaverlag

1985 Gründung
1990 Gesammelte Schriften Johannes Agnolis
2012 Werkausgabe Alfred Sohn-Rethels
2018 Gesammelte Schriften Friedrich Pollocks
2020 Gesamtwerk Klaus Heinrichs
2022 Werkausgabe Georg K. Glasers
2025 40-jähriges Jubiläum

Verlag der Kritik. Die Praxis des Verlags besteht nicht in der der Politik, sondern in der materialistischen Kritik, insbesondere der Ideologiekritik, der intellektuellen Aktion schwacher Kräfte. Die Bücher sollen ein Beitrag dazu sein, das Verhältnis von Wissen und Handeln unter den Bedingungen der postnazistischen Kapitalvergesellschaftung in der Tradition von Marx, Freud, Adorno u. a. als Verhältnis von Kritik und Krise darzustellen. Dies kann nur bedeuten, jeden ›Marxismus‹ zu verwerfen, der nicht in der Reflexion auf den Nationalsozialismus, den Antisemitismus und den Antizionismus gründet.

Gerhard Scheit
›Für Israel. Vier Kapitel über Souveränität als Einführung in negative Urteilskraft‹
496 S.
978-3-86259-196-1
29,00 Euro

Gerade dann, wenn das kritische Bewusstsein, was Souveränität beinhaltet, am dringendsten nötig wird, droht es verschüttzugehen. Das gilt unter den unerträglich sich verschärfenden Bedingungen von Israels Existenz vor und nach dem 7. Oktober gewiss in besonderem Maß. Das heißt, die fast unlösbare Aufgabe besteht immer noch darin, ›weder von der Macht der anderen noch von der eigenen Ohnmacht sich dumm machen zu lassen‹ (Adorno); ins Politische gewendet: die eigene partikulare Taktik, der Macht gegenüber angewandt, nicht als Wahrheit des Ganzen misszuverstehen; weder das Muster fürs internationale Recht, also das wirkliche, weil von einem Souverän garantierte Recht innerhalb des Staats, noch das internationale Recht selbst (so scharf zwischen ihnen unterschieden werden muss, weil Letzteres von keinem Gewaltmonopol gedeckt wird) als allgemeinen Zustand der Freiheit zu verklären. Vor solcher Verdummung ist Zionismus gefeit, insofern er sich einen Sinn für die negative Urteilskraft in der jüdischen Religion bewahrt hat, also – in den Worten der ›Dialektik der Aufklärung‹ – dafür, Hoffnung einzig ans Verbot zu knüpfen, das Endliche als das Unendliche, die Lüge als Wahrheit anzurufen, sodass Erkenntnis in der Denunziation solchen Wahns gründe.

Russell Jacoby
›Der tendenzielle Fall der Vernunftrate. Über den Niedergang der Linken und das Ende der Utopie‹
Übers. v. Marlene Gallner, Lisa Herbst u. Martina Leutloff,
248 S.
978-3-86259-193-0
23,00 Euro

Seit den 1970er Jahren polemisiert Russel Jacoby mit spitzer Feder gegen die ideologischen Identifikationsangebote der falschen Gesellschaft, die auch Linke in ihren Bann zu ziehen vermögen, sobald sie nur im Gewand von Kritik und Emanzipation oder individueller Selbstverwirklichung daherkommen. Bei seinen Essays und Polemiken handelt es sich um eine Auseinandersetzung mit den Vorläufern der damals noch im Entstehen begriffenen ›Identitätspolitik‹ und der sich abzeichnenden Assimilation der Gesellschaftskritiker an den akademischen Betrieb.

Georges Bensoussan
›Die Ursprünge des arabisch-israelischen Konflikts (1870–1950)‹
Übers. v. Alex Carstiuc u. Jonas Empen,
200 S., HC
978-3-86259-195-4
25,00 Euro

Auf seiner Suche nach dem gesellschaftlichen Ursprung des damals noch arabisch-israelischen Konflikts geht Bensoussan bis in die Zeit vor der ersten Alija zurück und betrachtet einen historischen Abschnitt, der sich vom Jahr 1870 bis zum Ende des Unabhängigkeitskriegs und den ersten Waffenstillstandsabkommen Israels mit seinen arabischen Nachbarstaaten 1949 erstreckt. Er zeigt dabei, dass der alte Jischuv bereits vor der Einwanderung osteuropäischer Zionisten den Kern einer von Europa inspirierten Nationalbewegung bildet. Während sich für die dortigen Juden schon früh der Weg hin zu einer modernen Gesellschaft mit entsprechenden Institutionen und Organisationen abzeichnet, ist die überwiegende Mehrheit der arabischen Bevölkerung durch die clanbasierte und durch Tradition und Religion gebundene Herrschaft in ihrer gesellschaftlichen Entwicklung gehemmt. Schon bald stehen sich zwei kulturell und gesellschaftlich deutlich differierende Gesellschaften bis zur offenen Feindschaft gegenüber.

Autor / Autorin	Titel (Spezifikationen)	ISBN	Preis in Euro
Backhaus, Hans-Georg	Dialektik der Wertform (536 S.)	978-3-924627-52-2	35,00
Bruhn, Joachim	Was deutsch ist. Kritische Theorie der Nation (300 S.)	978-3-86259-141-1	25,00
Glaser, Georg K.	Geheimnis und Gewalt (592 S.)	978-3-86259-182-4	27,00
Göllner, Renate	Freiheit und Trieb. An den Grenzen der Psychoanalyse (224 S.)	978-3-86259-150-3	22,00
Küntzel, Matthias	Djihad und Judenhaß (180 S.)	978-3-924627-06-5	23,00
Marx, Karl	Das Kapital. Erstausgabe von 1867 (808 S.)	978-3-86259-149-7	36,00
Poliakov, Léon	Von Moskau nach Beirut. Essay über die Desinformation (224 S.)	978-3-86259-181-7	26,00
Segel, Binjamin	Die Protokolle der Weisen von Zion kritisch beleuchtet (520 S.)	978-3-86259-123-7	31,00
Sohn-Rethel, Alfred	Das Ideal des Kaputten (98 S.)	978-3-86259-144-2	19,00
Weinstock, Nathan	Der zerrissene Faden. Wie die arabische Welt ihre Juden verlor (480 S.)	978-3-86259-111-4	32,00

CONNEWITZER VERLAGS-BUCHHANDLUNG

Website www.cvb-leipzig.de
E-Mail woertersee@hotmail.de
Anschrift Connewitzer Verlagsbuchhandlung
Peter Hinke
Peterssteinweg 7
04107 Leipzig
Telefon 0341 / 22 48 783
Instagram @cvb_woertersee_leipzig

Die Connewitzer Verlagsbuchhandlung wurde 1990 von Peter Hinke im Leipziger Stadtteil Connewitz als Sortimentsbuchhandlung mit Verlag gegründet. Durch viele Aktionen etablierte sich die Buchhandlung bereits nach kurzer Zeit als eine der wichtigsten literarischen Adressen der Stadt. Seit 1995 ist sie in der Innenstadt im Specks Hof zu finden, die Verlagsarbeit erfolgt seit 2005 vorwiegend im ›Wörtersee‹ in der Südvorstadt. Grundsätzlich verlegt die CVB Bücher in schöner Ausstattung und arbeitet vorrangig mit Leipziger Gestaltern, Künstlern, Autoren, Buchbindern und Druckereien zusammen. Von der Stiftung Buchkunst wurden die Bücher bereits mehrfach ausgezeichnet. 2015 erhielt die Connewitzer Verlagsbuchhandlung den Kurt-Wolff-Förderpreis, 2019 den Sächsischen Verlagspreis, 2021 den Deutschen Verlagspreis und 2023 den Deutschen Buchhandlungspreis.

Lene Voigt
›Brinz & Brinzessin. Sächsische Märchen‹
Reihe: Kleine Leipziger Bibliothek
M. farb. Illu. v. Phillip Janta,
120 S., HC
978-3-948814-21-2
15,00 Euro

Lene Voigt, unsere beste sächsische Dichterin, hat einst auch die beliebtesten Märchen in Mundart übertragen: Dr Schweinehirt, Hänsel un Gredel, Aschenbreedel, Rotgäbbchen, Frau Holle, Schneewittchen und Dornreeschen. Erstmals liegen sie nun gesammelt und schön illustriert vor. Phillip Janta, Leipziger Illustrator, hat die Sammlung wunderbar und mit viel farbigem Schwung in Szene gesetzt. Wir wünschen viel Vergnügen beim Betrachten, beim Laut- und Leiselesen.

Leseprobe Es war ämal ä Brinz, där liebte änne Brinzessin. Mr gonntn das ooch gar nich verdenken, denn das junge Mädel war ä gradezu bildhibsches Bibbchen. Se hatte ä hellblonden Bubigobb un drzu gohlbechrahmschwarze Oochen. Das war ä Gondrast, so inderessand, daß alle Leite schtehn bliem und ausriefen: ›Nee, sowas!‹ (Dr Schweinehirt)

Harald Fritzsch / Karin Wieckhorst (Fotos)
›Flucht aus Leipzig. Eine Protestaktion und ihre Folgen‹
Reihe Kleine Leipziger Bibliothek
NA, Nachw. v. Thomas Mayer, 180 S., HC
978-3-948814-22-9
20,00 Euro

Leipzig, 1968: Die DDR-Staatsführung unter Walter Ulbricht lässt die Paulinerkirche, eines der wichtigsten historischen Gebäude der Stadt und Treffpunkt der DDR-Opposition, in einem Akt von Willkür sprengen. Harald Fritzsch, Physikstudent, will dagegen ein Zeichen setzen. In einer spektakulären Aktion entrollt er ein Protesttransparent auf einer internationalen Großveranstaltung. Die Stasi veranlasst daraufhin eine Großfahndung. Fritzsch plant nun seine Flucht. Mit einem Faltboot will er von Bulgarien über das Schwarze Meer in die Türkei entkommen. Harald Fritzsch (1943–2022), der renommierte Physiker, zeichnet ein authentisches Bild der DDR in den späten sechziger Jahren, er berichtet vom Widerstand gegen das Regime und erzählt die Geschichte seiner waghalsigen Flucht.

Sarah Hensel / Paul Hirsch / Dominik Kohl u. a. (Hgg.)
›Tippgemeinschaft 2025. Jahresanthologie der Studierenden des Deutschen Literaturinstituts Leipzig‹
Vorw. v. Isabelle Lehn,
S. 288, KB
978-3-948814-20-5
20,00 Euro

Die Tippgemeinschaft ist die Werkschau der Studierenden des Deutschen Literaturinstituts Leipzig und gibt einen Einblick in die zeitgenössischen Ansätze deutschsprachiger Literatur. Die Anthologie versammelt Texte von Autor_innen, die noch am Anfang ihrer literarischen Laufbahn stehen. Ähnlich einem Rundgang in einer Kunstakademie kann ein Einblick in die Arbeiten der Studierenden des Instituts gewonnen werden. Mit Texten von: Lukas Arndt, Arrés Malak Needla, Emi Atze, Sven Beck, Hannah Beckmann, Sonali Beher, Shitela Maria Biallas Abdel Ghani, Robin Bode, Tina Brüggener, Wanda Eckert, Anja Engst, Leonard Feddern, Iven Yorick Fenker, Jonas Frey, Felix Gräbeldinger, Lorenz Häberli, Oliwia Hälterlein, Lara Hampe, Constantin Heller, Sarah Hensel, Paul Hirsch, Marc Huber, Marie-Christin Janssen, Luisa-Marie Kauzmann, Viktoria Kerkewitz, David Kienzler, Dominik Kohl, Carla Lorenz, Jorinde Minna Markert, Liola Nike Mattheis, Tara Meister, Teresa Metzinger, Valeria Nieberg, Raphael Ostertag, Michèle Yves Pauty, Alice Lovis Planz, Josefa Ramírez Sánchez, Jona Rausch, Lena Riemer, Victor Sattler, Konstantin Schmidtbauer, Sophie Schollek, Suse Schröder, Franziska Siewert, Sven Spaltner, Grigory Stanskiy, Lilith Tiefenbacher, Finn Mattis Tubbe, Mücahit Türk, Kathrin Vieregg, Hermine Vulturius, Jonë Zhitia.

Autor / Autorin	Titel (Spezifikationen)	ISBN	Preis in Euro
Böhme, Thomas	Asservate. Alter Worte Welt (144 S.)	978-3-937799-57-5	24,00
Hilbig, Wolfgang	Sphinx. Unveröffentl. Texte a. d. Nachlaß (Edition Wörtersee, 84 S.)	978-3-937799-91-9	13,00
Hinke, Peter (Hg.)	Vom Jüngsten Tag. Ein Lesebuch des Kurt-Wolff-Verlages 1913–1918 (Edition Wörtersee, 144 S.)	978-3-937799-35-3	15,00
Jacob, Jörg	Fluten (Edition Wörtersee, Erzählung, 144 S.)	978-3-948814-10-6	16,00
Jacob, Jörg	Gefährten der Stille (Geschichten ohne festen Wohnsitz, Erzählung, m. Illu. v. Jusche Fret, 32 S.)	978-3-948814-19-9	20,00
Krehl, Reinhardt	Zwischen Hochbehälter und Wolken. Gedichte und Hasenklee (Edition Wörtersee, 108 S., m. Pflanzenselbstdrucken)	978-3-948814-18-2	18,00
Preiwuß, Kerstin	nachricht von neuen sternen (Edition Wörtersee, Gedichte, 80 S.)	978-3-937799-21-6	14,00
Reimann, Andreas	Der Plunderhund im Lande Wunderbunt (Lieder u. Gedichte, 368 S.)	978-3-948814-05-2	25,00
Richardson, Henry H.	Maurice Guest (Roman, übers. v. Fabian Dellemann u. Stefan Welz, 2 Bde., 860 S.)	978-3-937799-25-4	50,00
Schirmer, Bernd	Silberblick (Roman, 456 S.)	978-3-937799-86-5	24,00
Voigt, Lene	Das kleine Lene Voigt Buch (Kleine Leipziger Bibliothek, illu. v. Phillip Janta, 142 S.)	978-3-937799-18-6	16,00

Website www.conte-verlag.de
E-Mail info@conte-verlag.de

Anschrift Conte Verlag
Am Rech 14
66386 St. Ingbert

Telefon 06894 / 16 64 163

CONTE VERLAG

Es sind vor allem drei Dinge, die uns beim Conte Verlag seit über 20 Jahren antreiben: die Leidenschaft für gut gemachte Bücher, die Freude an gut erzählten Geschichten und die Verbundenheit mit einer Region, die von den urbanen Kulturzentren der Republik allzu selten in den Blick genommen wird. Unsere Schwerpunkte liegen auf Belletristik und Regionalia. Immer wieder gelingt es uns aber auch, Lücken zu schließen und Bücher zu veröffentlichen, die es längst hätte geben müssen. So erschien unter dem Titel ›Würde, Freiheit, Gleichheit‹ ein prächtig illustriertes, in kindgerechter Sprache verfasstes ›Grundgesetz für Kinder‹. Zu den wichtigsten belletristischen Veröffentlichungen der letzten Jahre zählen Frank P. Meyers Roman ›Vom Ende der Bundeskegelbahn‹, für den er 2023 mit dem Grimmelshausenpreis ausgezeichnet wurde, Hans Therres Romantrilogie ›Elsterbach‹ sowie Dominik Bollows Romandebüt ›Die Launen der Ziege‹.

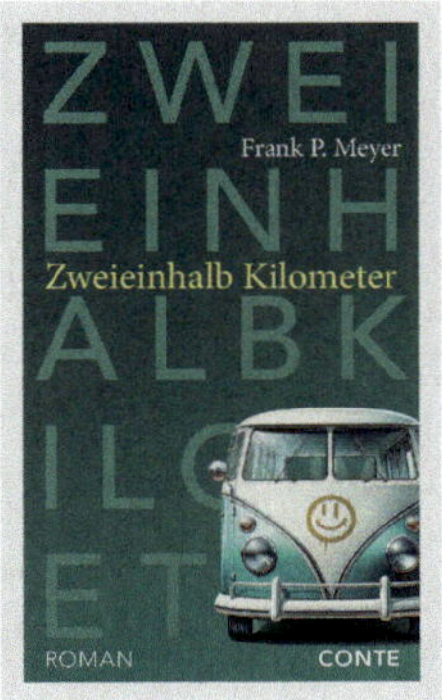

Frank P. Meyer
›Zweieinhalb Kilometer‹
Roman,
332 S., HC
978-3-95602-297-5
22,00 Euro

Im neuesten Schelmenstreich des Grimmelshausenpreisträgers Frank P. Meyer dreht sich alles um einen VW-Bulli, Baujahr 1963, den Bernd und Wolfgang bei der Entrümpelung von Oma Wallis Geräteschuppen zu Tage fördern. Schnell stellt sich heraus, dass es sich um den legendenumwobenen ›Terroristenbus‹ handelt, ein Gefährt, das oft die Besitzer wechselte und um das sich viele Geschichten und Gerüchte ranken. Vor allem Wolfgang ist sofort angetan von der ›potenziellen‹ Schönheit ihres Fundstückes und so wechselt das Fahrzeug den Besitzer. Bei der alsbald in Angriff genommenen Restaurierung machen Bernd und Wolfgang eine Entdeckung … Es entspinnt sich eine fulminante Geschichte im Stil einer ›Kurzdistanz‹-Road-Novel: der ultimative Dorfroman und ein Frank-Meyer-Primstal-Special für alle Fans von ›Normal passiert da nichts‹, ›Hammelzauber‹ und ›Vom Ende der Bundeskegelbahn‹.

Mark Heydrich
›Dir, Bussard‹
Slam-Poetry,
140 S., KB
978-3-95602-302-6
18,00 Euro

Die Mutter schweigt. Der Vater meint, er sei früher schon ein Sauhund gewesen und der Sohn beschwichtigt schamlos lügend die am Heiligen Abend in der väterlichen Gaststätte anrufenden, langsam die Contenance verlierenden Ehefrauen: ›Ihr Mann hat sich eben auf den Weg gemacht!‹ In seinen kurzen, mal erzählten, mal in rhythmische Verse gefassten Texten legt Mark Heydrich mit viel Witz, sprachlicher Finesse und schonungslosem Blick all das Absurde, Schöne und manchmal Schreckliche unseres in die Welt Geworfenseins offen. Dabei lässt sich der Slam-Poet weder thematisch noch stilistisch in die Ecke drängen. Kaum meint man, einen Schlüssel zur Heydrich'schen Wortkunst gefunden zu haben (Liebe!, Begierde!, Fabulierlust!), brennt meist schon der nächste Text jedwede Gewissheit nieder und man steht staunend und ungläubig in der Asche und … ist entzückt.

Ulrike Kolb
›Schönes Leben‹
Roman,
314 S.
978-95602-301-9
18,00 Euro

Schauplatz des Romans ist das Saarland der Nachkriegszeit: die erste deutsche Region, in der das heutige Europa vorweggenommen ist – wenngleich unter ganz anderen Vorzeichen. La Sarre ist damals weder richtig französisch noch ist das Saarland richtig deutsch. Der Krieg ist zwar vorbei, aber die Feindschaft zwischen Franzosen und Deutschen ist lebendig, die Bewunderung der Deutschen für französische Lebensart und französische Frauen ungebrochen. In ihrem 1990 erschienenen Roman verknüpft Ulrike Kolb eine Fülle bewegender Lebensgeschichten zu einem Gesellschaftspanorama der ›kleinen‹ und ›großen‹ Leute. 2025 wurde die gebürtige Saarbrückerin für ihr ›anspruchsvolles, von Vielfalt geprägtes literarisches Werk‹ mit dem Kunstpreis des Saarlandes ausgezeichnet.

Autor / Autorin	Titel (Spezifikationen)	ISBN	Preis in Euro
Bail, Ulrike	im halblichten geäst deines atems (Gedichte, 102 S.)	978-3-95602-266-1	19,00
Bärfuss, Lukas	Wir kennen uns nicht (Rede)	978-3-95602-217-3	10,00
Bollow, Dominik	Die Launen der Ziege (Roman, 254 S.)	978-3-95602-271-5	22,00
Meyer, Frank	Okay, Boomer (Kolumnen, 120 S.)	978-3-95602-265-4	15,00
Schoch, Julia	Love love love – Ein Gruß aus der Zukunft (Rede)	978-3-95602-263-0	10,00
Schock, Ralph (Hg.)	Edith Aron: Auf Wegen und Pfaden (288 S.)	978-3-95602-264-7	22,00
Sellner, Albert	Immerwährender Heiligenkalender (636 S.)	978-3-95602-215-9	22,00
Sievers, Antje	Die Judenmadonna (Historischer Roman, 392 S.)	978-3-95602-219-7	18,00
Strittmatter, Susanne u. Matthias	Würde, Freiheit, Gleichheit (Grundgesetz für Kinder, 108 S.)	978-3-95602-203-6	15,00
Therre, Hans	Elsterbach (Roman, 356 S.)	978-3-95602-183-1	20,00
Wolff, Iris	Tu, was du willst (Rede)	978-3-95602-252-4	10,00

CULTURBOOKS VERLAG

Website www.culturbooks.de
E-Mail info@culturbooks.de

Anschrift CulturBooks Verlag
Gärtnerstraße 122
20253 Hamburg

Instagram @culturbooks

CulturBooks – Die Welt in Geschichten. CulturBooks präsentiert preisgekrönte internationale Literatur und ausgewählte deutsche Stimmen, die mit unverwechselbarem Sound und offenem Blick von unserer sich ständig wandelnden Welt erzählen. Literatur, die Horizonte erweitert – relevant, überraschend und bewegend.

2013 Gründung in Hamburg und Berlin
2019 + 20 + 22 + 24 Deutscher Verlagspreis
2020 Deutscher Krimipreis für Frank Göhre
2021 Preis der Hotlist für Ling Ma
2022 Deutscher Krimipreis für Cherie Jones
2024 Preis der Leipziger Buchmesse für Ki-Hyang Lee, K.-H. Zillmer-Verlegerpreis
Verleger: Zoë Beck u. Jan Karsten

Patricia Evangelista
›Some People Need Killing. Eine Geschichte der Morde in meinem Land‹
Erzählendes Sachbuch,
a. d. phil. Engl. v. Zoë Beck,
456 S.,
HC m. SU u. LB
978-395988-247-7
28,00 Euro

›Ein journalistisches Meisterwerk‹, schreibt der ›New Yorker‹ über dieses erschütternd aktuelle Debüt. Patricia Evangelista, eine der renommiertesten Reporterinnen der Philippinen, berichtet bewegend und klug von den staatlich sanktionierten Morden an philippinischen Bürgern während Präsident Rodrigo Dutertes ›Krieg gegen die Drogen‹. Sie erzählt die hochinteressante Geschichte eines vielschichtigen Landes – und zeigt auf eindrucksvolle Weise, mit welchen Folgen es autoritären Regimen weltweit gelingt, demokratische Institutionen auszuhöhlen und zu zerstören. Evangelista taucht tief ein in die Welt der Killer und der Überlebenden und fängt die Atmosphäre des Schreckens ein, die sich ausbreitet, wenn ein gewählter Präsident entscheidet, dass einige Leben weniger wert sind als andere.

Bora Chung
›Dein Utopia‹
Storys,
a. d. Kor. v. Ki-Hyang Lee,
264 S., HC m. LB
978-3-95988-248-4
24,00 Euro

›Jemand, der Stephen King oder Haruki Murakami liebt, ist mit Bora Chung ganz blendend bedient‹, sagt Denis Scheck. Nun ist die koreanische Autorin (›Der Fluch des Hasen‹) mit einem neuen Buch zurück, und wieder hält sie unserer modernen Welt auf eindringliche Weise einen literarischen Spiegel vor. Diesmal wendet sie ihren scharfen Blick der Frage zu, was es angesichts rasanter technologischer Umbrüche heißt, ein Mensch zu sein, und erzählt mit düsterem Witz von KI-gesteuerten Autos, Aufzügen mit Gefühlen, utopischen Heilsversprechen und Bürokratien, die sogar die Unsterblichkeit verwalten. ›Technologie trifft auf die Absurdität der menschlichen Existenz – und wie von Bora Chung gewohnt, tut sie das auf die erstaunlichste und großartigste Art und Weise.‹ (Book Riot)

Devika Rege
›Die rastlosen Jahre‹
Roman,
a. d. ind. Engl. v. Barbara u. Stefan Weidle,
456 S.,
HC m. SU u. LB
978-3-95988-249-1
28,00 Euro

›Im Stil der großen Romane von Salman Rushdie oder Amitav Ghosh‹ (Biblio) entwirft Devika Rege mit großer erzählerischer Kraft und feinem Gespür für Details ein lebendiges, vielschichtiges Porträt des modernen Indien. Anschaulich beschreibt die Autorin ein Land im Aufbruch zur Weltmacht, inklusive aller politischen, religiösen und sozialen Spannungen und der großen Kluft zwischen Arm und Reich. Zugleich weist Reges preisgekröntes Debüt auch weit über die Landesgrenzen hinaus und wendet sich an ein globales Publikum: Mit seinem klugen Blick auf die Machtverhältnisse der Weltpolitik, die universellen Kulturkämpfe, das Stadt-Land-Gefälle und den neu aufblühenden Nationalismus berührt dieser ›bahnbrechende Roman‹ (Indian Express) auch die Bruchlinien westlicher Demokratien – und trifft ins Herz unser aller Gegenwart.

Autor / Autorin	Titel (Spezifikationen)	ISBN	Preis in Euro
Chung, Bora	Der Fluch des Hasen (Storys, 264 S.)	978-3-95988-190-6	24,00
Fernández, Nona	Twilight Zone (Roman, 240 S.)	978-3-95988-193-7	24,00
Gessen, Keith	Ein schreckliches Land (Roman, 488 S.)	978-3-95988-151-7	24,00
Göhre, Frank	Sizilianische Nacht (Kriminalroman, 168 S.)	978-3-95988-244-6	17,00
Goldschmidt, Pippa	Deutschstunden. Eine Rückkehr (Erzählendes Sachbuch, 296 S.)	978-3-95988-188-3	24,00
Jones, Cherie	Wie die einarmige Schwester das Haus fegt (Roman, 340 S.)	978-3-95988-185-2	25,00
Koe, Amanda Lee	Die letzten Strahlen eines Sterns (Roman, 472 S.)	978-3-95988-153-1	28,00
Ma, Ling	Glückscollage (Storys, 216 S.)	978-3-95988-189-0	23,00
Ma, Ling	New York Ghost (Roman, 360 S.)	978-3-95988-152-4	23,00
Nixon, Carl	Kerbholz (Roman, 304 S.)	978-3-95988-156-2	24,00
Scanlan, Kathryn	Boxenstart (Roman, 182 S.)	978-3-95988-243-9	22,00

Website www.dagyeliverlag.com
E-Mail info@dagyeli.com

Anschrift Dağyeli Verlag
Muskauer Straße 4
10997 Berlin

Telefon 030 / 64 49 68 61

DAĞYELI VERLAG

1981 Gründung in Frankfurt am Main
2001 Neugründung in Berlin
Verleger: Jeanine Dağyeli, Mario Pschera

Lyrik & Prosa zwischen Mittelmeer und Tienshan: Eigentlich als Verlag für nach dem Militärputsch 1980 in der Türkei verbotene Literatur gegründet, nahm er bald junge migrantische Autoren und Klassiker der türkischen Moderne ins Programm. Ab 2001 erweiterte sich dieses um Literatur u. a. aus Usbekistan, Kasachstan, aus Georgien und Armenien. Wissenschaftliche und literarische Expertise trifft auf das Faible für Typographie und Gestaltung, Entdeckerfreude auf Risikobereitschaft. Das Ergebnis sind Bücher für Leser:innen, die das Ungewöhnliche außerhalb eurozentrischer Marktgängigkeit suchen.

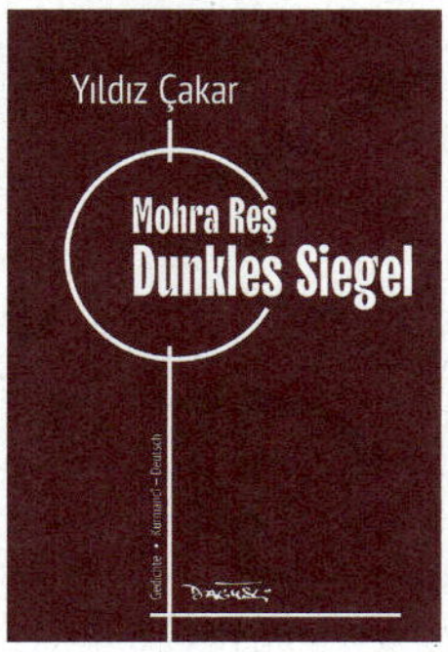

Yıldız Çakar
›Dunkles Siegel. Mohra Reş‹
Gedichte, Dt. / Kurm.,
a. d. Kurm. v. Tobias Roth u. a.,
100 S., geb.
978-3-910948-15-0
20,00 Euro

›Dunkles Siegel‹ versammelt neun lyrische Zyklen, in denen die Erfahrung von Verlust und Flucht, Willkür und Gewalt ebenso zur Sprache kommen wie der souveräne Kern einer Identität, die sich nicht in diesen Erfahrungen erschöpft: Es sind Zyklen der Klage in einem wuchtigen und alten Sinn, einer Klage, der auch Hoffnung und Triumph nicht fremd sind. Und die voller Liebe ist. Yıldız Çakars Verse speisen sich aus den Tiefen mythischer Bilder und Muster, und sie reichen bis in die zukünftige Utopie eines Friedens. So erzählen diese Verse in bedrückend schönen, kämpferisch verletzlichen Bildern von einem Individuum, das zugleich eine Kultur ist, und von einer Kultur, die in Individuen lebt und überlebt. ›Dunkles Siegel‹ ist die erste Gedichtsammlung auf Kurmancî, die auf Deutsch publiziert wird. Zuvor hat sich Yıldız Çakars, die heute in Berlin lebt, bereits einen Namen als Schriftstellerin und Dramatikerin gemacht.

Bela Chekurishvili (Hg.)
›Gastspiel für Mickey Mouse.
Pop und Poesie in Georgien‹
Gedichte, Dt. / Georg., a. d. Georg. v.
Bela Chekurishvili u. Mario Pschera,
108 S., geb.
978-3-910948-08-2
20,00 Euro

Der Eiserne Vorhang hatte Löcher: Auch ins sowjetische Georgien tröpfelten die Lieder der Stones und Sinead O'Connor, der Sex Pistols und Jethro Tull, Bilder von Wolkenkratzern und Marilyn Monroe auf Reklametafeln, Filmschnipsel und der Duft von Marlboro und Camel. Allan Ginsburg schlendert durch Tbilisi und ›Star Wars‹ wird zum Logbuch durch den Kaukasus. 45 Gedichte, entstanden zwischen 1980 und 2023, spiegeln, kommentieren und ironisieren das Spannungsverhältnis zwischen westlicher Popkultur und sowjetischem Alltag in Georgien, der schließlich nach Fall des Eisernen Vorhangs sich vom Experimentierfeld der Demokratie in eine oligarchisch-autoritäre Spielwiese nach russischen Regeln verwandeln sollte. Wogegen auch die Autor:innen dieser Anthologie seit Monaten auf die Straße gehen – weil Pop hier politisch ist.

Ak Welsapar
›Die Legende von Aypi‹
Roman,
a. d. Russ. v. Mario Pschera,
180 S., geb.
978-3-910948-10-5
22,00 Euro

In einem gottverlassenen Fischerdorf am Kaspischen Meer trifft der Geist einer toten jungen Frau auf die Nachfahren ihrer Mörder, die ihrerseits noch gar nicht recht glauben wollen, dass sie für ein Sanatoriumsprojekt in die Stadt zwangsumgesiedelt werden sollen. Einzig der stolze Fischer Araz wehrt sich und gerät prompt in die Fänge des allmächtigen Sicherheitsapparates. Während Aypi auf Geisterart für mysteriöse Todesfälle unter Bonzen und Mitläufern sorgt, legt sich Araz in seiner Sturheit ausgerechnet mit ihr an und bekommt die Gewalt des Meeres zu spüren. Der exilturkmenische Schriftsteller Ak Welsapar verbindet in seinem Roman die deutliche Kritik an Frauenfeindlichkeit und Xenophobie mit einer burlesken Schilderung (post-)sowjetischer Furcht und Gleichgültigkeit. ›Die Legende von Aypi‹ erhielt 2016 den Schwedischen Kulturpreis.

Autor / Autorin	Titel (Spezifikationen)	ISBN	Preis in Euro
Anti, Yermen	Wiederkunft der Wunderkinder (Gedichte u. Songs, zweispr., Russ. / Dt., 180 S.)	978-3-935597-58-6	20,00
Bıçakcı, Hakan	Schlaftrunken (Roman, 188 S., a. d. Türk.)	978-3-935597-66-1	20,00
Ergün, Sine	Solche wie Sie (Kurzgeschichten, 96 S., a. d. Türk.)	978-3-935597-61-6	18,00
Isıyel, Tuğçe (Hg.)	Von Tieren, Menschen und der Stadt (Erzählungen, 168 S., a. d. Türk.)	978-3-910948-05-1	22,00
Kharanauli, Besik	Das Buch des Amba Besarion (Poem, 192 S., a. d. Georg.)	978-3-935597-98-2	20,00
Kıvılcım, Gönül	Klinge (Roman, 180 S., a. d. Türk.)	978-3-935597-64-7	20,00
Lebanidze, Shorena	Wenn es sein muss, bringen wir dich zum Reden! (Dokufiktion, a. d. Georg.)	978-3-935597-99-9	20,00
Omar, Kanat	pupille der erfrorenen (Poem, 96 S., zweispr., Russ. / Dt.)	978-3-910948-06-8	20,00
Sargsyan, Anoush	Ano (Erzählungen, 152 S., a. d. Armen.)	978-3-910948-07-5	20,00
Topuz, Kuzey	Der Freund (Roman, 104 S., a. d. Türk.)	978-3-910948-03-7	20,00
Welsapar, Ak	Kobra und der Herr Genosse Präsident (Roman, 500 S., a. d. Russ.)	978-3-935597-59-3	28,00

DANUBE BOOKS

Website www.danube-books.eu
E-Mail verlag@danube-books.eu

Anschrift danube books Verlag
Friedrichsaustraße 4
89073 Ulm
Telefon 0731 / 16 56 92 49
Instagram @danube_books

Entlang der Donau findet sich eine in Europa einzigartige Vielfalt an Kulturen, Sprachen, Religionen und Ethnien. Gleichzeitig prägen unterschiedliche Grenzen die Region, sichtbare wie unsichtbare, alte und neue. Mit seinem Programm leistet danube books einen Beitrag zur Überwindung dieser Grenzen und zur Pflege der kulturellen Vielfalt in den Donauländern. Diese Vielfalt bildet den Kern der kulturellen Identität der europäischen Region zwischen Schwarzwald und Schwarzem Meer. Bei danube books erscheinen Sachbücher und Belletristik. Die hochwertig ausgestattete Reihe edition textfluss ist der Lyrik gewidmet; die Bände sind zumeist zwei- oder mehrsprachig. Der danube books Verlag ist Mitglied im internationalen Kulturnetzwerk danube cultural cluster und im Netzwerk Schöne Bücher.

2015 Gründung
2017 Lyrikreihe edition textfluss
2022 Verlagspreis Literatur Baden-Württemberg
Slogan: grenzenlos europäisch
Verleger: Thomas M. Zehender

Nicol Hochholczerová
›Dieses Zimmer kann man nicht essen‹
Roman,
a. d. Slowak. v. Marie-Theres Cermann,
172 S., geb. m. SU
978-3-946046-42-4
22,00 Euro

Maria Lehner
›... und dann ins Schwarze Meer‹
Porträts,
208 S., geb. m. SU
978-3-946046-43-1
24,00 Euro

Fee Katrin Kanzler
›Ameisenschnee‹
Erzählungen,
248 S., geb. m. SU
978-3-946046-44-8
24,00 Euro

Nicol Hochholczerovás eindrucksvolles Prosadebüt beginnt als ausdrucksstarke, poetische Coming-of-Age-Geschichte und setzt sich im Sinne einer stilisierten Darstellung der ungleichen Beziehung zwischen einer zwölfjährigen Schülerin und einem fünfzigjährigen Kunstlehrer fort. Gefühle des Unverständnisses, des Andersseins und der pathologischen ersten Liebe, die in den Vordergrund gerückt werden, sind ein indirektes Zeugnis für den sexuellen Missbrauch der minderjährigen Erzählerin. In ihrem Debüt schöpft die Autorin aus ihren eigenen Erfahrungen, die sie verarbeiten musste. Ihr Hauptaugenmerk lag jedoch auf der literarischen Ästhetik der Erzählung. Das Buch ist ein Spiegelbild unserer Gesellschaft. Es erregte in der Slowakei nicht nur wegen seines kontroversen Themas erhebliches Aufsehen, sondern auch, weil es aus der Perspektive der beiden Protagonisten geschrieben ist und es dem Leser überlässt, sich ein Urteil zu bilden. Es wurde mittlerweile in zehn europäische Sprachen übersetzt.

In der Sammlung von literarischen Porträts verbinden sich die Geschichten von zehn Frauen mit konkreten geschichtlichen und politischen Ereignissen im Donauraum. Sie sind an einem der Nebenflüsse oder direkt am Strom zuhause, zwischen Schwarzwald und Schwarzem Meer. Ihr Leben hat sie von dort weit weggeführt oder sie sind in ihrem Dorf geblieben. Unabhängig von der geografischen Entfernung haben alle einen langen Weg zurückgelegt. Konkrete Frauen sind es, in ihrem Tun dargestellt. Nur ›Mirela packt‹ ist das fiktive Gesamtporträt mehrerer Frauen. Lyrische Sequenzen fassen jeweils Geschichte und Fluss zusammen. ›Das hier Erzählte wird nicht fortstürzen und verschwinden; es wird die Absätze hinaus schwappen, sich zwischen den Seiten stauen, sich sturzflutartig auflösen in elementare Bestandteilchen – aber wie die Wasser der Donau wird es stets aufs Neue herabregnen‹, schreibt Maria Lehner in ihrem Vorwort.

Fee Katrin Kanzlers Figuren sind wütende Geschöpfe. Sie verzweifeln mal laut, mal leise. Wagen sie den Ausbruch, fordern sie ihr Recht, so rebellieren sie auf unerwartete Arten, schlagen lieber die krummen als die geraden Wege ein. Zwei grundverschiedene Ehepartner, er Topverdiener in der Industrie, sie Puppenspielerin, haben sich auseinandergelebt. Wo die Beziehung früher aufregend und voller Experimentierfreude war, beginnt sie zu einem Spießrutenlauf gegenseitigen Überwachens und Verurteilens zu werden. Eine junge Frau verteilt Graffitis im Reichenviertel. Sie wird von der Polizei aufgegriffen und einer Millionärin vorgeführt, deren Eigentum sie besprüht hat. Die junge Frau lässt sich in ein Gespräch verwickeln, das gefährlich endet. Dies sind nur zwei von Kanzlers siebenundzwanzig Erzählungen, die zugleich sinnlich und scharfsinnig sind, die Machtfragen und künstlerische Freiräume ausloten. Mit ›Ameisenschnee‹ ist ihr ein inhaltlich wie sprachlich außergewöhnlicher Prosaband gelungen.

Autor / Autorin	Titel (Spezifikationen)	ISBN	Preis in Euro
Breuer, Rayna	Platte 317 (Roman, 216 S.)	978-3-946046-25-7	20,00
Eismann, Sigrid Katharina	Dschangakinder (Lyrik, 224 S.)	978-3-946046-30-1	26,00
Gräfe, Daniel	Wir waren Kometen (Roman, 248 S.)	978-3-946046-41-7	24,00
Hackenberg, Gudrun	Das Geschenk der leeren Hände (Biografie, 208 S.)	978-3-946046-39-4	22,00
Hodjak, Franz	Im Ballsaal des Universums (Lyrik, 124 S.)	978-3-946046-35-6	20,00
Iaru, Florin	Die grünen Brüste (Erzählungen, 184 S.)	978-3-946046-17-2	18,50
Kiss, Noémi	Der Nebelmann. Geschichten von der Donau (Erzählungen, 164 S.)	978-3-946046-40-0	22,00
Lesi, Zoltán (Hg.)	An unseren Grenzen haben wir Angst. Emigration aus Ungarn (192 S.)	978-3-946046-38-7	22,00
Örkény, István	Rebellion in der Nussschale (Lesebuch, 200 S.)	978-3-946046-34-9	22,00
Rankov, Pavol	Der Kleine Donaukrieg (Roman, 276 S.)	978-3-946046-31-8	24,00
Tenev, Georgi	Christo und die freie Liebe (Roman, 112 S.)	978-3-946046-36-3	19,00

Website www.daskulturellegedaechtnis.de
E-Mail info@daskulturellegedaechtnis.de

Anschrift Verlag Das Kulturelle Gedächtnis GmbH
Heinrich-Roller-Straße 7
10405 Berlin

VERLAG DAS KULTURELLE GEDÄCHTNIS

2016	Gründung des Verlags
2017 + 20	Schönstes Buch des Jahres
2020 + 21 + 24	Deutscher Verlagspreis
2021	Berliner Verlagspreis
2025	V.O. Stomps-Preis der Landeshauptstadt Mainz
Verleger:	Peter Graf, Carsten Pfeiffer †, Tobias Roth, Beate Sowoboda

Der Verlag Das Kulturelle Gedächtnis (VDKG) hat sich die Aufgabe gestellt, notwendige Bücher der Literatur- und Kulturgeschichte neu zu verlegen. Wiederentdeckt und publiziert werden von uns belletristische und nicht fiktionale Werke aus der Vergangenheit, die Bezüge zu unserer Gegenwart herstellen und zeigen, dass die Probleme von heute nicht einzigartig sind. Und deshalb lohnt der Blick auf die Diskurse, die geführt, und die Lösungen, die angeboten wurden. In der Vergangenheit zu blättern heißt für uns, nach vorn zu blicken. Oder wie Gustav Landauer, Beauftragter für Volksaufklärung in der Münchner Räterepublik, sagte: ›Die Vergangenheit ist nicht etwas Fertiges, sondern etwas Werdendes. Es gibt für uns nur Weg, nur Zukunft; auch die Vergangenheit ist Zukunft, die mit unserem Weiterschreiten wird, sich verändert, anders gewesen ist.‹

Oliver Matuschek / Tobias Roth (Hgg.)
›Haben Sie sich schon einmal im Mai verliebt? Schriftsteller antworten auf Fragen des Lebens‹
192 S., Kopffarbschn., Prägung
978-3-946990-87-1
22,00 Euro

Im ersten Drittel des zwanzigsten Jahrhundert nehmen Massenmedien und Starkult an Fahrt auf, das Interesse an der persönlichen Meinung von Autorinnen und Autoren wächst. Es ist die große Zeit der Rundfragen: Braucht man zum Dichten Schlaf und Zigaretten? Welche stilistische Phrase hassen Sie am meisten? Was würden Sie tun, wenn Sie die Macht hätten? Darf der Dichter in seinem Werk Privatpersonen portraitieren? Wie sieht Ihr Bücherkoffer für eine Südseefahrt aus? Was halten Sie von der Eifersucht? Sind Sie abergläubisch? Der kurzweilige Band, der dutzende solche Fragen und Antworten versammelt, gewährt nicht nur Einblicke in Arbeits- und Gedankenwelten, sondern zeigt auch eine überraschend moderne Medienlandschaft, in der künstlerische Selbstdarstellung und kultivierter Voyeurismus zusammenfinden. Zu entdecken gibt es eine Fülle von kleinen, charmanten und zumeist unbekannten Texten aus der Feder von großen, bekannten und zumeist charmanten Autorinnen und Autoren.

Lili Körber
›Abschied von Gestern‹
Roman,
übers. v. Beate Swoboda,
hg. v. Peter Graf,
240 S., Kopffarbschn., Prägung
978-3-946990-85-7
26,00 Euro

Lili Körbers bisher unveröffentlichter Roman ›Farewell To Yesterday‹, im New Yorker Exil auf Englisch geschrieben, erzählt nah an Körbers eigenem Erleben die Geschichte des aus Wien nach New York geflohenen Ehepaars Genia und Robert Schicht. Lili Körber, 1897 in Moskau geboren, musste 1915 das Land verlassen und ging nach Wien, wo sie nach Studium und Dissertation als freie Schriftstellerin v. a. von Reportage-Romanen lebte. Im März 1938 flüchtete sie zusammen mit ihrem Mann Erich Grave zunächst in die Schweiz, dann nach Paris, weiter nach New York. Ihre Versuche, mit englischsprachigen Texten erfolgreich zu sein, scheiterten. In den 1980er-Jahren wurde ihr Werk teilweise neu aufgelegt und vom deutschsprachigen Feuilleton begeistert besprochen. Von diesem späten Erfolg erlebte Lili Körber nur noch die Anfänge: Im Oktober 1982 starb sie in New York. Ihr Nachlass wird im Exilarchiv der Deutschen Nationalbibliothek Frankfurt aufbewahrt.

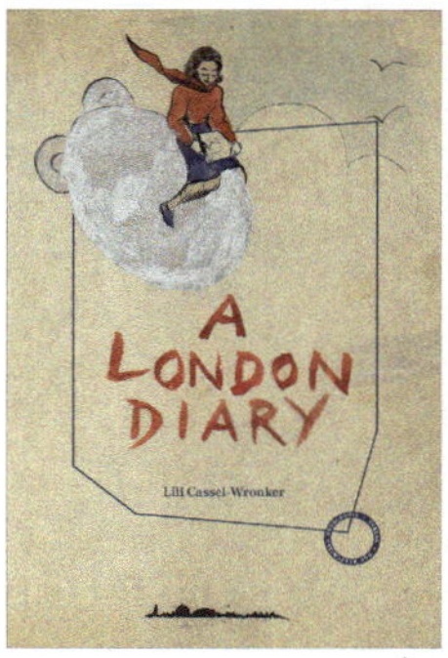

Lili Cassel-Wronker
›London Diary.
Ein illustriertes Tagebuch aus den Jahren 1939 und 1940‹
Vorw. v. Ursula Krechel,
hg. v. Peter Graf,
32 S., vierfarb., Prägung
978-3-946990-86-4
22,00 Euro

Lili Cassel stammte aus Berlin. Sie war eines von 10.000 jüdischen Kindern, die mit den Kindertransporten (Refugee Children's Movement) das Deutsche Reich verlassen konnten und in England Schutz fanden. Ihr ›London Diary‹ ist ein überaus kunst- und liebevoll illustriertes Tagebuch, in dem die damals 15-jährige Lili ihren Aufenthalt in London im Winter 1939/40 festhielt. Das beeindruckende und berührende Zeitdokument wird im Exilmuseum der Deutschen Nationalbibliothek aufbewahrt und nun erstmals veröffentlicht: in großem Format, deutscher Übersetzung und seiner ganzen Farbpracht. Lili Cassel ging schließlich 1940 mit ihrer Familie nach New York, wo sie Kunst studierte und u. a. für das ›Time Magazin‹ arbeitete. 1947 veröffentlichte sie ihr erstes Kinderbuch. Bis ins hohe Alter arbeitete sie als Illustratorin und Kalligrafin und unterrichtete an einer Kunsthochschule.

Autor / Autorin	Titel	ISBN	Preis in Euro
Böhm / Graf (Hgg.)	Alles Gute!	978-3-946990-81-9	28,00
Böhm, Thomas (Hg.)	Die Wunderkammer des Lesens	978-3-946990-76-5	28,00
Cloots, Anacharsis	Reden aus der Revolution 1790–1793	978-3-946990-79-6	15,00
Fallada, Hans	Die RAD-Briefe aus dem besetzten Frankreich 1943	978-3-946990-68-0	24,00
Ferron, Louis	Der Schädelbohrer von Fichtenwald	978-3-946990-74-1	28,00
Frank, Bruno	Lüge als Staatsprinzip	978-3-946990-84-0	22,00
Gumbel, Emil Julius	Verräter verfallen der Feme	978-3-946990-34-5	26,00
Kosmeli, Michael	Die zwei und vierzig jährige Äffin	978-3-946990-75-8	26,00
Kromer, Tom	Warten auf nichts	978-3-946990-73-4	24,00
Roth, Tobias (Hg.)	Gartenstadtbewegung	978-3-946990-35-2	24,00
Valet, Henriette	Madame 60a	978-3-946990-62-8	24,00

DERDIWAN HÖRBUCHVERLAG

Website www.der-diwan.de
E-Mail tina.walz@der-diwan.de

Anschrift derDiwan Hörbuchverlag
Schillerstraße 10
73650 Winterbach

Telefon 0173 / 90 52 244

Letztlich ging und geht es um Ton. Vertonung. Die Magie des gesprochenen Wortes. Für das Verlagsprogramm ist die künstlerische Relevanz eines Stoffes auf der einen, die Sprecherin bzw. der Sprecher auf der anderen Seite wichtig und entscheidend. Nicht nur das Brandneue erreicht die diwansche Zielgruppe. Es ist vor allem die Kreation, die Tiefe eines Textes, die Überraschung, die oft hinter einfach erscheinenden Texten steht. Dies erschließt sich so manches Mal erst durch mehrfaches Hören. Der Anspruch: durch die passende Stimme zum literarischen Stoff ein eigenständiges Werk zu schaffen, das den Geist des Werkes auf den Punkt bringt. Oftmals gekrönt von passender, manchmal sogar eigens komponierter Musik.

2008 Gründung
2016 Verlagspreis Literatur des Landes Baden-Württemberg
2020 + 21 + 22 + 23 Preis der deutschen Schallplattenkritik
2021 + 23 Deutscher Verlagspreis
2023 KIWI – Kinder- und Jugendhörbuch des Jahres 2022
Verlegerin: Tina Walz

Nicolas Mathieu
›Jede Sekunde‹
Ungek. Lesung v. Rainer Strecker,
a. d. Frz. v. Lena Müller u.
André Hansen,
1 MP3-CD, 147 Min.
978-3-949840-45-6
20,00 Euro

Ein Mann und eine Frau, nicht mehr ganz jung, angekratzt von den zermürbenden Routinen des Alltags – Arbeit, Familie, etwas Urlaub, so könnte das Leben dahingehen. Doch sie begegnen einander und Liebe erfasst sie mit der Kraft einer Naturgewalt. Sie sind zu überrascht, zu hungrig, um auch nur einen Moment zu zögern, und ab jetzt zählt jede Sekunde, in der sie zusammen sein können. Mit rückhaltloser Intensität schreibt Nicolas Mathieu die Chronik einer Leidenschaft, die alles andere in den Hintergrund drängt, und findet eine Sprache für das Begehren, das Glück der gestohlenen Stunden im Hotel, die Qual der Abwesenheit, die Eifersucht auf die ›anderen‹ im Leben der Geliebten und schließlich den Schmerz der Trennung. Dieses Buch ist die mitreißende Huldigung eines Melancholikers an das Leben und, ja, die Liebe.

Marion Poschmann
›Die Winterschwimmerin‹
Ungek. Lesung v. Marit Beyer,
1 MP3-CD, 107 Min.
978-3-949840-46-3
22,00 Euro

Thekla schwimmt in offenen Gewässern, auch bei eisigen Temperaturen. Sie versucht in der winterlichen Landschaft sich selbst und dem Verhältnis von Leib und Seele, Natur und Geist auf den Grund zu gehen. Während sie in das atemberaubend klare Wasser eintaucht und mit der Gewalt der Kälte umgeht, findet sie zu einem Gefühl von Freiheit und Autonomie. Dann begegnet sie einem entlaufenen Tiger. Marion Poschmann erzählt mit poetischem Schwung von Spannung und Glück einer außergewöhnlichen Naturerfahrung. Von der Lust, sich selbst zu überwinden. Im kunstvollen sprachlichen Ausdruck verschmelzen zeitgenössische Milieustudie und wundersame Legende, spielerisch leichte und streng gebundene Verse gipfeln in einer modernen Adaption des Leichs, des mittelalterlichen, virtuos gereimten Meistergedichts. Über das Glück des Eisbadens.

Myron Levoy
›Ein Schatten wie ein Leopard‹
Roman, ab 14 J.,
a. d. amerik. Engl.
v. Elisabeth Epple,
ungek. Lesung v. Sascha Tschorn,
1 MP3-CD, ca. 300 Min.
978-3-949840-51-7
22,00 Euro

Ramon Santiago will ein Macho sein. Wenn er sein Messer blitzschnell zückt, fühlt sich der schmächtige Puertoricaner in den Straßen New Yorks stark. Sein Vater und Harpos Gang sollen stolz auf ihn sein. Doch dann bringt der Überfall auf den alten Maler Glasser seine Wunschträume durcheinander. Ramon beginnt nachzudenken – und entdeckt ganz allein, wer er eigentlich ist. Aber damit ist Harpos Gang überhaupt nicht einverstanden ... Levoy erzählt eindrucksvoll von Mut, Selbstfindung, Kunst und der Frage, wie man in einer Welt voller Ungerechtigkeit zu sich selbst steht.

Autor / Autorin	Titel (Spezifikationen)	ISBN	Preis in Euro
Auster, Paul	Baumgartner (1 MP3-CD, 373 Min.)	978-3-949840-32-6	18,90
Balen, Katya	Wünsche an die Wellen (1 MP3-CD, 343 Min.)	978-3-949840-39-5	20,00
Burnside, John	So etwas wie Glück (2 MP3-CDs, 490 Min.)	978-3-949840-18-0	25,00
Die Gruppe OIL	Naturtrüb (1 MP3-CD, 301 Min.)	978-3-949840-42-5	20,00
Drvenkar, Zoran	Frankie und wie er die Welt ... (1 MP3-CD, ca. 200 Min.)	978-3-949840-38-8	20,00
Köhler, Karen	Himmelwärts (1 MP3-CD, 206 Min.)	978-3-949840-33-3	20,00
Olivo, Greta	Die Nacht der Schildkröten (1 MP3-CD, 363 Min.)	978-3-949840-40-1	23,00
Pickel, Juliane	Krummer Hund (2 MP3-CDs, 400 Min.)	978-3-949840-35-7	22,00
Rai, Edgar	Kiosk, Chaos, Canal Grande (1 MP3-CD, 180 Min.)	978-3-949840-12-8	18,00
Strout, Elizabeth	Am Meer (2 MP3-CDs, 390 Min.)	978-3-949840-36-4	26,00

Website	www.dielmann-verlag.de
E-Mail	neugier@dielmann-verlag.de
Anschrift	axel dielmann – verlag KG Donnersbergstraße 36 60528 Frankfurt am Main
Telefon	069 / 94 35 90 00

1993	Gründung 1993
2011	Tochter Frankfurt Academic Press, Reihe ETIKETT mit Sponsoren

AXEL DIELMANN VERLAG

Unabhängig, ›klein, aber fein‹, wie die ›FAZ‹ sagt, seit 1993 jährlich 20 Titel: Belletristik, zumeist zeitgenössischer deutschsprachiger Autoren, aber auch Übersetzungen aus diversen Sprachen und Kulturen. Romane, Gedichtbände, Kurzprosa, Essays, viel Lyrik, auch Kunstbände und Kulturgeschichtliches, derzeit 21 Haus-Autorinnen und -Autoren – Hauptsache, eigenwillige Stimmen. Oft mit Hilfe von Sponsor-Partnern, wozu die Reihe ETIKETT eingerichtet ist. 2011 Gründung der kleinen Wissenschaftstochter Frankfurt Academic Press, demnächst kommt ein belletristisches Wein-Programm hinzu. – Das alles in einer ›Programmatik‹ zusammenzufassen, fällt mir nicht leicht – die einzelnen Titel müssen mir selbst als erstem Leser Freude bereiten, meine Neugierde kitzeln, meine Erkenntnislust anregen, meiner Sprache etwas hinzufügen. Ungefähr so – oder mit dem Verlagsmotto zu sprechen: Bleiben Sie neugierig!

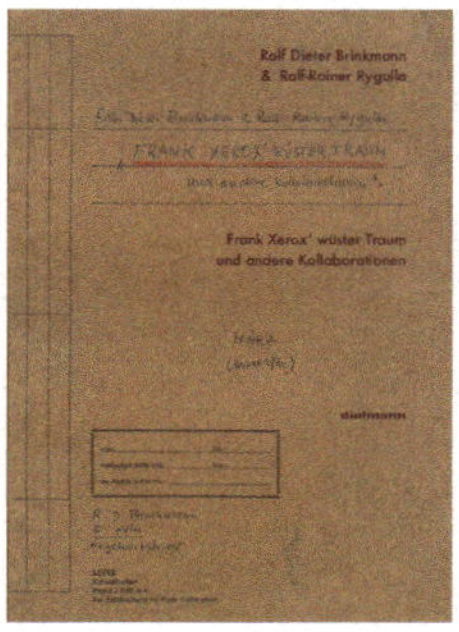

Rolf Dieter Brinkmann / Ralf-Rainer Rygulla
›Frank Xerox' wüster Traum – und andere Kollaborationen‹
Collage-Roman,
128 S., BR
978-3-86638-469-9
26,00 Euro

Im Herbst 1969 bis zum Herbst 1970 hatten Ralf-Rainer Rygulla und Rolf Dieter Brinkmann, deren legendäre Beat-Anthologie ›ACID‹ gerade erschienen war, eine ganz andere Kollaboration: Sie trugen nicht nur gemeinsam Texte und Bilder US-amerikanischer Autoren und Künstler zusammen, sondern schrieben selbst neue Texte, als Duo. Sie verfolgten den Ansatz, die klassische, zumeist verklärte ›Autorschaft‹ aufzulösen und die im Wechsel entstehenden, einander collagierenden Texte zu vergemeinschaften: Sie verstanden die in gegenseitiger Anregung sich entwickelnden Texte als neue literarische Gattung, eine ohne Autor. Grundstock und Hauptteil des ›Frank Xerox‹ bilden Faksimiles des Manuskripts, die uns liebenswerterweise das Literaturarchiv Marbach bereitgestellt hat, und wie es die beiden Autoren vor 55 Jahren zusammengestellt haben – eine ästhetische Entdeckungsreise in eine aufgeregte, euphorische Zeit, in der neue Möglichkeiten des Schreibens begannen, Einfluss auf die Literatur zu gewinnen – bis hin zum strapazierten Medium Pop-Literatur.

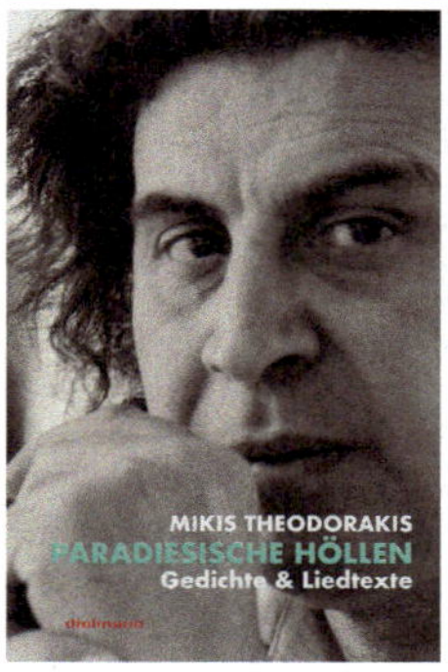

Mikis Theodorakis
›Paradiesische Höllen.
Gedichte & Liedtexte‹
172 S., HC, m. Abb.
978-3-86638-468-2
26,00 Euro

29. Juli 2025 – 100 Jahre Mikis. Wir feiern das zusammen mit den Fans und Freunden seiner Musik, mit Veranstaltern, Initiativen, Kulturinstitutionen, indem wir erstmals einen Band aller seiner Gedichte in deutscher Übersetzung herausbringen und das Gros seiner Liedtexte mitliefern. – Theodorakis' Dichtung umfasst kurze Gelegenheitsgedichte aus dem städtischen Athen, Gedichte, deren Atmosphäre den philosophierenden, jugendlichen, schwärmerischen Geist eines Verliebten erleben lässt, Texte, die den Spirit des griechischen Liedguts atmen, Texte, die Theodorakis in Zeiten extremer existenzieller Bedrohung schrieb, um nicht verrückt zu werden, um etwas gegen einen ›toten Punkt des Seins‹ aufzubieten, Texte für Lieder-Zyklen und Texte, die fast schon Lang-Gedichte sind – immer mit kraftvoller Wachheit für das Ungenügende und Ungerechte und Unmenschliche, stets mit einem zärtlichen Gefühl für das Schöne und Großartige, für das Menschliche.

Dierk Wolters
›Kampf der Zauberer.
Essay,
96 S., BR
978-3-86638-478-1
18,00 Euro

Ein sicherer, ein guter Ort war die Welt nie. Aber doch einer, an dem man sich phasenweise im guten Glauben wiegen konnte, alles werde sich zum Besseren wenden. Seit ein paar Jahren ist dies nicht mehr der Fall. Immer deutlicher zeigt sich: Hab- und Machtgier, Größenwahn, Besitzstandswahrung, Verteilungskämpfe, Feindbilder, Hass, Dummheit und Egoismus gewinnen Oberhand. Wer Menschenwürde und Nächstenliebe nicht als hohle Hülsen erachtet, auf Verständigung und Dialog setzt statt auf Abgrenzung und Hass, hat es schwer. Uns geht es nicht gut. Wir taumeln, mehr denn je, wieder einmal. – Thomas Manns Erzähler in ›Mario und der Zauberer‹ möchte nur ein wenig entspannen. Aber, so zeigt uns Dierk Wolters, Redakteur bei der ›Frankfurter Neuen Presse‹ und Autor unseres Romans ›dienstag‹ (s. u.), das Böse holt ihn ein. Was tun, wenn Aussichtslosigkeit sich wie Mehltau über alles breitet, an das wir glauben, auf das wir hofften? Was tun? Große Frage der Gegenwart.

Autor / Autorin	Titel (Spezifikationen)	ISBN	Preis in Euro
Abels, Norbert	Fadenzähler / Miniaturen zu literarischen Werken (396 S., BR)	978-3-86638-295-4	20,00
Dielmann, Axel (Hg.) / Schöttler, Stefan	EU-Lyrik-Reisepass (Gedichte, 64 S., Format Reisepass)	978-3-86638-400-2	10,00
Dielmann, Axel / Schöttler, Stefan (Hgg.)	Victor Otto Stomps als Schriftsteller (4 Bde., geb. m. LB, SU, i. Kass.)	978-3-86638-300-5	96,00
Drawert, Horst (Hg.)	Risse und Welt. 25 Jahre Darmstädter Textwerkstatt (Geb.)	978-3-86638-380-7	28,00
Kretschmer, Ernst	LKW (Roman einer letzten Fahrt, 488 S., geb. m. SU)	978-3-86638-251-0	22,00
Kretschmer, Ernst	Spiegelschriften. Autoren am Lago Maggiore (2 Bd., 400 u. 408 S., geb. i. Kass.)	978-3-86638-390-6	52,00
Sagurna, Marco / Rygulla, Ralf-Rainer (Hgg.)	Der Osten leuchtet (Lyrik-Anthologie, BR)	978-3-86638-306-7	34,00
Simoniti, Veronika	Teufelssprache. 18 Erzählungen (196 S., geb.)	978-3-86638-418-7	22,00
Wäser, Michael	Familie Fisch macht Urlaub (Roman, 220 S., geb.)	978-3-86638-291-6	20,00
Wäser, Michael	Warum der stille Salvatore eine Rede hielt (Roman, 344 S., geb.)	978-3-86638-444-6	22,00
Wolters, Dierk	dienstag (Roman, 196 S., geb.)	978-3-86638-319-7	20,00

VERLAG DREIVIERTELHAUS

Website	www.dreiviertelhaus.de
E-Mail	verlag@dreiviertelhaus.de
Anschrift	Verlag Dreiviertelhaus Ahornstraße 30 12163 Berlin
Telefon	0170 / 33 43 058

Unsere Schwerpunkte liegen auf neuer Belletristik und Sachbüchern zu kulturwissenschaftlichen Themen. Im Fokus des Sachbuchprogramms steht die Architektur mit Bauwerken der Nachkriegsmoderne, darunter eine Reihe mit bislang 15 Heften zu Gebäuden in der ehemaligen Bundeshauptstadt Bonn. Unser literarisches Programm umfasst Romane, Erzählungen, Lyrik sowie Werkbücher mit Anregungen zum Kreativen Schreiben.

1997	Gründung der Zeitschrift ›Kritische Ausgabe‹ an der Uni Bonn
2011	Gründung der Edition Kritische Ausgabe
2013	Start der Reihe ›Architekturführer der Werkstatt Baukultur Bonn‹
2017	Gründung des Verlags Dreiviertelhaus

Dietmar Hübner
›Der Tag, an dem ich meinen besten Freund sterben ließ‹
Erzählungen,
188 S.
978-3-96242-914-0
22,00 Euro

Eine Taschendiebin, die darauf besteht, ein berühmter Filmstar zu sein, und sich mit einem Mörder einlässt, um sich endgültig in ihr Idol zu verwandeln. Ein Bräutigam, der am Tag seiner Hochzeit so kalte Füße bekommt, dass er dem Geist eines ertrunkenen Kindes auf den See hinaus folgt, denn wie ein guter Freund sagt: ›Natürlich, man kann nie wissen, was sein wird. Aber eben deshalb verspricht man es sich ja, nicht wahr? Wenn man es wüsste, bräuchte man sich ja nichts zu versprechen …‹ In sieben Erzählungen führt Dietmar Hübner vom touristischen Venedig bis ins Amerika der 1920er Jahre, von der Inflation im postsowjetischen Sankt Petersburg über die schwelende Hitze der Sierra Nevada zu den Obdachlosen von Sacré-Cœur. Mal schroff und in groben Strichen, mal episch und bildreich zeichnet er Orte, Landschaften und Begegnungen, lässt hinter scheinbar Zufälligem das Unvermeidliche aufscheinen und treibt seine Figuren mit stiller Ironie ihrer Bestimmung entgegen.

Katrin Wegner
›Falterspuren‹
Roman,
288 S.
978-3-96242-913-3
25,00 Euro

Lina liebt Schmetterlinge. Von ihnen hat sie gelernt, andere zu verwirren und zu täuschen, wenn sie nach ihrer Herkunft gefragt wird. Denn der Name Chavéz fällt auf und ruft eine Familie auf den Plan, mit der sie nichts zu tun haben will. Als eines Nachts ein Unbekannter ihr den Tod ihrer leiblichen Mutter mitteilt und dann auch noch ihr Großvater, ein berühmter Komponist, der seit Jahrzehnten verschollen ist, ins Spiel kommt, beschließt Lina, sich ihrer Familie zu stellen. Anhand der Tagebücher ihrer Mutter und der Aufzeichnungen eines Unbekannten begibt sie sich auf eine Reise in die Vergangenheit, von der Nazizeit über die ersten Nachkriegsjahre bis zur Nacht ihrer Zeugung. Doch je mehr sie erfährt, desto mehr vermischen sich die Spuren und enthüllen Verrat, Flucht und ein Leben mit falscher Identität. Katrin Wegner ist Fernsehautorin und erzählt seit über 20 Jahren Geschichten über Menschen und Leben. ›Falterspuren‹ ist ihr erster Roman.

Werkstatt Baukultur Bonn (Hg.)
›Beethovenhalle‹
Architekturführer Bonn 1
Aktualisierte NA,
60 S.
978-3-96242-200-4
8,00 Euro

Es brauchte erst konkrete Abrisspläne, damit Bonn die Beethovenhalle als Schmuckstück der Architektur der 1950er Jahre wiederentdecken konnte und schließlich nach vielen Diskussionen saniert hat. Der nach Plänen des Architekten Siegfried Wolske errichtete Bau ist ein faszinierendes Beispiel für organisch-landschaftliche Architektur aus den Anfangsjahren der Bonner Republik und wurde 1959 eingeweiht. Das längst vergriffene erste Heft der beliebten Architekturführer der Werkstatt Baukultur Bonn erscheint nun in überarbeiteter Fassung. Unter anderem mit Aufnahmen aus der Erbauungszeit bebildert, beschäftigt es sich neben der Architektur und Geschichte des Gebäudes mit seinen Vorgängerbauten, den Außenanlagen sowie den verschiedenen Kunstwerken in und um die Halle. Ein Text über die 2025 abgeschlossene denkmalpflegerische Renovierung rundet das Heft ab.

Autor / Autorin	Titel (Spezifikationen)	ISBN	Preis in Euro
Bredenbeck, Martin	Hotel Bristol (Architekturführer Bonn 14)	978-3-96242-214-1	8,00
Crauss.	Alles über Ruth – und seitdem (Gedichte)	978-3-96242-912-6	22,00
Crauss.	Biographisches Schreiben (Werkbuch 3)	978-3-96242-503-6	15,00
George, Christian (Hg.)	Altmünsterkirche Mainz (Architekturführer Rhein-Main 1)	978-3-96242-311-7	8,00
Hammer, Gudrun	Paul oder: Besuche in der Bilderkammer (Novelle)	978-3-96242-909-6	20,00
Hübner, Dietmar	Das Erlebnis des Tischlers Jossi in dem wunderlichen Hotel P (Erzählung)	978-3-96242-906-5	24,00
Kleinschrodt, Alexander	Hinter Mendig gelandet. Eine Welt-Reise durch die Eifel	978-3-96242-911-9	25,00
Kozel, Sina	Reutersiedlung (Architekturführer Bonn 15)	978-3-96242-215-8	8,00
Krieg, Florian	Typ Leipzig. Ein Mehrzweckgebäude des VEB Metalleichtbaukombinat (DDR-Typenbauten 1)	978-3-96242-401-5	20,00
Pyka, Hans-Gerd	Gesicht zur Wand (Roman)	978-3-96242-910-2	30,00
Strang, Bettina	Dienstag mit Taube (Erzählungen)	978-3-96242-907-2	18,00
Wohlwender, Peter	Auferstehungskirche zu Sailauf	978-3-96242-901-0	25,00

EBERSBACH & SIMON

Website	www.ebersbach-simon.de
E-Mail	info@ebersbach-simon.de
Anschrift	ebersbach & simon Mozartstraße 2 12247 Berlin
Telefon	030 / 30 32 58 93
Telefax	030 / 30 32 58 94

1990	Gründung in Dortmund
2000	Verlagssitz Berlin
2015	ebersbach & simon
2020 + 21 + 23	Deutscher Verlagspreis

1990 gegründet unter dem Namen edition ebersbach von der Germanistin und Literaturwissenschaftlerin Brigitte Ebersbach in Dortmund; 2000 Umzug nach Berlin. 2015 wurde der Verlag von der Romanistin und Historikerin Sascha Nicoletta Simon übernommen und firmiert seither unter dem Namen ebersbach & simon. Der unabhängige literarische Verlag steht für liebevoll gestaltete Bücher mit anspruchsvollen Inhalten. Den Schwerpunkt des Programms bildet – trotz einiger Ausflüge in die Männerwelt – die Literatur über außergewöhnliche Frauen. Jährlich entstehen knapp zwanzig Titel aus den Bereichen Belletristik, Sachbuch, Geschenkbuch und Kalender.

Regine Ahrem
›Leuchtende Jahre. Aufbruch der Frauen 1926–1933‹
Sachbuch,
336 S., HC, SU
978-3-86915-310-0
25,00 Euro

Vorhang auf für sieben faszinierende Frauen – Vicki Baum, Marieluise Fleißer, Mascha Kaléko, Irmgard Keun, Erika Mann, Ruth Landshoff-Yorck und Gabriele Tergit. Sie gehören zu den ›Neuen Frauen‹, die sich mit Beginn der Weimarer Republik von ihren Korsetts befreien und das Steuer selbst in die Hand nehmen, um die Weltbühne im Sturm zu erobern. Regine Ahrem nimmt uns mit auf eine fulminante Zeitreise in die ›leuchtenden Jahre‹ der ›Neuen Frauen‹ von 1926 bis 1933 und verwebt dabei virtuos Dialoge und Lebenswege der sieben Schriftstellerinnen – ein wilder Reigen, sprühend vor weiblicher Schaffenskraft und Energie, inspirierend und atmosphärisch dicht erzählt.

Unda Hörner
›Frauen am Bauhaus Dessau. Von Anni Albers bis Gunta Stölzl‹
blue notes
144 S., Abb., HL, FB
978-3-86915-322-3
20,00 Euro

1925 zog das Bauhaus von seinem Gründungsort Weimar nach Dessau um, die Bauhausmeister und ihre Frauen zogen mit: Ise Gropius übernahm Führungen und Veranstaltungen an der Schule, die Pianistin Lily Klee lud zu Hauskonzerten, Lou Scheper und ›El Muche‹ waren Malerinnen, Julia Feiniger entwarf Puppen, Lucia Moholy-Nagy und Gertrud Arndt machten sich als Fotografinnen einen Namen, Anni Albers und Gunta Stölzl als Textilkünstlerinnen und Bauhausmeisterinnen. Im frischen Wind der Moderne fanden die Frauen – oft zum Missfallen ihrer im Privatleben nicht immer fortschrittlich denkenden Männer – zu einem neuen Selbstverständnis, einer neuen Rolle und wurden zu lebendigen Vorbildern der ›Neuen Frau‹.

Christiane Henke
›Liebster Lytton! Virginia Woolf & Lytton Strachey. Briefe‹
144 S., Abb., HL, FB
978-3-86915-323-0
20,00 Euro

Im Frühling 1902 lernen sich die zwanzigjährige Virginia Stephen und der Geschichtsstudent Lytton Strachey in Cambridge kennen. Zwischen den beiden Seelenverwandten entsteht eine lebenslange Freundschaft, später stehen sie im Mittelpunkt der legendären Bloomsbury-Group. In ihrem umfangreichen Briefwechsel tauschen sich Virginia und Lytton über ihre Werke, literarischen Erfolge und Ambitionen aus, über Liebesleid, Selbstzweifel und Alltagsdetails. Die Briefe sind ein einmaliges Zeugnis – nicht nur der tiefen Freundschaft zwischen zwei Künstlerseelen, sondern auch des Innenlebens einer der wichtigsten britischen Autorinnen und Ikonen der Frauenliteratur.

Autor / Autorin	Titel (Spezifikationen)	ISBN	Preis in Euro
Braun, Ursel	Exil im Paradies. Von Marta Feuchtwanger bis Helene Weigel (blue notes, 144 S.)	978-3-86915-311-7	20,00
Frieling, Simone	Da rauscht das Herz. Rilke und die Frauen (blue notes, 144 S.)	978-3-86915-312-4	20,00
Henke, Christiane	Lunatics. Virginia Woolf & Lytton Strachey (Roman, 336 S.)	978-3-86915-304-9	25,00
Hörner, Unda	Die realen Frauen der Surrealisten (blue notes, 144 S.)	978-3-86915-308-7	20,00
Lamping, Dieter	Anders leben. Franz Kafka & Dora Diamant (blue notes, 144 S.)	978-3-86915-289-9	20,00
Lavizzari, Alexandra	1.000 Briefe für Rodin (Roman, 336 S.)	978-3-86915-324-7	25,00
Michaëlis, Karin	Das gefährliche Alter (Roman, 160 S.)	978-3-86915-320-9	22,00
Schröder, Christian	Für mich soll's rote Rosen regnen. Hildegard Knef (blue notes, 144 S.)	978-3-86915-313-1	20,00
Seemann, Annette	Die Töchter des Zauberers. Erika, Monika und Elisabeth Mann (Sachbuch, 336 S.)	978-3-86915-305-6	25,00
Strohmeyr, Armin	Wir Sonntagskinder. Gottfried Benn und Thea Sternheim (blue notes, 144 S.)	978-3-86915-321-6	20,00
Ziegler, Juliane	Herzlandschaft. Marie Luise Kaschnitz u. Italien (blue notes, 144 S.)	978-3-86915-307-0	20,00

EDITION A·B·FISCHER

Website www.edition-abfischer.de
E-Mail verlag@edition-abfischer.de

Anschrift Edition A·B·Fischer
Illigstraße 52
12307 Berlin
Telefon 030 / 70 50 473
Telefax 030 / 70 50 573

2003 Gründung in Berlin durch die Photographin Angelika Fischer und den Autor und Buchgestalter Bernd Erhard Fischer. Beginn der biografischen Reihen ›Menschen und Orte‹ und ›wegmarken‹, bald ergänzt durch ein ausgewähltes Belletristikprogramm
2023 20-jähriges Verlagsjubiläum
2025 Kurt-Wolff-Förderpreis

Den Schwerpunkt unseres Programms bilden neben unseren allseits bekannten biografischen Reihen ›Menschen und Orte‹ und ›wegmarken‹ erzählerische Texte, Novellen und Essays zu Unrecht vergessener AutorInnen, meist Übersetzungen aus dem englischen und dem skandinavischen Sprachraum, aber auch aktuelle belletristische Texte. Darüber hinaus biografische Essays, die jedoch stets als ›poetische Sachbücher‹ auftreten – lebendig erzählte literarische Lebensbilder. Eine anspruchsvolle Buchgestaltung spielt dabei stets eine wesentliche Rolle.

Jürgen K. Hultenreich / Angelika Fischer
›Das Frankenland des Jean Paul‹
wegmarken
64 S., m. 62 Abb., FH, BR, SU
978-3-948114-23-7
18,00 Euro

Er ist bereits 41 Jahre alt, als er endlich seinen festen Wohnsitz findet. Durch den Dichter Jean Paul (1763–1825) sollte die einstige markgräfliche Residenz Bayreuth weltbekannt werden – lange vor Richard Wagner. Er war wieder in der Heimat angekommen, die er verlassen hatte, um berühmt zu werden. Der in Wunsiedel im Fichtelgebirge geborene deutsche Autor musste etliche Zwischenstationen hinter sich lassen: Hof, Schwarzenbach an der Saale, Leipzig, Weimar, Berlin, Hildburghausen, Meiningen und Coburg. Nach mehreren Ver- und Entlobungen hatte der damals meistgelesene Autor aus Berlin seine Frau Caroline mitgebracht. In Bayreuth erwarteten ihn die beiden einzigen Freunde. Zudem wurden damals dort die noch wenig geachteten Kartoffeln aufgetischt, die er so schätzte, und es gab das geliebte Braunbier. In der ›Rollwenzelei‹, einem Gasthaus vor der Stadt, überstand Jean Paul schreibend die französische Besatzungszeit. Auch wenn sein Ruhm schon allmählich verblasste, sollte er noch bedeutende Werke veröffentlichen.

Roland Leonhardt
›Wenn ich Geld hätte … Dichtung, Geld und Dauerpleite‹
Biografische Porträts, 160 S., FH, HC
978-3-948114-24-4
22,00 Euro

Wenn ich Geld hätte … Der Stoßseufzer ist so alt wie die Literatur selbst: Dichtung und Geld scheinen einander auszuschließen. Nur selten gelingt es Schriftstellerinnen und Schriftstellern, auch materiell einen Durchbruch zu erleben. Auf seinem Streifzug durch die Weltliteratur erzählt Roland Leonhardt in 20 brillanten Porträts von armen Poeten, von hoffnungslosen Phantasten, von Schnorrern und von hemmungslosen Verschwendern. Das Geldausgeben lag den meisten von ihnen näher als die Sparsamkeit, das Exzessive oft näher als die Askese. Am Ende standen sie nicht selten vor einem Schuldenberg, dem bald die Bankrotterklärung folgte. So handeln die Texte vom schnellen Aufstieg und vom jähen Absturz, vom harten Lebenskampf und vom puren Leichtsinn, vom Teufel Alkohol und den Verlockungen eines zügellosen Lebens. Und immer geht es ums Geld, das meistens fehlt, und um die Niederungen des Künstlerlebens.

Uwe Kolbe / Angelika Fischer
›Gerhard Altenbourg in Altenburg‹
Menschen und Orte
32 S., m. 35 Abb.
978-3-948114-29-9
12,00 Euro

Gerhard Altenbourg (1926–1989), geboren als Gerhard Ströch, der seinen Wohnort in seinem Künstlernamen anklingen ließ, hatte mit keiner verordneten ästhetischen Doktrin Berührungspunkte, weshalb seine künstlerische Entwicklung von Widrigkeiten flankiert wird, beginnend mit der Exmatrikulation von der Weimarer Hochschule für Baukunst und bildende Künste 1950 bis zur Entlassung eines Museumsdirektors noch 1976, der ihn eine eigene Ausstellung hatte gestalten lassen. Doch wurden Altenbourg und sein Werk getragen von der Anerkennung durch einen Kreis von Förderern, Galeristen, befreundeten Künstlern in Ost und West, die seine Arbeiten schätzten, erwarben, ausstellten (z. B. auf der Documenta in Kassel 1959 und 1977). So entwickelte er sich zu einem bedeutenden deutschen Künstler des 20. Jahrhundert. Das Haus, in dem Altenbourg und seine Schwester Anneliese Ströch gemeinsam lebten, gilt mit seiner Ausgestaltung und dem umgebenden Garten als ein Gesamtkunstwerk. 2026 wird der 100. Geburtstag des Künstlers begangen.

Autor / Autorin	Titel (Spezifikationen)	ISBN	Preis in Euro
Almqvist, Carl Jonas	Der Palast (72 S.)	978-3-948114-20-6	17,00
Blomberg, Harry	Männer vom Meer (Erzählung, 128 S.)	978-3-948114-05-3	20,00
Fischer, Bernd Erhard	Der Feuerreiter (Novelle, 80 S.)	978-3-948114-27-5	18,00
Fischer, B. E. / Fischer, A.	Die Menschen und die Orte. Jahre d. Inspiration (160 S., Abb.)	978-3-948114-16-9	22,00
Harding Davis, Richard	Der tollkühne Reiter (Stories, 172 S.)	978-3-948114-26-8	22,00
Harding Davis, Richard	Gallegher der Laufbursche (Stories, 184 S.)	978-3-948114-09-1	22,00
Iven, Mathias / Fischer, Angelika	Das Teufelsmoor des Rainer Maria Rilke (wegmarken, 64 S., Abb.)	978-3-948114-15-2	18,00
Kolbe, Uwe / Fischer, Angelika	Das Revier des Wolfgang Hilbig (wegmarken, 64 S., Abb.)	978-3-948114-22-0	18,00
Ponciano, C. / Fischer, A.	Amaliá Rodrigues in Lissabon (Menschen und Orte, 32 S., Abb.)	978-3-948114-25-1	12,00
Subilia, Anne-Sophie	Schnee im Inneren. Ein Grönland-Logbuch (140 S.)	978-3-948114-12-1	22,00

Website www.edition-assemblage.de
E-Mail info@edition-assemblage.de

Anschrift Edition Assemblage
Rudolf-Diesel-Straße 37
48157 Münster

Telefon 0251 / 39 55 62 21

EDITION ASSEMBLAGE

2011	Gründungsjahr
2016	Sharon Dodua Otoo (Buchreihe Witnessed) gewinnt mit dem Text ›Herr Gröttrup setzt sich hin‹ den Ingeborg-Bachmann-Preis
2019 + 20 + 22 + 23	Deutscher Verlagspreis
2021	10 Jahre edition assemblage

Das gesellschaftskritische, linke, publizistische Netzwerk edition assemblage benennt Barrieren, eröffnet Räume, schafft Verbindendes, holt Stimmenvielfalt in eine weiß und männlich dominierte Literaturlandschaft und bringt so die relevanten Diskurse zu den Lesenden. Die Bücher der edition assemblage entstehen in solidarischer Kollektivarbeit und beschäftigen sich schwerpunktmäßig mit den Themen Antifaschismus, Theorie, Geschichte und Praxis linker Bewegungen, Antisemitismusforschung, Rassismustheorien und kritische Weißseinsforschung, Antiklassismus, Queerfeminismus, Disability und Gender Studies.

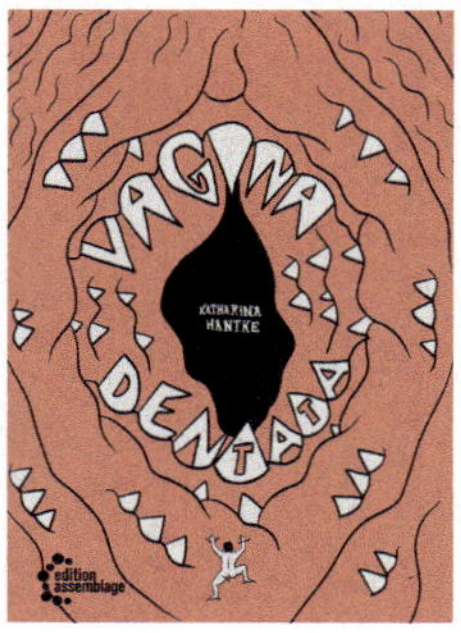

Katharina Hantke
›Vagina Dentata‹
Graphic Essay,
134 S.
978-3-96042-202-0
24,00 Euro

Die Vagina Dentata ist heute bekannt als der Kastrationsschreck schlechthin. Das war nicht immer so. Die Mythen über die bezahnte Vulva, die fast überall auf der Welt auftauchen, haben unterschiedliche kulturelle Bedeutungen. Erst durch den Kolonialismus und die Interpretation durch den eurozentristischen Blick wurde die Vagina Dentata zu dem penisfressenden Monster. Wie kam es dazu und was kann man heute aus dieser Verschiebung erkennen? Ein feministischer Blick auf die Vagina Dentata. Vom globalen Mythos zum kolonial geprägten Schreckbild westlicher Fantasie.

Hila Amit
›Mounir, Dana und das Mädchen‹
Erzählungen,
300 S.
978-3-96042-201-3
28,00 Euro

Diese fesselnden Erzählungen werfen ein einfühlsames Licht auf marginalisierte Stimmen in der israelischen Gesellschaft. Mit Geschichten queerer Protagonisten, alleinerziehenden Müttern und einem Blick für die Nachwirkungen von Trauma und Konflikt erkundet das Buch unerzählte Perspektiven mit Tiefe und Empathie. Ideal für Leser*innen, die sich für literarische Einblicke in soziale Diversität, queere Themen und israelisch-palästinensische Dynamiken interessieren. Eine bereichernde Lektüre, die Verbindung schafft und Normen hinterfragt. Dieser Band gewann 2016 den israelischen Preis des Kulturministeriums für Debüterscheinungen.

Suki Sukini / Yase Farbextase
›Wölkchen fühlt ganz viel‹
Vorlesebuch, 32 S.
978-3-96042-206-8
18,00 Euro

Begleitet von Reimen entdeckt ein kleines Wölkchen die große Welt der Gefühle: Freude, Wut, Trauer, Ekel und Angst. Doch hier geht es nicht darum, Emotionen in ›gut‹ oder ›schlecht‹ einzuteilen, sondern sie als wichtige Begleiter zu verstehen. Ein Buch, das Mut macht, Gefühle zu fühlen – und generationenübergreifend ins Gespräch bringt. Ein warmherziges Vorlesebuch von Yase Farbextase und Suki Sukini für Kinder im Kita- und Grundschulalter.

Autor / Autorin	Titel (Spezifikationen)	ISBN	Preis in Euro
Eitel, Kathrin (Hg.)	Klimageschichten. Planet. Krise. Fiction (Erzählungen, 80 S., m. Illu.)	978-3-96042-184-9	12,00
linketheorie (Hg.)	entweder / oder. Warum Marx bleibt (Sachbuch, 200 S.)	978-3-96042-183-2	16,00
Lubin, Oskar	Postanarchismus. Glossen mit Fußnoten (Sachbuch, 192 S.)	978-3-96042-112-2	16,80
Moore, Carley	Panpokalypse. Notizen aus New York (Roman, 245 S.)	978-3-96042-181-8	19,00
SchwarzRund	Es hat sich auserklärt. Afroqueere Gedichte und Essays (88 S.)	978-3-96042-179-5	16,00
Schwärzer, Constanze	Außer Konkurrenz. Autistisch sein (Sachbuch, 90 S.)	978-3-96042-186-3	12,00
Shehadeh, Nadia	Ist gut jetzt (Essays, 70 S.)	978-3-96042-142-9	7,80
Thom, Kai Cheng	Für die Liebe entscheiden. Notizen einer jungen trans Frau vom Ende der Welt (Essays, Lyrik, 136 S.)	978-3-96042-170-2	16,00
Wa Baile, Mohamed	Wenn ich anders bin als du, bist du anders als ich (Kinderbuch, Dt. / Frz., 144 S.)	978-3-96042-159-7	24,00
Wichera, K. / Steinweg, A. / Mader, E. / Schmechel, C. (Hgg.)	Gegendiagnose III. Kollektive Krisensitzung und psy-kritische Perspektiven (Fachbuch, 460 S.)	978-3-96042-176-4	19,80

MESSEAKTIVITÄTEN

FRANKFURTER BUCHMESSE

Die Sichtbarkeit auf der Frankfurter Buchmesse ist für die Verlage von enormer Bedeutung. Mit ihrem Katalog, der immer mittwochs präsentiert wird, gibt die Stiftung auch jenen Präsenz, die dort nicht ausstellen können. Gespräche mit Medienvertretern, politisch Verantwortlichen und Besucherinnen sind ebenso wichtig wie der kollegiale Austausch.

1. Messestand 2009
2. Messestand 2023
3. Im Gespräch am Messestand: Sebastian Guggolz, Kulturstaatsministerin Monika Grütters und Britta Jürgs
4. Katalogpräsentation 2019 mit Leif Greinus, Britta Jürgs und Jörg Sundermeier
5. Messestand 2022: Kulturstaatsministerin Claudia Roth im Gespräch mit dem Vorstand der Stiftung

LESEINSEL

2006 als ›Leseforum‹ in Halle 4.1 gestartet, ist die heutige ›Leseinsel‹ zum Publikumsmagnet und wichtigen Bestandteil unseres Messeauftritts geworden. Alljährlich präsentieren etwa 60 Verlage ihre Novitäten.

6. Leseinsel 2024
7. Leseinsel 2023
8. Leseinsel 2018
9. Katalogpräsention 2008 mit Manfred Metzner, Stefan Weidle

LEIPZIGER BUCHMESSE

Die Leipziger Buchmesse, von vielen besonders als Publikumsmesse wahrgenommen, war schon immer ein besonders wichtiger Ankerpunkt für den direkten Kontakt zu Leserinnen und Lesern. Ab 2001 verlieh die Stiftung im ›Berliner Zimmer‹ den Kurt-Wolff-Preis.

⑩ Preisverleihung Kurt-Wolff-Preis 2008, ›Berliner Zimmer‹: Gregor Dotzauer, Ulrich Keicher, Andreas Rötzer, Manfred Metzner
⑪ Messestand 2023
⑫ Reger Andrang am Messestand 2022
⑬ Wolf Biermann signiert am Messestand der Stiftung 2023

DIE UNABHÄNGIGEN

Im Jahr 2015 errichteten wir in Nachfolge des ›Berliner Zimmers‹ unser Forum ›Die Unabhängigen‹. Seither präsentieren dort alljährlich etwa 50 Verlage aus Deutschland, Österreich und der Schweiz ihre neuen Bücher. Angeschlossen sind unsere Bar, an der Verlegerinnen und Verleger den Ausschank übernehmen, und die Lounge, die sich als Kommunikationszentrum etabliert hat. Programmkuratorin war Barbara Weidle, seit 2020 ist dies Carolin Callies.

⑭ Kurt-Wolff-Preisverleihung 2016: Rainald Gußmann und Christoph Links
⑮ Verleger Andreas Rostek und Richard Stoiber am Ausschank
⑯ Verlegerinnen Karin Schmidt-Friderichs und Katja Schurter am Ausschank
⑰ Bartresen mit Bestellschild und Tulpen
⑱ Forum ›Die Unabhängigen‹ 2025
⑲ Signierstunde am Forum 2025

VERLAG EDITION AV

Website	www.edition-av.de
E-Mail	editionav@gmx.net
Anschrift	Verlag Edition AV Dr. Andreas W. Hohmann Teichstraße 1 31162 Bodenburg
Telefon	05060 / 96 10 600
Telefax	05060 / 96 18 448

Vor genau 37 Jahren wurde das Projekt ›Edition AV‹ als Verlag für Bücher aus der emanzipatorischen Szene, als Basis für unsere bibliophilen Buchausgaben und aus Liebe zur guten Literatur gegründet. Bücher gegen den Markt veröffentlichen. Bücher machen, die wir für wichtig halten. Bücher – weil es Spaß macht, Bücher zu machen. Das war damals unser Ziel und ist es auch heute noch. In den letzten 37 Jahren hat der Verlag über 330 Bücher verlegt und ein Forum geschaffen, in dem AutorInnen, ÜbersetzerInnen und HerausgeberInnen gemeinsam arbeiten, publizieren und mitbestimmen können.

1988	Gründung des Verlages
2013	Erich-Mühsam-Preis
2019	Shimon-Peres-Preis für The Adam Institute for Democracy and Peace
2023	National Order Companions of OR Tambo der Republik Südafrika für ihren Beitrag zum Befreiungskampf für Ruth Weiss
2024	Deutscher Verlagspreis

Rolf Raasch
›Der Sprecher seines Landes.
Miguel Angel Asturias als Chronist Guatemalas‹
187 S.
978-3-86841-330-4
18,00 Euro

Miguel Angel Asturias ist in Guatemala nicht nur dem Bildungsbürgertum ein Begriff. Auch bei Menschen am unteren Rand der Gesellschaft genießt er einen Ruf als aufrechter Mensch und sozial engagierter Autor. Dies resultiert aus seiner tief empfundenen Verpflichtung gegenüber der diskriminierten indigenen Bevölkerung. Asturias legte im Jahr 1923 seine Diplomarbeit ›Das Soziale Problem des Indio‹ vor und dieses Thema sollte auch sein zukünftiges literarisches Schaffen begleiten. Sein Entschluss, nach dem Besuch einer Bananenplantage der ›United Fruit Company‹ ›nur noch soziale Romane‹ zu schreiben, hat er mit ›Die Maismenschen‹, ›Der Herr Präsident‹ und ›Weekend in Guatemala‹ unter Beweis gestellt. Sein Werk ist geprägt vom Kontrast der mythischen Welt der Maya gegenüber der politischen Lage und sozialen Realität des Landes, inklusive des literarisch verarbeiteten übermächtigen Einflusses der Vereinigten Staaten. Die Gliederung des Buchs erfolgt anhand sich abwechselnder Kapitel über Biografisches, Literarisches sowie Politisch-Historisches.

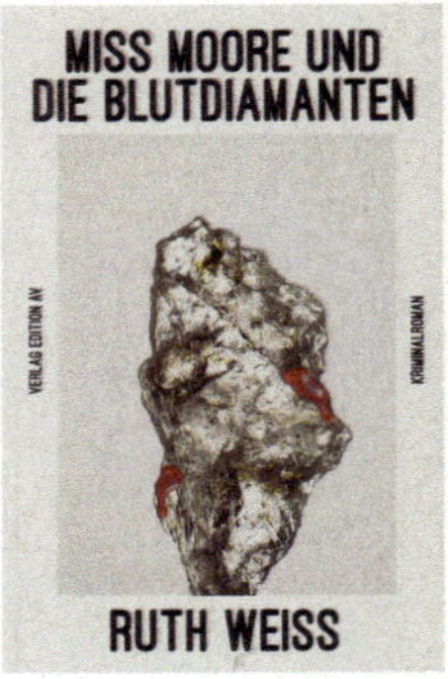

Ruth Weiss
›Miss Moore und die Blutdiamanten‹
Krimi,
184 S.
978-3-86841-321-2
18,00 Euro

Miss Moore wird von einem hohen Angestellten der Diamantengesellschaft Manley & Co. in London gebeten, beratend an einer Aktionärssitzung teilzunehmen, da sie einige Aktien der Firma besitzt, den verstorbenen Gesellschaftsgründer Max Manley aus der Zeit des Widerstands gegen die Nazibesatzung in Holland kannte und einen Streit der Erben schlichten könnte. Kurz darauf wird der Angestellte ermordet, und dabei bleibt es nicht … Die Suche nach dem Täter führt Miss Moore und die Hauptaktionärin, Manleys Enkelin, zu den Diamantenfeldern Zimbabwes, wo sie in große Gefahr geraten und die Vergangenheit plötzlich wieder lebendig wird.

Martin Veith
›Noapteș.
Vom Leben und Sterben in Rumänien‹
Erzählungen aus dem Alltag,
200 S.
978-3-86841-145-4
18,00 Euro

Das vorliegende Buch versammelt wahre Geschichten. Martin Veith führt uns auf den Lebensweg, in den Alltag und das Leiden verschiedener Menschen einer Kleinstadt in der rumänischen Walachei. Die traditionellen gesellschaftlichen Strukturen, Religion, Politik, Herrschaft, Korruption, die Situation von Frauen und des Bildungssystems finden sich in ihren Auswirkungen authentisch geschildert. Es wird über verschiedene Formen schwerer, auch sexueller und psychischer Gewalt berichtet. Wir erfahren vom gesellschaftlichen Wandel 1989, seinen Konsequenzen und tauchen ein in die Historie der traditionsreichen Kleinstadt am Fluss Argeș, die einst die erste Hauptstadt Rumäniens war.

Autor / Autorin	Titel (Spezifikationen)	ISBN	Preis in Euro
Bakunin, Michael	Revolution und Konterrevolution (Sachbuch, 1039 S.)	978-3-86841-324-3	98,00
Danyluk, Roman	Bittere rote Beeren (Sachbuch, 328 S.)	978-3-86841-317-5	20,00
Döhring, Helge	500 Jahre 1525 (Sachbuch, 166 S.)	978-3-86841-328-1	16,00
Haug, Wolfgang	Theodor Plievier (Biographie, 490 S.)	978-3-86841-220-8	24,50
Löhrer, Andreas	Bella Ciao (Sachbuch, 182 S.)	978-3-86841-291-8	16,00
Naumann, Cornelia	Fräulein Prolet (Roman, 527 S.)	978-3-86841-312-0	20,00
Paz, Abel	Durruti (Biographie, 704 S.)	978-3-86841-256-7	39,90
Semprún Maura, Carlos	Revolution und Konterrevolution in Katalonien (Sachbuch, 293 S.)	978-3-86841-293-2	20,00
Souchy, Augustin	Vorsicht Anarchist (Biographie, 360 S.)	978-3-86841-255-0	18,00
Sparre, Sulamith	Hannah Senesh (Biographie, 260 S.)	978-3-86841-264-2	18,00
Viénet, René	Wütende und Situationisten (Sachbuch, 281 S.)	978-3-86841-292-5	20,00
Weiss, Ruth	Der Judenweg (Roman, 205 S.)	978-3-86841-218-5	16,00

EDITION BRACKLO

Website	www.edition-bracklo.de
E-Mail	post@edition-bracklo.de
Anschrift	Edition Bracklo – Gabriela Bracklo Summter Straße 30 16547 Birkenwerder
Telefon	03303 / 21 77 219

2009	Verlagsgründung in Gräfelfing / Bayern
2010	Präsentation erstes Bilderbuch IJB Schloss Blutenburg
2012	Beginn KAMISHIBAI-Programm
2015–21	4-mal Auszeichnung durch die Stiftung Buchkunst
2019	Goldmedaille der Stiftung Buchkunst ›Die schönsten deutschen Bücher‹
2020	Umzug nach Birkenwerder / Brandenburg
2020 + 24	Deutscher Verlagspreis

Edition Bracklo steht seit über 15 Jahren für das hochwertig ausgestattete Kinderbuch mit kunstvoll gestalteten Einbänden, edlen Papieren und liebevoll umgesetzten Buchthemen für bibliophile Kinderliteratur- und Märchenliebhaber. Bisher sind zahlreiche, oft preisgekrönte Bücher und Kamishibai (Bildkartensätze) bei Edition Bracklo erschienen. Eine Besonderheit des Verlages sind die bilingualen Kamishibai japanischer Tradition – großformatige A3-Kartensets für eine Bühne zum Vorführen vor Publikum, zum Beispiel in Schulen, Kindergärten und Bibliotheken. Das Verlagsprogramm umfasst reich illustrierte Erzählungen aus fernen Ländern wie Japan, Ukraine, China, USA, Finnland, Indonesien, Katalonien, Lettland und Syrien und fördert deutschsprachige Nachwuchstalente.

Justus F. W. Zachariä (Text) / Alexandra Prischedko (Illu.)
›Der Pfau und der Kranich‹
24 S., HC, farb. illu.
978-3-946986-29-4
22,00 Euro

Der deutsche Gelehrte Justus Friedrich Wilhelm Zachariä dichtete 1771 diesen Text zu einer der bekanntesten Fabeln Aesops aus dem antiken Griechenland. Die Geschichte um den selbstverliebten Pfau und den von ihm unterschätzen, verspotteten, farblosen Kranich enthält eine zeitlose Botschaft für Kinder, gerade in einer Zeit des überspitzten Selbstdarstellungsdruckes in sozialen Medien. Die Gedichtform reizt an, sich mit Sprache zu beschäftigen und Freude am Spiel mit dem Wort zu entwickeln. Der aus der Ukraine stammenden Künstlerin Alexandra Prischedko gelingt mit ihren Illustrationen ein genialer Kunstgriff: Sie projiziert die Innenwelten von Pfau und Kranich entsprechend ihrer jeweiligen Weltsicht auf die Farbigkeit ihres Umfeldes: der prächtige Pfau im trüben Grau des Hühnerhofes, der weiße Kranich vor den wechselnden bunten Landschaften seiner Weltreisen. 2023 wurde Alexandra Prischedko für ihr erstes Bilderbuch ›Was macht ihr denn da?‹ mit dem Troisdorfer Bilderbuchpreis (Preis der Kinderjury) ausgezeichnet. Nach ›So und anders‹ ist ›Der Pfau und der Kranich‹ ihr drittes Bilderbuch, das sich mit Fragen zu Sinn und Vielfältigkeit des Lebens beschäftigt.

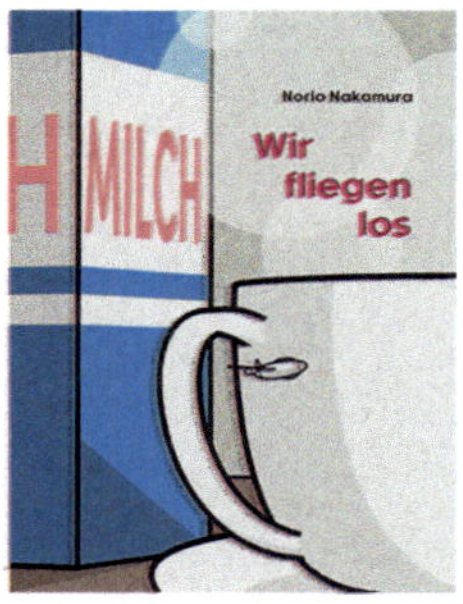

Norio Nakamura (Text u. Illu.)
›Wir fliegen los‹
A. d. Jap. v. Clara Bracklo,
108 S., HC, farb. illu.
978-3-946986-27-0
19,00 Euro

Der japanische Künstler Norio Nakamura wurde 2019 für sein erstes deutschsprachiges Bilderbuch ›PIXELZOO‹ mit der Goldmedaille ›Die schönsten deutschen Bücher‹ der Stiftung Buchkunst ausgezeichnet. Er spielt uns in seinem neuen minimalistischen Buch beim Blick ins Cockpit eines Flugzeuges einen Streich: Pilot und Copilot heben ab und meistern einen Flug, bei dem aufregende Abenteuer und unerwartete Hindernisse auf sie warten. Tatsächlich stellt sich das Szenario im Laufe der Handlung als eine Miniaturansicht eines fiktionalen Fluges durch die Wohnung heraus, in der das Flugzeug etwa der Größe einer Stubenfliege entspricht. Ein spannendes Experiment mit Perspektiven, Sehgewohnheiten und Erwartungen für designaffine und philosophisch denkende Leser. Hier geht es um das stete Wagnis des Alltags: Trau dich loszufliegen, nur dann ist Erfahrung möglich. Eindrücke erlangen, Emotionen spüren, sich selbst fühlen. Es geht um das Abenteuer des alltäglichen Lebens, das die ganze Welt im Kern enthält, wenn man sich nicht verschließt, auch der Gefahr ins Auge zu sehen. Fliegen auf Sicht durch unsere kleine Welt, die doch eine große ist. In ihr scheint alles erlebbar, wenn man sich darauf einlässt. Und natürlich ist das Bücherregal mit seinen unermesslichen Schätzen immer ein geeigneter Startpunkt für Welt- und Selbsterfahrung!

Sanna Pelliccioni (Text u. Illu.)
›Onnis Recyclingbuch‹
A. d. Fin. v. Janina Otto,
36 S., HC, farb. illu.
978-3-946986-23-2
15,00 Euro

Die finnische Biologin Sanna Pelliccioni entwickelt mit ihrer Onni-Reihe perfekte erste Bücher für die Allerkleinsten, weltoffen und modern. ›Onnis Recyclingbuch‹ beschäftigt sich kindgerecht mit Themen wie Nachhaltigkeit, Mülltrennung und Upcycling. Die handlichen Onni-Bilderbücher zählen zu den erfolgreichsten Kinderbüchern Finnlands. Sie begleiten Onni vom Klein- zum Vorschulkind und adressieren persönliche und sozial relevante Themen. Mütter und Väter werden zeitgemäß gleichberechtigt bei der Familienarbeit dargestellt. Von der ›International Children's Book Organization‹ wurde Onni unter ›Ibby's Special Books for Children and Young People with Disabilities‹ für behinderteninklusive Ausrichtung ausgezeichnet. Suchrätsel im Vor- und Nachsatz unterstützen die sprachliche Entwicklung von Kleinkindern. 2025 wurde Sanna Pelliccioni für den ›Astrid Lindgren Memorial Award‹ nominiert.

Autor / Autorin	Titel (Spezifikationen)	ISBN	Preis in Euro
Hearn, Lafcadio / Kreituse, Anita	Der Junge, der Katzen malte (Bilderbuch)	978-3-946986-10-2	27,00
Naimer, Katharina	Rotkäppchen (Bilderbuch)	978-3-946986-09-6	22,00
Nakamura, Norio	PIXELZOO (Bilderbuch)	978-3-946986-04-1	17,00
Prischedko, Alexandra	Was macht ihr denn da? (Bilderbuch)	978-3-946986-13-3	22,00
Sadovenko, Oksana	Malewitsch und Du (Bilderbuch)	978-3-946986-18-8	27,00
Saint-Exupéry, Antoine de	Der kleine Prinz (Kinderbuch)	978-3-946986-25-6	27,00
Say, Allen	Der Kamishibai-Mann (Bilderbuch, Ln.)	978-3-9815066-7-9	29,80
Say, Allen	Großvaters Reise (Bilderbuch, Ln.)	978-3-946986-02-7	29,80
Schami, Rafik / Knorr, Peter	Der Wunderkasten (Bilderbuch, Ln.)	978-3-9817443-2-3	29,80
Schami, Rafik / Tanaka, Ayuko	Meister Marios Geschichte (Kinderbuch)	978-3-946986-14-0	22,00

EDITION CONTRA-BASS

Website www.contra-bass.de
E-Mail contra-bass@orange.fr

Anschrift Edition Contra-Bass
Telemannstraße 12
20255 Hamburg

Telefon 0033 / 67 64 90 283

2010 Verlagsgründung in Hamburg
Verleger: Gerhard Stange
Lektorat: Astrid Schmeda
Dependance in Südfrankreich / Occitanie

Die tiefen Bass-Töne stehen für unsere Vorliebe, den Dingen auf den Grund zu gehen, der Leichtigkeit und der Fantasie eine Basis zu geben, für das Streben nach Hintergrund. Gegen den Strom der Meinungsfabriken, der Konsumverlockungen, des Karrierewetteifers, der Naturzerstörung und des Fortschrittsdiktats zu schwimmen, ist unser Anliegen. Wir veröffentlichen Romane und Erzählungen sowie Sachbücher zu Politik, Philosophie, Pädagogik, Psychologie und kulturell-historische Reiseführer aus Frankreich. Unser Schwerpunkt ist, außer der deutschen, die französische Literatur und Kultur. Das Thema Emanzipation bestimmt unsere Veröffentlichungen. Triebkraft unseres Interesses ist der Wunsch nach freiheitlicher Entwicklung in Autonomie und Selbstbestimmung. In Frankreich setzen wir uns mit den verschiedenen Aspekten der Mittelmeer-Kultur auseinander, zu der auch Nordafrika gehört.

Selma Liebe
›Gewesenes Land. Hundert Jahre Siebenbürgen‹
Roman,
150 S., frz. BR
978-3-943446-80-7
18,00 Euro

Luise, eine etwas unstete und unkonventionelle Frau, erbt ein Haus in einem Dorf Siebenbürgens. Ahnungslos kommt sie dort an und findet ein Haus vor, das voll ist mit den Hinterlassenschaften der Vorbesitzerin, die es vor Jahrzehnten schon verlassen hat. Dieses Erbe erzählt ihr eine höchst subjektive Geschichte Rumäniens und Siebenbürgens – und gleichzeitig auch die immer verschwiegene Geschichte ihrer eigenen Familie. Selma Liebe, in den 1970ern geboren, Studium Ethnologie und Afrikanistik in Köln, Kulturwissenschaft in Koblenz. Zum Ende der Studien jeweils ein Kind. Hernach Anstellungen in Verlagen und im Gartenbau und einige Jahre selbständig als Texterin, Lektorin und Autorin.

Maria Adam
›Lichte Tage. Aufzeichnungen aus der Provence‹
Reisebuch,
150 S., frz. BR
978-3-943446-81-4
18,00 Euro

Eine Art Tagebuch der Erinnerungen und Selbsterfahrungen über fünf Sommer in der Provence nach einer Lebenskrise. Es lehnt sich in der Form an Dichter und Schriftsteller an, die über die Provence geschrieben haben, Notizen, kurze Kapitel, manchmal auch Geschichten über die Bewohner*innen des Dorfes oder über die Landschaften, die Maria Adam durchwandert und durchfahren hat. Man kann das Buch als einen Reiseführer an viele – auch unbekannte – Orte nutzen, als Lektüre über den Alltag in der Provence, aber auch als vorsichtigen Einblick in eine seelische Gesundung, die nach einer Krise geschieht. Maria Adam, 1961 geboren, studierte in München Germanistik und Psychologie, arbeitete in Forschung, Lehre und Praxis der Sozialen Arbeit mit Kindern und Jugendlichen.

Gerd Stange
›Ausweg aus der grünen Sackgasse‹
Essay,
284 S., frz. BR
978-3-943446-77-7
20,00 Euro

Programm der Grünen 1980: ›Wir sind für qualitatives Wachstum, wenn es mit gleichem oder geringerem Einsatz von Energie und gleicher oder geringerer Verarbeitung von Rohstoffen möglich ist, (d. h. bessere Ergebnisse erzielt oder bessere Erzeugnisse hergestellt werden können). Wir sind für soziales Wachstum, besonders für die eindeutig Benachteiligten unserer Gesellschaft.‹ Als Erste wurden die Ökologen ausgegrenzt, als Zweite die Basisdemokraten, als Letzte die Kriegsgegner. Diesen historischen Prozess beschreibt der Autor und entwirft ein Konzept für den Neubeginn einer ökologischen Bewegung. Gerd Stange geb. 1944, 1975 Hochschullehrer für Linguistik, 1977 Mitbegründer der politischen Bildungsstätte ›Autonomes Bildungs-Centrum ABC‹: Bildungsseminare, psychotherapeutische Gruppen, berufliche Fortbildungen. 1997 Zentrum ›Culture et Contact‹. 2010 Übersetzer, Schriftsteller, Verleger.

Autor / Autorin	Titel (Spezifikationen)	ISBN	Preis in Euro
Bahlmann, Andreas	Madeleine (Roman, 300 S.)	978-3-943446-68-5	19,00
Beaumanoir, Anne	Leben für Gerechtigkeit (Erinnerungen, übers. v. Gerd Stange, 208 S.)	978-3-943446-41-8	15,00
Charef, Mehdi	Straße der Gänseblümchen (Roman, übers. v. Elmar Schmeda, 176 S.)	978-3-943446-53-1	15,00
Culture & Contact	Mediterrane Zutaten und ihre Landschaften in der Provence (152 S.)	978-3-943446-20-3	14,90
Dell'Umbria, Alèssi	Wut und Revolte (Essay, übers. v. Elmar Schmeda, 144 S.)	978-3-943446-29-6	12,00
Duroy, Lionel	Winter der Menschen (Roman, übers. v. Gerd Stange, 304 S.)	978-3-943446-28-9	18,00
Laborde, Marie	So schön die 3 im Sterbeheim (Roman, übers. v. Astrid Schmeda, 208 S.)	978-3-943446-55-5	16,00
Reuter, Wolf	China Balance (Roman, 292 S.)	978-3-943446-47-0	19,00
Schmeda, Astrid	Penelopes Widerstand (Roman, 480 S.)	978-3-943446-56-2	20,00
Schneider, Karen	Regentonne Achterdeck (Roman, 176 S.)	978-3-943446-72-2	16,00
Wenner, Annette	Idas gesammeltes Schweigen (Erzählung, 104 S.)	978-3-943446-71-5	16,00

Website www.edition-converso.com
E-Mail info@edition-converso.de

Anschrift Edition Converso
Humboldtstraße 8
76131 Karlsruhe
Telefon 0721 / 49 08 35 35
Instagram @Edition.converso123

EDITION CONVERSO

2018	Gründung
2021	Kurt-Wolff-Förderpreis
2021	Deutscher Verlagspreis
2024	Verlagspreis Literatur des Landes Baden-Württemberg

Erklärtes Ziel der Edition Converso ist es, Belletristik, erzählendes Sachbuch, auch Lyrik aus sämtlichen Regionen rings ums Mittelmeer zu bergen, zu übersetzen, zu veröffentlichen – stets in handwerklich geschliffener Gestaltung. Die visionäre Hoffnung heißt: das Mittelmeer als einzigartigen und vereinten Kulturraum wieder erstrahlen und fruchtbar werden zu lassen. Wie die Meeresgöttin Amphitrite im Logo verrät, ist der Blick der Edition Converso dabei auf die Kehrseite der Dinge gerichtet, um eingefahrene Sehweisen aufzubrechen. Mit Stefan Weidners ›1001 Buch. Die Literaturen des Orients‹ war von Anfang an die arabische Welt mit im Boot; ein besonderes Anliegen sind dem Verlag überdies die Werke von Autorinnen. Auch Klassiker wie Leonardo Sciascia oder Pier Paolo Pasolini erfahren in der Edition Converso eine neue Würdigung.

Fabio Stassi
›Das Ausmaß von Liebe‹
Roman,
a. d. Ital. v.
Annette Kopetzki,
144 S., HC, FH,
m. farb. Abb.
978-3-949558-43-6
22,00 Euro

Vince Corso, Bibliotherapeut in Rom, einer der originellsten Detektive in der Krimigeschichte, will für eine Auszeit nach Neapel. Auf der Fahrt bedrängt ihn ein mysteriöser Alter mit Fragen, bis klar wird: Vince sitzt im falschen Zug. ›Der Moment ist gekommen, diese Reise zu machen‹, raunt der Mann. Sie bringt ihn an die Orte seiner Kindheit, Genua, die Côte d'Azur, in die schwierigste Ermittlung seines Lebens. Die er vor Jahren voller Zweifel begonnen hat: mit Postkarten und einem Brief an den unbekannten Vater; adressiert an das Hotel Negresco, wo dieser mindestens einmal übernachtet hat. Auf seiner letzten Station, Marseille, wird er auf ungeahnte Weise fündig.

Livia De Stefani
›Trauben schwarz wie Blut‹
Roman,
a. d. Ital. v.
Klaudia Ruschkowski,
m. e. Nachw. v.
Monika Lustig u.
Klaudia Ruschkowski,
256 S., HC, FH
978-3-949558-44-3
24,00 Euro

Als der Roman 1953 erschien, waren Publikumserfolg und Skandal enorm: Man stürzte sich auf den Inzest zwischen Bruder und Schwester und auf die Tragödie, die sich nach dem grausamen Willen des machtberauschten Vaters daraus entspann. Das eigentlich Skandalöse: Hier erkühnte sich eine Frau, eine Sizilianerin, mit profunder Kenntnis patriarchaler Gesellschaftsstrukturen über deren vollendete Manifestation, die Mafia zu schreiben. Für die katholische Kirche existierte die Mafia nicht. Die 1920er Jahre, der Nordwesten Siziliens unter der Allmacht der Feudalherren und der Mafia. Casimiro Badalamenti ist Besitzer eines Weinbergs mit schwarzen Trauben, materielles wie mystisches Zentrum seines Lebens. Schwarz ist auch sein Wille, in der Hierarchie der ›ehrenwerten Gesellschaft‹ aufzusteigen.

Belinda Cannone
›Auf einem dünnen Seil‹
Erzählungen,
a. d. Frz. v.
Claudia Steinitz u.
Tobias Scheffel,
176 S., HC, FH
978-3-949558-42-9
23,00 Euro

Jede dieser zauberhaft leicht und mit unerbittlicher Präzision erzählten Geschichten von grausamen Schicksalen ausgegrenzter Menschen, die tief eindringen in die Abgründe unserer Zeit, bis zurück zum nazibesetzten Frankreich, den Jugoslawienkriegen, den europäischen Außengrenzen, aber auch der Verantwortungslosigkeit der Erwachsenen gegen ihre Kinder – fängt eine ganze Welt ein: In der die eigene Verletzlichkeit, wie ein Schatz ergriffen, diese Vulnérables auf einem dünnen Seil über den Abgrund trägt. Immer gibt es auf dem Höhepunkt eine magische Verbindung zur äußeren oder zur inneren Natur, die die Wende bringt. Wie in ›Der Mauersegler‹, wo drei von den Eltern verlassene Geschwister sich gegenseitig zu schützen versuchen, der Jüngste, von Jugendlichen misshandelt, in Todesgefahr plötzlich ›den Riesen‹ in sich erspürt.

Autor / Autorin	Titel (Spezifikationen)	ISBN	Preis in Euro
Attanasio, Maria	Stark wie nur eine Frau (156 S.)	978-3-9819763-7-3	20,00
Cannone, Belinda	Vom Rauschen und Rumoren der Welt (256 S.)	978-3-9819763-4-2	22,00
Çelik, Ayşegül	Papierschiffchen in der Wüste (128 S.)	978-3-9822252-9-6	22,00
Chami, Yasmine	Tief ins Fleisch (192 S.)	978-3-949558-31-3	22,80
Charafeddine, Chaza	Beirut für wilde Mädchen (158 S.)	978-3-9822252-0-3	18,00
Marušić, Antonela	Mitgift (224 S.)	978-3-949558-21-4	22,00
Moretti, Marino	Die vorlaute Fischhändlerin (320 S.)	978-3-949558-33-7	24,00
Schiná, Katerina	Die Nadeln des Aufstands. Eine Kulturgeschichte des Strickens (216 S.)	978-3-9822252-5-8	28,00
Sciascia, Leonardo	Die Affaire Moro. Ein Roman (240 S.)	978-3-949558-18-4	24,00
Weidner, Stefan	1001 Buch. Die Literaturen des Orients (432 S.)	978-3-949558-09-2	35,00

EDITION FAUST

Website www.editionfaust.de
E-Mail verlag@editionfaust.de
Anschrift Edition Faust
in der Faust Kultur GmbH
Bergesgrundweg 3
60599 Frankfurt am Main
Telefon 069 / 71 04 71 090
Telefax 069 / 71 04 71 099

Die Edition Faust ist aus der Onlineplattform Faust-Kultur hervorgegangen und steht seither für ein vielseitiges und anspruchsvolles Programm. Ihr Themenspektrum reicht von Literatur, Lyrik und Graphic Novels bis hin zu gesellschaftlichen, philosophischen und interkulturellen Debatten. Viele unserer Autorinnen und Autoren sind auch seit Jahren mit Beiträgen auf dem gemeinnützigen Portal Faust-Kultur aktiv. In der Reihe Edition Faust Academics veröffentlichen wir zudem literaturwissenschaftliche, medizinische und rechtswissenschaftliche Werke.

2014 Gründung Edition Faust: Graphic Novel, Sachbücher, Political Reader
2015 Belletristik, Lyric
2018 Faust Academics
2019 + 24 Deutscher Verlagspreis
2022 Hessischer Verlagspreis (Sonderpreis)
Verleger: Dr. Michele Sciurba, Nicole Thamm

Artur Becker
›Von Barschen, Augustäpfeln und anderen Menschen‹
Erzählungen,
384 S., KB
978-3-949774-85-0
24,00 Euro

Am Ufer des Gehlandsees steht das Erholungszentrum Rusalka – ein Ort voller Sehnsüchte, Ängste und Mythen. Hier herrscht Albrecht Butcher, ein Mann, den alle fürchten und den doch niemand aufhält. Man sagt, er habe Menschen im Wald verschwinden lassen und dass selbst Blitze ihn nicht töten können. Aber wer ist er wirklich? In fünfzehn Erzählungen führt Artur Becker durch eine Welt zwischen Masuren und Deutschland, Vergangenheit und Gegenwart, Heimat und Exil. Er erzählt von Näherinnen, die Urlaub machen und von einem besseren Leben träumen, von verlorenen Liebenden, gestrandeten Existenzen und zerfallenden Sozialismus. Mit Blick für das Tragische und das Absurde erzählt Becker von Schuld und Verdrängung, von Aufbruch und Verlust – und fragt, wo wir wirklich zu Hause sind.

Lukas Meschik
›Im Epizentrum des Lebens‹
Literarisches Tagebuch,
432 S., KB
978-3-949774-51-5
24,00 Euro

Frühjahr 2020. Plötzlich verstummt die Welt. Lockdowns, leere Straßen, eine Realität, die sich anfühlt wie ein Fiebertraum. Lukas Meschik hält fest, was passiert, wenn das Leben auf Stand-by geschaltet wird – mit feiner Ironie, scharfem Blick und einem Sinn für die Details des Alltags im Ausnahmezustand. ›Hätten wir uns jemals träumen lassen, dass es zum subversiven Akt werden könnte, sich zu umarmen?‹ Zwischen Doughnut-Tagen und Maulkorbpflicht für Mensch und Hund, zwischen Nachrichtenflut und gedanklicher Abschweifung entsteht eine poetisch-ironische Reise durch die Pandemiezeit, dokumentiert in Form eines Notiz- und Tagebuchs. Zwischen Humor, Melancholie und philosophischer Betrachtung fängt Meschik die Essenz dieser Zeit ein und zeigt, wie der Mensch in Ausnahmesituationen immer wieder nach Sinn und Gemeinschaft sucht.

Sarah C. Schuster
›Das Oktopusmädchen‹
Coming-of-Age-Bilderbuch,
64 S., SC
978-3-949774-57-7
18,00 Euro

›Der Mond war ein Leuchtturm im wogenden Kosmos und das Oktopusmädchen gestrandet in einer sandigen Welt, in der Menschen etwas sagten und etwas anderes meinten.‹ Ein Sommer, eine Begegnung, eine Liebe, die alles verändert. Das Oktopusmädchen hat es mit seinen neun Gehirnen, drei Herzen und acht Tentakeln unter den Menschen nicht einfach. An einem sonnigen Sommertag trifft es eine Schlange, die ihre Herzen höherschlagen lässt. Zum ersten Mal spürt es, wie es ist, jemandem nahezukommen. Das ›Oktopusmädchen‹ ist eine berührende Geschichte über die erste Liebe, die Unsicherheit, die sie mit sich bringt, und den Mut, man selbst zu sein.

Autor / Autorin	Titel	ISBN	Preis in Euro
Abed Alsamad, Najat	Kein Wasser stillt ihren Durst	978-3-949774-27-0	24,00
Altopiano, Gaetano	Stilles Wasser im Poseidon	978-3-949774-90-4	22,00
Böhmer, Otto A.	Schlafe, träume, flieg	978-3-949774-37-9	24,00
Ehinger, Michaela	Die Präsenzmethode	978-3-949774-49-2	28,00
Grosso Ciponte / Palmerino	Der Glöckner von Notre-Dame	978-3-949774-64-5	24,00
Orsetti, Stefano	Nicolino	978-3-949774-43-0	20,00
Ortner, Helmut	Heimatkunde	978-3-949774-55-3	23,00
Pavlenko, A. / Krauß, J.	Faust	978-3-945400-78-4	24,00
Röhnert, Jan	Erdtagzeit	978-3-949774-23-2	20,00
Valverde Villena, Diego	Feuerzungen	978-3-949774-26-3	18,00
Zafzāf, Muhammad	Der King auf dem Platz	978-3-949774-39-3	22,00

EDITION.FOTOTAPETA

Website www.edition-fotoTAPETA.eu
E-Mail info@edition-fotoTAPETA.eu

Anschrift edition.fotoTAPETA
Alt-Moabit 37
10555 Berlin

Telefon 030 / 39 84 85 10

2007 Gründung in Berlin u. Warschau
2019 Kurt-Wolff-Förderpreis u. Förderpreis beim Berliner Verlagspreis
2021 + 23 Deutscher Verlagspreis
Verleger: Andreas Rostek

›Lesen Sie Blau‹, das ist der freundliche Rat der edition.fotoTAPETA – seit vielen Jahren gilt ein kräftiges Blau als Markenzeichen unseres Verlags, und blau sind fast alle unsere Bücher. Sie erzählen Geschichte und Geschichten aus Europa und – seit unserer Gründung in Warschau und Berlin vor 18 Jahren – vornehmlich aus dem Osten unseres Kontinents. So gilt unser Augenmerk seit langem der Entwicklung in der Ukraine und auch in Belarus – unser Programm zeugt davon. Die edition.fotoTAPETA betreibt ihre eigene europäische Osterweiterung und lädt die LeserInnen dazu ein, mitzulesen und mitzulernen. Aber unser Interesse gilt auch Italien und natürlich Deutschland und immer wieder: Europa!

Halyna Kruk
›Crashkurs in Molotowcocktails‹
Gedichte,
a. d. Ukr. v.
Claudia Dathe u.
Stefania Ptashnyk,
ca. 150 S., KB
978-3-949262-56-2
15,00 Euro

Halyna Kruk ist eine der prägendsten Stimmen der ukrainischen Lyrik. Sie lehrt europäische und ukrainische Barockliteratur an der Universität von Lwiw – dabei könnten ihre Gedichte zeitgenössischer nicht sein. ›Gegen Leute mit Maschinengewehren helfen keine Metaphern‹, schrieb sie kurz nach dem großen russischen Überfall auf ihr Land. ›Wenn dein Auto, mit dem du und deine Kinder dem Krieg zu entfliehen versuchen, von einem Panzer überrollt wird, hilft kein Gedicht.‹ Und doch finde Dichtung auch jetzt ihre eigenen Formen, ›als spontanes Gebet, als Lamento oder sogar Fluch wider den Feind ... funktional und rituell, äußerst kreatürlich in ihren Emotionen, überaus subjektiv, sehr pathetisch und intolerant‹. Und sie dichtet. Und sagt: ›Leider kann Dichtung nicht töten.‹

Leseprobe viele Dinge verschwinden schneller, / als wir sie entdecken / vieles gelangt überhaupt nicht / in unser Blickfeld, / wie dieses Männchen, das du erschießen solltest / an der sonntäglichen Schießbude im Vergnügungspark / vor ungefähr 20 Jahren ...

Alhierd Bacharevič
›Golem aus Papier‹
A. d. Belarus. v. Magdalena Voigt,
ca. 150 S., geb., SU
978-3-949262-53-1
20,00 Euro

Das neue Buch vom Träger des Buchpreises der Stadt Leipzig zur Europäischen Verständigung 2025, Alhierd Bacharevič: Beobachtungen und Reflexionen, Notizen und Reaktionen – über ein Leben im Exil. Eine Sammlung sehr kurzer Texte, die vorgeben, Tagebuch, Gedichte oder Essay zu sein – obwohl sie es nicht sind, so der Autor. Er fragt sich darin: ›... was es heute bedeutet, ein Schriftsteller, ein Emigrant, ein Mann, ein Belaruse, ein Europäer zu sein. Vor allem aber: Was bedeutet es, ein Mensch zu sein – mit seinen Träumen und Ängsten, Ambitionen und Neid, Schwächen und Stärken.‹ ›Golem aus Papier‹ ist das vierte Buch von Bacharevič in der edition.fotoTAPETA – nach zwei Essays und dem Roman ›Das letzte Buch von Herrn A.‹

Izabela Tadra
›Hotel ZNP‹
Roman,
a. d. Poln. v. Andreas Volk,
ca. 180 S., KB
978-3-949262-55-5
20,00 Euro

Junge Literatur aus Polen. Eine Liebesgeschichte ohne Liebe, ein Roman aus dem hässlichsten Hotel von Warschau: ›Hotel ZNP‹ ist düster, vorwärtstreibend, obsessiv, fesselnd und minutiös ausgearbeitet, gleichermaßen fantasievoll wie streng. Eine schillernde Satire auf die polnische Familie, eine traurige Reflexion über das menschliche Herz, eine bittersüße Romanze über verlorene Chancen. Ganz ohne die Verlockung modischer Sozialkommentare ... Für ihr Debüt wurde die Warschauer Autorin mit dem JOSEPHA-Preis ausgezeichnet – dem neuen deutsch-polnischen Literaturstipendium. Tadra ist die erste JOSEPHA-Preisträgerin.

Autor / Autorin	Titel (Spezifikationen)	ISBN	Preis in Euro
Albinus, Anna	Chalupki (Erzählung)	978-3-949262-27-2	15,00
Amelina, Victoria	Blick auf Frauen den Krieg im Blick (Reportage)	978-3-949262-51-7	22,00
Bacharevič, Alhierd	Das letzte Buch von Herrn A. (Roman)	978-3-949262-02-9	22,00
Cimafiejeva, Julia	Der Angststein (Gedichte)	978-3-949262-20-3	10,00
Dathe, Claudia u. a. (Hg.)	Den Krieg übersetzen (Gedichte)	978-3-949262-43-2	17,50
Irwanez, Oleksandr	Hexenhimmel Berlin (Roman)	978-3-949262-40-1	15,00
Kalnozols, Andris	Kalender (Roman)	978-3-949262-54-8	20,00
Kasims, Vilis	Lysersäureblues (Flashfiction)	978-3-949262-50-0	15,00
v. Marschall, Christoph	Der schwarze Dienstag (edition.fotoTAPETA_Flugschrift)	978-3-949262-52-4	17,50
Petz, Ingo	Rasender Stillstand (edition.fotoTAPETA_Flugschrift)	978-3-949262-47-0	15,00
Różycki, Tomasz	Die Glühbirnendiebe (Roman)	978-3-949262-45-6	25,00

EDITION FRÖLICH

Website www.editionfroelich.de
E-Mail buch@editionfroelich.de

Anschrift edition frölich
Eberbacher Straße 4
14197 Berlin
Telefon 030 / 82 20 891

Im Vordergrund des Verlagsprogramms der edition frölich stehen Publikationen mit kulturhistorischen und alltagskulturellen Themen sowie Bücher mit Schwerpunkt Fotografie. Werke, in denen Literatur auf Kunst trifft, erweitern inzwischen das Programm. Der Verlag legt bei der Umsetzung seiner teilweise mehrsprachigen Bücher großen Wert auf ein sorgfältiges Lektorat, eine lesefreundliche Typografie und ein Layout, das auf den Inhalt der Publikationen abgestimmt ist. Mit dem Fokus auf Qualität und Originalität bietet die edition frölich den Leserinnen und Lesern überraschende und bereichernde Leseerlebnisse.

2014 Gründung
2023 Start der dreisprachigen Fotobuchreihe ›Fotografin / Photographer / Photographe‹ über Frauen hinter der Kamera
2024 Deutscher Fotobuchpreis 24/25 für die ersten vier Bände der Fotobuchreihe ›Fotografin / Photographer / Photographe‹ in der Kategorie Monografien
Verlegerin: Regelindis Westphal

Janika Gelinek, Sonja Longolius, Literaturhaus Berlin (Hg.)
›Europäische Landschaften‹
72 S., geb., HC, FH, LB, 10 Abb.
978-3-911192-06-4
18,00 Euro

Kunst überdauert. Doch in Zeiten des Krieges wird auch sie zur Zielscheibe der Zerstörung. Der russische Angriffskrieg auf die Ukraine bedroht nicht nur Leben, sondern auch kulturelles Erbe – wie die bedeutende Sammlung europäischer Malerei des 16. bis 19. Jahrhunderts aus dem Odesa Museum für Westliche und Östliche Kunst. Teile dieser Werke wurden rechtzeitig gerettet und befinden sich nun in der Obhut der Gemäldegalerie der Staatlichen Museen zu Berlin. In ›Europäische Landschaften‹ begegnen die sechs Autorinnen Irina Bondas, Volha Hapeyeva, Halyna Kruk, Eva Menasse, ariel rosé und Nadiia Telenchuk den Gemälden dieser Sammlung mit Prosa und Lyrik. Ihre literarischen Texte sind ein Zeugnis von Hoffnung, Verlust, Widerstand und der tiefen, unauflösbaren Verbindung zwischen Kultur und Menschlichkeit. Ein literarischer Dialog über das, was bleibt – selbst im Angesicht der Zerstörung. ›Ihre Schöpfer zu überleben, ist eins der vielen Wesen der Kunst – sie ist auch Licht und Bericht unserer Vorfahren.‹ (Eva Menasse)

Ernst Volland
›Warum kennt ihr mich nicht? Frauen im Widerstand gestern und heute / Why don't you know me? Women in Resistance Past and Present‹
224 S., 100 Abb., KB, FH, mehrspr.
978-3-911192-05-7
28,00 Euro

Sophie Scholl ist bekannt – aber wer erinnert sich an Maria Terwiel, Ilse Stöbe oder Margarita Murillos? Frauen kämpften im Widerstand, riskierten ihr Leben – und wurden dennoch vergessen. Der Künstler Ernst Volland gibt 100 von ihnen ein Gesicht. Mit eindringlichen Porträts und reduzierten Biografien macht dieses Buch sichtbar, was aus dem kollektiven Gedächtnis verschwunden ist. Die Geschichten der Frauen sind mehr als Vergangenheit – sie sind eine Mahnung für die Gegenwart. Denn Widerstand ist kein Kapitel der Geschichte, er ist eine Haltung. Und so ist dieses Buch eine Hommage an den Mut jener, die für Gerechtigkeit kämpften – und nicht vergessen werden dürfen. Die Frage ›Warum kennt ihr mich nicht?‹, die sich als Leitmotiv durch das Projekt zieht, ist provokant und zugleich zutiefst menschlich. Sie verweist nicht nur auf das Schicksal der porträtierten Frauen, sondern auch auf eine strukturelle Ungerechtigkeit in der Geschichtsschreibung, schreibt Elisa Hoven, Professorin für Strafrecht an der Universität Leipzig und Richterin am Sächsischen Verfassungshof in ihrem Text.

Masha Pryven (Hg.)
›Alphabet des Krieges / Alphabet of War‹
64 S., 26 Abb., BR m. SU, Dt. / Engl.
978-3-911192-04-0
25,00 Euro

Das Alphabet steht für Ordnung, Struktur und Verlässlichkeit. Doch der Krieg zerstört diese Welt. Er dringt in das Leben junger Menschen ein, zerbricht vertraute Abläufe und zwingt sie zur Flucht. Für geflüchtete ukrainische Jugendliche bedeutet dies, dass nichts mehr so ist wie zuvor – nicht einmal die Sprache. Unter der Leitung der Künstlerin Masha Pryven hat eine Gruppe junger Menschen, die vor dem russischen Angriffskrieg aus der Ukraine nach Berlin geflüchtet sind, das deutsche Alphabet neu interpretiert. In einem innovativen Projekt werden 26 Begriffe in Fotografien in Szene gesetzt und mit persönlichen Gedanken gefüllt. Dabei verzichten sie bewusst auf eine feste Reihenfolge und schaffen ein Spiegelbild der Unordnung, die der Krieg hinterlässt. Jedes Bild, jeder verschriftlichte Gedanke zeugt von dem mutigen Versuch, inmitten des Chaos einen neuen Zugang zur eigenen Identität zu finden und sich mit der veränderten Lebenssituation auseinanderzusetzen. Das ›Alphabet des Krieges‹ ist nicht nur ein kreatives Zeugnis der persönlichen Erfahrungen im Exil, sondern auch eine Einladung, die transformative Kraft der Sprache und der Bilder zu entdecken.

Autor / Autorin	Titel (Spezifikationen)	ISBN	Preis in Euro
Baacke, Rolf-Peter	Wie kam das kleine Bunte an den Strand? (Sachbuch, 144 S., m. Abb.)	987-3-911192-01-9	28,00
Brennan, Summer	High Heels (Essay, 160 S.)	978-3-9820807-1-0	15,00
Cimafiejeva, Julia	Minsk. Die Stadt, die ich vermisse (Fotografie / Lyrik, 96 S., m. Abb.)	978-3-9824450-1-4	25,00
Damm, Ulrike	Es will alles gut durchdacht sein (Literatur / Kunst, 88 S., m. Audiodatei)	978-3-911192-02-6	20,00
Fox, James	Die Welt im Licht der Farbe (Sachbuch, 344 S., m. Abb.)	978-3-9824450-4-5	35,00
Kravis, Nathan	Auf der Couch (Sachbuch, 224 S., m. Abb.)	978-3-9816537-2-4	25,00
Langer, Tanja	Der Maler Munch (Roman, 232 S., m. Abb.)	978-3-911192-00-2	24,00
Pryven, Masha	Der Weg nach Combray (Fotografie, m. Texten v. M. Proust, 40 S., Abb.)	978-3-9820807-9-6	20,00
Rauer, Georgia	Wenn Ewigkeit vergänglich wird (Sachbuch, 160 S., m. Abb.)	978-3-9820807-3-4	25,00
Ward, Peter	Der saubere Körper (Sachbuch, 336 S., m. Abb.)	978-3-9820807-2-7	35,00
Westphal, Regelindis (Hg.)	Nelly Rau-Häring. Fotografin (Fotobuchreihe, 88 S., m. Abb.)	978-3-911192-03-3	20,00

Website www.editionhibana.de
E-Mail post@editionhibana.de

Anschrift Edition Hibana
Forstweg 16
89275 Oberelchingen
Telefon 07308 / 92 93 513

EDITION HIBANA

2020 Gründung
2023 +24 Verlagsprämie Bayern + Bayerns beste Bücher
2024 Literaturfestival NU:LIT in Neu-Ulm und ›Buchkumpanei‹, Deutscher Verlagspreis
Verleger: Florian L. Arnold

Man muss auch mal etwas riskieren – sagte sich Verleger Florian L. Arnold und gründete mitten in der aufkeimenden Coronapandemie einen Verlag. Das Ziel: Übersehenes, Seltenes, künstlerisch Eigenwilliges zugänglich zu machen. Hier werden also keine Bücher gemacht, die sich auf Bestsellerlisten räkeln wollen, sondern Bücher, die Lesenden einen hellen Zündfunken der Freude und Erkenntnis schenken. Als bibliophiles Leseangebot lockt Hibana (japanisch für ›Funke, Funkenschlag‹) auf unbekanntes Terrain, in literarische Terra Incognita. Wer dort einmal angekommen ist, will nicht mehr weg. Hier ist alles, was ein abenteuerlustiger Lesender braucht.

Sarah Neumann / Ferdinand Dölberg / Florian L. Arnold / Kunstverein Ulm (Hg.)
›und wenn sie es dir sagen. Katalog Kunstverein Ulm‹
48 S., HC, FB
978-3-946423-55-3
22,00 Euro

Ferdinand Dölberg stellt in seinen Mixed-Media-Werken die Frage nach Persönlichkeit, nach Individualität in Zeiten von Zersplitterung und Konflikt. Mehrdimensionale Räume, darin spukhafte Figuren und Gesichter und abstrahierte Körperformen der nonbinären Gestalten bestimmen die Arbeiten. Sarah Neumann zeigt einen Airbrush-Werkzyklus, der mit nicht Greifbarem spielt: Inspiration findet sich in Träumen oder fernen Erinnerungen. Verletzbarkeit und taumelnde Sicherheiten bestimmen die Werke beider Künstler. Ein facettenreicher Katalog zweier aufstrebender Kunstschaffender zu einer Ausstellung im Kunstverein Ulm.

Daniel Mylow
›Das Weiß zerrissenen Papiers‹
Gedichte / Kurzprosa, 80 S., HC, FB, dopp. farb. Vorsatzpapier, durchg. illu., lim. Aufl.
978-3-946423-28-7
22,00 Euro

Daniel Mylows Erzählband ist eine poetische und spannende Reise ins Leben vergessener oder dem Blick der Öffentlichkeit entrückter Dichterinnen und Dichter. Indem Mylow einerseits eng an den realen Biografien der historischen Persönlichkeiten bleibt, andererseits mit einer subtilen, bildstarken Sprache literarisiert, macht er ›Das Weiß zerrissenen Papiers‹ zum dichten Abbild markanter Existenzen. Dichten und Schreiben war für Hans Bernhard Schiff, Christian Dietrich Grabbe, Wilhelm Waiblinger (und weitere) eine Frage des Überlebens. Der mit Radierungen von Walter Rockenbauch ausgestattete Erzählband ist eine empfindsame Annäherung an Menschen, die gegen äußere Zwänge ein Leben in Ästhetik und Freiheit suchten.

Hermann Harry Schmitz
›Wundersame Katastrophen‹
Grotesken, m. Bildern v. Florian L. Arnold,
102 S., HC, FB
978-3-9822910-2-4
30,00 Euro

Sie sind hochkomisch, vollkommen absurd, restlos übertrieben und schlichtweg Klassiker des Humors: die Grotesken des 1913 freiwillig aus dem Leben geschiedenen Düsseldorfer Humoristen Hermann Harry Schmitz. Erst improvisierte er seine liebevoll inszenierten Katastrophen, die über biedere Bürger, naschhafte Existenzen und hedonistische Dickbäuche hereinbrechen – dann schrieb er sie auf. Suppe essen, Spazierengehen, ein Hemdkauf – alles kann auf wundersame Weise zum Fiasko werden. Schmitz wurde ein Star, füllte Hallen, der Verleger brachte Buch um Buch heraus. Nun kann man sie wiederentdecken, diese Kostbarkeiten, die sich irgendwo zwischen Wilhelm Busch, Loriot und Monty Python ganz zuhause fühlen. Hinreißend boshaft, furios komisch.

Autor / Autorin	Titel (Spezifikationen)	ISBN	Preis in Euro
Arnold, Siegfried C.	Duett ist ein Geräusch zu Zweit (Heitere Gedichte, 88 S.)	978-3-946423-39-3	19,00
Kafka, Franz	Ein Bericht für eine Akademie (Erzählung, Bilder v. F. L. Arnold, 48 S.)	978-3-946423-17-1	20,00
Klassen, Andrey	On Stage. Malerei (Kunstkatalog, 222 S.)	978-3-946423-24-9	60,00
Köhler, Kurt	Vademecum für den jungen Selbstmörder (Roman, Bilder v. A. Klassen, 182 S.)	978-3-9822910-6-2	30,00
Ostaijen, Paul van	Das Gefängnis im Himmel (Grotesken, Bilder v. A. Dingkuhn, 102 S.)	978-3-946423-23-2	25,00
Rimbaud, Arthur / Therre, Hans	Das trunkene Schiff (Lyrik, 76 S.)	978-3-9822910-0-0	25,00
Ringelnatz, Joachim	Trostworte an einen Luftkranken (Gedichte, 48 S., farb. illu.)	978-3-9822910-7-9	17,00
Therre, Hans	Sieh, ich schreibe (Erzählung, 112 S., farb. illu.)	978-3-946423-44-7	19,00
Voltaire / Goll, Yvan	Mikromegas (Erzählung, Bilder v. F. L. Arnold, 72 S.)	978-3-946423-14-0	27,00
Zweig, Stefan	Buchmendel & Die unsichtbare Sammlung (Novellen, 152 S., illu.)	978-3-946423-05-8	22,00

EDITION KARO

Website www.edition-karo.de
E-Mail Literaturverlag@edition-karo.de

Anschrift edition karo –
Literaturverlag Josefine Rosalski
Falkentaler Steig 96 A
13467 Berlin
Telefon 030 / 89 17 864

Unsere Bücher sind Entdeckungen, die von authentischen Reisen und individuellen Erlebnissen erzählen. Auch die Biografien entführen in ferne Welten und vergangene Zeiten, deren Weltanschauungen auch heute noch vielfach oder – überraschend – wieder von Belang sind. Für alle Prozesse der Buchwerdung nehmen wir uns viel Zeit, um schöne und interessante Bücher für Buchliebhaber zu machen. Unsere Reihen sind: ›Reiseerzählungen‹ über echte Abenteuer; die kleinen ›Literaturen‹ mit spannenden Geschichten und Einsichten; ›Biografien‹ – teilweise die ersten deutschen Ausgaben überhaupt – über herausragende Frauen und Männer aus den Bereichen Musik, Literatur und Kunst; unsere ›Künstlerbücher‹ mit wunderbaren Illustrationen und ungewöhnlichen Geschichten.

2004	Verlagsgründung
2009	Reiseerzählungen
2013	Biografien, Literatur
2017	Lizenzen IR, FR
2019	Hotlist-Nominierung
Verlegerin:	Josefine Rosalski

Katharina Joanowitsch
›Das besondere Blau.
Auf den Spuren
rumänischer Klöster‹
160 S., KB
978-3-945961-39-1
17,00 Euro

Alexandra mahnt zur Eile, denn ein weiteres Kleinod soll besichtigt werden: Kloster Voronet, das gut zehn Kilometer entfernt liegt. Das Sonnenlicht lässt im Verglimmen die Fresken des in Kreuzform errichteten Klosters besonders geheimnisvoll erscheinen. ›Achten Sie auf das Blau!‹ Und so wenden wir uns gleich zur fensterlosen Westfassade mit dem monumentalen Fresco des Jüngsten Gerichts, das dem Kloster die Auszeichnung Sixtinische Kapelle des Ostens beschert hat. Da ist er also, der azurene Hintergrund, dessen Farbe als ›Voronet-Blau‹ berühmt ist. Chemiker, so heißt es, wüssten noch immer nicht, wie sich die Farben über fünfhundert heiße Sommer und kalte Winter hindurch so frisch halten konnten. Wir steuern auf einen Höhepunkt des Tages und der Reise zu: die Besichtigung eines Moldauklosters! Der erste Anblick verblüfft: Es ist rundum bemalt. Vom Nachmittagslicht gestreift, liegt da vor uns ein märchenhaft bemaltes Steinhaus mit breitkrempigem Holzschindeldach. Wie eine Augentäuschung.

Ilja Bohnet / Folker Bohnet
›Der verzauberte Junge von
der Brücke.
Aus dem Leben des Schauspielers,
Regisseurs
und Theaterautors Folker Bohnet‹
176 S., KB
978-3-945961-42-1
20,00 Euro

Dieses Buch basiert auf Gesprächen, die mein Vater, der Schauspieler, Regisseur und Theaterautor Folker Bohnet mit mir an drei langen Frühlingsabenden in Berlin im Mai 2017 geführt hat. Unser gemeinsames Ziel war, Folkers private wie berufliche Lebensgeschichte, dieses aufregende Leben eines bisexuellen Kosmopoliten mit seinen Höhen und Tiefen einzufangen und zumindest einen Teil der unglaublichen und hie und da schon erzählten Anekdoten zu verschriftlichen. Wir führten die Gespräche vor dem Hintergrund eines ganz ähnlichen Vorhabens, das ich mit meinem Stiefvater, dem Schauspieler Ulrich Pleitgen, bereits ein Dreivierteljahr zuvor begonnen hatte. Auch Ulrichs Manuskript hatte stundenlange Gespräche zur Grundlage, die zunächst mühsam transkribiert, dann thematisch und chronologisch geordnet und schließlich redigiert werden mussten, ohne dass sich für uns das beruhigende Gefühl einstellte, unserem angestrebten Ziel schon sehr nahe zu sein. Folker kannte Ulrichs Manuskript und gab uns wertvolle Korrekturhinweise für die weitere Ausarbeitung. Er wusste also, worauf er sich einließ, als er sich mit mir in eigener Sache traf.

Autor / Autorin	Titel (Spezifikationen)	ISBN	Preis in Euro
Baziyan, Vitaly	Beatrice Webb. Aus ihren Tagebüchern. Enthüllungen über den Oscar- und Nobelpreisträger George Bernard Shaw	978-3-945961-40-7	20,00
Bohnet, Ilja	Schneeflockenrauschen. Das Geheimnis der schwarzen Serie	978-3-945961-33-9	17,00
Landgrebe, Christiane	Germaine de Staël – Eine moderne Frau	978-3-945961-32-2	20,00
Liese, Kirsten	Celibidache. Der Maestro im Spiegel von Zeitzeugen	978-3-945961-28-5	20,00
Rauh, Ulrike	Kaffeehäuser erzählen. Auf den Spuren der Kaffeehauskultur	978-3-945961-22-3	15,00
Soppa / Staiger	Leo Daly & James Joyce. Eine literarische Irlandreise	978-3-945961-38-4	23,00
Ueckert, Charlotte	Andere Wesen. Neue Poesie (110 S., m. Abb.)	978-3-945961-29-2	18,00
Ueckert, Charlotte	Christina von Schweden	978-3-945961-02-5	20,00
Weihnachtskrimis	Kling Glöckchen, klingelingeling. Münchner Weihnachtskrimis	978-3-945961-13-1	12,00

Website www.edition-nautilus.de
E-Mail info@edition-nautilus.de

Anschrift Edition Nautilus GmbH
Schützenstraße 49 a
22761 Hamburg
Telefon 040 / 72 13 536
Instagram @edition_nautilus

EDITION NAUTILUS

1974	Verlagsgründung in Hamburg
1993 + 2002	Verlagspreis der Freien und Hansestadt Hamburg
2004	Kurt-Wolff-Preis
2018	K.-H. Zillmer-Verlegerpreis
2019 + 20 + 23	Deutscher Verlagspreis

Über ihr politisches Engagement sind Hanna Mittelstädt, Lutz Schulenburg und Pierre Gallissaires Anfang der 1970er Jahre mehr zufällig als absichtsvoll in die Verlegerei hineingerutscht: zunächst durch die Herausgabe einer Zeitschrift und diverser Flugschriften. Seit dem Ausscheiden Hanna Mittelstädts 2016 führt ein fünfköpfiges Kollektiv (aus Katharina Bünger, Franziska Otto, Katharina Picandet, Timo Schröder und Klaus Voß) die Nautilus durch die bewegten Gewässer des Büchermeers. Im Programm mit über 300 lieferbaren Titeln finden sich politische Analysen und streitbare Polemiken, feine Belletristik, besondere Krimis, voluminöse Biografien sowie die Werkausgabe von Franz Jung. In der auf mehr als 60 Titel angewachsenen ›Kleinen Bücherei für Hand und Kopf‹ sind illustrierte Bücher der ästhetischen Moderne erschienen.

Karsten Krampitz
›Gesellschaft mit beschränkter Hoffnung‹
Roman,
200 S., geb.
978-3-96054-469-2
22,00 Euro

Arnstadt, Thüringen, Ende der 70er Jahre. In einem Heim für behinderte Jugendliche beschließen vier Freunde, die sich kaum bewegen können: Wir brechen aus. Von Rente und Pflegegeld wollen sie sich Pfleger finanzieren, ein Haus bekommen sie von der Kirche – das alte Pfarrhaus in Hartroda, im Altenburger Land. So beginnt die Geschichte einer Kommune, in der die einen Hilfe bekommen und die anderen Asyl – vor der Schinderei im Staatsbetrieb, vor einem Leben im stupiden Kreislauf von Arbeiten, Saufen, Schlafen. Eine Gemeinschaft der Gleichen, in der alles geteilt wird – Geld und Bücher, Platten und Bier, aber auch alle Gebrechen. Eine Gemeinschaft der Aussortierten, die sich mit Witz und Chuzpe das Undenkbare erkämpft: ein selbstbestimmtes Leben, vielleicht sogar Freiheit. Intellektueller Kopf der Gemeinschaft ist Gruns. Er wird vom schweigsamen Mozek gepflegt, der vom Dachboden aus internationale Fernschachturniere bestreitet und sich über seine Vergangenheit bedeckt hält. Denn Mozek, ehemaliger Grenzer, ist auf der Flucht vor der eigenen Schuld …

Jake Lamar
›Viper's Dream‹
Kriminalroman,
a. d. Engl. v.
Robert Brack,
208 S., BR
978-3-96054-470-8
20,00 Euro

New York, 1961. Clyde Morton, genannt Viper, hat gerade seinen dritten Mord begangen – den ersten, den er bereut. Doch anstatt zu fliehen – sein Kontaktmann bei der Polizei hat ihm drei Stunden gegeben –, sitzt er im Cathouse der Baroness de Koenigswarter, kurz Nica, und grübelt. Wie allen Musikern, die bei ihr ein- und ausgehen, hat Nica ihm aufgetragen, drei Wünsche aufzuschreiben. Viper weiß, dass ihm nicht viel Zeit bleibt, aber das scheint plötzlich nicht wichtig. Er blickt zurück auf seine Ankunft in Harlem im Jahr 1936, als er noch hoffte, als Trompeter groß rauszukommen. Da sein Talent dafür nicht ausreicht, fängt er als Geldeintreiber an, steigt in den Drogenhandel ein und schafft es bald nach ganz oben. Im Rhythmus des Jazz und im Rauch von Marihuana regiert er Harlem. Doch Yolanda, seine große Liebe, bleibt unerreichbar. Als das Heroin die Jazzszene zu zerstören beginnt und das Gesicht der Stadt sich verändert, droht das alte Harlem vor die Hunde zu gehen. Und dann wird Viper von seiner Vergangenheit eingeholt …

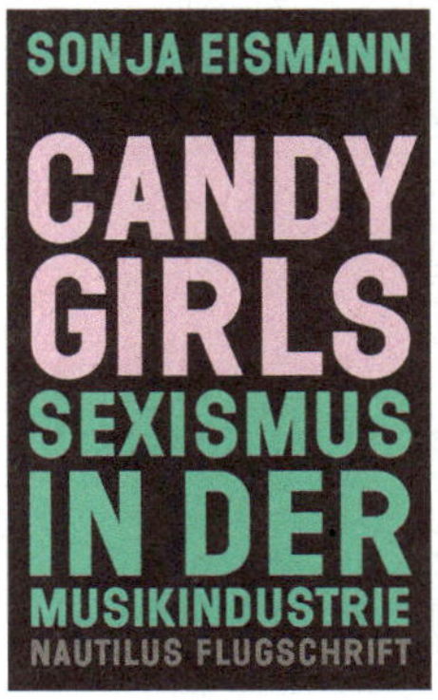

Sonja Eismann
›Candy Girls. Sexismus in der Musikindustrie‹
Nautilus Flugschrift
200 S., BR
978-3-96054-472-2
20,00 Euro

In einer so wütenden wie lehrreichen Mischung aus Analyse und Abrechnung zeigt Sonja Eismann, wie tief Sexismus und Ageismus in die Musikindustrie eingeschrieben sind, wie wir als Konsument*innen den male gaze erlernt und verinnerlicht haben, wie Missbrauch und Pädosexualität in fast allen Szenen und Genres akzeptiert werden. Sie schreibt über alte Männer, die minderjährige Sängerinnen sexualisierte Songs performen lassen, über die scheinbare Unmöglichkeit eines richtigen Alterns, sexistischen Musikjournalismus, Superstars wie Taylor Swift, Beyoncé oder Peaches, über Feminizide in Songlyrics – und natürlich über Beispiele der selbstbewussten Aneignung, des Widerstands gegen das Musikpatriarchat. ›Feminismus ist nicht Fun, er ist komplex und er kotzt die Leute an – und er macht Arbeit! Und die hat sich Sonja Eismann gemacht, indem sie mit Verve und Zorn und zahllosen Beispielen beweist, wie patriarchal es in der Musikindustrie immer noch zugeht.‹ (Christiane Rösinger)

Autor / Autorin	Titel (Spezifikationen)	ISBN	Preis in Euro
Aßmann, Alex	Im Gefängnis frei. Andreas Baader, der Brandstifterprozess … (Biografie)	978-3-96054-395-4	22,00
Bendiek, Lisa	Lesben sind die besseren Väter. Regenbogenfamilien als Vorbild … (Nautilus Flugschrift)	978-3-96054-391-6	22,00
Bendixen, Katharina	Eine zeitgemäße Form der Liebe. Parentale Prosa	978-3-96054-382-4	22,00
Bronski, Max	Die Josephsbrüder (Kriminalroman)	978-3-96054-471-5	16,00
Cole, Isabel Fargo	Das Zenonzän. Paradoxien des Fortschritts (Nautilus Flugschrift)	978-3-96054-474-6	20,00
Distelhorst, Lars	Dekonstruiert Identitätspolitik. Ein Neuansatz (Nautilus Flugschrift)	978-3-96054-389-3	20,00
Hast, Susanna	Beweiskörper (Roman, a. d. Finn. v. Tanja Küddelsmann)	978-3-96054-468-5	24,00
Leroy, Jérôme	Die letzte Französin (Kriminalroman, a. d. Frz. v. Cornelia Wend)	978-3-96054-387-9	16,00
Lindenberg, Hugo	Die imaginäre Nacht (Roman, a. d. Frz. v. Lena Müller)	978-3-96054-380-0	22,00
Pagès, Yves	Endlose Ketten. Eine illustrierte Geschichte des Laufbands (Nautilus Flugschrift, a. d. Frz. v. Felix Kurz)	978-3-96054-473-9	22,00
Saiger, Magdalena	Am Wasser das Haus. Eine literarische Ortsbegehung	978-3-96054-384-8	22,00

EDITION ORIENT

Website www.edition-orient.de
E-Mail info@edition-orient.de

Anschrift Edition Orient
Muskauer Straße 4
10997 Berlin

Telefon 030 / 61 28 03 61

Edition Orient steht für (mehrsprachige) Bilderbücher aus aller Welt und Literatur aus dem Orient. Seit nunmehr über 40 Jahren verlegen wir Literatur aus dem arabischen, persischen und türkischen Kulturraum – Erzählungen, Romane oder Gedichte. Lernen Sie wunderbare Literatur kennen: Texte, die vor Phantasie sprühen, die beklemmen oder die man kennen sollte, weil sie inzwischen Klassiker sind. Außerdem liegen uns außereuropäische Kinderbücher am Herzen, die wir ein-, zwei- oder mehrsprachig veröffentlichen. Dabei ist uns wichtig, mit Autoren, Illustratoren oder Verlagen aus den jeweilig anderen Kulturen / Ländern zusammenzuarbeiten. Unsere globale Weltkarte reicht dabei von Mexiko und Chile über Eritrea und Ägypten bis hin zum Iran und nach Indien. Unsere Bücher laden ein, den Blick zu weiten für Kulturen, die uns in manchem so fern und in vielem so ähnlich sind.

1981 Gründung durch Nagi Naguib
1988 Auszeichnung unseres Autors Nagib Mahfuz mit dem Literaturnobelpreis
1990 Reihe ›Frauen aus dem Orient erzählen‹
2020 Auszeichnung mit dem Berliner Verlagspreis
2021 + 24 Deutscher Verlagspreis
Verleger: Nagi Naguib (bis 1987)
Dr. Dietlind Schack (bis 1998)
Stephan Trudewind (seit 1998)

Eugene Evasco
›Feiern auf Philippinisch‹
Filipino / Engl. / Dt.,
illu v. Joffrey Atienza,
übers. v. Birgit Mader,
64 S., geb.,
978-3-945506-51-6
ca. 22,00 Euro

Es ist der Vorabend des Pahiyas-Festivals, alle Bewohner der philippinischen Stadt Lucban sind mit den Vorbereitungen für das Erntedankfest beschäftigt. Ein Junge möchte sich mit seiner kleinen, blinden Schwester alles anschauen, doch die möchte zuerst nicht. Schließlich lässt sie sich von ihm mitreißen und er führt sie durch das bunte Treiben. Er erklärt ihr – und den Lesern – alles, was er sieht und was dieses traditionelle Fest ausmacht. Ach, was es da alles zu schmecken, riechen, fühlen und zu bestaunen gibt! Altersempfehlung: ab 5 Jahren

Yusuf Idris
›Dem Fremden auf der Spur‹
Reihe Arab.-Dt. Bd. 9
Erzählung,
a. d. Arab. v. Hartmut Fähndrich,
ca. 100 S., BR
978-3-945506-52-3
18,00 Euro

›Dem Fremden auf der Spur‹ ist eine Erzählung des großen ägyptischen Schriftstellers Yusuf Idris. Ein Jugendlicher hat den Wunsch, irgendjemanden umzubringen. Warum? Einfach so, wohl aber auch, um in die Welt der Erwachsenen vorzustoßen. Deshalb sucht er die Nähe zu den Outlaws, die die ländliche Gegend unsicher machen und über die Nacht herrschen. Schließlich gelingt es ihm, Kontakt zu dem gefürchtetsten aller Nachtgesellen aufzunehmen, sich mit ihm anzufreunden und ihm seinen Wunsch mitzuteilen. Eine spannende Erzählung aus Ägypten!

Stella Gaitano
›Endlose Tage am Point Zero‹
Erzählungen,
a. d. Arab. v. Günther Orth,
110 S., geb.
978-3-945506-32-5
19,80 Euro

Im Fokus der Kurzgeschichten der südsudanesischen Schriftstellerin Stella Gaitano stehen marginalisierte, flüchtende oder vertriebene Frauen, die vor den mörderischen Konflikten im Südsudan, in Darfur und den Nuba-Bergen geflohen sind. Doch auch die Abspaltung des Südsudan vom Sudan 2011 wird in ihren Erzählungen thematisiert, mussten doch in der Folge viele Menschen aus dem Norden in den Südsudan zurückkehren, weil ihre Familien von dort stammten. Nominiert für den LiBeraturpreis 2025! Im Jahr 2022 wurde Gaitano mit einem Stipendium des PEN International Writers-in-Exile-Programms ausgezeichnet und lebt zurzeit in Deutschland. ›Ergreifende Formulierungen und poetische Bilder prägen Gaitanos Texte, die eindrücklich ein literarisches Zeugnis des Lebens im Sudan vor und nach der Spaltung ablegen. Unbedingt lesenswert!‹ (Africa Positive Nr. 93) ›Originell und beeindruckend‹ (Sonja Hartl / Weltempfänger 63. Litprom-Bestenliste)

Autor / Autorin	Titel (Spezifikationen)	ISBN	Preis in Euro
Attar, Fariduddin / Barrangi, Mohammad	Vogelgespräche (Pers. / Dt., 96 S.)	978-3-945506-27-1	29,80
Baraka Sakin, Abdelaziz	Der Messias von Darfur (Roman aus dem Sudan, 168 S.)	978-3-945506-22-6	22,00
Ebrahimi, Payam / Dalvand, Reza	Gar nicht witzig (Bilderbuch, 32 S.)	978-3-945506-29-5	17,90
Nesin, Aziz	Aber meine Träume, die gib mir zurück (Gedichte, Türk. / Dt., 120 S.)	978-3-922825-88-3	24,50
Orbeliani, Sulchan-Saba	Die Weisheit der Lüge (Illu. Fabeln aus Georgien, 272 S.)	978-3-922825-95-1	24,50
Ortiz, E. / Valdivia, P.	Schau mal, wer da kommt (Pappbilderbuch, Span. / Ukr. / Dt., 18 S.)	978-3-945506-25-7	11,00
Schauqi, Ahmad	Es bringt der Papagei den Hund zur Raserei (Bilderbuch, Arab. / Dt., 48 S.)	978-3-945506-30-1	17,90
Soundar, Chitra / Nair, Kanika	Bauer Falgu geht auf den Markt (Bilderbuch, Eng. / Dt., 32 S.)	978-3-922825-94-4	17,90
Tuckermann / Mahari / Yeggy	Vier Ochsen. Ein Märchen aus Eritrea (Tigrin. / Dt., 24 S.)	978-3-922825-93-7	17,90
Zaghir, Rania	Wer hat mein Eis gegessen? (Mehrspr. Kamishibai-Bildtafeln)	978-3-945506-21-9	39,50

Website www.edition-tiamat.de
E-Mail mail@edition-tiamat.de

Anschrift Edition Tiamat
Grimmstraße 26
10967 Berlin
Telefon 030 / 69 37 734
0171 / 24 28 550

EDITION TIAMAT

1979	Gründung des Verlags in Nürnberg
1981	Umzug nach Berlin
2020 + 22	Deutscher Verlagspreis
2023	Großer Berliner Verlagspreis
Verleger:	Klaus Bittermann

Die Edition Tiamat macht Bücher, die unabhängig vom Genre eine originelle Idee enthalten, eine ungewöhnliche Argumentation, einen außergewöhnlichen Stil, und wir versuchen dabei, die konventionellen Weltbilder und erwartbaren Ideologien zu unterlaufen und mit den Büchern Beiträge zu gesellschaftlichen und wissenschaftlichen Debatten zu liefern. Auf diese Weise konnten wir Autoren gewinnen wie Wolfgang Pohrt, von dem eine 11-bändige Werk-Ausgabe zum Abschluss gebracht wurde, Harry Rowohlt, Wiglaf Droste, Martha Gellhorn, Guy Debord, Mark Fisher, Funny van Dannen, Pascal Bruckner, Lee Miller, Caroline Fourest, Julie Burchill, Laure Adler, Jonathan Guggenberger, Bruno Chaouat, Ingo Elbe, Jan Gerber, Hans Traxler und viele andere.

Florence Schulmann
›Der Vogel von Bergen-Belsen‹
A. d. Frz. v. Barbara Heber-Schärer,
120 S., BR
978-3-89320-329-1
18,00 Euro

Als kleines Kind hörte sie ihre Eltern Nacht für Nacht reden und weinen, ohne etwas zu verstehen. Sie wagte es nicht, ihnen Fragen zu stellen. Doch sie begann, alles, was sie aufschnappte, zu verarbeiten. Die Eltern sprachen zwar über ihre Erlebnisse, aber viele ihrer Freunde hörten ihre Erzählungen nur ungern und rieten ihnen, all das zu vergessen. Florence setzte sich das, was sie mitbekam und anderswo aufschnappte, zusammen und begann nach und nach, ›wie eine Besessene‹ alles zu lesen, was sie über die Vernichtung der Juden fand. Bei einer ersten Ferienreise mit ihren Eltern nach Israel besuchten sie eine Frau, die zur selben Zeit wie ihre Mutter in Bergen-Belsen einen Jungen geboren hatte, und sie malte sich aus, dass er ihr Bruder hätte sein können. Auf dieser Reise besuchten sie auch Yad Vashem – aber dort blieben ihre Eltern stumm, die 16-Jährige konnte ihnen nur folgen ›wie ein Schatten‹, sehen, wie sie vor manchen Fotos stehen blieben und sie lange betrachteten. Später, als Erwachsene, fuhr sie regelmäßig nach Yad Vashem und suchte nach Spuren ihrer verschwundenen Familie.

James Poniewozik
›Alle Scheinwerfer auf mich! Die Geburt Donald Trumps aus dem Fernsehen‹
A. d. Amerik. v. Sean Carty u. Clara Schilling,
ca. 400 S., BR
978-3-89320-331-4
ca. 30,00 Euro

Poniewozik verbindet eine Kulturgeschichte des modernen Amerikas mit einem aufschlussreichen Porträt des öffentlichkeitswirksamsten Amerikaners, der je gelebt hat. Poniewozik geht bis in die 1940er Jahre zurück, als Trump und das Werbefernsehen geboren wurden, und zeigt, wie Donald zu ›einer Figur wurde, die sich selbst schrieb, einem Markenmaskottchen, das aus der Müslischachtel in die Welt sprang, einem Simulakrum, das die Sache, die es repräsentierte, ersetzte‹. Mit einem ausgeprägten Gespür für die Medien verwandelte sich Trump in den 1980er Jahren in einen angeberischen Boulevard-Playboy, in den 1990er Jahren in eine selbstparodistische Sitcom, in den 2000er Jahren in eine Reality-TV-›You're fired‹-Maschine und schließlich in die größte Rolle seiner Karriere, einen von Fox News besessenen, Twitter-verrückten, kulturfeindlichen Demagogen im Weißen Haus. Poniewozik dekonstruiert das chaotische Zeitalter von Trump als die 24-Stunden-Fernsehproduktion, die es ist, und entschlüsselt eine Ära, in der Politik zur Popkultur geworden ist und umgekehrt.

Jan Gerber
›Das Verschwinden des Holocaust. Zum Wandel der Erinnerung‹
ca. 300 S., BR
978-3-89320-330-7
ca. 28,00 Euro

Die Erinnerung an den Holocaust schwindet. Seine Singularität wird zusehends infrage gestellt. Jan Gerber erinnert daran, dass sich die Erkenntnis von der Besonderheit des Verbrechens erst spät durchsetzte. Die Unterschiede zwischen Konzentrations- und Vernichtungslagern, zwischen Buchenwald und Birkenau, Belsen und Belzec, waren lange kaum jemandem bewusst. Auch die Erinnerung begann zeitlich verzögert. Der Holocaust bewegte sich erst seit den Siebzigern aus den Vororten des Gedächtnisses an den Zweiten Weltkrieg in sein Zentrum. Jan Gerber geht den Ursachen dieser Entwicklung nach. Er fragt nach jenen Bedingungen von Erinnerung und Erkenntnis, die gegenwärtig zu erodieren scheinen. Dazu verbindet er die Gedächtnisgeschichte des Holocaust mit der Politik-, Wirtschafts- und Sozialgeschichte des 20. und 21. Jahrhunderts. Auf diese Weise werden die aktuellen Debatten über die Bedeutung des Holocaust, sein Verhältnis zu den Kolonialverbrechen und die Politik Israels historisch eingeordnet. Es entsteht eine integrierte Geschichte der Holocaust-Erinnerung.

Autor / Autorin	Titel	ISBN	Preis in Euro
Berman, Paul	Provokation und Gewalt	978-3-89320-333-8	18,00
Chaouat, Bruno	Ist Theorie gut für die Juden?	978-3-89320-311-6	30,00
El Helou / Eller (Hg.)	Das Subjekt Frau	978-3-89320-327-7	26,00
Gellhorn, Martha	Die Araber von Palästina. Reportagen	978-3-89320-318-5	18,00
Gerber, Jan u. a. Hg.	Das Zeitalter des Populismus	978-3-89320-319-2	24,00
Guggenberger, J.	Opferkunst	978-3-89320-322-2	20,00
Hughes, Coleman	Farbenblind	978-3-89320-324-6	26,00
Kirsch, Adam	Siedlerkolonialismus	978-3-89320-325-3	24,00
Meueler, Christof	Die Welt in Schach halten. Das Leben des Wiglaf Droste	978-3-89320-315-4	30,00
Pohrt, Wolfgang	Wahn, Ideologie und Realitätsverlust	978-3-89320-326-0	26,00
Traxler, Hans	Wie die Malerei verschwand	978-3-89320-317-8	26,00

EDITION W

Website www.edition-w.de
E-Mail info@edition-w.de

Anschrift Edition W GmbH
Waldstraße 12 a
63263 Neu-Isenburg
Telefon 069 / 24 75 01 813
Telefax 069 / 24 75 01 820

2022 Gründung des Verlags
Verleger: Rainer Weiss
Markus J. Karsten
Robin Schmerer

Wann immer ein neuer Belletristik-Verlag auf der Bildfläche erscheint, zieht das eine Reihe von W-Fragen nach sich. Wieso? Weshalb? Warum? Wir fragen umgekehrt: Warum nicht? Es kann doch gar nicht genug Verlage geben, die mit ihren Büchern etwas bewegen und Denkprozesse anstoßen wollen. So fiel im Februar 2022 der Startschuss für die Edition W. Mit Büchern, die mit den Mitteln des Erzählens politische Prozesse und gesellschaftliche Veränderungen begleiten. Von Beginn an sind auch spannende literarische Debüts ein wichtiger Bestandteil des Verlagsprogramms. Ebenso wie vereinzelte Übersetzungen literarischer Werke aus dem europäischen Ausland. Darüber hinaus werden fast vergessene Autoren wie Tadeusz Borowski, Jürgen Ploog oder Leo Gilbert einem zeitgenössischen Publikum wieder zugänglich gemacht.

Emeli Glaser
›Rahnsdorf Ripper
und andere
Männergeschichten‹
Stories,
144 S., HC
978-3-949671-21-0
20,00 Euro

Berlin kennt man als Stadt der Szeneviertel und Creative Hubs. Es gibt aber noch ein anderes Berlin. Richtung Ostrand der Stadt wird das Leben muffig und eng. Hier stehen seelenlose Einfamilienhäuser neben DDR-Bungalows, Wendeverlierer hängen in Sportkneipen rum, Familienväter kaufen billig bei Kaufland im Industriegebiet. Es ist das wahre Berlin: das Abgehängte, das Konservative, das kleinbürgerlich Piefige. Emeli Glaser streift durch Mahlsdorf, Schönweide und Rahnsdorf – und begegnet hier dem brutalen deutschen Durchschnitt. In ihrem ersten Buch trifft sie auf Orte, wo die Menschen sich zwischen Selbstmitleid und Größenwahn eingerichtet haben und viel zu oft den einfachen, statt den mutigen Weg gehen. In ›Rahnsdorf Ripper‹ erzählt sie von der Absurdität des Patriarchats in unseren Zeiten.

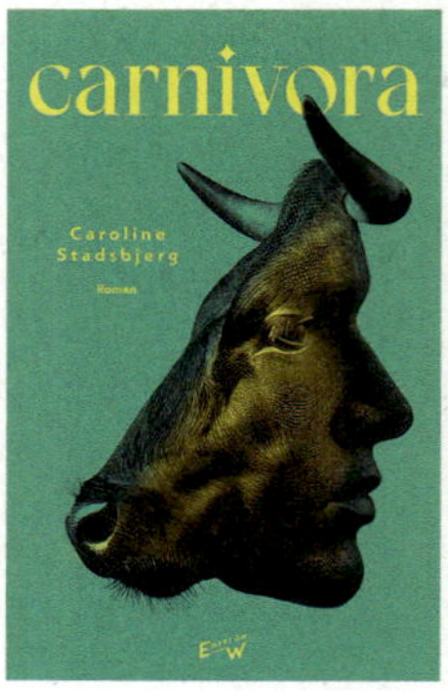

Caroline Stadsbjerg
›Carnivora‹
Roman,
a. d. Dän. v.
Justus Carl,
ca. 350 S., HC
978-3-949671-20-3
24,00 Euro

Irgendwann in naher Zukunft: Alle Tiere sind ausgestorben und eine neue Spezies wird eigens für die Fleischproduktion gezüchtet. Der menschenähnliche Homo Cibus ist kein Individuum, sondern ein Produkt. Doch wo genau verläuft die Linie zwischen Mensch und Cibus? Wer entscheidet, welche Lebensform mehr wert ist als die andere – und vor allem, nach welchen Maßstäben? Hannah arbeitet als Sekretärin an einer Schule und versucht ihren Platz im Leben zu finden, als ein junger Lehrer ihre Denkweise komplett auf den Kopf stellt. Sie begleitet ihn auf eine Exkursion zu einer der Zuchtfarmen und beginnt, sich Fragen zu stellen. Als plötzlich Schülerinnen spurlos verschwinden, gibt es auch für Hannah kein Zurück mehr und sie muss eine Entscheidung treffen, die auch für sie selbst Leben oder Tod bedeuten kann … ›Carnivora‹ ist eine dystopische Zukunftsvision, die ethische Fragen aus völlig neuer Perspektive beleuchtet.

David Ploog /
Wolfgang
Rüger (Hgg.)
›PLOOG WEST END.
Texte von und
über Jürgen Ploog‹
345 S., HC
978-3-949671-19-7
25,00 Euro

Jürgen Ploog (1935–2020) war der große Solitär des deutschen Undergrounds, ein Hauptdarsteller am unbekannten Rand des Literaturbetriebs, der intellektuelle Kopf der subkulturellen Literaturszene. Jahrzehntelang war er Verfechter und Vordenker einer Literatur, die in ihrem Bewusstsein mit den Transformationen der Lebenswelt Schritt halten kann. In der Szene war Ploog schon zu Lebzeiten eine Legende. Der etablierte Literaturbetrieb hat ihn aber nie wirklich zur Kenntnis genommen. Mit diesem Reader, in dem sich Weggefährten an ihn erinnern und der bisher unveröffentlichtes Material aus dem Nachlass präsentiert, besteht nun die Möglichkeit, einen großen unbekannten Autor (neu) zu entdecken. Mit Beiträgen von Kathy Acker, Roland Adelmann, Sigrid Fahrer, Jörg Fauser, Alfred 23 Harth, Walter Hartmann, Hadayatullah Hübsch, Klaus Maeck, Clemens Meyer, Ni Gudix, Edo Popovic, Robsie Richter, Ralf-Rainer Rygulla, Enno Stahl, Jamal Tuschick, Martina Weber, Carl Weissner, Frank Witzel, Wolf Wondratschek u. a.

Autor / Autorin	Titel (Spezifikationen)	ISBN	Preis in Euro
Al-Mousli, Luna	Um mich herum Geschichten (Roman, 128 S.)	978-3-949671-00-5	16,00
Bädekerl, Klaus	Die letzte Favoritin (Roman, 130 S.)	978-3-949671-18-0	20,00
Bernemann, Dirk	Kalk (Roman, 200 S.)	978-3-949671-14-2	24,00
Brüggemann, Dietrich	Materialermüdung (Roman, 490 S.)	978-3-949671-03-6	25,00
Hicken, Eske	Homeless (Roman, 154 S.)	978-3-949671-09-8	22,00
Junk, Martina	Wo der Wald beginnt (Roman, 138 S.)	978-3-949671-13-5	20,00
Kettenring, Sonja	Vom Krähenjungen (Roman, 233 S.)	978-3-949671-10-4	24,00
Ott, Marco	Was ich zurückließ (Roman, 124 S.)	978-3-949671-11-1	20,00
Shehadeh, Raja	Wir hätten Freunde sein können, mein Vater und ich (Memoir, 180 S.)	978-3-949671-17-3	20,00
Stelly-Augstein, Gisela	Der Fang des Tages (Roman, 270 S.)	978-3-949671-08-1	24,00
Stobezki, Eldad	Rutschfeste Badematten und koschere Mangos (Stories, 151 S.)	978-3-949671-15-9	16,00

EISELE VERLAG

Website www.eisele-verlag.de
E-Mail info@eisele-verlag.de

Anschrift Julia Eisele Verlags GmbH
Lilienstraße 73
81669 München
Telefon 089 / 54 31 87 67
Instagram @eiseleverlag

2016	Gründung des Verlags
2020 + 21	Verlagsprämie des Freistaats Bayern
2020 + 21 + 24	Deutscher Verlagspreis
2024	Deutscher Jugendliteraturpreis
Verlegerin:	Julia Eisele

2016 von Julia Eisele gegründet, ist der Eisele Verlag Autor:innen ein Zuhause, das deren Individualität respektiert und fördert. Der Eisele Verlag steht für inhabergeführte Qualität, für liebevoll gestaltete Bücher und mit Passion vertretene Inhalte. Als eine seit vielen Jahren erfolgreiche Büchermacherin folgt Julia Eisele dabei stets ihrem eigenen Geschmack. Dieser ist ebenso vielseitig und individuell wie der moderner Leser:innen. Wie diese fragt sie abseits der klassischen Etiketten von ›Unterhaltung‹ und ›Literatur‹: Ist es besonders? Inspiriert es mich? Kann es mich und andere begeistern? Um höchste Qualität zu gewährleisten, publiziert der Eisele Verlag wenige ausgewählte Neuerscheinungen pro Jahr. Der Eisele Verlag kombiniert so das Beste aus beiden Welten: die Professionalität der Großen mit der Leidenschaft der Unabhängigen.

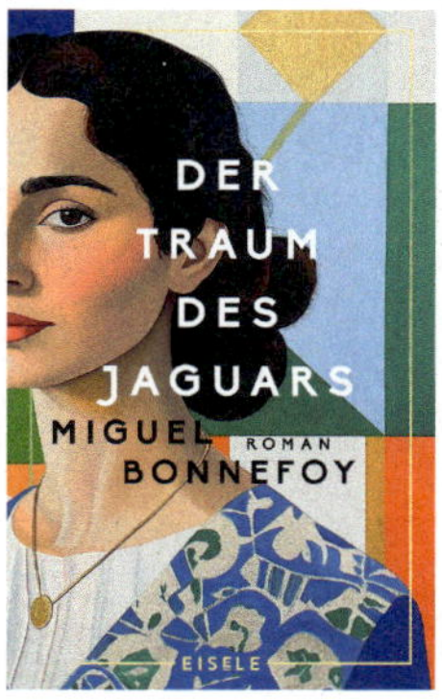

Miguel Bonnefoy
›Der Traum des Jaguars‹
Roman,
a. d. Frz. v.
Kirsten Gleinig,
288 S., geb., SU
978-3-96161-266-6
24,00 Euro

Als eine stumme Bettlerin in Maracaibo, Venezuela, ein Neugeborenes auf den Stufen einer Kirche findet und sich seiner annimmt, ahnt sie nicht, welch außergewöhnliches Schicksal dem Waisenkind bevorsteht. Antonio Borjas Romero wächst in ärmlichsten Verhältnissen auf und wird doch zu einem der berühmtesten Männer seines Landes. Auch gewinnt er die Liebe seines Lebens für sich: die talentierte Ana Maria, die sich als Ärztin einen Namen machen und in den Wirren der Revolution ihre Tochter gebären wird. Sie tauft sie auf den Namen ihrer stolzen Nation: Venezuela. Doch die hat nur Augen für Paris, ihre große Sehnsucht ... In dieser vibrierenden Saga voller unvergesslicher Figuren und sagenhafter Ereignisse zeichnet Miguel Bonnefoy das Leben seiner Großeltern nach: das Bild einer einzigartigen Familie, deren Schicksal eng mit dem Venezuelas verwoben ist. Ein Feuerwerk der Erzählkunst: mitreißend, pulsierend, magisch-realistisch.

Martina Bergmann
›Das Fräulein Buchhändlerin‹
Roman,
256 S., geb., SU
978-3-96161-091-4
23,00 Euro

Buchhändlerin Amanda hat ihre Routine: der Kaffee, den ihr Horst, der erste Sortimenter, zubereitet, die Bücher, die Abende mit Oma. Und im Mittelpunkt all dessen die Buchhandlung in Bielefeld, die Otto Angler gehört und in der Amanda seit der Berufsschule arbeitet. Hier genießt Amanda mehr Freiheiten als die meisten anderen Buchhandelsgehilfen in der noch jungen Bundesrepublik – und das als Frau! Dass sie bald heiraten und Kinder kriegen soll, weil man 1965 nicht gleichzeitig ein arbeitendes Fräulein und Gisberts Ehefrau sein kann, das ignoriert Amanda – bis sich ihr die Möglichkeit ergibt, Otto Anglers Laden zu übernehmen. Amanda ist entschlossen, ihre eigene moderne Buchhandlung aufzubauen. Dabei stößt sie auf einige widerständige Herren, die sehr bald merken, dass sie die Intelligenz und den Mut der jungen Dame unterschätzt haben. Doch auch Amanda muss ihre Überzeugungen und Loyalitäten von Grund auf neu denken ...

Céline Robert
›Liaisons‹
Roman,
a. d. Frz. v.
Alexandra Baisch,
ca. 192 S., geb.
978-3-96161-269-7
22,00 Euro

Lauren ist 41, Jean 50. Ein Paar, das sich an der Universität gefunden hat, sie die Studentin, er der Professor. Obwohl sie immer noch glücklich verheiratet sind, betrügt Lauren ihren Mann zum ersten Mal – ohne das geringste Schuldgefühl. Maxim, ihr Liebhaber, ist ein geübter Verführer. Dessen Frau Nadia, eine brillante Anwältin, hat genug von ihrem von Selbstdisziplin geprägten Leben und verfällt Emma, ihrer Babysitterin. Die jedoch erliegt dem Charme ihres Professors, Jean, der wiederum seiner Frau – Lauren – immer treu ergeben war. Bisher jedenfalls ... Charmant und unverstellt porträtiert Céline Robert das Begehren und die heimlichen Sehnsüchte von fünf Menschen in Paris, die, ohne es zu wissen, physisch und emotional miteinander verbunden sind. Ein Liebesreigen voller Raffinesse und Esprit, ein Tanz um die Liebe und die Kunst der Verführung. Intelligent, unterhaltsam und sehr französisch!

Autor / Autorin	Titel (Spezifikationen)	ISBN	Preis in Euro
Aleramo, Sibilla	Eine Frau (Roman, 288 S.)	978-3-96161-252-9	15,00
Brookner, Anita	Ein tugendhafter Mann (Roman, 400 S.)	978-3-96161-198-0	24,00
Brunt, Carol Rifka	Sag den Wölfen, ich bin zu Hause (Roman, 480 S.)	978-3-96161-056-3	18,00
Chambers, Clare	Scheue Wesen (Roman, 512 S.)	978-3-96161-271-0	16,00
Cusset, Catherine	Die Definition von Glück (Roman, 384 S.)	978-3-96161-167-6	16,00
Grimbert, Sibylle	Der Letzte seiner Art (Roman, 256 S.)	978-3-96161-200-0	14,00
Laurence, Margaret	Das Glutnest (Roman, 368 S.)	978-3-96161-174-4	25,00
Leyshon, Nell	Die Farbe von Milch (Roman, 208 S.)	978-3-96161-000-6	18,00
Lohmann, Eva	Das leise Platzen unserer Träume (Roman, 224 S.)	978-3-96161-202-4	14,00
Makkai, Rebecca	Die Optimisten (Roman, 624 S.)	978-3-96161-106-5	16,00
Ozeki, Ruth	Die leise Last der Dinge (Roman, 688 S.)	978-3-96161-176-8	18,00

ELFENBEIN VERLAG

Website	www.elfenbein-verlag.de
E-Mail	zentrale@elfenbein-verlag.de
Anschrift	Elfenbein Verlag Benediktinerstraße 57 13465 Berlin
Telefon	030 / 44 32 77 69
Instagram	@ElfenbeinVerlag

29 Jahre Elfenbein Verlag: über 250 Titel von Klassikern und Zeitgenossen der deutschen und internationalen Literatur, die glückliche Wiederbegegnungen und überraschende Entdeckungen ermöglichen: In unseren Regalen stehen die Renaissancepoeten Pierre de Ronsard und Luís de Camões neben den europäischen Klassikern der Moderne: Machen, Powell, Raven, Snow, Elytis, Kazantzakis, Ritsos, Seferis, D'Annunzio, Gozzano, Sagarra, Porcel; der tschechische Undergroundliterat Egon Bondy neben dem ungarischen Meister des Katastrophenwitzes P. Howard (Jenő Rejtő); eine achtbändige Klabund-Werkausgabe neben den bemerkenswerten Büchern von Isabelle Azoulay, Ralph Roger Glöckler, Alban Nikolai Herbst, Ulrich Holbein, Rainer Kloubert, Pol Sax, Einar Schleef, Tobias Schwartz und Nicolaus Sombart.

1996	Gründung in Heidelberg
2001	Rimbaud-Preis an Christian Filips
2005	Dt.-Griech. Übersetzerpreis an Günter Dietz
2008	André-Gide-Preis an Georg Holzer
2009	Prix Servais an Pol Sax
2012	Preis für grotesken Humor an Ulrich Holbein
2018	Kurt-Wolff-Preis, Ginkgo-Biloba-Preis an Andrea Schellinger, Hotlist-Preis für ›Manapouri‹
2019 + 20 + 22	Deutscher Verlagspreis
2023	Berliner Verlagspreis
Verleger:	Ingo Držečnik

C. P. Snow
›Das Gewissen der Reichen‹
Reihe Fremde und Brüder Bd. 3, Roman,
übers. v. Dorothea u. Rolf Michaelis,
ca. 400 S., geb.
978-3-96160-102-8
29,00 Euro
(bei Subskr. der Serie: 26,00 Euro)

Neben Anthony Powell und Simon Raven hat auch C. P. Snow (1905–1980) eine amüsante und lehrreiche britische Romanreihe hinterlassen: ›Strangers and Brothers‹ (1940 bis 1970 veröffentlicht) – hierzulande bisher unbekannt geblieben, weil frühere Übersetzungsversuche nie zum Abschluss kamen. Snows Romanwerk, dessen Handlung sich vom Beginn des Ersten Weltkriegs bis zu den Studentenunruhen von 1968 erstreckt, zeichnet – in der Rückschau des pensionierten Hochschullehrers Lewis Eliot und dabei autobiografisch getönt – den Lebensweg eines britischen Akademikers aus der Mittelschicht durch die sogenannten ›corridors of power‹ nach: von Eliots Jugend in bescheidenen Verhältnissen in einer englischen Provinzstadt über seine Karriere als Anwalt in London, als Beamter, als Dozent in Cambridge. Dabei bieten die Romane eine tiefgründige Untersuchung der britischen Arbeitswelt des 20. Jahrhunderts und deren Institutionen sowie des komplexen Zusammenspiels zwischen dem Privatleben und dem Streben nach Ansehen in Beruf und Öffentlichkeit.

Tobias Schwartz
›Die Gehörnten‹
Roman,
ca. 350 S., geb., SU
978-3-96160-079-3
29,00 Euro

Auf den Straßen staut sich der Verkehr. Die weibliche Bevölkerung des Dorfes Emlichheim geht kollektiv fremd. Die Frauen sind die provinzielle Enge und insbesondere ihre trostlosen Ehen leid, während ihre ›gehörnten‹ Gatten phlegmatisch am Stammtisch sitzen. Keimzelle der sehr speziellen Revolution ist das Gymnastikstudio der Sportlehrerin Rita Zimmermann. Sie trennt sich von ihrem Mann, dem Schmalspur-Casanova und Achtundsechziger Joni, während die Schlesierin Herta Kleiber, Köchin der örtlichen Jugendbildungsstätte, mit ihrer Schwester zusammenlebt, da nach dem Krieg nicht mehr genügend Männer für alle übrig waren. Und dann ist da noch Adrian, der jüngste Zimmermannsspross, der mit Meret seine erste Liebe erlebt, sich aber auch zu seinem lebensmüden Freund Sebastian hingezogen fühlt und irgendwann glaubt, Außerirdische auf einer Kuhweide landen zu sehen. – Nach ›Nordwestwärts‹, ›Vogelpark‹ und ›Landkrank‹ legt Schwartz nun den vierten und letzten Teil seines Zyklus über den vielgestaltigen Mikrokosmos Emlichheim an der deutsch-niederländischen Grenze vor.

›metamorphosen‹
Zeitschrift für Literatur
22. Jg., Nr. 64:
›Lusophonie‹,
128 S., BR
978-3-96160-902-4
10,00 Euro

›Meine Heimat ist die portugiesische Sprache‹ (Fernando Pessoa) ist Leitsatz für die 64. Ausgabe der sich beständig wandelnden Literaturzeitschrift ›metamorphosen‹. Aus ihr, die 1991 von Studenten der Germanistik in Heidelberg gegründet wurde und sich bald ein literarisches Profil gab, ging 1996 der Elfenbein Verlag hervor. Nachdem die beiden vorangegangenen Ausgaben 62 Italien (Motto: ›Il bel paese‹) und 63 Griechenland (Motto: ›Ohne dich, Hellas …‹) in den Fokus nahmen, sind für die ›Lusophonie‹-Ausgabe Beiträge folgender Autoren geplant: Sophia de Mello Breyner Andresen, Mónica Vieira Auer, Sarita Brandt, Paulo Henriques Britto, Aurelino Costa, Mia Couto, Florbela Espanca, Conceição Evaristo, Niki Graça, João Luís Barreto Guimarães, Michael Kegler, Odile Kennel, Inés Koebel, Ailton Krenak, Filipa Leal, Jakob Leiner, Lucílio Manjate, Ana Martins Marques, Ondjaki, Catrin George Ponciano, José Alberto Postiga, Luiz Ruffato, Gonçalo M. Tavares, Miguel Torga und Rui Zink.

Autor / Autorin	Titel (Spezifikationen)	ISBN	Preis in Euro
Alfieri, Vittorio	Sonette. Italienisch – Deutsch (Gedichte)	978-3-96160-091-5	24,00
Colonna, Francesco	Poliphilos Liebeskampftraum (Roman)	978-3-932245-88-6	99,00
Kavafis, Konstantinos	Um zu bleiben. Griechisch – Deutsch (Gedichte)	978-3-96160-095-3	22,00
Klimke, Christoph	›Dem Skandal ins Auge sehen‹. Pier Paolo Pasolini (Biogafie)	978-3-941184-49-7	19,00
Kloubert, Rainer	Verbotene Stadt – verbotenes Land? (Erz. Sachbuch)	978-3-96160-094-6	65,00
Powell, Anthony	Ein Tanz zur Musik der Zeit (12 Bände)	978-3-941184-48-0	260,00
Raven, Simon	Almosen fürs Vergessen (10 Bände)	978-3-96160-020-5	200,00
Raven, Simon	Die Überlebenden (Almosen Bd. 10, Roman)	978-3-96160-019-9	22,00
Snow, C. P.	George Passant (Roman)	978-3-96160-101-1	29,00
Snow, C. P.	Zeit der Hoffnung (Roman)	978-3-96160-100-4	29,00

ELIF VERLAG

Website www.elifverlag.de
E-Mail script@elifverlag.de

Anschrift Elif Verlag
Steegerstraße 35
41334 Nettetal
Telefon 0171 / 29 88 579

2011 Verlagsgründung
2023 Kurt-Wolff-Förderpreis, Deutscher Verlagspreis

ELIF – unwahrscheinliche Lyrik seit 2011. Der ELIF Verlag versammelt poetische Positionen, die das Feld vom Rand her aufrollen. Wir bringen Stimmen zu Gehör, die aus der Gegenwart in die Gegenwart sprechen. Unser Herz schlägt für die Lyrik, aber wir führen eine offene Beziehung. Wir drucken Debüts und Alterswerke, sprechen Deutsch, Isländisch und jede andere Sprache, in der sich Gedichte schreiben lassen. Wir sind klein, aber selbstbewusst. Und die Erfahrung hat gezeigt: Wer ELIF liest, kommt wieder.

Guy Helminger
›Gebäude für Breitengrade‹
Gedichte,
154 S., geb.
978-3-946989-97-4
22,00 Euro

Mit ›Gebäude für Breitengrade‹ veröffentlicht Guy Helminger bereits seinen achten Gedichtband, ein poetisches Journal des Unterwegsseins. Unterwegs in der Welt, unterwegs in der Sprache, auf Gebirgspfaden, auf Verswegen, durch Städte und Metaphern. Die Schönheit wiederholt sich überall und ist doch eine andere in Istanbul, in Sanaa, in Budapest, in Köln, in Luxemburg, in Kolkata oder Kathmandu. Die Wiederkehr einzelner Sprachgruppen und Bilder, das Einsetzen des gleichen Wortes an anderer Stelle, führt zu Korrespondenzen zwischen diesen Gedichten, zu einer Partitur, die Klänge aufleben lässt als Erinnerung, die Tonfolgen zu Leitmotiven strickt.

Sj Gyrðir Elíasson
›Die Sprache der Möwen‹
Gedichte,
a. d. Isl. v.
Jon Thor Gíslason u. Wolfgang Schiffer,
206 S., geb.
978-3-946989-94-3
24,00 Euro

In den Gedichtbänden ›Dulstirni / Geheimer Stern‹ und ›Meðan glerið sefur / Während das Glas schläft‹, die in dem Auswahlband ›Die Sprache der Möwen‹ vorgestellt werden, offenbart sich der gesamte poetische Kosmos des Dichters, in seiner Größe und in seiner Intimität. Das Hauptthema, das menschliche Leben in einer vergänglichen Welt, bestimmt die Gedichte auf eine derart sensible, einfühlsame Weise, die ein Nicht-Nachdenken nicht zulässt. Der Dichter stellt sich (und damit uns) diese Fragen in bewegenden Bildern und mit einem tiefen Verständnis für die menschliche Natur. Jon Fosse, der Nobelpreisträger für Literatur des Jahres 2023, sieht in Gyrðir Elíasson den nächsten Schriftsteller, dem diese Auszeichnung gebührt.

be rgb
›Geliebte Monster‹
Gedichte,
a. d. Port. v.
Odile Kennel,
56 S., BR
978-3-946989-96-7
15,00 Euro

Wer sind diese geliebten Monster, denen wir hier begegnen, auf Dünen, Inseln, in Sümpfen und Flüssen? Wasserwesen, Meereskreaturen, nichtbinäre Nixen, die sich einander nähern, sich halten, es miteinander treiben, sich verletzen, sich retten oder gar erlösen ... Vor was? Vor dem Zwang der Eindeutigkeit, denn die geliebten Monster haben kein festgelegtes Geschlecht, sind auf der Suche nach neuen Formen der Nähe, der Freund*innenschaft, der Liebe. In diesem ersten Gedichtband begibt sich be rgb auch sprachlich auf die Suche: Die Gedichte mäandern zwischen Sprachen, Klängen, populären Songs, zwischen Hohelied und queerer Umgangssprache, zwischen Kanon und Gegenwart, setzen über vom Festland zur Insel, werden am Ende Utopie.

Autor / Autorin	Titel (Spezifikationen)	ISBN	Preis in Euro
Bencomo, Daniel	Von Lo zu Lo (Gedichte, 66 S.)	978-3-946989-67-7	20,00
Cohen, Tómas	Eine Sternwarte im Badezimmer (Gedichte, 128 S.)	978-3-946989-77-6	20,00
Dathe, Julia	Das Kind liebt das Vieh (Gedichte, 96 S.)	978-3-946989-70-7	20,00
Doğan, Nail	Ausgeliehene Suchtwörter (Gedichte, 84 S.)	978-3-946989-65-3	20,00
Engelhardt, Elke	100 sehr kurze Gespräche (Gedichte, 120 S.)	978-3-946989-73-8	20,00
Fabias, Radna	Habitus (Gedichte, 114 S.)	978-3-946989-63-9	20,00
Fengler, Vinzenz	Materialermüdung tragender Teile (Gedichte, 94 S.)	978-3-946989-66-0	20,00
Keskinkılıc, Ozan Zakariya	Prinzenbad (Gedichte, 82 S.)	978-3-946989-56-1	20,00
Olafsson, Ragnar Helgi	Lose Bätter (Gedichte u. Texte)	978-3-946989-69-1	26,00
Schiffer, Wolfgang / Gücyeter, Dincer (Hgg.)	Türschwellenkinder (Texte, 248 S.)	978-3-946989-68-4	24,00

ETA VERLAG

Website www.eta-verlag.de
E-Mail kontakt@eta-verlag.de

Anschrift Eta Verlag
Schönhauser Allee 26
10435 Berlin
Telefon 030 / 41 71 68 73
0160 / 78 22 971

Der Berliner eta Verlag, gegründet 2016, widmet sich der Vermittlung zeitgenössischer Literatur aus Südosteuropa an ein deutschsprachiges Publikum. Ursprünglich lag der Schwerpunkt auf bulgarischer Literatur, doch schon bald zeigte sich, wie wenig bekannt und beachtet die Literaturszene der Region hierzulande ist. Daher wurde das Verlagsprogramm auf Länder wie Serbien, Kroatien, Montenegro, Nordmazedonien und Bosnien und Herzegowina ausgeweitet. Der Verlag veröffentlicht Werke preisgekrönter Autor*innen, die sich sowohl mit aktuellen Themen als auch mit der geteilten europäischen Vergangenheit auseinandersetzen. Ziel ist es, diesen besonderen literarischen Stimmen mehr Sichtbarkeit und Anerkennung im deutschsprachigen Raum zu verschaffen.

2016 Gründung des Verlages
2021 + 24 Deutscher Verlagspreis
2022 + 23 Shortlist Berliner Verlagspreis
Verlegerin: Petya Lund

Slađana Nina Perković
›Tante Stanas Beerdigung‹
Roman,
a. d. Bosn. v.
Rebekka Zeinzinger,
232 S.
978-3-949249-24-2
19,90 Euro

Die Ich-Erzählerin dieses Romans, eine Frau um die dreißig im heutigen Bosnien, kann kaum noch etwas erschüttern. Sie hat sich mit der Perspektivlosigkeit ihres Lebens abgefunden und interessiert sich nur noch für Krimiserien, bis sie eines Tages von ihrer Mutter gezwungen wird, auf Tante Stanas Beerdigung zu gehen – und nichts läuft wie geplant. Ein wahnwitziger Roadtrip in einem klapprigen Golf, eine unwahrscheinliche Beerdigung und eigenwillige Familienmitglieder, die vor allem eines im Sinn haben: ihren Teil des Erbes zu sichern. Eine rasante Satire der bosnischen Nachkriegsgesellschaft mit viel schwarzem Humor und skurrilen Wendungen, abgründig und absurd komisch, geschrieben von einer Autorin, die zwischen Sarajevo und Paris lebt und für ihren schonungslosen, zugleich lakonischen Ton eine lobende Erwähnung beim EU-Literaturpreis 2022 erhielt.

Justine Toms
›Ustine‹
Roman,
a. d. Bulg. v. Elvira Bormann-Nassonowa,
350 S.
978-3-949249-27-3
24,90 Euro

Zehn Jahre intensiver Recherche stecken in Justine Toms Debütroman. Die bulgarisch-armenische Autorin, ausgebildet in Pädagogik, französischer Philologie und Philosophie, verbindet in ihrem Werk historische Realität mit der Einbindung persönlicher Familiengeschichte. 1915, während des Völkermords an den Armeniern, wird die junge Ustine aus ihrer türkischen Heimat entrissen und zur Flucht gezwungen. Ihr Weg führt sie durch das prachtvolle, aber fremde Paris, bis sie schließlich in Bulgarien heiratet und eine glückliche Familie gründet. Nun beginnt der Zweite Weltkrieg, der alles zerstört. Schließlich landet Ustine in einem bulgarischen Arbeitslager – ein Ort des Leidens, aber auch der ungebrochenen Sehnsucht nach Freiheit. Zwischen Krieg, Vertreibung und der Suche nach Hoffnung kämpft die junge Frau nicht nur ums Überleben, sondern auch um ihre Identität und ihre Kinder. Ein bewegender Roman über Verlust, Liebe und den unerschütterlichen Glauben an eine bessere Zukunft.

Dubravka Ugrešić
›Europa in Sepia‹
Essays,
a. d. Kroat. v.
Marie Alpermann,
350 S.
978-3-949249-26-6
24,90 Euro

Scharf und witzig nimmt Dubravka Ugrešić in ihren Essays mal Erinnerungskultur, mal Migrationspolitik auseinander, zerlegt Nationalismus und rechte Strömungen, Frauenhass oder den Sexismus des Literaturbetriebs. Mit feinem Gespür erkundet sie die Frage: Was ist eigentlich ›europäisch‹ in diesem Europa? 1949 im damaligen Jugoslawien geboren, wurde sie früh zur literarischen Stimme einer Vielvölkergesellschaft, die es bald nicht mehr geben sollte. Als die Kriege der 1990er Jahre begannen, wählte sie das Exil. Sie lehrte in den USA, unterrichtete ein Jahr in Berlin, lebte in Amsterdam, schrieb weiterhin auf Kroatisch. Nicht aus Nostalgie, sondern als bewusste Entscheidung gegen die Enge nationaler Zuschreibungen. Sie schreibt über unsere ungewisse Zukunft und die Angst, die aus dem Fehlen von Utopien entsteht – von Utopien, die die Welt strukturell verändern könnten. Im Original erstmals 2013 erschienen, treffen ihre brillanten, unterhaltsamen Analysen gegenwärtiger Probleme auch heute noch den Nerv der Zeit.

Autor / Autorin	Titel (Spezifikationen)	ISBN	Preis in Euro
Blažević, Magdalena	Schlaf, mein Sohn (Kurzgeschichten, a. d. Bosn. v. K. u. M. Wittmann, 172 S.)	978-3-949249-83-9	19,90
Bošković, Stefan	Der Minister (Roman, a. d. Montenegr. v. E. Veselinović, 202 S.)	978-3-949249-09-9	19,90
Evtimova, Zdravka	Maulwurfsblut (Kurzgeschichten, a. d. Bulg v. A. Tretner, A. Sitzmann, E. Bormann, 192 S.)	978-3-949249-22-8	21,90
Igov, Angel	Die Sanftmütigen (Roman, a. d. Bulg. v. A. Tretner, 216 S.)	978-3-9819998-6-0	17,90
Jovanović, Biljana	Hunde und Andere (Roman, a. d. Serb. v. M. Alpermann u. T. Matijević, 212 S.)	978-3-949249-16-7	21,90
Kalamujić, Lejla	Denk Dir die Stadt (Kurzgeschichten, a. d. Bosn. v. M. Alpermann, 90 S.)	978-3-949249-11-2	17,90
Kalamujić, Lejla	Nennt mich Esteban (Kurzgeschichten, a. d. Bosn. v. M. Alpermann, 120 S.)	978-3-9819998-5-3	17,90
Kolanović, Maša	Werte Käfer und andere Gruselgeschichten (Kurzgeschichten, a. d. Kroat. v. M. Alpermann, 212 S.)	978-3-949249-19-8	19,90
Lucic, Danilo	Reife Blessuren (Roman, a. d. Serb. v. E. Veselinović, 332 S.)	978-3-949249-88-4	23,90
Raditschkow, Jordan	Die Schleuder (Roman, a. d. Bulg. v. A. Tretner 220 S.)	978-3-949249-08-2	19,90

Website www.fva.de
E-Mail literatur@fva.de

Anschrift Frankfurter Verlagsanstalt
Arndtstraße 11
60325 Frankfurt am Main
Telefon 069 / 74 30 55 90
Instagram @frankfurter_verlagsanstalt

FRANKFURTER VERLAGSANSTALT

2016	Deutscher Buchpreis: Bodo Kirchhoff
2018	Robert Gernhardt Preis: Julia Wolf
2018	Bertolt-Brecht-Preis: Nino Haratischwili
2019 + 22 + 23	Deutscher Verlagspreis
2021	Hessischer Verlagspreis

Die Frankfurter Verlagsanstalt, geleitet von Joachim Unseld, veröffentlicht in kleiner und qualitätsvoller Auswahl deutsche und fremdsprachige Gegenwartsliteratur. Seit dem Erscheinen unseres ersten Programms im Jahre 1995 haben wir unser Verlagsprogramm erfolgreich als wichtiges Forum für literarische Entdeckungen etabliert und feiern in diesem Jahr unser 30-jähriges Jubiläum. Buch um Buch veröffentlichen wir Autor:innen, die uns wichtig sind, begeben wir uns auf die Suche nach einer Literatur, die den schnellen Moment des Marktes überdauert, die irritiert und begeistert.

Vernesa Berbo
›Der Sohn und das Schneeflöckchen‹
Roman,
448 S.
978-3-627-00331-9
26,00 Euro

Dijana ist Schwester, Tochter – und Soldatin. Warum ihr Vater sie ›Sohn‹ nennt, bleibt sein Geheimnis. Selbstbewusst und leidenschaftlich ist sie vor allem Beschützerin ihrer jüngeren Schwester Dada, die 1976 mitten in der Kälte zur Welt kam – wie eine Schneeflocke im letzten Moment. Als 1992 die Belagerung Sarajevos beginnt, weiß Dijana: Sie muss Dada durch den Krieg bringen. Während sie mit dem Vater an der Front steht, klammert sich Dada an ihre erste große Liebe – an Mirza. Doch der Krieg droht den Schwestern alles zu nehmen. Vernesa Berbo, selbst Überlebende der Belagerung, erzählt eindringlich und poetisch vom Schicksal der Frauen im Krieg – von seelischer Verwundung, innerer Stärke und unerschütterlicher Liebe. Ein kraftvoller, bewegender Roman über zwei Schwestern im Ausnahmezustand. ›Ein Roman gegen den Krieg und für die Liebe. Ein großes Glück!‹ (Saša Stanišić)

Nino Haratischwili
›Europa, wach auf!
Texte und Reden‹
192 S.
978-3-627-00335-7
14,00 Euro

Nino Haratischwili – international gefeierte Bestsellerautorin und Theatermacherin – ist nicht nur eine der wichtigsten literarischen Stimmen der deutschsprachigen Literatur, sie ist auch eine der wichtigsten politischen deutschsprachigen Autorinnen unserer Zeit. Aktuell ist unsere Zeit geprägt von politischer Aggression und einem gesellschaftlichen Klima des Hasses, Umbrüchen und konkreter kriegerischer Bedrohung. Die Autorin kämpft seit Jahren gegen die akute Gefährdung der Freiheit angesichts von Putins Imperialismus. Was in der Ukraine geschehen ist, darf sich nicht wiederholen – in Georgien ist diese Angst zur Tagesrealität geworden. Unter anderem davon handeln die hier versammelten Texte und Reden, emotional und persönlich, brisant und politisch, in der unverkennbar poetisch-kraftvollen Sprache, die zu Nino Haratischwilis Markenzeichen geworden ist. ›Wer unsere internationalen Konflikte, die gerade wieder in Osteuropa ausgetragen werden, besser verstehen will, sollte Nino Haratischwili lesen.‹ (DIE ZEIT)

Sandra Weihs
›Bemühungspflicht‹
256 S.
978-3-627-00333-3
24,00 Euro

Am zweiten Montag im April stellt Manfred Gruber an der Supermarktkasse fest: Die Behörde hat die Sozialhilfe nicht überwiesen. Dass die Kartenzahlung erneut abgewiesen wird, treibt ihm vor Scham die Röte ins Gesicht. Es ist ein kalter und regnerischer Tag, ohne Geld muss er den weiten Weg entlang der österreichischen Bundesstraße zu Fuß auf sich nehmen, um die Beamten zur Rede zu stellen. Er hat alle Auflagen erfüllt, alle aussichtslosen Bewerbungen verschickt, die unsäglichen Bewerbungstrainings und unbezahlten Probearbeitstermine absolviert, er ist seiner Bemühungspflicht verdammt noch mal nachgekommen! Die können ihm gar nichts – doch er irrt sich. Ein wichtiger Roman zur richtigen Zeit: Sandra Weihs blickt dorthin, wo die Gesellschaft als Erstes wegschaut. Auf empathische Weise beschreibt die Autorin den verzweifelten Kampf eines im Sozialsystem Alleingelassenen. Ihre messerscharfen gesellschaftlichen Betrachtungen, der treffsichere Humor, hinter dem immer wieder eine Bernhard'sche Ironie hervorblitzt, lassen einen nicht los – ein Roman, der mit Vorurteilen aufräumt und der seinem Protagonisten das zurückgibt, wonach ihm am meisten verlangt: die Würde. ›Ein Text wie eine Maschine. Atemlos zu lesen. Mit eisernem Mut. Grandios und bitter.‹ (Andreas Meier)

Autor / Autorin	Titel (Spezifikationen)	ISBN	Preis in Euro
Haratischwili, Nino	Löwenherzen (Bilderbuch u. Geschenkbuch, 80 S.)	978-3-627-00325-8	26,00
Hauser, Franziska / Wurster, Maren (Hgg.)	Ost*West*frau* (Anthologie, 256 S.)	978-3-627-00329-6	22,00
Koester, Elsa	Couscous mit Zimt (Roman, 448 S.)	978-3-627-00339-5	16,00
Koester, Elsa	Im Land der Wölfe (Roman, 320 S.)	978-3-627-00320-3	24,00
Köhler, Hannes	Zehn Bilder einer Liebe (Roman, 224 S.)	978-3-627-00326-5	24,00
Lange, Gianna	Und dann springen wir (Roman, 192 S.)	978-3-627-00327-2	22,00
Lienhard, Demian	Mr. Goebbels Jazz Band (Roman, 320 S.)	978-3-627-00338-8	14,00
Mitzenmacher, Christian	Knallkrebse (Roman, 256 S.)	978-3-627-00328-9	24,00
Poschmann, Marion	Hundenovelle (Novelle, 128 S.)	978-3-627-00337-1	12,00
Zuckermann, Marcia	Mischpoke! (Roman, 448 S.)	978-3-627-00336-4	16,00

FRIEDENAUER PRESSE

Website www.friedenauer-presse.de
E-Mail info@friedenauer-presse.de

Anschrift Friedenauer Presse
Großbeerenstraße 57 A
10965 Berlin

Telefon 030 / 77 05 98 61

Die Friedenauer Presse wurde 1963 in der Wolff's Bücherei im Berliner Stadtteil Friedenau gegründet, dem sie ihren Namen verdankt. Der Verleger Andreas Wolff, Enkel des Petersburger Verlegers M. O. Wolff, veröffentlichte bis 1971 in loser Folge 36 Drucke. Von 1983 bis 2017 wurde der Verlag von Katharina Wagenbach-Wolff geführt. Seit 2020 ist die Friedenauer Presse ein Imprint des Verlags Matthes & Seitz Berlin.

1963 Gründung
1983–2017 Katharina Wagenbach-Wolff führt den Verlag
2020 Imprint von Matthes & Seitz Berlin

Zyta Rudzka
›Lachen kann, wer Zähne hat‹
Roman,
a. d. Poln. v.
Lisa Palmes,
ca. 252 S.,
geb. m. SU u. LB
978-3-7518-8046-6
ca. 24,00 Euro

Die Herrenfriseurin Wera hat ein Problem: Ihr Mann, Jockey, ist tot. Jetzt muss sie sich um die Beerdigung kümmern. Es fehlt ihr an allem, doch besonders das Wichtigste muss sie auftreiben: Schuhe für den Sarg. Also macht Wera sich auf den Weg zu alten Kunden und Bekannten, zu Weggefährten und verflossenen Liebschaften. Sie durchstreift die ganze Halbwelt der Stadt – und damit ihr vergangenes Leben. So wie sie sich all die Jahre durchgeschlagen hat, kommt sie auch jetzt an ihr Ziel: mit Friseurinnenschläue und einem losen Mundwerk. Wir begegnen einer Frau, die alles gesehen hat. Und unter deren Schlagfertigkeit sich die Trauer versteckt. Mit Wera hat Zyta Rudzka eine trotzige Lebenskünstlerin geschaffen: Weder Armut noch Schicksalsschlag brechen ihren Willen. Ihr Sprachwitz schöpft aus dem Erfindungsreichtum derer, die von der Hand in den Mund leben müssen – und der Kunst der Literatur. In ihrer meisterhaften Übersetzung zieht Lisa Palmes alle Register.

Leseprobe Auf deinem eigenen Begräbnis kannste nicht ohne Schuhe sein. Außer es ist Krieg. Dann sind Schuhe egal. Dann reichts auch schon, wenn einer 'n bisschen Sand drüber schüttet. Und Krieg wird kommen, gibt ja immer Krieg. Neue Kriege überlappen die alten. Hab nicht nur einmal nen jungen Burschen kurzgeschoren, der zum Wehrdienst musste. Jahre gabs, da kamen so viele, als würd die Erde schon von Panzern beben. Jüngelchen, warum setzt du dich bei mir unter die Schere. Beim Militär scherense dich umsonst. Einer lachte, der andere weinte, der nächste starrte mich an, wenn der schon das Maschinengewehr in der Hand gehabt hätte, der hätt mir glatt 'n Schuss zwischen die Glotzer verpasst. Aber es gab auch Jahre ohne Krieg, dann ließen die Modischen ihre Mähnen wachsen. Wie viele Männermähnen ich in den Fingern gehabt hab, das weiß nur ich allein. Geschnitten hab ich, rasiert, Haare zusammengefegt. Der ›Wera – Herrenfriseur‹ lief immer gut. Ich musste nie am Fenster stehen, nach Kunden ausgucken. So viel hatte ich zu tun. Acht, neun, zehn Stunden auf den Beinen. Tag für Tag, abzüglich Sonntage, abzüglich Feiertage. Das ganze Leben lang.

Anjet Daanje
›Das Lied von Storch und Dromedar‹
Roman,
a. d. Ndl. v.
Ulrich Faure,
ca. 976 S.,
geb. m. SU u. LB
978-3-7518-0641-1
ca. 38,00 Euro

Eliza May Drayden ist bereits tot, als der Roman 1847 im englischen Yorkshire beginnt. Sie wuchs mit ihren Schwestern in einem einsamen Pfarrhaus in dem kleinen Dorf Bridge Fowling auf, wo sie vor dem wütenden Tod, der nach und nach ihre Familie dahingerafft hat, in eine Fantasiewelt flüchtete. Das Ergebnis: der so verstörende wie faszinierende Roman ›Haegar Mass‹ – Effekthascherei, urteilen die Zeitgenossen, ein Meisterwerk, schwärmt die Nachwelt. Mit den Jahren wächst ihr Ruhm, ebenso wie das Mysterium der Drayden-Schwestern – zumal sich eines Tages herausstellt, dass der Sarg der großen Schriftstellerin, zu dem jährlich Tausende Literaturliebhaber pilgern, leer ist. Wir lernen Eliza durch die Leben von Menschen kennen, die alle auf die eine oder andere Weise mit ihr zusammenhängen, und in Auszügen aus Biografien und Zeitungsartikeln, die die großen Rätsel zu lösen suchen. Inspiriert vom Leben und Werk der britischen Schriftstellerin Emily Brontë schafft Anjet Daanje ein kaleidoskopisches Meisterwerk über die ewige Suche des Menschen nach Stabilität und Sinn – und inszeniert dabei ein packendes literarisches Verwirrspiel.

Autor / Autorin	Titel (Spezifikationen)	ISBN	Preis in Euro
Balzac, Honoré de	Theorie des Gehens (249 S.)	978-3-7518-0622-0	24,00
Daanje, Anjet	Der erinnerte Soldat (Roman, 820 S.)	978-3-7518-8009-1	38,00
Fröhlich, Anna Katharina	Die Yacht (Novelle, 164 S.)	978-3-7518-8012-1	20,00
Gončarov, Ivan	Die Schwere Not (Erzählung, 137 S.)	978-3-7518-8011-4	20,00
Hyatt, Millay	Nachtzugtage (238 S.)	978-3-7518-8019-0	24,00
Ismailov, Hamid	Wunderkind Erjan (150 S.)	978-3-932109-98-0	22,00
Langemann, Irene	Das Gedächtnis der Töchter (Roman, 477 S.)	978-3-7518-8000-8	32,00
Messina, Maria	Das Haus in der Gasse (Roman, 210 S.)	978-3-7518-8017-6	22,00
Ortese, Anna Maria	Der Hafen von Toledo (729 S.)	978-3-7518-0636-7	38,00
Scherer, Marie-Luise	Der Akkordeonspieler (177 S.)	978-3-7518-8005-3	20,00
Würtenberger / Zedtwitz	Eine Sprache der Liebe (196 S.)	978-3-7518-8034-3	24,00

GANS VERLAG

Website	www.gansverlag.de
E-Mail	gansverlag@gansverlag.de
Anschrift	Gans Verlag Heinrich-Heine-Straße 36 10179 Berlin
Telefon	0179 / 13 05 279

2016	Verlagsgründung
2020	Historische Kinderbücher jüdisch-deutschsprachiger Autoren
2021	Buchreihe Gegenwarten (Prosa und Gedichte)
2022	Buchreihe Essays und Buchreihe Theatertexte
2024	Buchreihe Lyrik

Der Gans Verlag hat im Herbst 2024 den Deutschen Verlagspreis erhalten. Damit erhält ein breites Buchprogramm Anerkennung, das von Wirtschaftsrecht über jüdische Studien und historische Kinderbücher jüdisch-deutschsprachiger Autoren bis hin zu Prosa, Lyrik und Essay reicht. Seit diesem Jahr liegt mit der ›Chemnitzer Trilogie‹ das autofiktionale Werk Jan Kuhlbrodts vor. Der Autor hatte 2023 den Alfred-Döblin-Preis erhalten. Die Erzählung ›Moskovian Kinder‹ von Paul Watermann wurde in Deutschlandfunk, ›FAZ‹ und ›TAZ‹ besprochen – und der Verlag für den Mut, einen so künstlerischen Text zu veröffentlichen, gelobt. Mit einer ebenso gefeierten wie kritisierten Neuübersetzung der ›Antigone‹ von Sophokles – in Leichter Sprache – setzt der Gans Verlag zudem die Reihe Theatertexte fort.

Agnieszka Lessmann
›Aga‹
Roman,
242 S., geb., LB
978-3-946392-60-6
24,00 Euro

Nach der antisemitischen Hetze der Kommunistischen Partei Polens im Jahr 1968, die ihre Eltern zwang, ihre Heimat zu verlassen, kommt Aga über Israel nach Deutschland. Es ist etwas Merkwürdiges mit dem Haus, in dem sie nun wohnt. Es steht neben einer amerikanischen Kaserne und dem Garten eines ehemaligen Klosters. Dazwischen wuchern die kindlichen Fantasien. Das Verschwiegene bricht sich schließlich Bahn in einem tatsächlichen Mord. Schritt für Schritt beginnt Aga die leeren Stellen in der Erinnerung zu füllen. Mit der Hauptfigur reifen ihre Sprache und ihr Verständnis. Lessmanns autobiografisch gefärbter Roman erzählt subtil, wie das Schweigen der Überlebenden den Nachkommen zur Last wird – und wie ihre heranwachsende Hauptfigur in gewitzter Selbstbehauptung die Hoffnung auf Heilung nie aufgibt. Ein Roman über das Schweigen nach der Shoah und eine Geschichte darüber, was nötig ist, um es zu überwinden. Und auch eine Liebesgeschichte.

Ákos Szolcsányi
›David‹
Roman,
a. d. Ung. v.
Christina Kunze,
192 S., geb., LB
978-3-946392-61-3
24,00 Euro

Noch selbst ein Kind, wird David zum Helden ohne eigene Absicht, beinahe wider Willen. Einmal am Königshof angekommen, gibt es für den Hirtenjungen kein Entweichen mehr: Er wird zum König gesalbt, ist zum Herrschen verdammt. Szolcsányi begleitet David in einem mitreißenden Erzählstrom durch die zentralen Stationen der Überlieferung: von der Enthauptung Goliats über die Tötung von Sauls Mörder und der Desillusionierung Michals bis hin zur Liebe zu Betsabe und dem Verlust des Kindes. David wird dabei selbst zum Erzähler seiner Sicht auf seine Geschichte, die ein immer gültiges Dilemma offenlegt: Macht, so erfährt David, korrumpiert alles: Freundschaft, Liebe, mitmenschliche Beziehungen. ›David‹ ist das spannende Portrait eines in seinem Leben Gefangenen, verfasst mit literarischer Wucht und geprägt von einer starken Bildsprache. Eine sorgfältig durchkomponierte Gegenparabel, die die Mechanismen der Macht offenlegt.

Anne Leichtfuß
›Anti.gone‹
Theatertext,
124 S., geb., LB
978-3-946392-66-8
22,00 Euro

Die Münchner Kammerspiele wagten 2023 einen wichtigen Schritt und wurden dafür ebenso gefeiert wie kritisiert: Sie brachten den antiken Stoff als erste große deutsche Bühne als inklusives Schauspiel auf die Bretter in einer Übertragung in Leichter Sprache. Die Übersetzung von Anne Leichtfuß basiert auf dem 2400 Jahre alten Text von Sophokles sowie Szenen aus der Fassung von Jean Anouilh von 1946. Entstanden ist, in Zusammenarbeit mit Personen mit Down-Syndrom, einem Lektoren-Team, die gemäß den Regeln für Leichte Sprache die Textvorlage von Leichtfuß überprüften, mehr als eine reine Übersetzung. Vielmehr wurde ›Anti.gone‹ zu einer eigenständigen Fassung mitsamt alternativem Ende. Die schlanken Sätze liest man gespannt und konzentriert – und ist gleichzeitig entspannt, weil einem das Textverständnis erleichtert wird. Die Charaktere der Figuren treten deutlicher hervor, ihre Konflikte liegen direkt an der Oberfläche und ›Anti.gone‹ zeigt, wie aktuell die großen Fragen der griechischen Dramen sind.

Autor / Autorin	Titel (Spezifikationen)	ISBN	Preis in Euro
Geisler, Eberhard	Gemeinschaft der Heiligen. Revision von Goethes Werther (Erzählung)	978-3-946392-53-8	20,00
Heller, Nina	Nachts sind alle Katzen (Erzählungen)	978-3-946392-35-4	24,00
Herlinger, Ilse	Mendel Rosenbusch (Historisches Kinderbuch)	978-3-946392-25-5	24,90
Kuhlbrodt, Jan	Chemnitzer Trilogie (Roman)	978-3-946392-55-2	24,00
Oesterle, Kurt	Es lebe die Republik! Thomas Mann zum 150. Geburtstag (Essay)	978-3-946392-59-0	12,90
Rosenberg, Ron	Haben Tauben Hoffnung (Erzählungen)	978-3-946392-21-7	19,90
Schilke, Kristina	Alles was lebt (Roman)	978-3-946392-54-5	24,00
Schmid, Nathalie	Ein anderes Wort für einverstanden (Gedichte)	978-3-946392-56-9	22,00
Sipos, Peter	Klumpen (Gedichte u. Poetologie)	978-3-946392-36-1	24,00
Watermann, Paul	Moskovian Kinder (Erzählung)	978-3-946392-37-8	24,00

GUGGOLZ VERLAG

Website www.guggolz-verlag.de
E-Mail verlag@guggolz-verlag.de

Anschrift Guggolz Verlag
Gustav-Müller-Straße 46
10829 Berlin
Telefon 030 / 78 89 12 27
Telefax 030 / 78 89 12 28

Der Guggolz Verlag wurde gegründet, um vergessene oder übersehene literarische Klassiker des 20. Jahrhunderts aus Ost- und Nordeuropa in neuer Übersetzung zu veröffentlichen. Ziel ist es, Regionen auf der literarischen Landkarte sichtbar zu machen, die häufig nicht im Mittelpunkt der Aufmerksamkeit stehen. Der Guggolz Verlag beschränkt sich auf zwei Neu- und Wiederentdeckungen pro Halbjahr. Mit aktuellen Nachworten und durch ergänzende Kommentierung wird die in die Literatur eingegangene historische, politische, kulturelle und sprachliche Vielfalt wieder lebendig gemacht.

2014	Gründung des Verlags
2016	Übersetzerbarke an Sebastian Guggolz
2017	Kurt-Wolff-Förderpreis
2019 + 20 + 22	Deutscher Verlagspreis
2022	Preis der Hotlist
Verleger:	Sebastian Guggolz

Harry Martinson
›Aniara‹
A. d. Schwed. v.
Lena Mareen Bruns,
Nachw. v.
Alex Schulman,
179 S., FH, LB
978-3-945370-51-3
24,00 Euro

Harry Martinson (1904–1978) schrieb über das unermesslich Große und das stecknadelgroß Kleine, das Nahe und das Ferne – in ›Aniara‹, seinem legendären Weltraumepos in 103 Gesängen, begleitet er eine Gruppe von Menschen, die sich ihrem eigenen und dem Ende der Welt stellen müssen. Mit dem Raumschiff ›Aniara‹ waren sie auf dem Weg zum Mars, wohin sie von der durch Atomkrieg und Ausbeutung unbewohnbar gewordenen Erde evakuiert werden sollten. Doch die ›Aniara‹ ist außer Kontrolle geraten und taumelt nun mitsamt ihren Insassen durchs All. Ohne Ziel, ohne Aussicht auf Rettung. Und menschliches Leben wird nur noch möglich sein, solange die Sauerstoffreserven ausreichen. Wie lässt sich in dieser Ausnahmesituation Trost, Sinn und innerer Friede finden? In grandiosen Bildern verdeutlicht Martinson uns die in unseren Händen liegende Verantwortung. Nie wurden Verlorenheit und die Konsequenzen unseres Handelns in schönere Worte gefasst.

William Heinesen
›Noatun‹
A. d. Dän. v.
Inga Meincke u.
Verena Stössinger,
380 S., FH, LB
978-3-945370-52-0
26,00 Euro

William Heinesen (1900–1991) schrieb über die Färöer, die raue Inselgruppe im Nordatlantik, mythengetränkt, aber von unmittelbarer Lebenswirklichkeit geprägt. In ›Noatun‹, 1938 veröffentlicht, beschließt eine Gruppe eigensinniger Menschen, denen im ärmlichen Kleinstadtleben keine Zukunft beschieden ist, sich in einem verrufenen Tal niederzulassen und die Siedlung ›Noatun‹ zu gründen. Ein Schiffsunglück hat die Bucht mit einem Schatten belegt, doch die Siedler lassen sich davon nicht abschrecken. Ihr Drang nach einem freien, wenn auch harten, einem selbstbestimmten, wenn auch unsicheren Leben ist stärker als alle Rückschläge und die Sorge vor dem Scheitern. Den Kampf mit den Elementen und gesellschaftlichen wie politischen Widerständen schildert Heinesen mit herber Schönheit und wortkarger Tiefgründigkeit. Hoffnung, Solidarität und Hartnäckigkeit drücken dem Roman ihren Stempel auf und führen die Noatuner aus der archaischen Vergangenheit in eine verheißungsvolle Zukunft.

Michail Prischwin
›Tagebücher. Band III, 1936‹
A. d. Russ. u. hg. v.
Eveline Passet,
Nachw. v.
Jutta Scherrer,
440 S., FH, LB
978-3-945370-50-6
34,00 Euro

Michail Prischwin (1873–1954) versuchte in seinen Tagebüchern zu verstehen, was um ihn herum passierte, und die Zeichen seiner Zeit zu entschlüsseln. Im Zentrum des Jahres 1936 steht die Erkundung der Kaukasusregion Kabardino-Balkarien: Dort regiert der charismatische Führer Betal Kalmykow, der Prischwin umgarnt und ihn fasziniert, ihm aber auch bedrohlich erscheint. Vor Ort gewinnt Prischwin intime Einblicke – und nimmt Annehmlichkeiten, wie etwa ein Auto, gerne in Anspruch. Parallel dazu denkt er über das brüchige Gleichgewicht von Macht, Fortschritt und Gewalt nach. 1936 ist er auch in Moskauer literaturinterne Machtkämpfe verstrickt. Er kämpft um literarische Anerkennung und dadurch verbundenen Schutz, um ausbleibende Ehrungen und politischen Einfluss. Das Tagebuch, in gefährlichen Zeiten einziger Raum für freies Denken, gewinnt für Prischwin zunehmend an Bedeutung. Für uns Nachgeborene, süchtig danach, Parallelen zu unserer Zeit zu finden, ist es heute unschätzbar.

Autor / Autorin	Titel (Spezifikationen)	ISBN	Preis in Euro
Dagerman, Stig	Deutscher Herbst (Reportagen, a. d. Schwed. v. Paul Berf, 190 S.)	978-3-945370-31-5	22,00
Eglītis, Anšlavs	Schwäbisches Capriccio (Roman, a. d. Lett. v. Berthold Forssman, 318 S.)	978-3-945370-47-6	25,00
Kristensen, Tom	Absturz (Roman, a. d. Dän. v. Ulrich Sonnenberg, 655 S.)	978-3-945370-43-8	28,00
Manner, Eeva-Liisa	Das Mädchen auf der Himmelsbrücke (Roman, a. d. Finn. v. M. Murmann, 154 S.)	978-3-945370-36-0	22,00
Pidmohylnyj, Walerjan	Die Stadt (Roman, a. d. Ukr. v. A. Kratochvil, L. Joura, J. Wunderwald, L. Zalitok, 413 S.)	978-3-945370-35-3	26,00
Schklowski, Viktor	Zoo. Briefe nicht über Liebe oder Die dritte Heloise (Roman, a. d. Russ. v. O. Radetzkaja, 189 S.)	978-3-945370-34-6	22,00
Sigurðardóttir, Ásta	Streichhölzer (Erzählungen, a. d. Isl. v. Tina Flecken, 221 S.)	978-3-945370-48-3	24,00
Škėma, Antanas	Das weiße Leintuch (Roman, a. d. Lit. v. Claudia Sinnig, 255 S.)	978-3-945370-10-0	21,00
Vesaas, Tarjei	Die Vögel (Roman, a. d. Norw. v. H. Schmidt-Henkel, 276 S.)	978-3-945370-28-5	23,00
Vesaas, Tarjei	Frühlingsnacht (Roman, a. d. Norw. v. H. Schmidt-Henkel, 238 S.)	978-3-945370-49-0	25,00
Virza, Edvarts	Straumēni (Roman, a. d. Lett. v. Berthold Forssman, 333 S.)	978-3-945370-25-4	25,00

Website www.peter-hammer-verlag.de
E-Mail info@peter-hammer-verlag.de

Anschrift Peter Hammer Verlag
Föhrenstraße 33–35
42283 Wuppertal
Telefon 0202 / 50 50 66
Telefax 0202 / 50 92 52

PETER HAMMER VERLAG

1966	Verlagsgründung
1980	Friedenspreis Ernesto Cardenal
2002	Friedenspreis Chinua Achebe
2009	Kurt-Wolff-Preis
2017	Astrid Lindgren Memorial Award Wolf Erlbruch
2019 + 20 + 22 + 23	Deutscher Verlagspreis
Verleger:	Moritz Klein

Der Name ›Peter Hammer‹ hat einiges mit dem Programm des Verlages zu tun. Es ist die wörtliche Übersetzung des französischen ›Pierre Marteau‹, eines Decknamens, den die Urheber oppositioneller Schriften im 17. Jahrhundert nutzten, um sich der Zensur zu entziehen. Das Subversive gefiel den Verlagsgründern: Hier sollte Literatur jenseits des Mainstreams veröffentlicht werden. Der Verlag widmete sich der Literatur aus Afrika und Lateinamerika und etablierte daneben ein Kinderbuchprogramm, das seine Prägung durch den heute weltweit renommierten Illustrator Wolf Erlbruch erhielt.

Will Gmehling (Text) / Antje Damm (Illu.)
›Ganz am Anfang war der Ball‹
Bilderbuch,
32 S.
978-3-7795-0782-6
15,00 Euro

Kiki, Coco, Klaas und Kalle, jede Quappe, jede Qualle – alle lieben Fußball, alle! Temporeich und frech wie ein Rap Song feiert dieses Bilderbuch den Fußball als eine Leidenschaft, die den Globus umspannt: Ich am Rhein und du in Riga, 5. oder Bundesliga, Lappland oder Senegal, Grönland, Tokio, Wuppertal, – nicht so wichtig und egal! Das laute (Vor-)Lesen der Verse von Will Gmehling ist Spaß und Challenge zugleich. Und zum Entdecken unzähliger kleiner Geschichten auf den witzig-wimmeligen Bildern von Antje Damm gehen die Fans gern in die Verlängerung!

Hemley Boum
›Wind, der uns heimträgt‹
Roman,
a. d. Engl. v.
Gudrun u. Otto Honke,
320 S.
978-3-7795-0788-8
26,00 Euro

Als der 18-jährige Zack aus Kamerun nach Paris flieht, überlässt er seine junge Mutter ihrem Schicksal und ihren Geheimnissen. Die vielen Fragen, die er ihr nie gestellt hat, und die Erinnerung an alle, die er geliebt und verlassen hat, verschließt er tief in sich. Konfrontiert mit Diskriminierung, aber perfekt angepasst an seine neue Umgebung, baut Zack sich ein Leben als Psychologe und Familienvater auf, scheinbar glücklich – bis ihn seine Vergangenheit einholt und alles ins Wanken bringt. Einige Jahrzehnte zuvor erlebt sein Großvater Zacharias, der als Fischer mit seiner Familie in einem kleinen Küstendorf lebt, wie durch eine große Holzfirma und die Industrialisierung der Fischerei das traditionelle Leben der Familie aus den Fugen gerät. Kunstvoll hat Hemley Boum die beiden Erzählstränge miteinander verwoben. Entstanden ist ein bewegender Roman, der die unauflösbaren Verflechtungen der Generationen über die Grenzen von Zeit und Raum hinweg sichtbar macht, der von Schuld und Sühne, Vergebung und Versöhnung erzählt.

Tara Sullivan
›The Bitter Side of Sweet‹
Jugendbuch,
320 S.
978-3-7795-0787-1
17,00 Euro

Was zählt im Leben des 15-jährigen Amadou, sind die Kakaoschoten, die er jeden Tag abhackt. Je mehr es sind, desto größer ist die Chance, den Schlägen der Bosse zu entgehen und sich und seinen kleinen Bruder am Leben zu halten. Dem 8-jährigen Seydou fehlt es noch an Kraft und Geschick, also schuftet Amadou für zwei. Jahre sind vergangen, seit sie den Hof des Großvaters in Mali verlassen haben, um weit weg in Côte d'Ivoire Geld für die Familie zu verdienen, nicht ahnend, dass sie dort als Zwangsarbeiter festgehalten würden. Mit jedem Tag schwindet Amadous Hoffnung, je wieder frei zu sein. Dann wird zum ersten Mal ein Mädchen ins Lager gebracht. Khadija ist wild und widerständig und weckt Amadous alten Kampfgeist. Als auch sie die ganze Härte der Bosse erfährt und Seydou Undenkbares widerfährt, planen die drei ihre Flucht. Vor dem Hintergrund realer Verhältnisse auf afrikanischen Kakaoplantagen erzählt Tara Sullivan eine Geschichte von moderner Kindersklaverei: erschütternd, berührend und spannend wie ein Krimi.

Autor / Autorin	Titel (Spezifikationen)	ISBN	Preis in Euro
van Dijk, Lutz	Afrika. Geschichte und Vielfalt eines Kontinents (Sachbuch, 360 S.)	978-3-7795-0768-0	25,00
Gmehling, Will	Der Sternsee (Kinderbuch, 56 S.)	978-3-7795-0766-6	14,00
Kuku, Damilare	Fast alle Männer in Lagos sind verrückt (Roman, 240 S.)	978-3-7795-0767-3	25,00
Nkweti, Nana	Über Muscheln laufen (Stories, 160 S.)	978-3-7795-0750-5	25,00
Rassmus, Jens	Regentag (Bilderbuch, 64 S.)	978-3-7795-0726-0	20,00
Rautenberg, Arne / Erlbruch, Wolf	Mut ist was Gutes (Kindergedichte, 48 S.)	978-3-7795-0712-3	14,00
Reckinger, Gilles	Bittere Orangen (Sachbuch, 248 S.)	978-3-7795-0769-7	25,00
Schössow, Birgit	Oma verbuddeln (Kinderbuch, 224 S.)	978-3-7795-0747-5	15,00
Schulz, Hermann / Kliche, Lutz (Hg.)	Heimweh nach dem Paradies (Erinnerungsband, 224 S.)	978-3-7795-0751-2	28,00
Straßer, Susanne	So müde und hellwach! (Pappbilderbuch, 26 S.)	978-3-7795-0564-8	14,90

ULRIKE HELMER VERLAG

Website www.ulrike-helmer-verlag.de
E-Mail info@ulrike-helmer-verlag.de

Anschrift Ulrike Helmer Verlag
Klosterhofstraße 3
65843 Sulzbach a. Taunus
Telefon 06196 / 52 37 113
Instagram @helmerverlag

1987 Gründung in Frankfurt a. M.
2022 Verlagsübernahme durch Sina Hauer
2024 Hessischer Verlagspreis (Sonderpreis), Deutscher Verlagspreis
Verlegerin: Sina Hauer

Ob in Romanen, Biografien, Sachbüchern, Wissenschaft oder unter dem Label CRiMiNA: Das Programm des Ulrike Helmer Verlags ermutigt zu mehr Vielfalt, (Geschlechter-)Demokratie und Aufklärung. Gesellschaftliche Freiheit setzt insbesondere die Freiheit der Frauen voraus, daher steht die Vielfalt ihrer Lebensverhältnisse im Mittelpunkt unseres Programms. Der Verlag arbeitet mit Freude und Hingabe, entdeckt neue Talente und erfreut sich vieler Stammautor*innen. Pro Jahr erscheinen ca. zehn Neuerscheinungen. Helmer wurde 1987 gegründet und realisierte über 600 Titel, u. a. Werke klassischer Autorinnen wie Fanny Lewald.

Daniela Chmelik
›Die Bärin‹
Roman,
ca. 200 S., HC
978-3-89741-499-0
22,00 Euro

Dinah (40) wird unerwartet von ihrem Partner verlassen. Es ist Herbst und sie hüllt sich in einen Bärin-Overall ›made of thick plush material‹. Als Bärin betreibt sie Schattenboxen, Raubtierforschung, hält Winterruhe, beschäftigt sich mit Problembären und Berserkern, beschreibt kreisende Gedanken und ihre Unfähigkeit loszulassen. Dabei ist sie nicht allein: Ihre Freundinnen helfen, so gut sie können. Die Bärin reist ans Meer, auf den Balkan, in die Berge und sucht Bilder für ihr Herz. Sie will ihn zurück, sie will ihn nie wieder sehen. Der Schmerz in ihr zerreißt sie. Sie führt einen Kampf um Selbstbehauptung und geht ständig k. o. – bis der Frühling kommt … ›Daniela Chmelik hat eine eigenwillige Sprache erfunden, schnell, knapp, knallhart wie ein Rap, schillernd und scharf wie ein Eiskristall.‹ (Berliner Zeitung über Chmeliks Debütroman ›Walizka‹)

Mirjam Müntefering
›Mittendrin im Lilabunt‹
Roman,
297 S., PB
978-3-89741-495-2
20,00 Euro

Inge Klottka (71) lebt auf dem Dykenhof in der Lüneburger Heide ihren Traum einer Frauenwohngemeinschaft. Dass ebenfalls der queere Facettenhof aufmachte, hat Inge stets belächelt. Doch dieser Hof erhält starken Zulauf – im Gegensatz zum Dykenhof. Als sie erfährt, dass dessen Besitzerin das zehnjährige Jubiläum des Facettenhofes mit einem großen Dorffest feiern wird, beschließt Inge, ebenfalls ein Jubiläumsfest zu geben – zum Dreißigsten, am selben Tag! Mitten im Ruhrgebiet lebt Kati (17) mit ihrer alleinerziehenden Mutter. Kati hat nie herausgefunden, was die Beziehung ihrer Mütter zerstörte. Ist es da Zufall oder Schicksal, dass sie im Altpapier die Einladung zur Jubiläumsfeier in der Lüneburger Heide findet? Kurz entschlossen nutzt sie diese als Eintrittskarte in die Vergangenheit ihrer Mütter und findet sich bald wieder inmitten lila Luftballons und bunter Festtagsfähnchen.

Antje Schrupp
›Unter allen Umständen frei. Revolutionärer Feminismus bei Victoria Woodhull, Lucy Parsons und Emma Goldman‹
216 S., PB
978-3-89741-502-7
20,00 Euro

Feminismus ist nicht nur ein Kampf für die Gleichberechtigung von Frauen, sondern für eine wahrhaft freiheitliche Gesellschaft, in der niemand unterdrückt wird – davon waren diese drei Revolutionärinnen überzeugt: Victoria Woodhull (1838–1927), geboren ins Prekariat, erste amerikanische Präsidentschaftskandidatin und Advokatin der freien Liebe, Lucy Parsons (1851–1942), Schwarze, militante Gewerkschafterin und Aktivistin, sowie Emma Goldman (1869–1940), Vordenkerin des Anarchismus und der sexuellen Freiheit – und Jüdin. Antje Schrupp macht das ›goldene Zeitalter‹ am Ende des 19. Jahrhunderts in den USA aus der Perspektive eines sozialrevolutionären Feminismus anschaulich und zeigt, dass die Wurzeln eines intersektionalen Feminismus bis zu den Anfängen der organisierten Frauenbewegung zurückreichen. Schlussendlich zieht sie erstaunliche Bezüge zu aktuellen Debatten in den USA und weltweit.

Autor / Autorin	Titel (Spezifikationen)	ISBN	Preis in Euro
Brathe, Maiken	Tünde weiss alles (Roman, 260 S.)	978-3-89741-471-6	20,00
Franzke, A. / Springsgut, K. (Hg.)	Gleichstellung im Wandel (Wissenschaft, 207 S.)	978-3-89741-498-3	28,00
Gelsing, Sabine	Entzwei (Roman, 214 S.)	978-3-89741-467-9	20,00
Hoch, Julia	Frau Putz (Roman, 250 S.)	978-3-89741-480-8	20,00
Imgrund, Barbara	Der Wurm (Roman, 152 S.)	978-3-89741-494-5	20,00
Lausch, Shirin	Mit anderen Wurzeln (Sachbuch, 189 S.)	978-3-89741-470-9	20,00
Pickener, Ursula	KaisersKinder (Krimi, 288 S.)	978-3-89741-463-1	16,00
Plogstedt, Sibylle	Warum hat das niemand erzählt? (Biografie, 230 S.)	978-3-89741-490-7	20,00
Schairer, Carolin	Ellen (Roman, 504 S.)	978-3-89741-501-0	22,00
Wagner, Antje	Hyde – Verlier dich nicht (Roman, 320 S.)	978-3-89741-500-3	18,00
Zöllner, Sarah	Mütter in die Politik! (Sachbuch, 229 S.)	978-3-89741-497-6	20,00

Website www.hentrichhentrich.de
E-Mail info@hentrichhentrich.de
Anschrift Hentrich & Hentrich
Verlag Berlin Leipzig
Capa-Haus
Jahnallee 61, 04177 Leipzig
Telefon 0341 / 58 15 58 98
Instagram @hentrichhentrich

HENTRICH & HENTRICH VERLAG

1998	Gründung Hentrich & Hentrich
2018	Umzug nach Leipzig
2020	Kurt-Wolff-Förderpreis
2020 + 23	Deutscher Verlagspreis
2022 + 24	Sächsischer Verlagspreis
Verlegerin:	Dr. Nora Pester

Der Hentrich & Hentrich Verlag hat sich ausschließlich auf Veröffentlichungen zu jüdischer Kultur und Zeitgeschichte in einem Umfang von rund 60 Neuerscheinungen pro Jahr spezialisiert. Derzeit sind mehr als 800 Titel lieferbar. Das Verlagsprogramm reicht von der Biografie über das populäre historische Sachbuch, Kinder- und Jugendbüchern, Lehrbüchern und Unterrichtsmaterialien bis hin zu Foto- und Kunstbüchern, Ausstellungskatalogen und Veröffentlichungen zu aktuellen politischen und gesellschaftlichen Themen (z. B. Antisemitismus, Naher Osten). Es bildet das gesamte Spektrum jüdischen Lebens, Denkens und jüdischer Geschichte ab. 1982 gründete der Berliner Drucker Gerhard Hentrich (1924–2009) zunächst die Edition Hentrich, nach deren Verkauf entstand 1998 der Verlag Hentrich & Hentrich. Seit 2010 ist Nora Pester Verlegerin und alleinige Eigentümerin.

Benny Morris
›Die Geburt des palästinensischen Flüchtlingsproblems. Eine Neubetrachtung‹
Übers. v. Hartmut Lenhard,
826 S., 3 Abb., KB
978-3-95565-702-4
39,00 Euro

Benny Morris' Buch ›The Birth of the Palestinian Refugee Problem (1947–1949)‹ ist ein Klassiker der Geschichtsschreibung des Nahen Ostens. Seine Enthüllungen darüber, wie und warum 700.000 Palästinenser während des arabisch-israelischen Krieges 1948 ihre Heimat verließen und zu Flüchtlingen wurden, stellten 1988 die widersprüchlichen zionistischen und arabischen Interpretationen in Frage. Während Erstere behaupteten, die Palästinenser seien freiwillig gegangen, unterstellten Letztere eine gezielte Vertreibung. Die überarbeitete Neuausgabe, die hier in deutscher Erstübersetzung vorgelegt wird, berücksichtigt erstmals zugängliche israelische Militärarchivakten und nachrichtendienstliche Unterlagen. Ihr Schwerpunkt liegt nach wie vor auf dem Krieg von 1948 und der Analyse des palästinensischen Exodus, enthält aber sehr viel mehr Informationen darüber, was tatsächlich in Jerusalem, Jaffa und Haifa geschah und wie die Ereignisse dort schließlich zum Zusammenbruch der palästinensischen Stadtgesellschaft führten. Sie beleuchtet auch die Kämpfe, Vertreibungen und Gräueltaten bis hin zum Zerfall der ländlichen Gemeinden.

Jacques Schuster
›Im raschelnden Laub der Vergangenheit. Der Jüdische Friedhof in der Schönhauser Allee in Berlin. Ein literarischer Spaziergang‹
104 S., 38 Abb., HC
978-3-95565-703-1
19,90 Euro

Dieses Buch ist mehr als ein Friedhofsführer. Jacques Schuster entführt den Leser in eine längst versunkene Welt des deutschen Judentums. Er beschreibt, was Tod und Trauer im Judentum bedeuten, zeichnet in präzisen und zugleich eindringlichen Worten die Geschichte des Judenhasses von seinen Anfängen bis zum 7. Oktober 2023 nach und schildert, was die Gräber auf dem Jüdischen Friedhof in der Schönhauser Allee von denen erzählen, die dort seit Jahrzehnten und Jahrhunderten liegen. Schuster verleiht den Toten eine Stimme und nimmt den Leser in seinen lebendig erzählten Reportagen mit auf eine Zeitreise in die Vergangenheit.

Nora Düwell
›Dora Feigenbaum‹
Kinderbuch,
56 S., 10 Abb., HC
978-3-95565-706-2
17,00 Euro

Dora ist sieben Jahre alt. Sie lebt in Tel Aviv. Weil ihr Vater eine neue Stelle in Leipzig annimmt, zieht die Familie dorthin. Dora ist richtig sauer auf ihre Eltern. Dann aber findet sie es in Leipzig gar nicht so schlecht: das große Kinderzimmer mit dem Hochbett, die neuen Freundinnen Clara und Helene. Und dann noch der Abenteuerspielplatz direkt neben der Wohnung. Das Beste ist aber die Leipziger Kleinmesse mit der Riesenrutsche und den vielen Kirmesbuden. Dora fühlt sich bald richtig wohl. Dann kommt der lang ersehnte achte Geburtstag. Überraschung! Onkel Moshe und Tante Lea sind extra aus Israel gekommen und holen sie von der Schule ab. Der Geburtstag könnte nicht schöner sein. Aber warum ist danach alles irgendwie anders? Warum tuscheln Philipp und Achmed? Und warum schaut Katharina Dora kurz an, als Achmed ihr etwas ins Ohr flüstert, und prustet dann laut los? Gestern hatten sie doch noch auf der Geburtstagsfeier viel Spaß. Warum wird über Dora gelacht? Und was ist mit den Freundinnen Clara und Helene? Kann Dora sich auf die beiden verlassen oder werden sie auch gemein? ›Dora Feigenbaum‹ ist das erste Kinderbuch, das sowohl gegenwärtiges jüdisches Leben als auch Antisemitismuserfahrungen in Leipzig aus jüdischer Perspektive kindgerecht thematisiert.

Autor / Autorin	Titel (Spezifikationen)	ISBN	Preis in Euro
Behnke, A. / Hold-Ferneck, A.	Der Duft von Apfelkuchen (Kinderbuch, 56 S., 60 Abb.)	978-3-95565-692-8	17,90
Herf, Jeffrey	Drei Gesichter des Antisemitismus (Sachbuch, 366 S.)	978-3-95565-666-9	30,00
Lauer, Stefan / Potter, Nicholas (Hgg.)	Judenhass Underground (Sachbuch, 252 S.)	978-3-95565-615-7	22,00
Leo Baeck Institute (Hg.)	Stolpertexte. Literatur gegen das Vergessen (Anthologie, 166 S.)	978-3-95565-671-3	19,00
Morris, Benny	1948. Der erste arabisch-israelische Krieg (Sachbuch, 646 S., 62 Abb.)	978-3-95565-609-6	32,00
Norden, Joseph	Liebesbriefe an Regina Jonas (Briefedition, 196 S., 38 Abb.)	978-3-95565-588-4	20,00
Ovens, Carsten (Hg.)	Die Fragemauer (Sachbuch, 160 S., 51 Abb.)	978-3-95565-659-1	19,90
Ovens, Carsten	Im Morgengrauen (Sachbuch, 148 S., 32 Abb.)	978-3-95565-668-3	17,00
Salzborn, Samuel	Wehrlose Demokratie? (Sachbuch, 144 S.)	978-3-95565-642-3	17,00
Schaber, Irme	Freiheit im Fokus (Sachbuch, 112 S., 51 Abb.)	978-3-95565-648-5	18,90
Trepp, Gunda	Wer ist Jude? Eine Annäherung (Sachbuch, 304 S.)	978-3-95565-585-3	24,90

SCHAUFENSTER-AKTION

Anlässlich des 20. Jubiläums 2020 wurde ein Schaufensterwettbewerb ausgelobt. Dafür war dem stationären Buchhandel ein Jubiläumspaket, bestehend aus Plakaten, Postkarten, Stoffbeuteln und dem Katalog ›Es geht um das Buch‹, angeboten worden.

1. Schaufenster ›Barbaras Bücherstube‹, Moosburg
2. Preisträgerin Gaby Kellner
3. Kampagenposter, DIN A1 / A2

KURT WOLFF WEIN

Im Jahr 2014 lancierten wir auf der Leipziger Buchmesse die Initiative ›Stempeln gehen lohnt sich‹. Interessierte Buchhandlungen bekamen als Dank für ihre dokumentierten Messebesuche bei Verlagen die ›Kurt Wolff Edition‹ eines Mosel-Rieslings vom Weingut Grumbach.

4. Wein-Etikett
5. Stempelkarte
6. Weinflasche auf der Buchmesse

WIR TANZEN AUS DER REIHE

Bereits seit 2005 rufen zahlreiche Verlage der Stiftung am Donnerstag der Frankfurter Buchmesse gemeinsam zur Happy Hour an ihre Verlagsstände.

7. Eröffnung mit Vuvuzuela 2015
8. Alle sind da! 2018
9. Einladung 2024, DIN A5

SPÄTAUSGABE

DIE UNABHÄNGIGEN IN DER STADT

Ab dem Jahr 2020 wollten wir die vorher schon legendäre UV-Lesung im Westflügel Leipzig fortführen, was pandemiebedingt zunächst weitgehend digital erfolgen musste. Seit 2023 freuen wir uns am Samstag der Leipziger Buchmesse über ein ausverkauftes Haus und die Aufmerksamkeit für je 18 Autorinnen und Autoren.

⑩ Westflügel 2025

⑪ Plakatmotive 2020–2025, DIN A1

⑫ Podium Westflügel 2025

10000 UKRAINISCHE KINDERBÜCHER

Ausgehend von einer Initiative der edition.fotoTAPETA Berlin sammelten wir 2022/23 mehr als 25.000 Euro an Spenden, mit denen wir über 6000 Kinderbücher bei kleinen ukrainischen Verlagen kauften. Mit breiter Unterstützung u. a. von Buchhandlungen und Schulen konnten diese an geflüchtete Kinder verteilt werden.

⑬ Palette mit Kinderbüchern 2022

DEUTSCHER BUCHHANDLUNGSPREIS & DEUTSCHER VERLAGSPREIS

Die Stiftung ist Partner der Preise, die vom Beauftragten der Bundesregierung für Kultur und Medien vergeben werden. Auch unserem Einsatz verdankt sich die Einrichtung der Auszeichnungen.

⑭ Kulturstaatsministerin Monika Grütters 2019

⑮ Verleihung Deutscher Buchhandlungspreis 2015

⑯ Verleihung Deutscher Verlagspreis 2022

HOCHROTH

Website www.hochroth.de
E-Mail verlag@hochroth.de

Anschrift hochroth
Welsigke 1 B
14827 Wiesenburg / Mark

hochroth ist ein Verlagskollektiv mit derzeit sechs Standorten, die sich vor allem der Publikation von Lyrik widmen. Gegründet wurde hochroth 2008 von Marco Beckendorf in Berlin. In den darauffolgenden Jahren entstanden die programmatisch eigenständigen Standorte in Heidelberg, Leipzig, München und Wiesenburg sowie jüngst das aus Berlin heraus agierende hochroth Minsk. Zwischenzeitlich waren auch Standorte in Bielefeld, Budapest, Paris, Riga, Tübingen und Wien aktiv. hochroth-Bücher sind in Manufaktur hergestellte, nummerierte Unikate und erscheinen in einem einheitlichen, bibliophilen Design. Die Auflage wird der Nachfrage angepasst. Auf diese Weise können wir uns auch an literarisch hochwertige Projekte mit ungewissen Verkaufsaussichten wagen oder mit Partner:innen verschiedene lokale Veranstaltungen umsetzen. hochroth entdeckt neue Stimmen, verwirklicht innovative und literarisch anspruchsvolle Projekte und macht unbekannte und vergessene Autor:innen (wieder) lesbar.

2008	Gründung
2012	Ausrichtung 1. Lyrikbuchhandlung
2021 + 24	Deutscher Verlagspreis
Standorte	Berlin, Heidelberg, Leipzig, Minsk, München, Wiesenburg

Teresa Arijón
›Gedichte und freilaufende Tiere / Poemas y animales sueltos‹
Gedichte, übers. v. Silke Kleemann,
48 S.
978-3-949850-66-0
10,00 Euro

›Die Gedichte sind meine freilaufenden Tiere‹, hat Teresa Arijón einmal gesagt. Frösche, Wölfe, Tauben, Kaninchen, Hummer, Affen sind nur einige unserer Erdmitbewohner aus dem Tierreich, die ganz natürlich, freilaufend, meist einzeln ihren Platz einnehmen in Arijóns Werk, verspielt, beschwörend, episch erzählt. Immer sind sie ein unmittelbarer Kontaktpunkt zur Welt. Zu einer Welt, die mit dichterischem Blick erforscht und erfasst wird, um Augenblicke, Erkenntnisse zu sammeln, ›das, was geht und nicht bleibt‹. Auch das ist ›Ars Poetica‹: die Wunde lieben, sich selbst reflektieren in der Reflexion des Mondes auf dem Wasser. ›Ozeane der Zeit, um mich selbst zu finden‹.

Sandra Ade
›An manchen Tagen steht die Erde kurz still. Kürzestgeschichten‹
50 S.
978-3-949850-58-5
10,00 Euro

Die Kürzestgeschichte ist ein Genre, das man in der Literatur eher selten antrifft. Es sind vor allem die Unstimmigkeiten im Text, die die Wirkung ausmachen, indem sie im Lesenden eigene Erfahrungen und Einstellungen aktivieren. Oder neue Perspektiven öffnen. Die Kürzestgeschichten in Sandra Ades literarischem Debüt ›An manchen Tagen steht die Erde kurz still‹ bestehen aus nur wenigen Sätzen. Wie Gedichte sind alle Komponenten sehr genau aufeinander abgestimmt und ausbalanciert: der Rhythmus, die Dramaturgie, der Wechsel zwischen Beobachtetem und Erzähltem, zwischen Sichtbarem und Unbewussten.

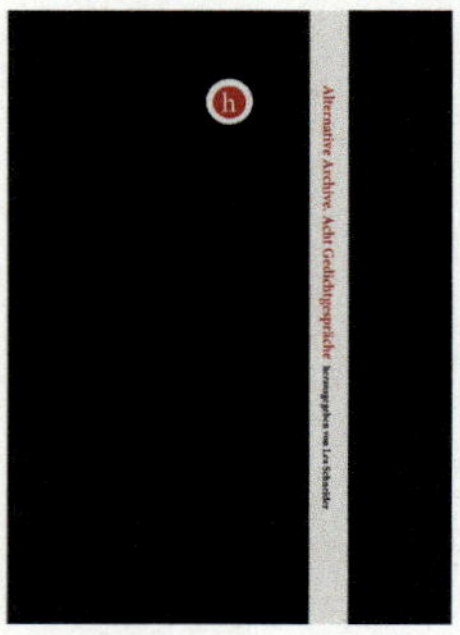

Lea Schneider (Hg.)
›Alternative Archive. Acht Gedichtgespräche‹
54 S.
978-3-949850-61-5
10,00 Euro

Auf welche Archive, welche Traditionen beziehen sich Dichter:innen heute? Wer sind die Vorgänger:innen, die Geister und Verbündeten, mit denen sie in ihren Gedichten sprechen? Wo lesen Dichter:innen den Kanon gegen den Strich, und wo bestehen sie auf minoritären Traditionen, die sonst vielleicht übersehen werden? In acht Gedichtgesprächen erinnern Max Czollek, Mátyás Dunajcsik, Ozan Zakariya Keskinkılıç, Odile Kennel, Björn Kuhligk, Jâyrome Robinet, Katharina Schultens und Nora Zapf an vergessene und zu wenig gesehene literarische Werke, legen geheime Kompliz:innenschaften ihres Schreibens offen und stellen in kurzen Essays und Antwortgedichten jeweils ein Gedicht eines Wahlverwandten vor, das für ihr Schreiben wichtig ist. Anhand dieser Texte entsteht ein kleines, radikal persönliches, alternatives Archiv. Die Dichter:innen erinnern u. a. an: Sor Juana Inés de la Cruz, Andrea Gibson, Theodor Kramer, Adília Lopes, Aras Ören, Hannelies Taschau, François Villon, Marina Zwetajewa.

Autor / Autorin	Titel (Spezifikationen)	ISBN	Preis in Euro
Amende, Olav	Flurstück 3587/3588. Gedicht auf ein Haus (Langgedicht, 44 S.)	978-3-949850-51-6	10,00
Böckmann, Clemens (Hg.)	Brutti sogni (Gedichte u. Prosa, 64 S.)	978-3-949850-57-8	10,00
Delphinov, Alexander	Smirnovs Ausnahmefall (Gedichte, 36 S.)	978-3-949850-44-8	10,00
Hopf, Manon	hier steht dein mensch. Verwandlungen (Gedichte, 54 S.)	978-3-949850-50-9	10,00
Hubner / Kraemer / Pretzsch	300 bis 350 Gramm (Gedichte, Zeichnungen, 42 S.)	978-3-949850-29-5	10,00
Kieser, Luca	manchmal ist eine tragische liebe (Gedichte, 40 S.)	978-3-949850-34-9	10,00
Klink, Sophia	Ich lösche die Kirschen aus meinen Genen (Gedichte, 54 S.)	978-3-949850-62-2	10,00
Lupette, Leónce W.	Die Flüchtigkeit im Fossilen / La fugacidad en lo fósil (Gedichte, 54 S.)	978-3-949850-46-2	10,00
Wan-Shuen, Tsai	Küsten (Gedichte, 42 S.)	978-3-949850-35-6	10,00
Weber, Martina (Hg.)	Und man hört sie doch. Anthologie (Gedichte u. Kurzprosa, 50 S.)	978-3-949850-59-2	10,00

INTERKONTINENTAL VERLAG

Website	www.interkontinental-verlag.de
E-Mail	publishing@interkontinental-verlag.de
Anschrift	InterKontinental Verlag Sonntagstraße 26 10245 Berlin
Telefon	030 / 58 73 94 64

2021	Gründung des Verlags
2023	Berliner Verlagspreis
Verlegerinnen:	Stefanie Hirsbrunner, Karla Kutzner, Venice Trommer

Seit 2022 ergänzt der InterKontinental Verlag die Agentur, Buchhandlung und den Verein zur Förderung afrikanischer Literatur. Das Verlagsprogramm präsentiert zeitgenössische, afrodiasporische Autor*innen in deutscher Übersetzung, die von Kritiker*innen und vom Publikum weltweit bereits gefeiert werden. Als unabhängiger Verlag achten wir auf faire, nachhaltige Produktionsbedingungen und hochwertige Qualität und bringen so vielfältige Stimmen in die deutsche Literaturlandschaft. Unser Programm besteht überwiegend aus Belletristik, zeitgenössischer Literatur und einigen Sachbüchern zu thematisch passenden Themen.

Leye Adenle
›Spur des Geldes.
Ein Lagos-Thriller‹
A. d. Engl. v.
Yasemin Dinçer,
372 S., KB
978-3-911361-02-6
24,50 Euro

Leye Adenles Thriller-Trilogie blickt aus verschiedenen Winkeln auf eine Welt der Extreme, immer im pulsierenden Rhythmus der westafrikanischen Megacity Lagos. In ›Spur des Geldes‹ kehrt Amaka, die Protagonistin aus ›Zügel der Macht‹, zurück und wird in einen politischen Skandal verwickelt: Der Gouverneurskandidat kommt bei einem Flugzeugabsturz ums Leben. Nun macht die Partei Chief Ojo zum neuen Kandidaten. Dessen Leichen im Keller kennt niemand besser als Amaka, die ihn und seine Taten im ›Harem‹, einem geheimen Club für reiche und mächtige Männer, gejagt hat. Nun wird sie von Chief Ojos Männern gejagt und gerät zunehmend in den Sog eines aus Korruption, Gewalt, Sex und Macht bestehenden Systems, bei dem es am Ende ums nackte Überleben geht.

Leseprobe ›Er hat mich gefunden!‹ ›Wer hat dich gefunden?‹ ›Malik.‹ ›Wie meinst du das, er hat dich gefunden? Was ist passiert, Amaka?‹ ›Das Arschloch hat mich angerufen und mir gedroht. Hast du ihm gesagt, dass ich nach ihm suche?‹ Jemand rannte an Amakas Fenster vorbei, stützte sich auf der Motorhaube ab, um nicht das Gleichgewicht zu verlieren, und huschte dann zwischen den Autos vor ihr davon. Irgendetwas an seinem schweißnassen rasierten Schädel sah merkwürdig aus: Er hatte eine große Beule mitten auf dem Kopf. ›Gabriel, ich muss los. Ich bin gleich bei dir.‹ Amaka ließ ihr Telefon sinken, lehnte sich zur Seite und legte das Gesicht ans Fenster, um noch einen Blick auf den Mann zu erhaschen, der an ihrem Wagen vorbeigerannt war, aber er war bereits verschwunden. Dann rannte ein weiterer Mann an ihrem Fenster vorbei. Sie drehte sich um. Eine ganze Reihe von Menschen kam von hinten auf ihr Auto zugerannt. Sie hatten Stöcke und Bretter in den Händen, und mindestens einer von ihnen schwang eine Machete. Amaka wandte sich wieder nach vorn und beugte sich über das Lenkrad, um besser sehen zu können. Sie fuhr zusammen, als ein nackter Oberkörper gegen das Fenster auf der Beifahrerseite knallte. Der Mann drückte sich von ihrem Wagen ab und hinterließ einen Schweißabdruck seiner Brust. Er hämmerte auf das Dach und rannte dann gemeinsam mit den anderen weiter die Straße hinauf, ein Brett über seinem Kopf schwingend. Ein junger Mann hielt einen bis auf das Drahtgeflecht abgefahrenen Reifen hoch. Ein weiterer trug einen Fünf-Liter-Kanister mit einer Flüssigkeit, die er nicht verschütten wollte. Amaka rief Polizeiinspektor Ibrahim an. ›Hallo, Amaka, ich bin schon auf dem Weg‹, meldete dieser sich. ›Wohin?‹ ›Zur Absturzstelle.‹ ›Was für ein Absturz?‹ ›Der Flugzeugabsturz. In der Nähe Ihres Hauses.‹ ›In der Nähe meines Hauses ist ein Flugzeug abgestürzt?‹

Ivana Akotowaa Ofori
›Das Jahr der Rückkehr‹
Novelle,
a. d. Engl. v.
Swen Lasse Awe,
116 S., KB
978-3-911361-03-3
17,00 Euro

Im Dezember 2019, als in Ghana anlässlich des 400. Jahrestags der Verschleppung der ersten versklavten Afrikaner*innen nach Virginia das ›Jahr der Rückkehr‹ zu Ende geht, beschließt die Journalistin Adwapa, aus den USA in ihr Geburtsland zurückzukehren. Sie ahnt nicht, dass diese Reise zu den eigenen Wurzeln in das Herz eines Geheimnisses führen wird, das Zeit und Realität übersteigt. ›Das Jahr der Rückkehr‹ ist ein gespenstisches Spektakel, in dessen Zentrum die Verbrechen der Vergangenheit und deren Ausläufer in die Gegenwart stehen. Ein Mahnmal gegen das Vergessen und ein moderner, unterhaltsamer Fantasy-Text zugleich.

Autor / Autorin	Titel (Spezifikationen)	ISBN	Preis in Euro
Adenle, Leye	Zügel der Macht. Ein Lagos-Thriller (Bd. 1, a. d. Engl. v. Yasemin Dinçer, 360 S.)	978-3-9823281-8-8	24,50
Barrett, A. Igoni	Blackass (Roman, a. d. Engl. v. Venice Trommer, 296 S.)	978-3-9823281-0-2	22,00
Ekwuyasi, Francesca	Butter Honig Schwein Brot (Roman, a. d. Engl. v. Anna von Rath, 384 S.)	978-3-911361-00-2	27,00
Hirsbrunner, Stefanie (Hg.)	Kann das denn Liebe sein? Could This Be Love? (Essays, zweispr., Dt. / Engl., 440 S.)	978-3-9823281-2-6	24,00
Jabir, Haji	Morgen ein Anderer (Roman, a. d. Arab. u. Engl. v. Sandra Hetzl u. Stefanie Hirsbrunner, 260 S.)	978-3-911361-01-9	22,00
Khumalo, Fred	Bevor wir sterben, tanzen wir (Roman, a. d. Engl. v. Christiane Seidel, 344 S.)	978-3-9823281-4-0	27,00
Kubuitsile, Lauri	Zerstreuung (Roman, a. d. Engl. v. Ivana Maurovic u. Maria Meinel, 344 S.)	978-3-9823281-3-3	24,00
Lewat, Osvalde	Ante Mortem (Roman, a. d. Frz. v. Laura Haber, 296 S.)	978-3-9823281-9-5	26,00
Makumbi, Jennifer Nansubuga	Die erste Frau (Roman, a. d. Engl. v. Alakati Neidhardt, 532 S.)	978-3-9823281-1-9	26,00
Mujila, Fiston Mwanza (Hg.)	Schlüsselorte (Anthologie, 14 Erzählungen, 284 S.)	978-3-9823281-7-1	22,00
Slahi, Mohamedou Ould	Die wahre Geschichte von Ahmed & Zarga (Roman, a. d. Engl. v. Michaela Grabinger, 204 S.)	978-3-9823281-6-4	23,00
Tshuma, Novuyo Rosa	Haus aus Stein (Roman, a. d. Engl. v. Simone Jakob, 400 S.)	978-3-9823281-5-7	28,00

JARON VERLAG

Website www.jaron-verlag.de
E-Mail info@jaron-verlag.de

Anschrift Jaron Verlag
Erdmannstraße 6
10827 Berlin

Telefon 030 / 48 47 11 99

Mit viel Liebe zu guten Geschichten, schönen Büchern und zur Stadt Berlin hat sich der Jaron Verlag seit dem Verlegerwechsel 2021 neu aufgestellt. Seinem inhaltlichen Schwerpunkt – Berlin Ost und West und die ostdeutschen Bundesländer – ist er aber treu geblieben. Unsere Bildbände zum Thema Urban Art / Street Art in Berlin haben Kultstatus, die kleinen Stadt- und Ausflugsführer aus der Berlin Kompakt-Reihe sind bestens eingeführt, und mit Romanen, Krimis und autobiografischen Erinnerungen sind wir im Sortiment auch über Berlin hinaus relevant. Ein besonderes Herzensprojekt ist die Reihe Die Berlin-Bibliothek, in der wir zu Unrecht vergessene Berlin-Romane wiederveröffentlichen. Etwas ganz Neues gibt es aber doch 2025 bei Jaron: den thematischen Schwerpunkt Musik. Den Auftakt bildet eine Biografie des Dirigenten Christoph Eschenbach.

1995 Gründung des Verlags durch Dr. Norbert Jaron
2021 Übernahme durch Dr. Arnt Cobbers
2023 Deutscher Verlagspreis
Verleger: Arnt Cobbers

Stephan Hähnel
›Des Teufels Heizer‹
Kriminalroman,
480 S., KB
978-3-89773-883-6
18,00 Euro

West-Berlin 1976. Ein angesehener Arzt wird im Tegeler Forst auf brutale Weise hingerichtet. Im Mund des Toten findet man britische Pfundnoten – gefälscht während des Zweiten Weltkriegs im KZ Sachenhausen. Als sich herausstellt, dass das Opfer der SS angehörte, und bald ein weiterer Mord passiert, wird klar, dass der Schlüssel zur Aufklärung in der Vergangenheit liegt. Mit Hilfe der Historikerin Andrea Grabes folgt der junge Kommissar Kräuming der Spur der Blüten und stößt auf zwielichtige politische Netzwerke. Allmählich enthüllt sich im Wettlauf gegen die Zeit eine dramatische Familiengeschichte. Vor dem Hintergrund historischer Tatsachen erzählt Stephan Hähnel eine packende Geschichte von Verbrechen, Intrigen und nie gesühnter Schuld.

Sarah Trentzsch
›Das konkrete Leben‹
Roman,
232 S., HC
978-3-89773-183-7
20,00 Euro

Wäre die Abiturientin Toni ein Element, wäre sie Feuer. Sie brennt für ihre politischen Ideale und setzt sich leidenschaftlich ein für die Rechte von Frauen. Auf einer Party begegnet sie Jona und ist auf den ersten Blick schockverliebt. Auf einer Demo treffen sie sich wieder und dann immer häufiger, bis Toni an nichts anderes denken kann. Nur an Jona. Die mit den intensiven Augen. Die mit der ungebrochenen Aufmerksamkeit. Und die mit den vielen Geheimnissen. Wohin verschwindet sie immer wieder? Wovor hat sie Angst? Je mehr Toni wissen will, desto mehr entzieht sich Jona. Erst nach und nach findet Toni heraus, dass Jona sich vor ihrer Familie verstecken muss und die Lebensrealität der Freundin sehr weit entfernt ist von dem, wofür sie selbst so engagiert kämpft. Die beiden jungen Frauen müssen ihre Beziehung zwischen Freiheit und Verzicht neu ausloten.

Elena Yakovich
›Zu zweit. Irina A. Schostakowitsch – Mein Leben mit Dmitri Schostakowitsch‹
144 S., m. Bildteil, HC
978-3-89773-185-1
20,00 Euro

2021 führte die Journalistin und Filmemacherin Elena Yakovich ausführliche Interviews mit der dritten Ehefrau von Dmitri Schostakowitsch (1906–1975), die ihm in seinen letzten dreizehn Lebensjahren eine wichtige Stütze und kreative Partnerin war. Aus dem Material des 2022 veröffentlichten Films entstand dieses eindrückliche Buch. Irina Antonowna Schostakowitsch berichtet von den Lebensumständen des Ehepaars zur Sowjetzeit, von persönlichen Erlebnissen und Begegnungen – etwa mit Benjamin Britten, Anna Achmatowa, Andrei Sacharow oder Alexander Solschenizyn –, aber auch von politischen Repressalien. Im Fokus stehen auch u. a. der Entstehungsprozess der dreizehnten Symphonie ›Babij Jar‹ und Igor Strawinskys Besuch in Moskau. Weitere bislang unveröffentlichte Erinnerungen von prominenten Zeitzeugen runden das Buch ab.

Autor / Autorin	Titel (Spezifikationen)	ISBN	Preis in Euro
Berend, Alice	Frau Hempels Tochter (Die Berlin Bibliothek Bd. 1, Roman, 192 S.)	978-3-89773-970-3	14,00
Bieler, Manfred	Maria Morzeck oder Das Kaninchen bin ich (Die Berlin Bibliothek Bd. 10, Roman, 304 S.)	978-3-89773-979-6	16,00
Borgwart, Sabine	Das Meer ist so blau wie der Himmel (Roman, 184 S.)	978-3-89773-409-8	20,00
Duszyński, Tomasz	Glatz (Roman, a. d. Poln. v. M. Schnabel, 334 S.)	978-3-89773-891-1	18,00
Hauswald, Harald / Rathenow, Lutz	Ost-Berlin (Bildband, 144 S.)	978-3-89773-085-4	24,00
Jakob, Kai	Street Art 10.0 (Bildband, 192 S.)	978-3-89773-177-6	19,99
Kornemann, Matthias	Schillernde Blumen auf dürrem Boden. Der Komponist César Franck (Biografie, 296 S.)	978-3-89773-184-4	24,00
von Mahlsdorf, Charlotte	Ich bin meine eigene Frau (Erinnerungen, 208 S.)	978-3-89773-894-2	16,00
Müller-Ferchland, René	Weiße Hunde (Roman, 232 S.)	978-3-89773-405-0	22,00
Winkelmann, Ruth	Plötzlich hieß ich Sara (Erinnerungen, 148 S.)	978-3-89773-664-1	10,00

Website www.jupitermond.com
E-Mail info@jupitermond.com

Anschrift Jupitermond Verlag
Beethovenstraße 5 d
97080 Würzburg

Telefon 0176 / 23 13 99 27

JUPITERMOND VERLAG

2020 Gründung
2022 + 23 Nominierung für den Deutschen Kinderbuchpreis
Verlegerin: Dr. Susanne Götz-Schneck

Seit seiner Gründung 2020 steht der Jupitermond Verlag für außergewöhnliche und inhaltlich wertvolle Kinderbücher. Antrieb aller Mühe und stetige Vision ist es, Kindern gesellschaftsrelevante Themen pädagogisch sinn- und wertvoll näherzubringen, ihr Selbstbewusstsein zu stärken und ihren Horizont zu erweitern. Die Bücher beschäftigen sich mit Themen wie Inklusion, Diversität, Mobbing, Selbstliebe sowie Tier- und Naturschutz. Sie sollen mit liebevollen und kindgerechten Illustrationen zum Umdenken anregen und zu Veränderung ermutigen. Jede Publikation wird klimaneutral und auf Cradle to Cradle® Gold Level und FSC®-zertifiziertem Papier gedruckt. Der Verlag unterstützt jedes Jahr ein soziales Projekt oder Menschen, die Hilfe benötigen.

Núria Figueras
›Das Füchschen und die Stille‹
Bilderbuch,
a. d. Span. v. Annika Klee,
32 S.
978-3-949239-41-0
22,90 Euro

Der kleine Fuchs ist zum ersten Mal allein zu Hause. Draußen wird es dunkel und plötzlich klopft es an der Tür. ›Ich bin die Stille‹, sagt eine geheimnisvolle Stimme. Darf sie hinein? Was erst unheimlich klingt, wird zu einer warmen, überraschenden Begegnung. Der kleine Fuchs lernt, dass in der Stille vieles steckt: Gedanken, Mut – und vielleicht sogar eine neue Freundin. Ein liebevolles und tiefsinniges Bilderbuch über die Begegnung mit sich selbst und die leisen Töne im Leben.

André Carrilho
›Herr Meer‹
Bilderbuch,
a. d. Port. v. Wanda Jakob,
40 S.
978-3-949239-35-9
22,90 Euro

Das Meer – ein Ort voller Abenteuer, Geheimnisse und Wunder. André Carrilho erzählt und illustriert eine berührende Geschichte über die Schönheit und die Zerbrechlichkeit des Ozeans. Mit eindrucksvollen Bildern und poetischen Worten nimmt uns der preisgekrönte Künstler mit auf eine Reise in die Tiefen des Meeres. Ein Buch, das Kinder und Erwachsene gleichermaßen fesselt und zum Nachdenken anregt. – ›Ein Buch, das von meiner kleinen Tochter inspiriert wurde, die zu gern im Meer tauchen wollte, ohne sich der Gefahr bewusst zu sein. Die Geschichte wurde zu einer Reflexion über das Wort »Respekt«, wie es Angst, Ehrfurcht und auch Freundschaft gegenüber der Natur und dem Meer bedeuten kann.‹ (André Carrilho)

Saskia Niechzial
›Von Zauberschnüren und Zuckerwatte‹
Bilderbuch,
24 S.
978-3-949239-39-7
22,90 Euro

Im Kinderzimmer von Winni wird es abends nie langweilig. Denn sobald das Licht gedimmt und die Kuscheldecke festgesteckt ist, fällt Winni immer noch etwas ganz Oberdringlichwichtiges ein. Zum Glück ist Wombat Ecki da – bester Freund, Geheimnisbewahrer und Experte für Zuckerwatte und Herzenssachen. Gemeinsam mit Mama und Mami werden große Fragen gestellt, lustige Ideen geteilt und kleine Sorgen besprochen. Ein warmes, kluges und wunderbar zärtliches Vorlesebuch für Kinder ab 4 Jahren – über Nähe, Vertrauen und die Magie der gemeinsamen Zeit.

Autor / Autorin	Titel (Spezifikationen)	ISBN	Preis in Euro
Buitrago, Jairo	Mit Menschen (Bilderbuch, 32 S.)	978-3-949239-37-3	22,90
Burgard-Arp, Nora	Flauschig mauschig (Bilderbuch, 32 S.)	978-3-949239-12-0	22,90
Felber, Ulli	Ein Zuhause für deinen Drachen (Bilderbuch, 32 S.)	978-3-949239-21-2	22,90
Hohenstein, Sandra	Die kleine Quengel-Qualle (Bilderbuch, 24 S.)	978-3-949239-19-9	22,90
Klee, Annika	Finns furchtbartolle Ferien (Kinder- und Jugendbuch, 144 S.)	978-3-949239-28-1	19,00
Lammers, Malin	Wo deine Träume wachsen (Bilderbuch, 24 S.)	978-3-949239-26-7	22,90
Niechzial, Saskia	Das kleine Häwas (Bilderbuch, 32 S.)	978-3-949239-25-0	22,90
Niechzial, Saskia	Wilma Wolkenkopf (Bilderbuch, 32 S.)	978-3-949239-16-8	22,90
Rübben, Andrea	Die Geschichte vom zauberbunten Garten (Bilderbuch, 24 S.)	978-3-949239-27-4	22,90
Thieringer, Vivien	Kirschkernmond (Bilderbuch, 24 S.)	978-3-949239-17-5	22,90
Wagner, Eva	Charlie und der Mutmachwald (Bilderbuch, 32 S.)	978-3-949239-32-8	22,90

KANON VERLAG

Website www.kanon-verlag.de
E-Mail info@kanon-verlag.de

Anschrift Kanon Verlag Berlin GmbH
Belziger Straße 35
10823 Berlin

Telefon 030 / 40 04 59 90

Kanon ist ein unabhängiger Buchverlag aus Berlin. Im Zeichen des Affen, dem Wappen für die Widerständigkeit und das Wilde in der Kunst, veröffentlicht er jährlich bis zu ein Dutzend Titel, #diemitdemaffen. Gegründet wurde er vom Verleger Gunnar Cynybulk und einem Kreis erfahrener Literaturenthusiast:innen, dem #teamkanon. Kanon sucht die ungehörten Stimmen der deutschen und internationalen Literatur, aus Gegenwart und Vergangenheit. Kanon-Programme sind vielfältig, sie reichen vom Sachbuch bis zum Briefband, wesentlich ist die erzählerische Kraft und die Persönlichkeit der Autor:innen. Kanon-Bücher haben einen hohen Wiedererkennungswert, dank ihrer besonderen Gestaltung, liebevollen Ausstattung und großen Sichtbarkeit in den Medien.

2020	Gründung
2021	erscheint das erste Kanon-Buch: Lyonel Feiningers Briefe an seine Frau Julia
2022	nominiert für den Berliner Verlagspreis
2023	beginnt die Taschenbuchreihe kanon colours
2023	Deutscher Verlagspreis
2024	beginnt die Geschenkbuchreihe kanon collection
Verleger:	Gunnar Cynybulk

Tim Staffel
›Wasserspiel‹
Roman,
320 S., geb.,
978-3-98568-177-8
26,00 Euro

Roberto Böger bereist als berühmter Vlogger die Welt und dokumentiert Unrecht: die Flutung des 12.000 Jahre alten Ortes Hasankeyf und damit das Erbe der kurdischen Kultur. Dass in Athen einer jungen Familie das Wasser abgedreht wird. Wie ein Armenviertel in Detroit ohne Kanalisation überlebt. Doch als ausgerechnet in seiner Heimatstadt Lüren die Wasserversorgung bedroht ist, muss Roberto aufhören, die Geschichten anderer zu erzählen. Er muss den Lauf der Geschichte verändern, seiner Geschichte. – Tim Staffel findet für das drängende Thema ›Wasser‹ schmerzhafte Bilder und eine Sprache, die fließt. – ›Tim Staffels rasendes Gespür für Rhythmus macht süchtig.‹ (Julia Franck)

Lee Yuri
›Broccoli Punch‹
Storys,
a. d. Kor. v.
Tamina Hauser,
212 S., geb.
978-3-98568-181-5
23,00 Euro

Ein Freund, dessen Hand zu einem Broccoli wird. Ein Vater, dessen Asche sich in eine sprechende Pflanze verwandelt. Das plötzliche Auftauchen des toten Exfreunds für eine letzte gemeinsame Kimchi-Mahlzeit. Ein Mann, dessen bester Freund Scotti ein wunderschöner Flusskiesel ist. Die Web-Managerin eines K-Pop-Stars, die sich darüber selbst vergisst. Oder eine junge Frau, die unsichtbar wird. – In bester koreanischer Tradition erzählt ›Broccoli Punch‹ von Menschen und ihren Metamorphosen. Die hier versammelten Geschichten sind so fantastisch und gleichzeitig tief verwurzelt in den realen Ängsten und Zwängen unseres Alltags, dass es fast unmöglich ist, sie wieder zu vergessen.

Ersi Sotiropoulos
›Was bleibt von der Nacht‹
Roman,
a. d. Griech. v.
Doris Wille,
288 S., geb., m. SU
978-3-98568-179-2
25,00 Euro

Konstantinos Kavafis verbringt drei Tage in Paris. Der 34-Jährige ist noch nicht der bahnbrechende Dichter, der er einmal sein wird. Voller Selbstzweifel und Ambitionen ringt er um seine künstlerische Befreiung. Muss man nicht dichten wie ein Duellant, der das Leben herausfordert? Währenddessen geht Griechenland gedemütigt aus dem Krieg mit der Türkei hervor, Frankreich wird durch die Dreyfus-Affäre erschüttert, und Kavafis' Familie erlebt den wirtschaftlichen Niedergang. – Ersi Sotiropoulos zeichnet das Bild des pulsierenden Paris des Fin de Siècle und beleuchtet die komplexe Beziehung zwischen Kunst, Leben und Erotik – den Ursprung der Schaffenskraft.

Autor / Autorin	Titel (Spezifikationen)	ISBN	Preis in Euro
Bell, Kirsty	Gezeiten der Stadt (Sachbuch, 320 S., m. Abb.)	978-3-98568-005-4	26,00
Borrély, Maria	Das letzte Feuer (Roman, 128 S.)	978-3-98568-113-6	20,00
Fritz, Sophia	Steine schmeißen (Roman, 224 S.)	978-3-98568-080-1	14,00
Korsgaard, Thomas	Hof (Roman, 288 S.)	978-3-98568-128-0	25,00
Koschmieder, Christine	Frühjahrskollektion (Roman, 288 S.)	978-3-98568-159-4	24,00
Krug, Manfred	Die Tagebuch-Trilogie 1996–2001 (Tagebuch, 900 S.)	978-3-98568-189-1	49,00
Müllensiefen, Domenico	Schnall dich an, es geht los (Roman, 352 S.)	978-3-98568-126-6	25,00
Pilgaard, Stine	Lieder aller Lebenslagen (Roman, 208 S.)	978-3-98568-088-7	23,00
Sherman, Sean	Der Sioux-Chef. Indigen kochen (Kochbuch, 232 S.)	978-3-98568-150-1	25,00
Staffel, Tim	Südstern (Roman, 287 S.)	978-3-98568-094-8	25,00
Wiener, Gabriela	Unentdeckt (Roman, 192 S.)	978-3-98568-165-5	22,00

KARL-MAY-VERLAG

Website www.karl-may.de
E-Mail info@karl-may.de

Anschrift Karl-May-Verlag
Schützenstraße 30
96047 Bamberg
Telefon 0951 / 98 20 60
Telefax 0951 / 98 20 655

1913 Gründung durch Klara May, F. E. Fehsenfeld u. E. A. Schmid in Radebeul
1960 Umzug nach Bamberg
Verleger: Bernhard Schmid

Der Karl-May-Verlag wurde am 1. Juli 1913 in Radebeul gegründet. Heute leitet Bernhard Schmid in dritter Generation den Verlag, der sich fast ausschließlich um die Werke eines einzigen Autors kümmert. Mit den ›Gesammelten Werken‹ (inklusive Briefbänden bisher angewachsen auf 97 Bände) und deren Lizenzen ist Karl May mit nachweisbaren 80 Millionen Exemplaren der meistgelesene Schriftsteller deutscher Sprache. Die Buchausstattung der grün-goldenen Bände gehört sicherlich zu den bekanntesten in der deutschen Buchlandschaft. Im reichhaltigen Verlagsprogramm finden sich neben dem Gesamtwerk Veröffentlichungen zu allen möglichen Themen rund um Karl May wie Film, Bühne, Musik, Religion, Biografie, Bibliografie, Illustration, Wirkungsgeschichte, Fantasy, Bilderbuch usw. In den letzten Jahren wurden aber auch bereits fast 60 Hörbücher produziert und das E-Book-Angebot stark ausgebaut.

Karl May
›Briefwechsel mit seinen Verlegern und Redakteuren‹
Erster Band – Gesammelte Werke und Briefe Band 97
Briefwechsel,
hg. v. Hans-Dieter Steinmetz, Florian Schleburg, Helmut Schmiedt,
548 S., 70 Abb.
978-3-7802-0097-6
29,00 Euro

Karl May hat viele seiner Werke zunächst als Fortsetzungsromane in Zeitungen und Zeitschriften veröffentlicht. Das für ihn wichtigste Publikationsorgan war der im Regensburger Pustet-Verlag erscheinende ›Deutsche Hausschatz‹. Ein großer Teil der Korrespondenz zu dieser Geschäftsbeziehung hat sich erhalten. Sie verlief problematisch, da May wegen seiner umfangreichen Tätigkeit für andere Verlage immer wieder mit Manuskriptlieferungen in Rückstand geriet und mit seinem Spätwerk in Widerspruch zur streng katholischen Linie des ›Hausschatz‹ stand. Die überlieferten Briefe von und an die Verleger und Verlagsmitarbeiter Friedrich Pustet, Karl Pustet, Venanz Müller, Heinrich Keiter und Otto Denk werden hier dokumentiert. Mit detaillierten Erläuterungen zu den in der Korrespondenz angesprochenen Personen und Ereignissen. Im zweiten Teil des Bands wird Mays Briefwechsel mit dem Journalisten Johannes Dederle wiedergegeben, der May wohlwollend gegenüberstand und sich in den Auseinandersetzungen um sein Leben und Werk immer wieder für ihn engagierte.

Reinhard Marheinecke
›Die Rache der Komantschen.
Ein neuer Roman mit Winnetou und Old Shatterhand‹
Abenteuerroman,
320 S.
978-3-7802-0580-3
25,00 Euro

Old Shatterhand besucht in Begleitung Winnetous Leutnant Mayweather und dessen Frau in Fort Richardson, die er vor Jahren kennengelernt hatte. Auf dem Weg dahin werden sie von drei zwielichtigen Mexikanern überfallen, können sich aber befreien und lassen die Gauner bedauerlicherweise laufen. Im Fort gesellen sich Dick Hammerdull und Pitt Holbers zu den Freunden und berichten, dass sich im Palo Duro Cañon alle Komantschenstämme zusammenrotten, um gegen die Weißen in der Comancheria Krieg zu führen. Winnetou und Old Shatterhand machen sich auf, um zu ergründen, was die Komantschen so erzürnt hat, und wollen um jeden Preis einen Krieg zwischen Indianern und ›Bleichgesichtern‹ verhindern. – Reinhard Marheinecke (geboren 1955), pensionierter Bankkaufmann, hat 40 neue Winnetou-Romane und diverse kabarettistische Bücher, Biografien und historische Romane geschrieben. 2019 erschien mit ›Skorpion und Klapperschlange‹ sein erster Roman im Karl-May-Verlag, drei weitere folgten seither.

Friedhelm Schneidewind
›Old Firehands letzter Kampf.
Ein Abenteuerroman im Wilden Westen‹
Abenteuerroman,
450 S.
978-3-7802-0576-6
26,00 Euro

Nach seiner schweren Verletzung in dem in ›Winnetou. Zweiter Band‹ geschilderten Kampf gegen die Poncas hat Old Firehand sich in St. Louis zur Ruhe gesetzt. Ein Überfall auf seinen Freund, den Büchsenmacher Henry, lässt ihn Jahre später wieder zum gnadenlosen Jäger werden; mit Winnetous Unterstützung findet er zu alter Stärke und Ausdauer zurück. Eine monatelange Hatz führt ihn durch weite Teile der USA, ab und zu gemeinsam mit Winnetou, den ›verkehrten Toasts‹ Dick Hammerdull und Pitt Holbers und dem jungen Buffalo Bill. Nach vielen Umwegen und Kämpfen gelingt es dem alten Jäger, einen berüchtigten Auftragsmörder zur Strecke zu bringen. – Friedhelm Schneidewind (geboren 1958) veröffentlichte Lexika, Sachbücher und Essaybände im Fantasygenre (u. a. ›Das große Tolkien-Lexikon‹) sowie Erzählungen in Anthologien und Zeitschriften. Im Karl-May-Verlag erschienen ›Das magische Tor im Kaukasus‹ und Beiträge zu den Anthologien ›Die Stadt der Diebe‹ und ›Auf phantastischen Pfaden‹.

Autor / Autorin	Titel (Spezifikationen)	ISBN	Preis in Euro
Brice, Hella	›… und über Nacht war ich Winnetou‹ (Pierre-Brice-Edition 1, 224 S.)	978-3-7802-3101-7	39,00
Finke / Marheinecke	Karl May auf der Bühne – Band IV (Sachbuch, 400 S., m. Abb.)	978-3-7802-0148-5	59,00
Heermann, Christian	Winnetous Blutsbruder (Karl-May-Biografie, 576 S., m. Abb.)	978-3-7802-0161-4	25,00
May, Karl	Das Buschgespenst (Roman, 448 S.)	978-3-7802-0064-8	29,00
May, Karl	Der Schatz im Silbersee (Erzählung, 520 S.)	978-3-7802-0036-5	29,00
May, Karl	Durch die Wüste (Reiseerzählung, 560 S.)	978-3-7802-0001-3	29,00
May, Karl	›Ich‹ – Karl Mays Leben und Werk (624 S.)	978-3-7802-0034-1	29,00
May, Karl	Winnetou. Erster Band (Reiseerzählung, 544 S.)	978-3-7802-0007-5	29,00
Petzel, Michael	Karl-May-Filmbuch (Sachbuch, 608 S., m. Abb.)	978-3-7802-0153-9	29,90
Rialto Film	Winnetou 1. Teil – Das Drehbuch (Sachbuch, 412 S., m. Abb.)	978-3-7802-3095-9	59,00
Schmiedt, Helmut	Werther trifft Winnetou. Über Goethe und Karl May (Sachbuch, 360 S.)	978-3-7802-0579-7	25,00

KIBITZ VERLAG

Website www.kibitz-verlag.de
E-Mail info@kibitz-verlag.de

Anschrift Kibitz Verlag
Moorfuhrtweg 9 d
22301 Hamburg

Instagram @kibitzverlag

Seit dem Frühjahr 2020 publiziert Kibitz etwa 7 bis 10 Bücher im Jahr für Leseanfänger:innen in der Altersspanne von 6 bis 12 Jahren. Als erster Verlag in Deutschland hat sich Kibitz auf Kindercomics spezialisiert und veröffentlicht ausschließlich Eigenproduktionen. Sämtliche Kibitz-Bücher sind in Inhalt und Form sorgfältig auf die Bedürfnisse von Leseanfänger:innen zugeschnitten. Im Zentrum stehen ein unmittelbarer, freudvoller und motivierender Zugang zum Lesen durch Figuren mit Ecken, Kanten und Herz sowie mitreißende Geschichten. Kibitz versteht sich als Autor:innenverlag mit einer thematische Offenheit auch für ungewöhnliche Projekte. Hierbei setzt der Verlag auf eine Mischung aus etablierten Kinderbuchautor:innen, Comic- und Animationsfilmprofis sowie jungen Talenten.

2020	Erstes Programm wird veröffentlicht
2022	Max und Moritz-Preis für ›Trip mit Tropf‹
2023	Deutscher Jugendliteraturpreis für ›Boris, Babette und lauter Skelette‹, Deutsche Verlagspreis
2024	Max und Moritz-Preis für ›Boris, Babette und lauter Skelette‹
Verleger:	Michael Groenewald, Sebastian Oehler

Regina Kehn
›Einmal kurz nicht aufgepasst‹
96 S.
978-3-948690-42-7
20,00 Euro

Auweia! Walther und Juri lassen es sich gerade in einer gemütlichen Abfalltonne gutgehen, als die Müllabfuhr kommt. Schon stecken die beiden Waschbären bis zum Hals in Schwierigkeiten und ehe sie sich's versehen, geht die Reise an Bord eines Containerschiffs in die weite Welt hinaus. Als sie auf hoher See endlich das Ruder des Handelns wieder in die eigenen Pfoten nehmen können, wird das Abenteuer noch verrückter. Denn sie sind nicht die einzigen blinden Passagiere … In einer rasant sich wandelnden Welt versuchen der leicht zwanghafte Schlaukopf Juri und der schwer hungrige Schlawiner Walther, ihren Platz zu finden – und dabei immer schön sauber zu bleiben. Mit viel Humor, einzigartigem Strich und Farben so schön, dass man in sie eintauchen möchte, erzählt Regina Kehn von Freundschaft und Fernweh, Solidarität und Selbstverwirklichung, Herzklopfen und Heimathäfen.

Ayşe Klinge
›Der Zahn‹
224 S.
978-3-948690-36-6
26,00 Euro

Vampire! Wenn es eins gibt, wovor Mila sich so richtig fürchtet, dann sind es die flattrigen Nachtgestalten mit den Blutsaugerzähnen. Als die ›coole Clique‹ aus ihrer Klasse spitzkriegt, wie leicht Mila zu erschrecken ist, wird sie bald geärgert, wo es nur geht. Allein ihrer Mitschülerin Karla wird das zu bunt: Mila ist vielleicht ein bisschen ängstlich, ja – aber doch trotzdem voll nett! Wenn Mila wüsste, dass ihre neue Freundin ganz eigene Ängste und Nöte hat: Karlas Eltern wollen sie auf ein Internat schicken, weit weg von ihren Freundinnen und vom geliebten Opa. Und das nur, weil Karla einen neuen Zahn bekommen hat: einen langen. Spitzen. Blutsaugerzahn! Urkomisch und mit lebendigem Strich erzählt Ayşe Klinge von der turbulenten Freundschaft zwischen einem Mädchen mit Vampirphobie und ausgerechnet einer … Vampirin. Dabei gelingt ihr ein leichtfüßiges Plädoyer für die offene Begegnung mit dem vermeintlich Andersartigen.

Moni Port / Claudia Weikert
›Shrimpie und ich‹
136 S.
978-3-948690-43-4
20,00 Euro

Endlich! Der erste Schultag ist gekommen! Wie lange hat Käthe sich auf diesen Moment gefreut. Kein Kindergartenkind mehr! Einmal im Klassenzimmer angekommen, ist Käthe aber so nervös, dass sie kein Wort herausbringt. Wie peinlich! Und jetzt will das Mädchen neben ihr (sie heißt Shrimpie, echt!) auch noch mit Käthe reden. Hilfe! Zum Glück werden Käthe und Shrimpie schnell beste Freundinnen. Ob sie beim Versuch, Kerzen zu ziehen, das halbe Dorf ins Chaos stürzen, Käthe über Nacht das Daumenlutschen abgewöhnen wollen oder ihrem großen Auftritt beim Schulfest freudig (Shrimpie) bzw. voller Horror (Käthe) entgegenfiebern, die beiden ungleichen Mädchen scheinen wie füreinander gemacht … Lustig, anrührend und mitreißend fügen sich die Shrimpie-Epsioden von Moni Port und Claudia Weikert zu einem zeitlos-authentischen Porträt jener frühen Schultage zusammen, die das ganze Leben verändern und in denen Vorfreude und Ängste so dicht beieinanderliegen.

Autor / Autorin	Titel	ISBN	Preis in Euro
Baltscheit, Martin / Becker, Anne	Selma – Opaleben	978-3-948690-13-7	15,00
Baltscheit, Martin / Fiedler, Max	Herr Elefant und Frau Grau gehen in die große Stadt	978-3-948690-12-0	14,00
Bauer, Jutta	Jeppe unterwegs	978-3-948690-08-3	14,00
Esch, Tanja	Boris, Babette und lauter Skelette	978-3-948690-17-5	20,00
Esch, Tanja	Ulf und die entführte Lehrerin	978-3-948690-35-9	20,00
Flix	Das ZYX	978-3-948690-31-1	15,00
Mark, Josephine	Trip mit Tropf	978-3-948690-14-4	20,00
Pehnt, Annette / Bauer, Jutta / Mark, Josephine	Der Bärbeiß	978-3-948690-27-4	15,00
Schmitt, Volker / Ben-Arab, Màriam	Zack!	978-3-948690-09-0	15,00
Wirbeleit, Patrick / Heidschötter, Uwe	Kiste	978-3-948690-23-6	15,00
Wirbeleit, Patrick / Kim	Gorm Grimm. Groß, stark, hungrig	978-3-948690-06-9	15,00
Wirbeleit, Patrick / Lehmann, Matthias	Ich und Tod Detektei	978-3-948690-32-8	20,00

KILLROY MEDIA VERLAG

Website www.killroy-media.de
E-Mail info@killroy-media.de

Anschrift Killroy media Verlag
Wachtelweg 5
71634 Ludwigsburg

Telefon 07141 / 26 00 19

1995	Verlagsgründung
1998	Killroy 10 + 1 Stories
2001	Killroy Roman und Killroy Erzählung
2021	Killroy artbook
2021	Deutscher Preis für Nature Writing an Bernd Marcel Gonner
2025	30 Jahre Killroy

Gute Bücher – Starke Texte – 30 Jahre Killroy. Zum Verlagsprogramm gehören u. a. Erzählungen, Romane, Künstlerbücher sowie Publikationen zur Social Beat Popkultur. Killroy artbook steht für die Verbindung von Kunst und Literatur. Der Bereich Nature Writing ist ein fester Bestandteil des Programms. Da gibt es dieses Jahr zwei Neuerscheinungen von Leonhard F. Seidl und Bernd Marcel Gonner. Von Laabs Michael Kowalski erscheint ›Der letzte Roman‹.

Bernd Marcel Gonner
›Manchmal scheint es Segel zu spannen. Die Re-Naturierung des Menschen‹
Killroy media
Zwei Essays zu Nature Writing,
lim. Aufl.,
80 S., engl. BR
978-3-931140-72-4
19,00 Euro

Wie aus der vermeintlichen ›Krone der Schöpfung‹ ›das Schwein, der Mensch‹ (G. Benn) wurde, welcher sich aus dem Lebensgewebe so mir nichts, dir nichts, fast klammheimlich, herausgelöst hat, als wäre es bloß ein gewiefter Zaubertrick und keine Innen- und Umwelt-Katastrophe: Mit dieser Frage im Gepäck unternimmt der Essay ›Manchmal scheint es Segel zu spannen‹ eine archäologische Spurensuche mit blanken Füßen durch die Sahara und mit fünftausend Jahre alten Schilfbooten an die Küste des legendären Kolchis, wobei die fünf Zeitalter der antiken Welt, probeweise, für eine zwar reichlich schmutzige, aber durchaus gültige, bare Münze genommen werden und schlussendlich im nach wie vor schlagenden Herzen des ›Mahabarata‹ in Indien landen. Jenaer Frühromantik – während eine andere Frühe, der Frühkapitalismus, in deutschen Landen Fahrt aufnimmt mit seinem Zugriff auf natürliche wie menschliche Ressourcen. Novalis notiert gegenläufig: ›Wir sind auf einer Mißion: zur Bildung der Erde sind wir berufen.‹ (Blüthenstaub 32, 1798) Auf dieser Fährte unternimmt der zweite Essay ›Blüthenstaubs Gegenwart‹ Ansätze einer zeitgemäßen Natur- und Erdkunde, welche das Lebensgewebe in alle möglichen Richtungen denkt: mit seinen geschichtlichen, stofflichen und meta-stofflichen Transmissionen.

Leonhard F. Seidl
›Beim Anschüren des Eisvogels. Nature Writing oder vom Schreiben aus dem Gelände‹
Lim. Aufl.,
120 S., engl. BR
978-3-931140-73-1
19,00 Euro

Während zahlreicher Aufenthalte in Nationalparks und anderen Orten großer natürlicher Schönheit entstanden Leonhard F. Seidls Erzählungen und Essays. In ihnen verwebt er die Geschichten der jeweiligen Regionen mit seinen eigenen Erlebnissen und Empfindungen. Der Mythos von Alkyon erzählt ihm von der Witwe, deren Trauer um ihren ertrunkenen Mann sie selbst ins Meer trieb, wo die Götter beide in Eisvögel verwandelten. Seidl begegnet seinem Eisvogel im österreichisch-tschechischen Nationalpark Thayatal / Podyjí an der Grenze des einstigen ›Eisernen Vorhangs‹. Und er sitzt auf dem Schwemmholzstapel im Taubertal, wo Schandtauber und Tauber sich vereinen. Dort heben sich die Grenzen zwischen den Staaten, Innen und Außen, zwischen Vergangenheit und Gegenwart auf.

Laabs Michael Kowalski
›Der letzte Roman‹
Killroy Roman
472 S.
978-3-931140-47-2
19,80 Euro

Taylor Swift ist Präsidentin der Unabhängigen Staaten von Amerika, der Kölner Dom liegt in Trümmern und große Teile der Menschheit verblöden. Ausgelöst hat diese Katastrophen ein Mann in einer Hütte im Wald. Er schreibt einen Roman. Es ist ›Der letzte Roman‹. Eine Reise an das Ende der Realität: In Berlin steht das Reichstagsgebäude in Flammen, ein neuartiger Virus, der das Gedächtnis schädigt, breitet sich ungehemmt aus, und eine todbringende Droge sowie künstliche Intelligenz verschärfen die Lage. Hartmann, der an einem letzten Roman schreibt, irrt durch eine Welt, die ihm zunehmend fremd wird, Schneiderfrau 706 wird in ein rätselhaftes Ministerium beordert, und eine Tierpflegerin ist plötzlich in der Lage, Keilschrifttexte zu lesen. Alle sind sie zudem auf rätselhafte Weise mit einer geheimnisvollen roten Kugel verbunden und müssen feststellen, dass ihre Wahrnehmung sie zunehmend trügt.

Autor / Autorin	Titel (Spezifikationen)	ISBN	Preis in Euro
Gonner, Bernd Marcel	Großes Rasenstück (Gedichte, 84 S.)	978-3-931140-71-7	19,00
Gonner, Bernd Marcel	Oderberger (Versepos, 88 S.)	978-3-931140-35-9	15,00
Gonner, Bernd Marcel	Re-belln (Novelle, 104 S.)	978-3-931140-36-6	18,00
Gonner, Bernd Marcel	Sediment und Sedum (Essay, 80 S.)	978-3-931140-70-0	19,00
Gonner, Bernd Marcel	Volk der Freien (Erzählungen, 112 S.)	978-3-931140-29-8	17,00
Kerenski, Boris	Tanger (artbook, 48 S.)	978-3-931140-51-9	15,00
Kerenski, Boris	William S. Burroughs (artbook, 64 S.)	978-3-931140-52-6	15,00
Portarsky, Veso	Poems from around the world (artbook, 56 S.)	978-3-931140-50-2	15,00
Salewski, Frank	Braunsiel (Roman, 216 S.)	978-3-931140-45-8	17,00
Salewski, Frank	Der Tag, an dem der Schmetterling starb	978-3-931140-17-5	17,00
Sand, Torsten van de	Robertos endlose Reise (Roman, 582 S.)	978-3-931140-44-1	28,00

KINDERMANN VERLAG

Website www.kindermannverlag.de
E-Mail post@kindermannverlag.de

Anschrift Kindermann Verlag
Danckelmannstraße 13
14059 Berlin

Telefon 030 / 89 75 71 11

Der Kindermann Verlag ist ein unabhängiger Kinderbuchverlag mit Sitz in Berlin, geleitet von Anna Kindermann. Sie eröffnet Kindern einen unvoreingenommenen Zugang zur Weltliteratur – etwa durch kindgerechte Neuerzählungen von Goethe oder Schiller – und führt so die Idee der Verlagsgründerin Barbara Kindermann fort. Die promovierte Germanistin entwickelte unter anderem die Reihe ›Weltliteratur für Kinder‹, die bis heute einzigartig ist. Neben Klassikern erscheinen auch zeitgemäße Bilderbücher zu Themen wie Vielfalt oder Ausgrenzung. Der Leitgedanke – große Geschichten für kleine Leser:innen – prägt das hochwertige Programm des engagierten Frauen-Teams aus Berlin.

1994	Gründung
2002	Reihe ›Weltliteratur für Kinder‹
2022 + 23	Deutscher Verlagspreis
2024	30 Jahre Kindermann Verlag
Verlegerin:	Anna Kindermann

Anna Kindermann
›Stolz und Vorurteil‹
Reihe
Weltliteratur für Kinder
48 S., HC
978-3-949276-58-3
20,00 Euro

Elizabeth Bennet ist klug, mutig – und hat ihre eigene Meinung. Als sie dem stolzen Mr. Darcy begegnet, hält sie ihn für eingebildet und gefühlskalt. Doch je häufiger sie sich begegnen, desto mehr gerät sie ins Zweifeln. Ist Darcy wirklich so unnahbar, wie es scheint? Eine zeitlose Geschichte über Missverständnisse, unerwartete Gefühle – und die Frage, wie man Stolz und Vorurteile überwinden kann, um das wahre Glück zu finden. Zum 250. Geburtstag von Jane Austen erscheint ihr berühmtester Roman in einer einfühlsamen Neuerzählung und lädt Kinder zu einer Reise ins England des 19. Jahrhunderts ein.

›Blätter fallen – Die schönsten Herbstgedichte‹
Reihe
Poesie für Kinder
32 S., HC, HL
978-3-949276-59-0
20,00 Euro

Der goldene Herbst fasziniert jedes Jahr aufs Neue mit seiner bunten Blätterpracht, stürmischen Regentagen oder den letzten warmen Sonnenstrahlen, während die Kinder draußen Drachen steigen lassen und Kastanien sammeln. Diese farbenfrohe Vielfalt spiegelt sich in unserer Sammlung der schönsten Herbstgedichte für die ganze Familie. Die Verse großer deutscher Dichterinnen und Dichter, wie Rainer Maria Rilke, Johann Wolfgang von Goethe, Selma Meerbaum-Eisinger und Clara Müller-Jahnke, lassen den Herbst in all seinen Facetten erstrahlen. Nach dem erfolgreichen Gedichtband ›Er ist's – Die schönsten Frühlingsgedichte‹ lässt der Illustrator Günther Jakobs uns ein weiteres Mal die Magie der Jahreszeiten erleben.

Willi Weitzel
›Peter, Paula und der Wolf‹
48 S., HC
978-3-949276-57-6
20,00 Euro

Willi Weitzel (›Willi wills wissen‹) interpretiert Prokofjews Musikmärchen ›Peter und der Wolf‹ neu – und führt eine starke Mädchenrolle in die Geschichte ein. Peter und seine Schwester Paula verbringen den Sommer bei ihren Großeltern. Trotz der Warnung vor dem hungrigen Wolf wagt sich Peter eines Morgens immer tiefer in den Wald, um seine tierischen Freunde zu treffen. Er bemerkt nicht, dass der Wolf sich bereits anschleicht – doch zum Glück kann Paula ihm zu Hilfe eilen. Werden die beiden es schaffen, sich selbst und Peters Tierfreunde zu retten? Das Bilderbuch enthält eine kleine Instrumentenkunde und wichtige Anmerkungen zum Artenschutz des Wolfes. Ein QR-Code stellt einen kostenlosen Zugang zum Hörspiel zur Verfügung, gelesen von Willi Weitzel und begleitet von der Musik des Ambassade Orchesters Wien.

Autor / Autorin	Titel (Spezifikationen)	ISBN	Preis in Euro
Baltscheit, Martin	L wie Liebe	978-3-949276-05-7	18,00
Fontane, Theodor	Herr von Ribbeck auf Ribbeck im Havelland (Poesie für Kinder)	978-3-934029-66-8	18,00
Goethe, Johann Wolfgang von	Der Zauberlehrling (Poesie für Kinder)	978-3-934029-25-5	20,00
Hey, Wilhelm	Weißt du, wie viel Sternlein stehen (Poesie für Kinder)	978-3-949276-47-7	20,00
Kindermann, Anna	Die Jungfrau von Orleans (Weltliteratur für Kinder)	978-3-949276-44-6	22,00
Kindermann, Anna	Siegfried, der Drachentöter (Sagen für Kinder)	978-3-949276-03-3	22,00
Kindermann, Barbara	Faust (Weltliteratur für Kinder)	978-3-934029-10-1	22,00
Nüsch, Julia	Der schlaflose Fuchs und die Suche nach dem Traumstein (Wovon träumst du?)	978-3-949276-39-2	18,00
Schulz-Reiss, Christine	Frida Kahlo (Kinder entdecken berühmte Leute)	978-3-949276-36-1	24,00
Stith, Shaunna / Stith, John	Der schwarze Strand	978-3-949276-38-5	20,00
Woodgate, Harry	Opas Camper	978-3-949276-46-0	20,00

ZU KLAMPEN VERLAG

Website www.zuklampen.de
E-Mail info@zuklampen.de

Anschrift zu Klampen Verlag
Röse 21
31832 Springe
Telefon 05041 / 80 11 33
Instagram @zuKlampenVerlag

1983	Gründung in Lüneburg
1998	Verlagspreis des Landes Niedersachsen
2003	Umzug nach Springe
2019 + 24	Deutscher Verlagspreis
Verleger:	Dietrich zu Klampen u. Rolf Johannes

Der zu Klampen Verlag wurde 1983 von Dietrich zu Klampen, Rolf Johannes und Gerhard Schweppenhäuser in Lüneburg gegründet. Sein Hauptsitz wurde 2003 nach Springe am Deister verlegt. War das Verlagsprogramm ursprünglich darauf ausgerichtet, das Erbe der Kritischen Theorie zu bewahren und aktuelle Entwicklungen auf diesem Gebiet publizistisch zu unterstützen, wurde es Schritt für Schritt erweitert, um die Bereiche Philosophie, Gesellschaftstheorie, Zeitgeschichte und Politik in einem breiteren Spektrum zu erfassen. Heute umfasst das Verlagsprogramm zudem Sachbücher zu Kunst und Kulturkritik, Editionen von Soma Morgenstern, Herbert Marcuse und Ulrich Sonnemann sowie Bildbände und Regionalia über Niedersachsen. In der von Anne Hamilton herausgegebenen Reihe zu Klampen Essay veröffentlichen namhafte Autoren Beiträge unter anderem zu Politik, Gesellschaft, Philosophie, Religion und Kunst.

Simeon Elias Hüttel
›Die Geburt des Vampirs. Zur Geistesgeschichte einer Schreckensvision‹
Essay,
160 S., HC
978-3-98737-041-0
20,00 Euro

Vampire gehören längst zum Stammpersonal populärkultureller Gruselgeschichten. Doch die Vorstellung von Untoten, die Menschen das Blut aussaugen, ist älter als die moderne Kulturindustrie. Wann also kam der Vampir zur Welt? Bereits in den alteuropäischen Mythen gibt es Berichte über körperliche Wesen, die ihre Gräber verlassen und Unheil stiften. Doch mit Ausnahme der griechischen Lamia fehlt jenen Kreaturen die eine entscheidende Eigenschaft: der Durst nach Blut. Erst im 12. und 13. Jahrhundert beginnen sich die Vorstellungen des Wiedergängers zunehmend in eine bestimmte Richtung zu entwickeln: Da liest man von Toten, die aus ihrem Grab auferstehen, Blut saugen und Krankheiten übertragen. Ist dieser wandelnde Verdammte das kulturgeschichtliche Missing Link zwischen den rachsüchtigen Untoten der alteuropäischen Mythologien und dem balkanischen Vampir der Neuzeit? Moderne Publikumsmagnete wie die ›Twilight‹-Saga und ›Nosferatu‹ zeugen von der ungebrochenen Popularität jener Schreckensgestalten mit Blutdurst. Simeon Elias Hüttel hat sich auf die Spur des Vampirglaubens gesetzt und dabei überraschendes neues Material zutage gefördert.

Matthias Brodowy
›Erinnerungen, die noch nicht stattgefunden haben, sind umgehend nachzuholen‹
Erzählung,
120 S., PB
978-3-98737-046-5
15,00 Euro

Ein verrosteter Kaugummiautomat an einer Häuserwand, ein schrulliger Kuriositätenhändler mit einer verblüffenden Botschaft und nebenbei auch noch ein mysteriöser Todesfall: Das sind die Zutaten für Matthias Brodowys neuen Erzählung! Im Mittelpunkt des Geschehens steht ein Autor auf der Suche nach der noch nicht geschriebenen Geschichte. Gemeinsam mit seinen besten Freunden Katja und Tommy sowie der überaus verständnisvollen KI Alan begibt er sich auf Streifzüge, die ihm immer wieder vor Augen führen, wie sehr die Wirklichkeit die Satire überholt. Und dann wären da noch eine bedeutungsschwer leere Vitrine und die Schildkröte, die vom Himmel fiel, was nicht ohne Folgen blieb.

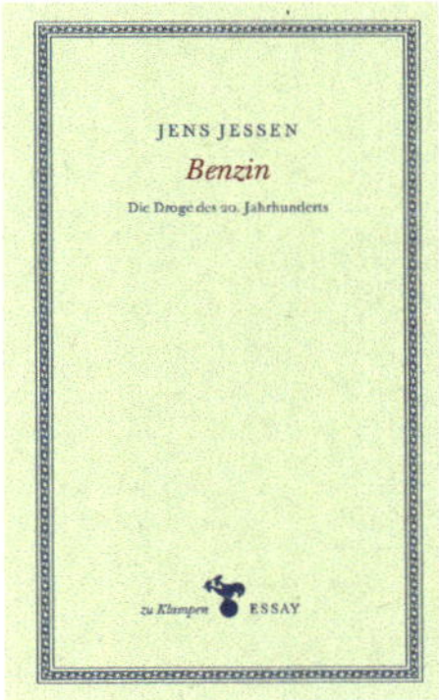

Jens Jessen
›Benzin. Die Droge des 20. Jahrhunderts‹
Essay,
140 S., HC
978-3-98737-044-1
18,00 Euro

Benzin – das war weit mehr als ein Treibstoff für bequeme Fortbewegung. Es begründete ein Lebensgefühl, in dem sich Freiheit, Geschwindigkeit und Gefahr mischten. Der Rausch, der von aufheulenden Motoren und qualmenden Reifen ausging, drang ins Blut wie eine Droge und erwies sich oft als ebenso fatal. Im Rennsport trat die Verbindung von Sex-Appeal und schnellen Autos, die Nähe von Eros und Todestrieb offen zutage. Formel-1-Manager scheuten sich nicht, für einen Geschwindigkeitsvorsprung das Leben ihrer Fahrer zu riskieren. Und nicht zufällig war es der Lotus-Chef, der die ›Boxenluder‹ erfand und das priapische Ritual, den Sieger Champagner verspritzen zu lassen. Heute erscheint all das zutiefst fragwürdig, gar sündhaft. Bei so manchem allerdings wird die Vermählung des Eleganten mit der brutalen Kraft der Motoren in sehnsuchtsvoller Erinnerung bleiben. Jens Jessen schreibt eine Gesellschaftsgeschichte des 20. Jahrhunderts, erzählt anhand der Pferdestärken, Karosserien und Lackfarben seiner Autos.

Autor / Autorin	Titel (Spezifikationen)	ISBN	Preis in Euro
Amrhein, Thorsten	›Kann ich den Typen nicht hier im Taxi lassen?‹ (Humor, 200 S.)	978-3-98737-047-2	16,00
Brodkorb, Mathias	Postkoloniale Mythen. Auf den Spuren eines modischen Narrativs (Sachbuch, 268 S.)	978-3-98737-032-8	28,00
Bulthaup, Peter	Der Wissenschaftsbegriff des deutschen Idealismus (Philosophie, 192 S.)	978-3-98737-048-9	24,00
Cohen, Ute	Glamour. Über das Wagnis, sich kunstvoll zu inszenieren (Essay, 182 S.)	978-3-98737-031-1	22,00
Grimm, Imre	Lichtstreife und Arschtritte. Neue Kolumnen aus einem lustigen Land (Humor, 251 S.)	978-3-86674-999-3	24,00
Hoeres, Peter	Rechts und links. Zur Karriere einer folgenreichen Unterscheidung … (Essay, 200 S.)	978-3-98737-043-4	22,00
Kemp, Wolfgang	Irgendwie so total spannend. Unser schöner neuer Sprachgebrauch (Essay, 144 S.)	978-3-98737-034-2	18,00
Kramer / Stederoth u. a. (Hgg.)	Zeitschrift für kritische Theorie Heft 58/59, 30. Jg. (2024) (Philosophie, 230 S.)	978-3-98737-021-2	32,00
Löhndorf, Marion	Leben im Hotel (Sachbuch, 104 S.)	978-3-98737-013-7	16,00
Marcuse, Herbert	Der eindimensionale Mensch (Philosophie, 296 S.)	978-3-86674-239-0	24,00
Scherer, Martin	Takt. Über Nähe und Distanz im menschlichen Umgang (Essay, 120 S.)	978-3-98737-026-7	16,00

KLEINHEINRICH

Website www.kleinheinrich.de
E-Mail art@kleinheinrich.de

Anschrift BuchKunst Kleinheinrich
Königsstraße 42
48143 Münster

Telefon 0251 / 48 40 193

Ein Schwerpunkt des Verlags sind die Literaturen Skandinaviens. So ist seit 1986 eine kleine skandinavische Bibliothek von mehr als 90 Titeln entstanden. Auch die niederländische Literatur wird in einer Reihe vorgestellt. Bibliophile Künstlerbücher, ein weiterer Schwerpunkt, oftmals mit originalen graphischen Arbeiten in limitierten Auflagen, verbinden Literatur und Kunst. Im Jahr 2023 hat die Klasse der Künste der Nordrhein-Westfälischen Akademie der Wissenschaften und der Künste den Verleger Josef Kleinheinrich als ordentliches Mitglied aufgenommen.

1986	Gründung des Verlags Dr. Josef Kleinheinrich
1996	K.-H. Zillmer-Verlegerpreis Hamburgische Kulturstiftung
2001	Preis für Introduktion schwedischer Literatur im Ausland Schwedische Akademie Stockholm
2019	Deutscher Verlagspreis

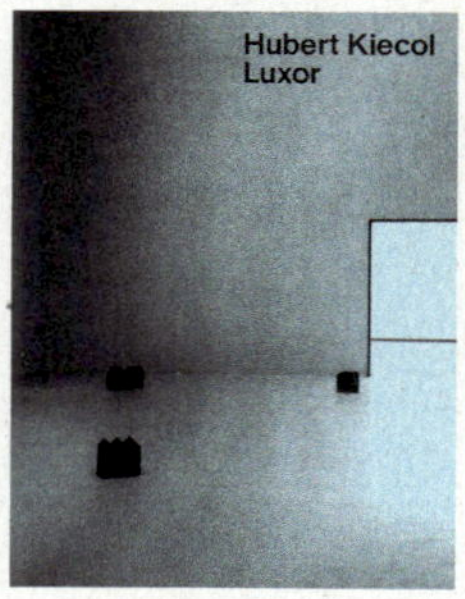

Hubert Kiecol
›Luxor‹
Form und Typografie
Hubert Kiecol, Bernd Kuchenbeiser,
225 S., 40 × 30 cm, BR
978-3-945237-73-1
68,00 Euro

Die Arbeit von Hubert Kiecol ist nur als Weg zu sehen. Als Abfolge von Reaktionen auf eine jeweils vorhergehende Arbeit. Klarheit und Selbstverständlichkeit zeichnen die Skulpturen aus. Dieses wird durch Reduktion und die entstehende Verdichtung einfacher Formen erreicht. Von dem anfänglich bevorzugten Material Beton bis zum späteren Gegenteil dieser Verdichtung, der Leichtigkeit und Helligkeit der Glashäuser und -fenster, werden doch alle Arbeiten von Hubert Kiecol von einem eigenen Klang begleitet: Skulptur ist nicht etwas, das einer Situation, einem Raum oder einem Motiv hinzugefügt wird, sondern Skulptur ist eine Haltung; diese spricht sich in der Materialgerechtigkeit und Perfektion des Machens aus, das ohne Rest in die Struktur der Skulptur eingehen muss. ›Die andere Seite der Alltäglichkeit‹ war immer der Anlass für diesen Weg und auch für dieses Buch mit vielen Abbildungen. Das Buch wurde herausgegeben von Fabrice Hergott. Einmalige Auflage 210 Exemplare. Jedes Exemplar wird von einem Schuber geschützt.

Birgit Tyszkiewicz /
Christine Klaubert
›Childhood. Ein Tagebuch‹
160 S., 30 × 21 cm,
Ln. in Pergamin eingeschlagen
978-3-945237-79-3
49,00 Euro

Wir alle waren Kinder und besaßen einzigartige Fähigkeiten. Wir konnten unbeschwert in unseren Träumen versinken. Was ist aus diesen Kräften geworden, und wie lassen sie sich wieder aktivieren? Es beschäftigt die Designerin Birgit Gräfin Tyszkiewicz in ihrer Childhood-Kollektion und ebenso, nur auf andere Weise, die Psychotherapeutin Christine Klaubert. Im Februargrau lernten sich die beiden ungewöhnlichen Frauen auf Sylt kennen. Wenig später begaben sie sich auf den Weg zu ihrer ureigenen Persönlichkeit. Ehrlich und offen erzählen sie über ihre Kindheitserinnerungen, mal expressiv, mal nachdenklich. Immer klug und bereit, sich mit ihrer Vergangenheit zu versöhnen. Dabei gewähren sie berührende Einblicke in ihre Gedanken- und Gefühlswelt. Das Buch lädt fantasievoll und kreativ mit fundiertem psychologischem Wissen die Leser*innen ein, sich selbst auf die Reise zu begeben. Birgit Tyszkiewicz, Studium der Kunstgeschichte und Literaturwissenschaft. Modedesignerin mit eigenem Label, lebt in Hamburg und auf Sylt. Christine Klaubert, Studium der Germanistik, Philosophie und Psychologie. Psychologische Psychotherapeutin, Hypnose- und Verhaltenstherapeutin, lebt auf Sylt.

Jon Fosse
›denne uforklarlege stille /
diese unerklärliche stille‹
A. d. Norw. v.
Hinrich Schmidt-Henkel,
128 S., 21 × 13,5 cm,
Schweizer BR
978-3-945237-83-0
28,00 Euro

Dieser Gedichtband des norwegischen Literaturnobelpreisträgers ist 2016 erstmals mit Radierungen von Olav Christopher Jenssen veröffentlicht worden. Diese zweite Ausgabe erscheint 2025 in einer anderen Ausstattung mit Bildern von Olav Christopher Jenssen und in einem anderen Format. Hinrich Schmidt-Henkel ist 2025 mit dem Fosse-Preis für Übersetzer geehrt worden. Die Gedichte sind dem Band ›Dikt i Samling‹, 2021 publiziert im Verlag Det Norske Samlaget, entnommen.

Autor / Autorin	Titel	ISBN	Preis in Euro
Binding, Heiner	The Room Next Door	978-3-945237-66-3	40,00
Christensen, Inger	alfabet / alphabet	978-3-945237-60-1	40,00
Kirkeby, Per	In Grönland	978-3-945237-05-2	49,00
Schneider / Kaufmann	Hillel Lied der Gärten	978-3-945237-65-6	20,00
Strauß, Botho / Matisse, Henri / Müller, Markus	Reflexionen	978-3-945237-19-9	49,00
Streich, Lisa	BOOK OF CHORDS	978-3-945237-71-7	30,00
Vesaas, Tarjei	Kassette mit drei Bänden	978-3-945237-59-5	90,00
Walther, Franz Erhard	Villa Massimo. Olevano	978-3-945237-42-7	40,00

KLETT KINDERBUCH VERLAG

Website www.klett-kinderbuch.de
E-Mail info@klett-kinderbuch.de

Anschrift Klett Kinderbuch Verlag
Richard-Lehmann-Straße 14
04275 Leipzig
Telefon 0341 / 35 05 965
Instagram @klettkinderbuch

2008	Gründung
2015	Unabhängigkeit vom Klett Konzern
2021	Spitzenpreis Deutscher Verlagspreis
2023	Deutscher Verlagspreis
2024	Sächsischer Verlagspreis
Verlegerin:	Monika Osberghaus

Seit 2015 ist der Klett Kinderbuch Verlag ein eigenständiger Verlag. Er wurde 2008 als kleiner Ableger des großen Stuttgarter Klett Konzerns in Leipzig gegründet. Seitdem veröffentlichen wir pro Halbjahr sieben bis zehn neue Titel für Kinder zwischen 2 und 12 Jahren und ihre Erwachsenen. Worauf es uns ankommt: Wir wollen Kindern authentische Geschichten anbieten, in denen sie ihr eigenes Leben erkennen können. Das darf gern auch mal unkorrekt und unkonventionell sein, denn so ist das Kinderleben glücklicherweise auch oft. Wir wollen relevante Bücher machen, die ihre Spuren im Alltag hinterlassen und Anlass zum Reden geben, die schwungvoll, eingängig und wahrhaftig sind – und dabei weder doof noch langweilig, dafür aber gern politisch brisant. Bücher, mit denen das Losdenken und Loslesen ganz von selbst passiert.

Franziska Ludwig
›Kennen wir uns?‹
Bilderbuch,
ab 4 J., 64 S.
978-3-95470-314-2
18,00 Euro

Neuerdings werden Menschengruppen ja gern sortiert – in Gut oder Böse, Schwarz oder Weiß, Rechts oder Links. Ergebnis: Schubladendenken, Stereotype, Vorurteile. Dabei kann das Sortieren Herz und Fantasie öffnen, wenn man es macht wie die Künstlerin Franziska Ludwig. Sie führt uns in ihrem reichen Wimmelbilderbuch durch das Leben von 56 Figuren, die sie immer wieder neu ordnet, je nach Eigenheiten, Vorlieben und aktueller Lebenslage. So sehen wir auf einer Seite alle, die schon mal fliehen mussten (und sei es vor dem Abwaschberg), oder alle, die ein Haustier lieben (und sei es die Spinne an der Wand). Einige mögen die Farbe Rot, andere zeigen uns ihre Narben, die von einem Abenteuer erzählen. Vor allem die Überschneidungen sind spannend: Leo, Thea und Marko zum Beispiel kennen sich nicht, aber sie waren alle drei schon mal im Gefängnis, und zwei von ihnen mögen keine Zucchini. Und wir sind natürlich mittendrin. Denn im Vor- und Zurückblättern, beim Finden von Gemeinsamkeiten, Geheimnissen und Geschichten können wir uns alle (wieder-)erkennen.

Marja Baseler / Annemarie van den Brink / Tjarko van der Pol
›Die kleine Kackwurstfabrik‹
ab 2 J., 24 S.
978-3-95470-300-5
12,00 Euro

Mmh, lecker! Polly und Pim lassen sich die Banane schmecken. Aber was passiert dann mit ihr? Gemeinsam verfolgen die beiden Geschwister die spannende Verdauungsreise der Banane durch die kleine Kackwurstfabrik: vom ersten Bissen bis zur bananenförmigen Kackwurst in der Kloschüssel oder im Töpfchen. Mit über 230.000 verkauften Exemplaren ist ›Die Kackwurstfabrik‹ der absolute Hit bei allen großen und kleinen Klugscheißern. Extra neu konzipiert, aber genauso lustig und direkt, erklärt ›Die kleine Kackwurstfabrik‹ nun auch den Allerkleinsten einfach und anschaulich, was bei der Verdauung passiert. Da macht der Gang zum Klo oder aufs Töpfchen besonders Spaß!

Elin Lindell
›Der süßeste Bruder der Welt‹
Graphic Novel,
ab 10 J., 136 S.
978-3-95470-313-5
16,00 Euro

Dani, die selbst durch eine Samenspende entstanden ist, wünscht sich nichts mehr als ein Geschwisterchen. Aber ihre alleinstehende Mutter stellt sich quer. Doch dann schnüffelt Dani in Mamas Dating-App herum und swiped bei einem peinlichen Typen versehentlich nach rechts! Zack, ihre Mutter verliebt sich und bringt mit dem neuen Mann auch gleich einen Bruder mit in die Familie. Der seltsame Grufti entspricht allerdings ganz und gar nicht Danis Wunschvorstellung vom süßen kleinen Brüderchen. Plan B muss her: Vielleicht hat Danis Spendervater ja noch mehr Kinder gezeugt? Der nette Elton in ihrer neuen Klasse hat auf jeden Fall auffällig viele Gemeinsamkeiten mit ihr …

Autor / Autorin	Titel (Spezifikationen)	ISBN	Preis in Euro
Baseler, M. / van den Brink, A.	Die Kackwurstfabrik (Sachbilderbuch, 48 S.)	978-3-95470-188-9	18,00
von der Gathen, Katharina	Radieschen von unten (Sachbilderbuch, 160 S.)	978-3-95470-285-5	22,00
Horst, Alea	Manchmal male ich ein Haus für uns (Kinderbuch, 80 S.)	978-3-95470-263-3	16,00
Klein, Horst / Osberghaus, Monika	Alle behindert! (Sachbilderbuch, 40 S.)	978-3-95470-217-6	15,00
Lemire, Sabine	Mira #freunde #verliebt #einjahrmeineslebens (Kindercomic, 104 S.)	978-3-95470-189-6	16,00
Maxeiner, Alexandra	Alles Familie! (Sachbilderbuch, 40 S.)	978-3-95470-029-5	15,00
Port, Moni	Was liegt am Strand und redet undeutlich? (Quatschbuch, 48 S.)	978-3-95470-115-5	12,00
Schmidt, Hans-Christian / Német, Andreas	Das komische Gefühl (Bilderbuch, 40 S.)	978-3-95470-268-8	15,00
Schmitz-Kuhl, Martin	Alle Kinder. Ein Abc der Schadenfreude (Mini-Ausgabe, 64 S.)	978-3-95470-082-0	8,00
Schott, Hanna	Fritzi war dabei (Kinderroman, 96 S.)	978-3-95470-015-8	12,00
Wirsén, Stina	Klein (Bilderbuch, 40 S.)	978-3-95470-131-5	12,00

KONKURSBUCH VERLAG CLAUDIA GEHRKE

Website	www.konkursbuch.de
E-Mail	gehrke@konkursbuch.com
Anschrift	Konkursbuch Verlag Claudia Gehrke Hechinger Straße 203 72072 Tübingen
Telefon	07071 / 66 551 0172 / 72 33 958

Jenseits von Schubladen, zwischen Bild und Text, Sprachen, Geschlechtern, Genres und Kulturen. Unsere Bücher verbinden verschiedene ›Szenen‹, ›queer‹ von Anfang an. Romane, Thriller, Essays, Gedichtbände, Erzählungen. Internationale Literatur, teils in zweisprachigen Ausgaben, u. a. aus den Kanarischen Inseln: eine kleine Literaturlandschaft zwischen Kontinenten. Die Thriller handeln von sozialer Realität, Ermittlerfiguren spielen nicht die Hauptrolle, sondern ›durchschnittliche‹ Menschen, in deren Leben sich ein Abgrund auftut. Kulturelles Jahrbuch ›Konkursbuch‹ seit Verlagsgründung mit ›großen Themen‹, darin Sachtexte, Essays, persönliche Berichte, Prosa, Gedichte, Bilder, u. a. Nr. 56 ›Tod‹ (2. Auflage), zuletzt Nr. 60 ›Schönheit‹. Bücher zum ›Liebesleben‹ mit seinen Paradoxien, seiner Tragik, Schönheit und Erotik, Romane, Sachbücher, Bildbände und erotische Jahrbücher.

1.4.1978	Gründung
2011	Landespreis Baden-Württemberg
2016	Kleist-Preis
2018	Carl Zuckmayer-Medaille Yoko Tawada
2019 + 22	Deutscher Verlagspreis
2020	Deutscher Krimipreis, Stuttgarter Krimipreis für Regina Nössler

Yoko Tawada
›Eine Affäre ohne Menschen‹
Roman,
ca. 250 S., KB, FH,
einige grafische Elemente
978-3-88769-285-8
15,00 Euro

Eine Liebesgeschichte, die nicht aus Perspektive der Menschen erzählt wird, sondern aus der von Gegenständen und Erscheinungen der Natur, wie Duschkopf, Spiegelei, Baumschatten, Regenschirm … Wir sind sehr auf uns als handelnde Subjekte fixiert. Die menschlichen Figuren hier entstehen und handeln aus einer anderen Sicht. Ein erotisch-politischer Roman durch Entmystifizierung der Menschen. Es schwingt mit, dass unser ›normales‹ Leben mit Maschinen und Plastik auch unmenschliche Züge hat. Sind wir Energien, die die Natur blockieren oder in Bewegung bringen?

Eva Maria Bauer
›Tagebuch einer letzten Reise‹
180 S., KB
978-3-88769-007-6
13,00 Euro

Margarete und Eva teilen ihr Leben mehr als 50 Jahre, manchmal leben sie an verschiedenen Orten, auch aus beruflichen Gründen. Nun beginnt die letzte gemeinsame Zeit. Margarete hat ein schwaches Herz. Sie entscheidet sich, zu dem Zeitpunkt ist sie 87, nicht mehr alles zu versuchen, was die Medizin, oft unter großen Risiken, ermöglichen würde. Sie bleibt mit Eva in ihrem Münchner Zuhause bis zu ihrem Tod. Eindringlich erzählt, ein Logbuch, offen, liebevoll und ohne Selbstzensur. Im Anhang Gespräche mit Menschen, die professionell in der Palliativpflege arbeiten. Zuhause zu bleiben in dieser Zeit, ist ein Traum von vielen, und es ist möglich – das zeigt dieses Buch auf eindrucksvolle Weise. Eva-Maria Bauer ist Musikerin und Musiktherapeutin mit einigen Buchveröffentlichungen über Musik, über einen Hund und zuletzt über drei alte Häuser und die Geschichten der Generationen, die dort lebten.

Regina Nössler
›Ein widerliches kleines Gefühl‹
Thriller,
380 S., KB
978-3-88769-993-2
15,00 Euro

Regina Nössler erzählt in ihrem neuen Roman von einer Heimsuchung aus der Vergangenheit, aus einer anderen sozialen Realität, die die Hauptfigur verdrängt hat, und zugleich vom Abdriften in Parallelwelten: Evelyn hat in ihren eigenen Augen ein gutes Leben. Bis eines Tages eine alte Schulkameradin vor ihrer Tür steht. Dieses Wiedersehen stößt nicht auf Freude, sondern löst im Gegenteil Widerwillen und geradezu Abscheu aus. Und auch Furcht? Was ist in der Vergangenheit passiert? Parallel driftet Evelyns dreizehnjähriger Nachhilfeschüler Noah unbemerkt in eine gefährliche Parallelwelt ab. In Rezensionen wird Regina Nössler als ›eine der spannendsten deutschsprachigen Krimiautorinnen‹ (DLF) bezeichnet. ›Ganz sachte lässt Nössler die Geschichte eskalieren … subtiler Noir vom Feinsten.‹ (Hanspeter Eggenberger, Krimi der Woche) ›Dem Alltag traut man hinterher nicht mehr über den Weg …‹ (Elmar Krekeler, Die Welt)

Autor / Autorin	Titel (Spezifikationen)	ISBN	Preis in Euro
Bax, Anne	Blackburn. Eine aufgrund der Umstände eher komplizierte Liebesgeschichte (Roman, ca. 300 S.)	978-3-88769-202-5	15,00
Breitenbach, Anna	Fremde Leute (Roman ü. Kindheit m. historischer Fotoserie)	978-3-88769-436-4	15,00
Casper, Sigrun / Voigtmann, Sophie (Hgg.)	Schönheit. Konkursbuch 60 (Berichte aus dem Leben, Essays, Wissenschaftliches, Gedichte, Kurzgeschichten und Bilder in 7 Kapiteln, 350 S.)	978-3-88769-260-5	18,00
Dietrich, Ines	La Palma. Pflanzen und Tiere vom Meer bis in die Berge	978-3-88769-006-9	20,00
Gehrke, Claudia / Voigtmann, Sophie (Hgg.)	Mein heimliches Auge XL. Das Jahrbuch der Erotik 2025 (352 S.)	978-3-88769-540-8	18,00
Hopf, Rinaldo / Abbate, Johnny (Hgg.)	Love, not war. Mein schwules Auge / My Gay Eye 21 (Geschichten, Gedichte, Interviews, Sachtexte und viele Bilder, 400 S.)	978-3-88769-929-1	24,00
Nössler, Regina (Red.)	Wendepunkte, Umbrüche. Mein lesbisches Auge 24 (Berichte aus dem Leben, Essays, Gedichte, Kurzgeschichten und Bilder, 272 S.)	978-3-88769-924-6	18,00
Tratnik, Suzana	Am Rande des Irrsinns (Roman / Krimi, 254 S.)	978-3-88769-204-9	15,00
Wolf, Uljana (Hg.)	Poetic Thinking and Hospitality – Freiräume der Poesie. Poetica 10 (Mehrspr., 220 S.)	978-3-88769-931-4	15,00

Website	www.kroener-verlag.de
E-Mail	kontakt@kroener-verlag.de
Anschrift	Alfred Kröner Verlag GmbH & Co. KG Lenzhalde 20 70192 Stuttgart
Telefon	0711 / 61 55 363

ALFRED KRÖNER VERLAG

1904	Gründung in Stuttgart
2013	›Erlesenes Lesen‹
2015	›Kröner Weltliteratur‹
2021	›KrönerEditionKlöpfer‹
Verleger:	Alfred Klemm

121 Jahre alt und immer noch unabhängig, gar in Familienhand – in der Verlagslandschaft sind wir inzwischen eine wirkliche Rarität. Leicht war/ist es nicht; dazu mussten wir uns fast völlig neu erfinden. Digitalisierung, Internet und die Tendenz, geistiges Eigentum als Allgemeingut zu betrachten, haben uns, wie unzähligen anderen Verlagen, fast den Garaus gemacht. Gerettet hat uns ein Zufall: die Initialzündung für ›Kröner Weltliteratur‹, hochgelobte Erst- und Neuübersetzungen von Kultromanen und modernen Klassikern aus aller Welt. ›Erlesenes Lesen‹ präsentiert Perlen der Weltliteratur in Liebhaberausgaben, ›Kröners kluge Klassiker‹ philosophische Klassiker in Leinen, mit Apparat zum kleinen Preis, ›KrönerEditionKlöpfer‹ niveauvolle deutschsprachige Belletristik. Und ja, es gibt sie noch: fundierte, schön zu lesende Sach- und Fachbücher zur Geschichte, Literatur, Philosophie, Gesellschaft.

Daryll Delgado
›Überreste‹
Roman,
a. d. Engl. v.
Gabriele Haefs,
304 S.
978-3-520-63003-2
25,00 Euro

Tacloban, Leyte, Philippinen. Der Super-Taifun Haiyan hat die Insel heimgesucht. Ann kehrt im Auftrag einer NGO in ihre Heimatstadt zurück – und wird überrollt von Kindheitserinnerungen, denen sie inmitten der Trümmer auf den Grund zu gehen versucht: einem düsteren Familiengeheimnis, Geschichten von einer Bestie, die umgeht in Tacloban, Menschen, die in ihr Leben traten und plötzlich wieder verschwanden. Gleichzeitig widmet sie sich der Aufgabe, in der zerstörten Stadt nach jenen Fragmenten zu forschen, die vom Leben der Menschen übrigbleiben, wenn ihre Existenz vollständig vernichtet wird: ihren Erinnerungen. – Mittendrin in der Klima-Katastrophe, dort, wo sie längst da ist. Mittendrin in einer Kindheit in der Diktatur, wo nicht einmal die eigenen Lieben sind, was sie scheinen. Mittendrin in der Realität der Überlebenden: In die Handlung eingewobene Original-Interviews gehen unter die Haut, indem sie fassbarer machen, was der Taifun für sie bedeutet: den Schmerz und den Verlust, aber auch die Hoffnung auf ein Leben danach.

Becky Manawatu
›Auē‹
Roman,
a. d. Engl. v.
Jana Grohnert,
464 S.
978-3-520-63001-8
27,00 Euro

Neuseeland, heute. Nach dem Verschwinden seiner Eltern lässt der junge Maori Taukiri seinen 8-jährigen Bruder Ari zurück, flieht mit Surfbrett und Gitarre auf die Nordinsel, um dort dem Strudel aus Verzweiflung und Schuld zu entkommen, in den er hineingeboren wurde. Doch auē ertönt im Rauschen des Meeres, das er liebt und zugleich hasst, in der Musik, die er der Gitarre entlockt, die seinem Vater gehörte, in der Gewalt, die seine Familie verfolgt, bestimmt die Scham darüber, dass er seinen Bruder alleingelassen hat. Aber Ari ist stärker, als es den Anschein hat, und er hat eine Freundin, und zusammen sind sie vielleicht stark genug, um den Strudel aus Verzweiflung und Schuld umzukehren. – Manawatus Prosa ist so wechselhaft wie der Ozean: fließend, poetisch, hoffnungsvoll und zärtlich, dann wieder roh und intensiv: ganz große Kunst von einer der stärksten Stimmen der neuseeländischen Gegenwartsliteratur.

Wolfgang Müller
›Das Rätsel
Rudolf Steiner.
Irritation
und Inspiration‹
250 S.
978-3-520-91601-3
25,00 Euro

›Die objektive Entwicklung ist den Menschen … über den Kopf gewachsen. Und die Zeiterscheinungen zeigen dieses … in allerintensivster Weise.‹ – Originalton Rudolf Steiner, dessen Todestag sich 2025 zum 100. Mal jährt. Man muss kein Genie sein, um zu sehen, dass er hier genauso gut über unsere Gegenwart sprechen könnte, die sich mit ihrem unbedingten Glauben an die Macht der Technik an Steiner reibt wie nie zuvor. Was vor allem eines zeigt: Nach mehr als 100 Jahren gehört der Gründer der Anthroposophie zu den weltweit wirkmächtigsten Denkern. Was Steiner unserer Zeit zu sagen hat, zeigt der versierte Steiner-Kenner Wolfgang Müller, der ihn und sein Werk von heute aus neu befragt. Auch die Kritik kommt dabei ausführlich zur Sprache, vor allem aber Steiners bedeutende Impulse für eine dringend notwendige Neuorientierung der Gegenwartskultur.

Autor / Autorin	Titel (Spezifikationen)	ISBN	Preis in Euro
Bech, Glenn	Ich erkenne eure Autorität nicht länger an. Manifest (Übers. v. A. Paluch, 340 S.)	978-3-520-62701-8	25,00
Bundi, Markus	Zur Krummen Brücke. Aufzeichnungen eines Gastwirts (120 S.)	978-3-520-77203-9	20,00
Klöpfer, Hubert / Weiß, Thomas (Hgg.)	Gespräche über Bäume. Gedichte zur Demokratie (160 S.)	978-3-520-77202-2	22,00
Marc Aurel	Selbstbetrachtungen (Übers. v. W. Capelle, hg. v. J. Fündling, 280 S.)	978-3-520-00413-0	12,00
Morten, Øystein	Erik der Rote. Der Entdecker Amerikas (Übers. v. G. Haefs, 400 S.)	978-3-520-62903-6	30,00
Olivelle, Patrick	Ashoka. Indiens philosophischer Kaiser (Übers. v. A. Michaels, 450 S., Abb.)	978-3-520-91501-6	34,00
Sommer, Michael	Römische Geschichte. Von den Anfängen bis zum Untergang (912 S., Abb.)	978-3-520-90903-9	35,00
Undset, Sigrid	Kristin Lavranstochter. Der Kranz (Bd. 1, Roman, übers. v. G. Haefs, 384 S.)	978-3-520-62102-3	24,00
Vogelsang, Kai	China und Japan. Zwei Reiche unter einem Himmel (525 S., Abb.)	978-3-520-25601-0	30,00
Yeoh, Jo-Ann	Zweckfreie Kuchenanwendungen (Roman, übers. v. G. Haefs, 320 S.)	978-3-520-62501-4	24,00
Zweig, Stephan	Sternstunden der Menschheit (Hg. v. H. Frericks, 300 S.)	978-3-520-85305-9	20,00

KULTURVERLAG KADMOS

Website	www.kulturverlag-kadmos.de
E-Mail	vertrieb@kulturverlag-kadmos.de
Anschrift	Kulturverlag Kadmos Waldenserstraße 2-4 10551 Berlin
Telefon	030 / 39 78 93 94
Instagram	@kulturverlag_kadmos

1995	Gründung
2006	Reihe LiteraturForschung (ZfL)
2015	Kadmos' koole Postkartenkalender
2019	Deutscher Verlagspreis
2022	Kalenderpreis des Deutschen Buchhandels
Verleger:	Wolfram Burckhardt

Benannt nach Kadmos, der bei der Suche nach seiner von Zeus entführten Schwester Europa das phönizische Alphabet nach Griechenland brachte, hat sich dieser kleine und feine Berliner Verlag zum Ziel gesetzt, geisteswissenschaftlichen Themen einen Platz in der Bücherlandschaft zu geben. In einem vielfältigen Programm vereint sich wissenschaftlicher Anspruch mit ausgefeilter Gestaltung; in 30 Jahren Verlagsgeschichte erschienen über 500 Titel namhafter Autor:innen, von Jan Assmann bis Slavoj Žižek. Außerdem gibt es seit 2019 die ›Tierguides für Naturbanausen und Stadtkinder‹ von Marie Parakenings, die, wunderschön illustriert, die Wildtiere unterschiedlicher Städte und Regionen vorstellen. 2025/26 steht dem Verlag ein besonderes Jubiläum ins Haus, nämlich zehn erfolgreiche Jahre von ›Kadmos' koole Postkartenkalender‹, die seit 2015 Farbe und Witz in so manchen grauen Wochentag bringen.

Sebastian Gießmann
›Das Kreditkarten-Buch. Geschichte und Theorie des digitalen Bezahlens‹
256 S., geb.
978-3-86599-604-6
25,00 Euro

Bar oder mit Karte? Oder doch mit App oder Blockchain? Sebastian Gießmanns rasante Geschichte der Kreditkarte führt uns in die verborgenen Welten des digitalen Bezahlens. Sie zeigt erstmals, wie unsere digitale Gegenwart in Nordamerika mit einer kleinen Plastikkarte begonnen hat, was Magnetstreifen und Chips eigentlich bedeuten und wie Europa einmal führend im digitalen Bezahlen werden konnte. Gießmann führt die Leser:innen elegant in die verschwiegene Innenwelt von Banken, Kreditkartenorganisationen und computerisierter High-Tech-Sicherheit. Er würdigt die Alltäglichkeit der Transaktion ebenso wie die irrwitzigen true crimes des Kreditkartenbetrugs. Das Kreditkarten-Buch fragt nach der Wahrheit hinter den Werbeslogans, Firmenlogos und Fernsehspots. Wie wir bezahlen, ist politisch. Soziale Teilhabe und Differenz, Konsum, finanzielle Überwachung, die Zukunft des Bargeldes: Im digitalen Bezahlen steht nicht weniger auf dem Spiel als unsere ökonomische Identität.

Marie Parakenings
›Tierguides für Naturbanausen und Stadtkinder‹
160 S. bzw. 176 S., geb., durchg. farb. illu.
div. ISBN
je 19,90 Euro

Wusstest du, dass die Berliner Spatzen ihre Nester mit Zigarettenstummeln bauen, weil das darin enthaltene Nikotin Parasiten fernhält? Oder dass die Kölner Wildschweine einst 2,2 kg Koks ausgebuddelt haben und so einem Dealer auf die Schliche gekommen sind? Dass die Bayerische Zwergdeckelschnecke zu 100% ein Münchner Unikat ist und sich das Verdauungssystem der Mäuse im Hamburger U-Bahnhof Dammtor an Fischbrötchen angepasst hat? Kennst du schon den Sandschnurfüßer, den Knutt oder die Eichhörnchen, die im Bremer Weserstadion geboren wurden? Nicht nur die Menschen haben sich hervorragend an das Leben in der Großstadt gewöhnt, auch die Wildtiere Berlins, Hamburgs, Kölns, Münchens und Bremens (Fortsetzung folgt) haben sich hervorragend angepasst. Marie Parakenings' ›Tierguides für Naturbanausen und Stadtkinder‹ sind für fünf Städte sowie für die Ostsee erhältlich und porträtieren in kurzen, humorvollen Kapiteln die Artenvielfalt vor der Haustür.

Anna Sophia Nübling
›Fortschreiten und Festhalten. Zeitkapseln und Geschichtsphilosophie in der Hochmoderne‹
322 S., BR
978-3-86599-586-5
39,80 Euro

Warum packten Menschen seit Ende des 19. Jahrhunderts Dinge in Zeitkapseln? Warum verstauten sie Briefe, Fotos, Bücher und vieles mehr in hermetisch verschlossenen Behältern, die zu einem bestimmten Zeitpunkt in ferner Zukunft wieder geöffnet werden sollten? Die Antwort dieses Buches lautet: weil sie auf eine bestimmte Weise über Geschichte nachdachten. Anna Sophia Nübling zeigt in dieser ersten deutschsprachigen historischen Analyse des Phänomens, wie mit Zeitkapseln geschichtsphilosophische Fragen nach dem Ziel, dem Sinn und möglichen Entwicklungsgesetzen der Geschichte verhandelt wurden. Anhand von Beispielen aus den USA und anderen Weltregionen wird herausgearbeitet, dass sich in Zeitkapseln in paradoxer Weise ein fester Fortschrittsglaube mit einem dringenden Bewahrungsbedürfnis verband. In der Auseinandersetzung mit dieser materiellen Manifestation eines hochmodernen Geschichtsdenkens wird deutlich, wie sehr dieses Denken zugleich von positivistischen Entwicklungsmodellen und Untergangsängsten geprägt war – ein Spannungsverhältnis, das angesichts aktueller Zukunftsfragen nach wie vor relevant ist.

Autor / Autorin	Titel (Spezifikationen)	ISBN	Preis in Euro
Baecker, Dirk (Hg.)	Kapitalismus als Religion	978-3-86599-054-9	20,00
Burckhardt, Wolfram	Der (ewige) (un)poetische Eulenkalender (Postkartenkalender)	978-3-86599-533-9	18,99
Ette, Ottmar	Mein Name sei Amo (Roman)	978-3-86599-585-8	29,80
Freyermuth, Gundolf S.	Wer war WM? Wolfgang Menges Leben und Werk (Biografie)	978-3-86599-577-3	29,80
Karafyllis, Nicole C.	Putzen als Passion. Ein philosophischer Universalreiniger	978-3-86599-216-1	14,90
Kluge, Alexander / Stollmann, Rainer	Vom Auswildern der Gespenster (Gespräche)	978-3-86599-583-4	23,00
Leipold, Käthe	Die vergessene Hälfte (Graphic Novel)	978-3-86599-531-5	19,90
Lepper, Verena M. (Hg.)	Elephantine. Insel der Jahrtausende (Dreispr. Ausstellungskatalog)	978-3-86599-580-3	69,80
Menke, C. / Rebentisch, J. (Hgg.)	Kreation und Depression. Freiheit im gegenwärtigen Kapitalismus	978-3-86599-174-4	24,90
Seemann, Sophie	Verschwundene Krankheiten. Ein medizinhistorischer Streifzug	978-3-86599-451-6	26,80

KUNSTANSTIFTER

Website	www.kunstanstifter.de
E-Mail	info@kunstanstifter.de
Anschrift	kunstanstifter GmbH & Co. KG Werderstraße 31 68165 Mannheim
Telefon	0621 / 71 79 01 00
Telefax	0621 / 71 79 00 99

2015 + 19	Deutscher Jugendliteraturpreis
2019 + 21 + 22	Deutscher Verlagspreis
2020	Verlagspreis Literatur Baden-Württemberg
2024	Deutscher Verlagspreis – Sonderpreis Nachhaltigkeit

2006 in Mannheim von Suse und Niklas Thierfelder gegründet, veröffentlichen die kunstanstifter im Jahr 12 bis 14 erzählende Bilderbücher für Kinder, Jugendliche und Erwachsene. Besonderes Augenmerk legt das mittlerweile sechsköpfige Team auf eine nachhaltige Produktion, eine außergewöhnlich hochwertige Ausstattung und ein perfektes Zusammenspiel von Text, Illustration und Buchgestaltung. Dafür wurden der Verlag und seine Illustrator*innen und Autor*innen bereits mehrfach ausgezeichnet. Regelmäßig werden unsere Bilderbücher als ›Schönste Deutsche Bücher‹ von der Stiftung Buchkunst ausgezeichnet.

Lena Raubaum / Verena Pavoni
›Schlich ein Puma in den Tag‹
Poetischer Bildband,
144 S., HC, Softtouch, Spotlack
978-3-948743-50-5
28,00 Euro

Dieser poetische Bildband ist eine Ode an künstlerische Entstehungsprozesse, an das Werden, das Vergehen und den Mut, genauer hinzusehen … Wir kommen Puma, Frosch, Kugelfisch und Co. nach und nach näher und können Verena Pavonis Sgraffito-Kratzbilder in Ölkreide in ihrer Entstehung beobachten: Sie verschwinden und tauchen danach umso eindrucksvoller wieder auf, während Lena Raubaums Worte sie uns parallel auf poetischer Ebene Zeile für Zeile näherbringen. Zuletzt bietet sich gar die Gelegenheit, selbst kreativ zu werden und ein eigenes Tier in Bild und Text aufs Papier schleichen zu lassen.

Monika Helfer / Karen Runge
›Rosie auf der Insel‹
Erzählendes Bilderbuch,
44 S., HC
978-3-948743-48-2
24,00 Euro

Rosie möchte nichts lieber, als Schriftstellerin zu sein. Sie reist mit ihren Freunden Ruta und Loisl auf eine Insel und schreibt alles auf, was zu ihrer Geschichte gehören soll: eine geheimnisvolle Hundeverwandlung, eine Begegnung mit Babalú Ayé und der heiligen Barbara und einem erlösenden Tanz der Freunde zwischen Schaumkronen. Vielleicht ist manches davon erfunden. Na und? Das Bilderbuchdebüt von Karen Runge zum Text der vielfach prämierten Schriftstellerin Monika Helfer beeindruckt durch eine überbordende Farbenpracht, absurden Witz und den Spaß am Geschichtenerfinden!

Sarah Knausenberger / Kerstin Marie Backes
›Nie wieder Frühling‹
Dystopische Erzählung,
48 S., HC
978-3-948743-51-2
26,00 Euro

Die Wiesen sind verkümmert, die Bäume treiben nicht mehr aus und die Menschen führen Seltsames im Schilde. Wird Ben je wieder einen unbeschwerten Frühling erleben? Und dann stirbt auch noch Granny, Bens einzige Verbündete. Einfach sterben – das ist in einer hochtechnisierten Welt jedoch beileibe keine Selbstverständlichkeit. Als Ben begreift, dass es um nichts Geringeres geht als den letzten Willen seiner Großmutter, wächst er über sich hinaus und stellt sich in diesem Kampf an ihre Seite. Eine dystopische Erzählung über die tiefgreifenden Folgen der Klimakrise, die Entmenschlichung des Lebens in einer technikgläubigen Zukunft – und die Kraft des Träumens.

Autor / Autorin	Titel (Spezifikationen)	ISBN	Preis in Euro
Drust, Rike / Palmtag, Nele	Hört mal! (Brülle-Post-Leporello)	978-3-948743-36-9	20,00
Job, Anna / Pourian, Corinna	Muschmamm	978-3-948743-42-0	28,00
Krause, Inga	PETRICHOR (Silent Book)	978-3-948743-17-8	26,00
Leidig, Daniela	Das Wunder der Flunder	978-3-948743-45-1	22,00
Rauh, Paulina	OH NEIN!	978-3-948743-46-8	22,00
Rufener, Sabine	Emma und der traurige Hund	978-3-948743-35-2	22,00
Sol, Undurraga	Schnitzel, der Fuchs	978-3-948743-43-7	22,00
Spitzer, Katja	Urwaldtrip	978-3-948743-47-5	24,00
Vogt, Johannes / Horstschäfer, Felicitas	Komm, sei mein Gast!	978-3-948743-40-6	30,00
Wolfsgruber, Linda	Eine Stadt	978-3-948743-41-3	25,00

VERLAG ANTJE KUNSTMANN

Website www.kunstmann.de
E-Mail info@kunstmann.de

Anschrift Verlag Antje Kunstmann
Zweigstraße 10
80336 München
Telefon 089 / 12 11 930
Instagram @kunstmannverlag

Der Verlag Antje Kunstmann gehört – wie die ›Zeit‹ formulierte – zu den ›Großen unter den Kleinen‹. Seit über 45 Jahren veröffentlicht der Verlag ein ambitioniertes Programm, das die Leselust und das Denken fördern will und versucht, dem ›Publikumsgeschmack nicht nachzurennen, sondern ihn zu prägen‹, wie der große Verleger Kurt Wolff so schön gesagt hat. Schwerpunkte des Verlags sind Literatur und Sachbuch. Dazugekommen sind im Laufe der Jahre besonders schön illustrierte Bücher, ausgesuchte Kinderbücher und Kochbücher. Jedes Jahr erscheinen etwa 25 Titel – Romane, Kurzgeschichten, Gedichte, Essays, ein thematisch weit gefächertes Sachbuchprogramm und Reportagen von deutschsprachigen und internationalen Autorinnen und Autoren. Das Motto von Kunstmann? Lieber lesen!

1976	Gründung
1990	Neufirmierung als Verlag Antje Kunstmann
ab 2000	Hörbuchprogramm
ab 2008	Besonderes Geschenkbuch
2016	40-jähriges Verlagsjubiläum
2022	Kurt-Wolff-Preis für Antje Kunstmann
2024	Deutscher Verlagspreis
Verleger:	Moritz Kirschner

Jakob Martin Strid
›Der Fantastische Bus‹
A. d. Dän. v.
Sigrid C. Engeler,
302 × 388 × 27 mm,
204 S., geb. m. FH,
vierfarb.
978-3-95614-658-9
68,00 Euro

Im Hafenviertel von Ahnstarr City herrscht Verzweiflung. Ein Haus nach dem anderen wird abgerissen, und der kleine Timo ist so schwer krank, dass die Hoffnung schwindet. Doch ein alter Mythos erzählt vom Land Balanka, in dem die sagenumwobene Safran-Lilie wächst, die angeblich alle Krankheiten der Welt heilen kann. Taku, Spir und Silja haben da eine Idee: Warum bauen nicht einfach alle gemeinsam einen fantastischen Bus, mit zehn Rädern, vier Motoren, 18.500 Pferdestärken und natürlich einer Küche, Kojen und Kuscheldecken? Denn in dem würden die 100.000 km in diese Richtung ja wie im Flug vergehen. Mit so einem fantastischen Bus lässt sich sogar die Brücke zum Nordpol überqueren, durch Wüsten und Sümpfe, Tundra und Steppe fahren, Takus Vater befreien und dem fiesen Diktator im Traurigen Land entkommen. Der fantastische Bus ist ein wunderschöner und abenteuerlicher Roadtrip, der Kindern ab 4 Jahren vorgelesen werden kann, den aber auch Erstleser und jung gebliebene Erwachsene lieben werden.

Samin Nosrat
›Etwas Gutes‹
A. d. Engl. v.
Ulrike Becker u.
Alexandra
Titze-Grabec,
464 S.,
geb. m. FH, vierfarb.
978-3-95614-655-8
44,00 Euro

›Etwas Gutes‹ ist ein unverzichtbarer Leitfaden für fröhliches Kochen und ein besseres Leben – ob man nun die beste Freundin mit einer samtigen Tomatensuppe trösten möchte, sich nach einem heimatlichen Gefühl sehnt oder ein ausgelassenes Abendessen für zehn Personen im viel zu kleinen Esszimmer ausrichten möchte: Hier finden sich Rezepte für ein mit Safran veredeltes Brathähnchen, einen knusprigen Chili-Crisp oder einen Schokokuchen, der an glückliche Kindheitstage erinnert. Samin Nosrat ist eine der Kochbuch-Autorinnen, deren Bücher nicht nur zum Selbstkochen anspornen, sondern auch ein wahres Lesevergnügen sind. In ›Etwas Gutes‹ fängt sie mit der für sie typischen Mischung aus Herzlichkeit und Präzision all das ein, was Kochen zu einer Quelle der Freude und des Trostes in ihrem eigenen Leben gemacht hat.

Mariette Navarro
›Am Grund des Himmels‹
Roman,
a. d. Frz. v.
Sophie Beese,
160 S., geb. m. SU
978-3-95614-649-7
22,00 Euro

Claire hat genug. So stolz sie war, es als ›Mädchen vom Land‹ bis in den führenden Konzern der Hauptstadt geschafft zu haben, so wenig erträgt sie jetzt die abschätzigen Blicke, das immer engere Korsett der starren Strukturen und vorgegebenen Abläufe. Nach und nach hat sie sich von den Werten gelöst, die ihr Arbeitgeber ihr aufgezwungen hat. Durch eine Luke steigt sie aufs Dach, niemand scheint sie zu vermissen. Ein Sturm bricht los und Claire spürt im Angesicht dieser Naturgewalt zum ersten Mal seit Langem ihren Körper wieder. Als sie ins Gebäude zurück will, ist die Luke zugefallen. Mit immer neuen Wendungen, starken Bildern und großer Sprachkraft gelingt es Navarro, den inneren und auch körperlichen Wandel erfahrbar zu machen, den der Ausstieg aus einem fremdbestimmten Leben und die langsame Entdeckung der eigenen Wünsche und Möglichkeiten begleitet.

Autor / Autorin	Titel (Spezifikationen)	ISBN	Preis in Euro
Di Pietrantonio, Donatella	Die zerbrechliche Zeit (Roman, 224 S.)	978-3-95614-621-3	22,00
Heckler, Bernhard	Die beste Idee der Welt (Roman, 240 S.)	978-3-95614-648-0	25,00
Hunt, Matt	Wie man einen Yeti findet (Kinderbuch, 32 S.)	978-3-95614-657-2	16,00
Murray, Paul	Der Stich der Biene (Roman, 704 S.)	978-3-95614-635-0	18,00
Sowa, Michael	Fragile Idyllen (Bildband, Werkausgabe, 328 S.)	978-3-95614-632-9	80,00
Teke, Verena	Unter anderen Umständen (Roman, 240 S.)	978-3-95614-651-0	25,00
Thorbrietz, Petra	Wir werden Europa erobern! (Sachbuch, 320 S.)	978-3-95614-626-8	25,00
Vola, Noemi	Über das unglückliche Leben der Regenwürmer (Kinderbuch, 264 S.)	978-3-95614-629-9	24,00
Ward, Jesmyn	So gehn wir denn hinab (Roman, 304 S.)	978-3-95614-600-8	26,00
Werner / Pieper	Der Hahn erläutert unentwegt ... (Fem. Tiergedichte, 160 S.)	978-3-95614-625-1	22,00
Yong, Ed	Die erstaunlichen Sinne der Tiere (Sachbuch, 528 S.)	978-3-95614-637-4	22,00

Website	www.lilienfeld-verlag.de
E-Mail	elektropost@lilienfeld-verlag.de
Anschrift	Lilienfeld Verlag Heiligenstraße 2 40593 Düsseldorf
Telefon	0211 / 41 60 81 87

LILIENFELD VERLAG

2007	Auslieferung des ersten Programms
2011	Kurt-Wolff-Förderpreis
2016	Peter-Huchel-Preis für Barbara Köhler
2016	Start des Sachbuch-Imprints C. W. Leske Verlag / www.cwleske.de
2017	Verlagspreis des Landes Nordrhein-Westfalen
2019 + 21	Deutscher Verlagspreis

Im Lilienfeld Verlag erscheinen Bücher, die liebevoll gestaltet und ausgestattet sind. Ob Archivfunde (Oswald Spenglers autobiografische Notizen), Seltenes aus anderen Ländern (wie der Javaroman ›Der Schwarze See‹ der niederländischen Klassikerin Hella Haasse), ein Autor aus dem Freundeskreis von Klaus Mann (Herbert Schlüter und sein Roman ›Nach fünf Jahren‹) oder andere wiedergefundene literarische Glanzstücke (z. B. die Werke Karl Friedrich Borées) – Lilienfeld gräbt aus, bewahrt, entdeckt und will mit den gehobenen Schätzen aus Literatur und Zeitgeschichte immer wieder überraschenden Genuss bereiten. Die Reihe ›Lilienfeldiana‹ verbindet dabei eine gute Ausstattung und lesenswerte Texte mit zeitgenössischer Kunst auf dem Halbleineneinband.

Ulrich Holbein / Ralf Simon (Hgg.)
›Weltall im Krähwinkel. Ein Jean-Paul-Lesebuch‹
ca. 450 S.,
HL, FH, LB
978-3-910266-10-0
30,00 Euro

Dieses Lesebuch ist die Einladung, einen der fantastischen Köpfe und bemerkenswertesten Weltweisen der deutschen Literatur neu zu entdecken. Eine breite Textauswahl, ein schönes Buchgewand und der Humor von Jean Paul liefern den leichtgängigen Zugang in sein genial ungewöhnliches Werk. Die Jean-Paul-Spezialisten Ulrich Holbein (der für sein ›Narratorium‹ berühmte Autor) und Ralf Simon (der an der Universität Basel lehrt) hatten sich zum 250. Geburtstag Jean Pauls zusammengetan und eine Auswahl aus dem Werk des Jubilars getroffen, bei der der Humor und die außergewöhnliche Erzählkunst im Vordergrund standen. Nun gibt es zum nächsten Jahrestag, dem 200. Todestag im November 2025, die deutlich erweiterte Neuauflage dieses damals schnell vergriffenen Lockmittels in die literarische Wunderwelt Jean Pauls. Reiche Sprach- und Erkenntnisfunde sind in diesem Band unserer Halbleinenreihe garantiert.

Dieter Wellershoff
›Die Stadt ist wie ein ungeheures Buch. Ansichten von Köln‹
ca. 250 S.,
SU, FH, LB
978-3-910266-11-7
24,00 Euro

Die Stadt und der Schriftsteller: Dieter Wellershoff durchstreift in vielen Essays Köln als Lebens-, Schreib- und Kulturraum. ›Die Stadt ist wie ein ungeheures Buch vom Informationsgehalt und Umfang einer universalen Bibliothek. Kein Mensch kann es je zu Ende lesen. Aber man kann darin blättern und sich immer wieder festlesen. So ungefähr habe ich das Buch geschrieben. Es handelt von der Stadt Köln. Aber indirekt auch von mir, von meinen Interessen und Neigungen, meinem Umgang mit der Stadt‹, schrieb Dieter Wellershoff 1990. Zu seinem 100. Geburtstag legt nun die Herausgeberin Gabriele Ewenz, die als Leiterin des Heinrich-Böll-Archivs und des Literatur-in-Köln-Archivs eine genaue Kennerin von Dieter Wellershoffs Werk und Nachlass ist, eine Zusammenstellung seiner Köln-Texte vor: Ein breites Panorama ganz unterschiedlicher Ansichten einer Großstadt ist entstanden, das Porträt eines Wohn- und Arbeitsortes und zugleich auch das eindrückliche Selbstzeugnis eines Künstlers.

Donald Windham
›Verlorene Freunde. Truman Capote, Tennessee Williams und andere‹
A. d. Engl. v. Alexander Konrad,
ca. 300 S.,
Abb., SU, FH, LB
978-3-940357-50-2
24,00 Euro

Erstmals auf Deutsch: Donald Windhams Erinnerungen an seine Freundschaften mit Truman Capote und Tennessee Williams sind ein einzigartig intimer und ehrlicher Blick auf die Literaturwelt seiner Zeit und auf zwei der berühmtesten Schriftsteller der USA. Windham und Williams lebten und arbeiteten zeitweise zusammen und produzierten 1945 ein gemeinsames Stück am Broadway. Capote und Windham lernten sich 1948 in Venedig kennen und reisten gemeinsam weiter. Langjährige, sehr enge Freundschaften entstanden. Aber der große Ruhm katapultierte Capote und Williams in Umlaufbahnen, in die ihnen zu folgen für Windham immer schwerer wurde, bis es in beiden Fällen zu einem bitteren Ende kam. Donald Windham beschreibt all dies in seinem Erinnerungsbuch ebenso vielschichtig wie eindringlich, reich an Details und voller Anekdoten auch über viele andere berühmte Beteiligte, unter anderem D. H. Lawrence als Nacktputzer, eine schwer getroffene Tania Blixen oder ein sparsamer André Gide.

Autor / Autorin	Titel (Spezifikationen)	ISBN	Preis in Euro
Bauer, Walter	Die Stimme. Geschichte einer Liebe (Lilienfeldiana Bd. 20, 128 S.)	978-3-940357-43-4	18,90
Borée, Karl Friedrich	Frühling 45 (Roman, 464 S.)	978-3-940357-60-1	24,90
Bove, Emmanuel	Schuld und Gewissensbiss (Lilienfeldiana Bd. 24, Roman / Erzählungen, 176 S.)	978-3-940357-69-4	20,00
Geipel, I. / Walther, J.	Gesperrte Ablage. Unterdrückte Literaturgeschichte in Ostdeutschland 1945–1989 (456 S.)	978-3-940357-50-2	24,90
Gershon, Karen	Das Unterkind (Autobiografie, 312 S.)	978-3-940357-97-7	24,00
Gorey, Edward	Die unbekannte Rübe (32 S., illu.)	978-3-910266-01-8	15,00
Hessel, Franz	Der Kramladen des Glücks (Lilienfeldiana Bd. 14, Roman, 320 S.)	978-3-940357-26-7	21,90
Hessel, Franz	Heimliches Berlin (Lilienfeldiana Bd. 12, Roman, 160 S.)	978-3-940357-23-6	18,90
Huysmans, Joris-Karl	Lourdes. Mystik und Massen (Lilienfeldiana Bd. 23, 320 S.)	978-3-940357-65-6	22,00
Schlüter, Herbert	Nach fünf Jahren (Lilienfeldiana Bd. 3, Roman, 192 S.)	978-3-940357-06-9	19,90
Sling (Schlesinger, Paul)	Der Mensch, der schießt (Gerichtsberichte 1921–1928, 400 S.)	978-3-940357-27-4	24,90

LITRADUKT

Website www.litradukt.de
E-Mail info@litradukt.de

Anschrift Litradukt
Christian-Eberle-Straße 4 a
54295 Trier

Telefon 0651 / 99 16 85 88

Litradukt wurde mit dem Ziel gegründet, den literarischen Reichtum der französischsprachigen Karibik zu erschließen. Ein Schwerpunkt unseres Programms liegt auf Haiti, wir haben jedoch auch Autorinnen und Autoren aus Martinique und Guadeloupe im Programm. In vielen Fällen wurden die Autoren erstmals ins Deutsche übersetzt. Wir konnten so etwa Georges Anglade, Jean D'Amérique, Kettly Mars, Mérine Céco, Lyonel Trouillot oder Gary Victor deutschsprachigen Leserinnen und Lesern zugänglich machen. Autorinnen und Autoren von Litradukt konnten sich mehrfach auf Bestenlisten (Weltempfänger, Krimibestenliste) platzieren. Wir veranstalten zudem regelmäßig Lesungen in Deutschland, Österreich und der Schweiz.

2006 Gründung
2017 Platz 1 Krimibestenliste für Gary Victor
2021 Platz 1 ›Weltempfänger‹ für Yanick Lahens
2024 Deutscher Verlagspreis

Yanick Lahens
›Mondbad‹
Roman,
a. d. Frz. v. Jutta Himmelreich,
217 S.
978-3-940435-50-7
18,50 Euro

Eine haitianische Saga vom Anfang des 20. Jahrhunderts bis in die Gegenwart. In nüchterner und zugleich poetischer Sprache erzählt Yanick Lahens vom schicksalhaften Nebeneinander der Großfamilien Lafleur und Mésidor, die einen Bauern und Diener der Voodoogeister, die anderen Großgrundbesitzer. Ein einzigartiges Sittengemälde des ländlichen Haiti mit seinen traditionellen Glaubensvorstellungen und Bräuchen.

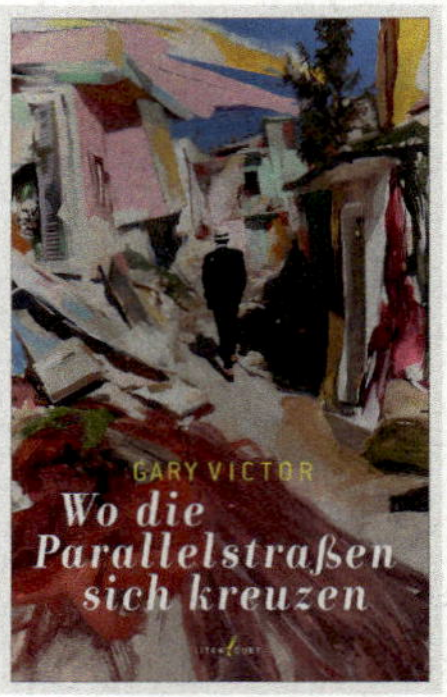

Gary Victor
›Wo die Parallelstraßen sich kreuzen‹
A. d. Frz. v. Peter Trier,
120 S.
978-3-940435-52-1
14,00 Euro

Haiti Ende der 1990er Jahre: Éric, ein ehemaliger Beamter, der aufgrund von Strukturanpassungsprogrammen entlassen wurde, will sich an denen rächen, die er für sein Unglück verantwortlich macht. Er beginnt einen Amoklauf durch ein Port-au-Prince, in dem der nach der absoluten Macht strebende ›Erwählte‹ eine neue Ordnung zu errichten sucht. Zugleich kehren sich Schriften um, Spiegel werden blind, eine Heiligenstatue treibt sich in den Straßen herum und der Erwählte lässt Gott ermorden … Ein Höllenritt durch eine apokalyptische Szenerie. Gary Victors härtester und in Haiti meistdiskutierter Roman, ausgezeichnet mit dem Prix du livre insulaire 2003.

Leseprobe Anastase Mésidor hatte zwei Brüdern aus Roseaux, Pauléus und Clévil, die sich erdreistet hatten, ihm die Stirn zu bieten, ein schlimmes Schicksal bereitet. Im frühen Morgennebel waren sie, unterwegs zu ihrem Stück Land, verschwunden. Wir Lafleurs galten als unerreichbar und mit mächtigem, gar gefährlichem magischen Schutz ausgestattet. Dieser solide Ruf half indessen nichts gegen Anastase Mésidors hartnäckiges Angebot: Bonal Lafleur wurde eines Morgens dazu gedrängt, sich zähneknirschend von seinen Ländereien zu trennen, in Gegenwart eines Landvermessers mit schwarzem Filzhut und eines Notars in einem dunkelgrauen, zu eng sitzenden Dreiteiler. Bonal Lafleur hatte kaum den Abdruck seines tintengeschwärzten Daumens aufs Papier gebracht, da forderte er von Anastase Mésidor, was ihm zustand. Anastase Mésidor zahlte, zu Bonals großer Überraschung und mit einem breiten Lächeln auf den Lippen, bar. Ein Almosen, das Bonal sich mit einer ganzen Schar anderer Anwärter würde teilen müssen, deren Berechtigung nicht zweifelsfrei feststand. Ein leichter Schwindel überkam ihn. Und da war vor allem die Erinnerung an Anastase Mésidors Lächeln. Unaufrichtig. Ein Lächeln, das nichts Gutes verhieß. Er empfahl sich für einen Augenblick dem Großmeister ganz oben und seufzte mit trockener Kehle. Doch Gott, der Großmeister, war viel zu fern, um seinen Durst stillen zu können, weshalb Bonal erneut nach seinen Geldscheinen tastete und sich für ein paar Schlucke guten klaren Zuckerrohrschnaps entschied. Schmächtig, die Beinmuskeln ausgeprägt, schritt er, das Kinn leicht nach vorn geschoben, entschlossen Richtung Baudelet.

Autor / Autorin	Titel (Spezifikationen)	ISBN	Preis in Euro
Anglade, Georges	Das Lachen Haitis (90 Miniaturen, 252 S.)	978-3-940435-28-6	20,00
Condé, Maryse	Victoire	978-3-940435-08-8	15,80
Confiant, Raphaël	Unbescholtene Bürger (Kriminalroman, 194 S.)	978-3-940435-21-7	13,80
D'Amérique, Jean	Zerrissene Sonne (Roman, 120 S.)	978-3-940435-49-1	13,00
Lahens, Yanick	Sanfte Debakel (Roman, 160 S.)	978-3-940435-37-8	14,00
Ludwig, Ralph (Hg.)	Irrschweifen und Lachen (Anthologie, 271 S.)	978-3-940435-46-0	15,00
Mars, Kettly	Die zwielichtige Stunde (Roman, 148 S.)	978-3-940435-26-2	12,00
Phelps, Anthony	Andalusische Radierungen (Gedichte, 189 S.)	978-3-940435-39-2	16,00
Saint-Éloi, Rodney	Ich wohne auf der Autobahn der Träume (Gedichte, 231 S.)	978-3-940435-36-1	13,00
Trouillot, Lyonel	Antoine des Gommiers (Roman, 173 S.)	978-3-940435-42-2	15,00
Victor, Gary	Eine Violine für Adrien (Roman, 144 S.)	978-3-940435-47-7	16,00

Website www.lukasverlag.com
E-Mail lukas.verlag@t-online.de

Anschrift Lukas Verlag
Kollwitzstraße 57
10405 Berlin

Telefon 030 / 44 04 92 20

LUKAS VERLAG

1995	Verlagsgründung durch Frank Böttcher
2005	5. Platz auf der ›Spiegel‹-Bestseller-Liste mit ›Emmi Bonhoeffer‹
2023	Berliner Verlagspreis

Der Lukas Verlag pflegt seit dreißig Jahren ein anspruchsvolles kultur- und zeitgeschichtliches Programm mit über 600 Titeln. Für alle trifft unser Motto zu: ›Bücher ohne Verfallsdatum‹. Seinen guten Ruf verdankt der Verlag wichtigen Sach- und Fachbüchern über den Widerstand gegen das NS-Regime, zum Alltag in der DDR, zur Kunst- und Architekturgeschichte seit dem Mittelalter sowie zur Kulturgeschichte Berlins und Brandenburgs. Gelegentlich widmen wir uns auch musikgeschichtlichen Darstellungen, der Fotografie oder der zeitgenössischen bildenden Kunst. Eine solide, unaufgeregte Gestaltung und Ausstattung verstehen sich von selbst.

Volker Döring (Hg.)
›Franz Kräft –
Arbeiter, Fotograf, Berliner.
Bilder aus sechs Jahrzehnten‹
160 S., 159 Abb.
978-3-86732-496-0
29,80 Euro

Erstmals wird das umfangreiche fotografische Werk von Franz Kräft (1904–1992) einer breiteren Öffentlichkeit vorgestellt. Kräft war Amateurfotograf und Mitglied der Vereinigung der Arbeiterfotografen Deutschlands. In den 1920er und 1930er Jahren widmete er sich neben dem historischen Berlin-Mitte auch der Kultur und Freizeit der Arbeiterjugend: Ausflüge, Faltbootfahrten, Herrenpartien oder Waldspaziergänge mit Freunden. Einige von ihnen, darunter Anton Saefkow, Ewald Plenzdorf, Wilhelm Firl, Paul Noack, Fritz Plön sowie Elfriede und Walter Tygör, wurden in der NS-Zeit zu aktiven antifaschistischen Widerstandskämpfern. Kräfts Bilder aus den 1950er, 60er und 70er Jahren dokumentieren das Nachkriegsberlin, kleinere und größere ostdeutsche Orte, arbeitende Menschen und öffentliche Plätze, Landschaften und Straßenszenen. 1984, aus Anlass seines 80. Geburtstags, begegneten sich Franz Kräft und der Fotograf Volker Döring. Ihre Freundschaft währte bis zu Kräfts Tod. Volker Döring übernahm den fotografischen Nachlass und übergab ihn 2020 an das Bildarchiv der Robert-Havemann-Gesellschaft.

Sophie Schifferdecker
›Deutsche in der Résistance‹
464 S., 54 Abb.
978-3-86732-476-2
39,80 Euro

Nicht wenige Deutsche engagierten sich in der französischen Résistance. Sie druckten Flugschriften in deutscher Sprache, um die Wehrmachtsangehörigen zu beeinflussen, sie infiltrierten Armee und Verwaltung der Besatzer, um dort zu spionieren, sie schleusten jüdische Menschen in die Nachbarländer oder kämpften mit Waffengewalt. Die Autorin hat etwa 2300 Deutsche ermittelt, die sich der Résistance anschlossen, hat ihre Integration in den französischen Widerstand untersucht und ihre verschiedenen Aktivitäten analysiert.

Jan Mende
›Karl Friedrich Schinkel.
Großer Künstler,
»einsame Seele«?‹
164 S., 111 Abb.
978-3-86732-479-3
25,00 Euro

Karl Friedrich Schinkel war ein schöpferischer Geist, der sein Leben ganz der Kunst widmete. Doch ein ausgesprochener Gesellschaftsmensch oder gar ein Partylöwe wie Alexander von Humboldt, das war er mitnichten. Aber wer und wie war er wirklich? Und wer stand ihm nahe? Basierend auf den Äußerungen seiner Zeitgenossen entwirft Jan Mende ein lebendiges Bild des bedeutendsten deutschen Architekten des 19. Jahrhunderts. Zudem bietet er erstmals detaillierte Einblicke in Schinkels Wohn- und Arbeitspraxis in der Bauakademie.

Autor / Autorin	Titel (Spezifikationen)	ISBN	Preis in Euro
Brennecke, Detlef	Attentat ohne Täter. Adam Schneider und der Prinz von Preußen (167 S., Abb.)	978-3-86732-474-8	24,90
Diedrich, Lisa / Tietz, Egon / Selg, Peter	Dunkle Orte transformieren. Von der NS-Luftkriegsakademie zum Gemeinschaftskrankenhaus Havelhöhe (ca. 300 S., Abb.)	978-3-86732-487-8	40,00
Friske, Matthias	Die mittelalterlichen Kirchenglocken der Altmark. Bestand und Verluste (ca. 320 S., Abb.)	978-3-86732-491-5	ca. 50,00
Gabler, Josephine	Käthe Kollwitz. Das Berliner Museum und seine Sammlung (ca. 220 S., Abb.)	978-3-86732-470-0	40,00
Helm, Winfried / von Keyserlingk-Rehbein, Linda	Ich habe die tschechische Sprache geheiratet. Reiner und Elisabeth Kunze (155 S., Abb.)	978-3-86732-486-1	25,00
Volk, Rainer	Von der Missachtung zur Anerkennung des Widerstands. Die Geschichte des Hilfswerks 20. Juli 1944 (221 S., Abb.)	978-3-86732-475-5	29,80
Weißbach, Friedrich	Recht und Gemeinschaft. Zu Hannah Arendts Kritik der Menschenrechte (191 S.)	978-3-86732-408-3	25,00
Witt, Detlef	Der Stralsunder Bildhauer Elias Kessler. Barocke Bildhauerkunst in Nordostdeutschland (ca. 380 S., Abb.)	978-3-86732-473-1	50,00

MAIRISCH VERLAG

Website	www.mairisch.de
E-Mail	kontakt@mairisch.de
Anschrift	mairisch Verlag Schwenckestraße 68 20255 Hamburg
Telefon	040 / 68 89 67 55

mairisch ist ein Independent-Verlag mit Sitz in Hamburg und besteht derzeit aus einem sechsköpfigen Team. Ob Roman, Erzählband, Sachbuch, Kinderbuch, Hörspiel oder Musik: Wir veröffentlichen nur, was uns am Herzen liegt – und legen dabei Wert auf hochwertige Gestaltung, gründliches Lektorat und eine langfristige, freundschaftliche Zusammenarbeit mit unseren Autor*innen und Musiker*innen. Zu unseren Autor*innen gehören Stefan Beuse, Finn-Ole Heinrich, Dagrun Hintze, Lisa Kreißler, Nils Mohl, Musa Okwonga, Stevan Paul und Saša Stanišić. 2013 hat der mairisch Verlag den ›Indiebookday‹ erfunden. Seit 2016 verlegen wir unseren Verlagssitz regelmäßig für einen kurzen Zeitraum ins Gastland der jeweiligen Frankfurter Buchmesse, bisher waren wir in Amsterdam, Paris, Barcelona, Ljubljana und Mailand.

1999	Gründung durch Blanka Stolz, Daniel Beskos u. Peter Reichenbach
2013	Initiatoren ›Indiebookday‹
2014	Kurt-Wolff-Förderpreis
2015	K.-H. Zillmer-Verlegerpreis
2019 + 21 + 22 + 24	Deutscher Verlagspreis

Daniel C. Abel
›Sharkpedia. Die erstaunliche Welt der Haie‹
Sachbuch,
200 S., HC m. bedrucktem Vorsatzpapier, m. zahlr. Illu.
978-3-948722-49-4
20,00 Euro

Sie schwammen schon in den Ozeanen, bevor die Dinosaurier existierten, manche Arten bekommen im Laufe ihres Lebens bis zu 30.000 Zähne, und dieser eine berühmte Film hat unsere Sicht auf sie nachhaltig geprägt: Von Haien geht schon immer eine ganz besondere Faszination aus. Autor und Haibiologe Daniel C. Abel kombiniert biologisches, ökologisches, ethnografisches, historisches und zeitgenössisches Wissen und lässt uns in mehr als 100 Kurztexten in die Welt der Haie, Rochen und Seekatzen eintauchen. Von A bis Z hat er zu verschiedensten Themen Interessantes und Wissenswertes zusammengestellt, und es gibt viel zu entdecken: Von den Küsten bis in die Tiefsee lernen wir die unterschiedlichsten Arten und ihre ungewöhnlichen Lebensweisen und Fähigkeiten kennen, wie sie sich tarnen, wie sie springen, jagen und fressen, wie alt sie werden, was sie von anderen Meereslebewesen unterscheidet und ob sie für Menschen wirklich so gefährlich sind, wie es uns Medien und Mythen glauben lassen. Ergänzt durch präzise Zeichnungen des Illustrators Marc Dando wird Sharkpedia zu einer unterhaltsamen Enzyklopädie – denn die erstaunliche Welt der Haie hält auch heute noch jede Menge Geheimnisse für uns bereit.

Dita Zipfel / Finn-Ole Heinrich / Nele Brönner
›Aali muss los‹
Kinderbuch,
70 S., HC m. bedrucktem Vorsatzpapier, m. zahlr. Illu.
978-3-948722-48-7
20,00 Euro

›Aali muss los‹ ist eine Geschichte über eines der ältesten Geheimnisse des Meeres: die rätselhafte Wanderung der Aale. Aber auch über den Mut, seinem Herzen zu folgen, über eine ungewöhnliche Freundschaft, und darüber, warum es im Leben Momente gibt, in denen man seiner inneren Stimme vertrauen muss. Poetisch und voller Humor führen uns Dita Zipfel und Finn-Ole Heinrich in die verborgenen Welten der Ozeane. Ihr warmherziger, kluger Erzählton macht die jahrmillionenalte Wanderung der Aale für junge Leser*innen erfahrbar und zeigt, wie kostbar und schützenswert diese Naturräume sind. Die Illustratorin Nele Brönner setzt diese außergewöhnliche Geschichte in Bilder um, die das Buch zu einem künstlerischen Gesamtwerk machen – und zu einer Einladung, die Wunder der Natur mit neuen Augen zu sehen.

Maximilian Probst / Ursina Tossi (Hgg.)
›Die Philosophie des Tanzens‹
Sachbuch,
240 S., HC m. zweifarb. Innenteil, Titelprägung, LB
978-3-948722-50-0
24,00 Euro

Wir tanzen im Club, bei Hochzeiten, auf WG-Partys; gehen ins Ballett, in die Oper, zum Modernen Tanz. Tanzen in all seiner Vielfältigkeit ist immer verbunden mit Lebendigkeit, manchmal sogar mit Ekstase und dem Dionysischem. Die Herausgeber*innen Maximilian Probst und Ursina Tossi nähern sich zusammen mit den 14 Autor*innen einer Philosophie des Tanzens an. Sie erkunden das Politische des Tanzens auf der Straße, nehmen Friedrich Nietzsche mit in den Club oder laden Judith Butler auf Tanzperformances ein und fragen, was aus dem alten Anspruch des Tanzes, Avantgarde zu sein, heute geworden ist. In ihren Beiträgen ergründen sie, was das Tanzen schon von Kindesbeinen an so besonders macht, wie man als Tanzende Identitäten ausloten, ausprobieren und definieren kann. Sie erklären uns die Unterschiede zwischen Standardtänzen und dem Tanz in einer Performance. Und sie zeigen auf, warum Tanzen immer politisch ist und oft utopisches Potential birgt. Ein Buch für alle, die gerne selbst tanzen oder einfach in die Welt des Tanzens eintauchen wollen, um zu verstehen, was dessen Faszination ausmacht.

Autor / Autorin	Titel (Spezifikationen)	ISBN	Preis in Euro
Heijmans, Toine	Der unendliche Gipfel (Roman, 352 S.)	978-3-948722-38-8	18,00
Heijmans, Toine	Irrfahrt (Roman, 176 S.)	978-3-948722-44-9	16,00
Jaspersen, Deniz / Engler, Rasmus / Engelke, Mareike	So geht schlafen, kleiner Wombat (Kinderbuch, 32 S.)	978-3-948722-40-1	18,00
Millman, Lawrence	Fungipedia. Die erstaunliche Welt der Pilze (Sachbuch, 200 S.)	978-3-948722-35-7	20,00
Okwonga, Musa	Es ging immer nur um Liebe (Roman, 152 S.)	978-3-948722-19-7	20,00
Paul, Stevan	Die Kichererbsen der Señora Dolores (Erzählband, 208 S.)	978-3-948722-33-3	24,00
Pinel, Ariane	Sommer auf der Fahrradinsel (Kinderbuch, 40 S.)	978-3-948722-31-9	16,00
Ross, Hannah	REVOLUTIONS. Wie Frauen auf dem Fahrrad die Welt veränderten (Sachbuch, 320 S.)	978-3-948722-37-1	18,00
Stanišić, Saša / Spitzer, Katja	Hey, hey, hey, Taxi! (Kinderbuch, 96 S.)	978-3-948722-05-0	20,00
Stanišić, Saša / Spitzer, Katja	Hey, hey, hey, Taxi! 2 (Kinderbuch, 88 S.)	978-3-948722-36-4	20,00

MAROVERLAG

Website www.maroverlag.de
E-Mail info@maroverlag.de

Anschrift MaroVerlag
Zirbelstraße 57 a
86154 Augsburg
Telefon 0821 / 41 60 34
Instagram @maro.verlag

2002 Kurt-Wolff-Preis
2017 Preis für einen Bayerischen Kleinverlag
2019 + 20 + 22 + 23 Deutscher Verlagspreis
2023 Preis der Hotlist für ›Leere Menge‹
Verleger: Benno Käsmayr u. Sarah Käsmayr

Maro begann 1970 mit Publikationen in kleinen Auflagen als eine subkulturelle Plattform für Autor:innen, die vom etablierten Literaturbetrieb (noch) nicht beachtet wurden. Als 1974 Bukowski zum Verlag kam, wurde aus einem Feierabendverlag ein kleines Unternehmen. Maros vielfältige Publikationsgeschichte vereint überraschende und innovative Buchprojekte in schöner Gestaltung. Getreu dem Motto ›Unabhängig. Unerwartet. Unbeirrt.‹ verlegt Maro Autor:innen aus aller Welt, vor allem aus Deutschland, den USA und Lateinamerika. Prosa und Lyrik reichen sich die Hand – neben Romanen bilden auch Erzählungen bzw. Stories und seit 2020 die Reihe ›MaroHefte‹ mit Essays und Illustrationen den verlegerischen Schwerpunkt. Seit 2022 erscheint auch Science-Fiction aus China bei Maro: die Zeitschrift ›Kapsel‹ sowie Bücher. Ergänzt wird das Programm um die Reihe ›Galeriebücher‹ zu Themen der Textilkunst.

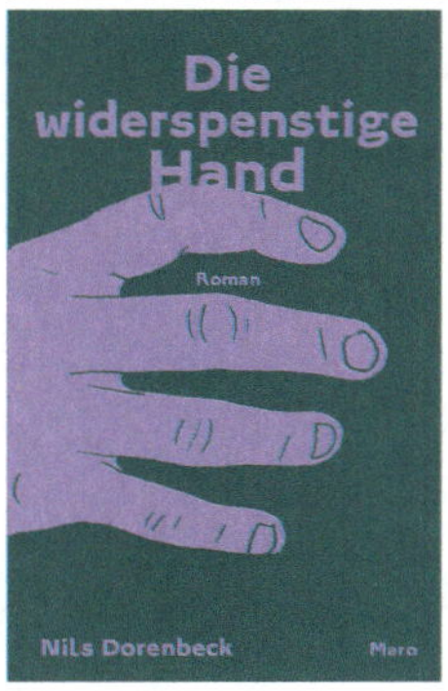

Nils Dorenbeck
›Die widerspenstige Hand‹
Roman,
144 S., HC
978-3-87512-678-5
22,00 Euro

›Nur im Handeln klaffen wir manchmal auseinander. Er fürchtet mein furioses Fassen, nach Menschen, nach Dingen, es macht ihn nervös. Er fixiert mich darum wie ein Polizist einen Schwerverbrecher, presst mich ängstlich an seine Brust. Denn was immer er sieht, ich könnte danach greifen und etwas damit treiben, das er nicht will – oder zu wollen sich nicht traut.‹ Plötzlich macht Martin Heimanns linke Hand, was sie will. Erschrocken muss er mit ansehen, wie sie nach Marias Kehle greift und zudrückt. Heimann kommt in Untersuchungshaft. Die Tat seiner Hand weckt beklemmende Kindheitserinnerungen. Da er nicht darüber sprechen kann, bringt seine Anwältin ihm Stift und Papier in die Zelle – und als seine widerspenstige Hand danach greift, lockt sie ihn in die Untiefen seiner Lebensgeschichte.

Marta Dzido
›Schweinebaumeln‹
Erzählungen,
a. d. Poln. v.
Antje Ritter-Miller,
208 S., HC
978-3-87512-680-8
24,00 Euro

Wie fühlt es sich an, vom Mond verführt zu werden, der sich nachts über den Balkon ins Zimmer schleicht? Lustvoll, wohlwollend und entlarvend erkundet Marta Dzido in insgesamt neun Erzählungen unterschiedliche Facetten von Liebe, Erotik und Sinnlichkeit. Beeindruckend schreibt sie aus verschiedenen Perspektiven – mal aus dem Hier und Jetzt, mal im Rückblick, mal aus Frauen-, mal aus Männersicht – über die widersprüchlichen Gefühle und Erfahrungen, die mit Verlangen und Zuneigung einhergehen. Dabei zeigt sie, welche Konventionen ihre Figuren bis ins Erwachsenenalter prägen und wie befreiend es sein kann, sie hinter sich zu lassen. Nicht zuletzt vermitteln die Geschichten eine Ahnung davon, wie es war, in den 90er Jahren in Polen aufzuwachsen – in einer Zeit neuer Unsicherheiten, aber auch neuer Möglichkeiten.

Ole Nymoen
›Auf der Suche nach der gestohlenen Zeit. Vom Zwang, für Geld zu arbeiten, oder: Der größte Raubzug der Geschichte‹
M. Illu. v. Olga Prader,
36 S., FH m. SU
978-3-87512-635-8
16,00 Euro

Der Autor schaut aus dem Fenster und fragt sich: Was machen die Menschen eigentlich den lieben langen Tag? Und vor allem, warum? Erst quälen sie sich aus dem Schlaf, dann schuften sie stundenlang für den Reichtum anderer – und in der ›Freizeit‹ erledigen sie die Aufgaben, die ihnen von Staat und Patriarchat (Care-Arbeit!) auferlegt werden. Das ist mehr als nur traurig: Die technischen Errungenschaften sind schon lange an einem Punkt, an dem für alle Menschen umfassend gesorgt sein könnte. Und dennoch ist immer wieder aufs Neue die Rede davon, dass ›wir‹ nun endgültig den Gürtel enger schnallen und noch länger arbeiten müssen. Irgendetwas stimmt hier nicht. Was wir täglich tun, kann man keinem klar denkenden Menschen mehr verkaufen. Und das will unser Erzähler auch nicht: Er sitzt daheim mit seinen Katzen, und nur zu ihnen, deren Alltag aus Fressen, Schlafen und Putzen besteht, kann er vertrauensvoll über den ganz normalen Wahnsinn sprechen. Jubiläums-MaroHeft #20 zeigt auf, woran die meisten Menschen leiden – und wie viel lebenswerter die Welt sein könnte. Das ›schöne Leben für alle‹ fängt die französische Künstlerin Olga Prader mit ihrem Zeichenstift ein.

Autor / Autorin	Titel (Spezifikationen)	ISBN	Preis in Euro
Bukowski, Charles	Ein Sixpack zum Frühstück (Gedichte, Stories, Briefe etc., 256 S.)	978-3-87512-495-8	24,00
Coleman, Wanda	Strände. Warum sie mich kaltlassen (Gedichte, 248 S.)	978-3-87512-497-2	24,00
Contreras Castro, F.	Única blickt aufs Meer (Roman, 144 S.)	978-3-87512-492-7	20,00
Desclozeaux, Magali	Die Concierge ist auf See (Roman, 168 S.)	978-3-87512-674-7	22,00
Dischereit, Esther	Ein Haufen Dollarscheine (Roman, 312 S.)	978-3-87512-676-1	24,00
Fante, John	Westlich von Rom (Roman, 216 S.)	978-3-87512-479-8	18,00
Gerber Bicecci, Verónica	Leere Menge (Roman, 224 S.)	978-3-87512-671-6	24,00
Hergane, Yvonne	Die Chamäleondamen (Roman, 240 S.)	978-3-87512-493-4	20,00
Klemp, Pia	Die Schrecklichen (Roman, 208 S.)	978-3-87512-673-0	22,00
Seuss, Diane	Frank: Sonette / frank: sonnets (Gedichte, 280 S.)	978-3-87512-672-3	28,00
Van Thuyne, Caro	Birkenschwester (Roman, 224 S.)	978-3-87512-675-4	24,00

MÄRZ VERLAG

Website www.maerzverlag.de
E-Mail info@maerzverlag.de

Anschrift MÄRZ Verlag GmbH
Göhrener Straße 7
10437 Berlin

Telefon 030 / 57 71 39 61

1969 von Jörg Schröder gegründet. Die Kombination aus Hochliteratur und Politik, aus Kunst und Genre hat den Verlag seit jeher ausgezeichnet. 2021 wurde der Verlag neu gegründet, Richard Stoiber ist Geschäftsführer, Barbara Kalender besorgt Presse, Vertrieb und Design und ist Herausgeberin der MÄRZ-Klassiker. MÄRZ stellt seit 1969 Fragen, die heute umso drängender sind, nämlich die nach der Verknüpfung von Begehren und Gesellschaft, von Körpern und Kapitalismus. MÄRZ will weiterhin die politischen und künstlerischen Bewegungen des 20. Jahrhunderts und der Gegenwart fördern, um so die Avantgarde von morgen aufzuspüren. MÄRZ verlegte neben der Belletristik immer schon Bildbände, Kinderbücher, Theorie, Comics, Pornografie – stets offen für alles Neue. Wir lieben die Vielfalt!

1969	Gründung
Verleger/in:	Jörg Schröder, Barbara Kalender
2021	Neugründung
2023	Deutscher Verlagspreis
Verleger:	Richard Stoiber

Ken Kesey
›Seemannslied‹
Roman,
a. d. amerik. Engl. v.
Milena Adam,
m. e. Vorw. v.
Volker Weidermann,
703 S.,
geb. m. SU
978-3-7550-0055-6
38,00 Euro

Ken Kesey, Autor von ›Einer flog über das Kuckucksnest‹, vereint erzählerische Kraft, anarchischen Humor und Gesellschaftskritik. In Kuinak, einem abgelegenen Ort in Alaska, kippt das Wetter ins Bedrohliche, der Lachs wird knapp, die Stimmung gereizt. Weltuntergangspropheten rufen: ›Diesmal wirklich!‹ Als eine Hollywood-Crew mit Luxusyacht eintrifft, wird das Dorf zur Filmkulisse – und das Chaos perfekt. Mittendrin: Ike Sallas, gescheiterter Ökoterrorist, und Alice Carmody, letzte Angehörige des Kuinak-Stamms, Unternehmerin und Cholerikerin. Beide ringen inmitten der Absurditäten um ihre Identität, ihre Geschichte und einen Ort, an dem Leben noch Sinn ergibt.

Thorsten
Nagelschmidt
›Nur für Mitglieder‹
Roman,
233 S.,
geb. m. SU
978-3-7550-0057-0
24,00 Euro

86 Stunden ›Sopranos‹ in 11 Tagen – da, wo andere Urlaub machen. Thorsten Nagelschmidt erzählt mit Witz, Tiefgang und radikaler Offenheit vom Versuch, dem alljährlichen Weihnachtsunglück zu entkommen. Statt Familie und Feiern: ein All-inclusive-Hotel auf Gran Canaria und täglich acht Stunden Mafia-Serie. In der Tradition von David Foster Wallace' Kreuzfahrt-Reportage stürzt sich Nagelschmidt in eine Extremsituation, um mit Humor und Scharfsinn über Einsamkeit, Eskapismus und die Abgründe der Urlaubsindustrie zu reflektieren. ›Nur für Mitglieder‹ ist eine schonungslose Selbstbeobachtung – und ein überraschend aktueller Blick auf das Alleinsein in einer überdrehten Welt.

Pina Kühr
›Ein Kind
ist ein ganzes Leben‹
Roman,
326 S.,
geb. m. SU
978-3-7550-0059-4
24,00 Euro

Pina Kühr findet in ihrem Debüt eine Sprache, wo sonst Worte fehlen – ein tröstlicher Roman über Mutterschaft und das Leben nach dem schmerzhaftesten Verlust. ›Ein Kind ist ein ganzes Leben‹: Stirbt das Kind, endet dann das eigene Leben? Mathildas Sohn stirbt 34 Tage nach der Geburt. Mit ihm stirbt alles, was vorher war. Sie funktioniert nur aus Gewohnheit. Man schickt sie ans Meer, als könne sie die Trauer zurücklassen. Mathilda kehrt auf die Bühne zurück, trägt fremde Gesichter – und verliert sich selbst. In den Bergen wächst die Ahnung, wieder sie selbst zu werden, nicht trotz, sondern mit dem Verlust. Sie beginnt zu schreiben, über ihren Sohn, die zerbrochene Beziehung und das weitere Leben. Ein leiser, unerschrockener Roman über Trauer und Neubeginn.

Autor / Autorin	Titel (Spezifikationen)	ISBN	Preis in Euro
Bakhti, Marouane	Wie man aus der Welt verschwindet (Roman, 148 S.)	978-3-7550-0050-1	20,00
Bongartz, Dieter	Vaterland (Roman, 230 S.)	978-3-7550-0060-0	25,00
Decar, Michel	Ich kam in Gestalt eines Elefanten (Gedicht, 92 S.)	978-3-7550-0043-3	25,00
Jacobsen, Siri Ranva Hjelm	Insel (Roman, 180 S.)	978-3-7550-0058-7	25,00
Lind, Cecilie	Mädchentier (Roman, 201 S.)	978-3-7550-0046-4	24,00
Mantwill, Thea	Glühfarbe (Roman, 154 S.)	978-3-7550-0048-8	22,00
Narholz, Christoph	Wide Bodied Jets (278 S.)	978-3-7550-0047-1	25,00
Ravn, Olga	Wachskind (Roman, 190 S.)	978-3-7550-0056-3	25,00
Sinclair, Upton	Am Fließband (Roman, 280 S.)	978-3-7550-0051-8	24,00
Waterdrinker, Pieter	Monsieur Poubelle oder Der Mülleimer der Geschichte (Roman, 560 S.)	978-3-7550-0041-9	28,00
Zinn, Howard	Eine Geschichte des amerikanischen Volkes (Sachbuch, 927 S.)	978-3-7550-0012-9	48,00

Website www.mehring-verlag.de
E-Mail vertrieb@mehring-verlag.de

Anschrift Mehring Verlag GmbH
Margaretenstraße 12
45145 Essen

Telefon 0201 / 64 62 106

1978 Gründung des Arbeiterpresse Verlags als Verlags- und Versandbuchhandlung
1986 Beginn der Buchherstellung
2009 Umfirmierung in Mehring Verlag

MEHRING VERLAG

Der Mehring Verlag legt seinen Schwerpunkt auf die Veröffentlichung von marxistischen Büchern zur aktuellen Politik und Geschichte. Zu den wichtigsten Themen gehören der Kampf gegen Krieg und Faschismus sowie die Geschichte der internationalen Arbeiterbewegung, u. a. die Russische Revolution 1917, die stalinistische Entartung und schließlich Auflösung der Sowjetunion 1991. Hier sind vor allem das Buch von David North ›30 Jahre Krieg: Amerikas Griff nach der Weltherrschaft‹, das sechsbändige Werk ›Gab es eine Alternative?‹ von Wadim Rogowin, die einzige umfassende Darstellung des Kampfs der Linken Opposition gegen den Stalinismus, die Bücher des amerikanischen Historikers Alexander Rabinowitch und die umfangreichen Schriften Leo Trotzkis zu nennen.

World Socialist Web Site
›Der Aufstieg Trumps und die Krise der amerikanischen Demokratie‹
ca. 150 S., PB
978-3-88634-152-8
15,00 Euro

Die Rückkehr Donald Trumps an die Macht stellt die gewaltsame Neuausrichtung des amerikanischen politischen Überbaus dar, um den realen sozialen Verhältnissen in den Vereinigten Staaten zu entsprechen. Diese Analyse der World Socialist Web Site unterstreicht das zentrale Thema dieses Buchs: Trumps Aufstieg und seine Rückkehr an die Macht sind kein Versehen, sondern das Ergebnis einer tief verwurzelten Krise des amerikanischen und weltweiten Kapitalismus. Seine Regierung führt eine historische Umstrukturierung des Staates durch, zerstört die verbliebenen demokratischen Schranken der oligarchischen Herrschaft und bereitet einen globalen Krieg vor. Die Texte in diesem Band zeichnen den Aufstieg Trumps, die politischen Kräfte, die ihn befördert haben, und die wesentliche Strategie zum Widerstand gegen seine Regierung nach.

Leseprobe Die Trump-Regierung spiegelt nicht nur die Ambitionen korrupter Individuen wider. Sie ist der politische Ausdruck der amerikanischen Unternehmens- und Finanzoligarchie, die ein nie dagewesenes Ausmaß an Reichtum angehäuft hat. Gleichzeitig beweist die Politik des Weißen Hauses unter Trump nicht die Stärke, sondern die Krise und Verzweiflung der Herrschenden. Die Oligarchie ist mit dem langfristigen Niedergang ihrer globalen Wirtschaftsmacht konfrontiert und sitzt auf einem massiven Schuldenberg, entstanden durch die mehrmalige Rettung der Wall Street. Sie steht vor den katastrophalen Folgen ihres eigenen rücksichtslosen Militarismus und einer wachsenden Opposition in den Vereinigten Staaten und auf der ganzen Welt.

David North
›Ein Warnruf: Sozialismus gegen Krieg‹
192 S., PB
978-3-88634-151-1
18,00 Euro

Die Reden zum 1. Mai, die David North in den Jahren 2014 bis 2024 gehalten hat, sind eine außergewöhnliche und zeitgemäße Analyse der dramatischen Eskalation des Militarismus und der wachsenden Gefahr eines atomaren Dritten Weltkriegs. Weitere Themen, die North in seinen Reden zum 1. Mai behandelt, sind die globalen Auswirkungen der Corona-Pandemie, das Wiederaufleben des Faschismus und die Zunahme des internationalen Klassenkampfs. Wie in seinen früheren Büchern zeigt North auch hier die bemerkenswerte Fähigkeit, aktuelle Ereignisse in ihren größeren historischen Zusammenhang einzuordnen. Norths Reden sind ein eindrucksvolles Beispiel für den Marxismus im eigentlichen Sinne – die Politik der revolutionären Aktion.

Leseprobe (aus der Rede zum 1. Mai 2014) Wer glaubt, ein Krieg gegen China und Russland wäre ein Ding der Unmöglichkeit und die imperialistischen Mächte würden keinen nuklearen Krieg riskieren, der macht sich etwas vor. Die Geschichte des 20. Jahrhunderts mit seinen beiden katastrophalen Weltkriegen und seinen unzähligen und blutigen lokal begrenzten Konflikten hat zur Genüge gezeigt, welche Risiken die imperialistischen herrschenden Klassen einzugehen bereit sind. Sie sind sehr wohl bereit, die gesamte Menschheit und den Planeten Erde dem Untergang preiszugeben. 100 Jahre nach Ausbruch des Ersten und 75 Jahre nach Beginn des Zweiten Weltkriegs steht die internationale Arbeiterklasse vor der Aufgabe, gegen die Gefahr einer dritten imperialistischen Katastrophe zu kämpfen.

Autor / Autorin	Titel (Spezifikationen)	ISBN	Preis in Euro
Léon, Abraham	Die jüdische Frage. Eine marxistische Darstellung (205 S.)	978-3-88634-064-4	14,90
North, David	Die Logik des Zionismus: Vom nationalistischen Mythos zum Genozid in Gaza (123 S.)	978-3-88634-150-4	10,00
North, David	Die Russische Revolution und das unvollendete Zwanzigste Jahrhundert (483 S.)	978-3-88634-132-0	29,90
North, David	Leo Trotzki und der Kampf für Sozialismus im 21. Jahrhundert (331 S.)	978-3-88634-148-1	18,90
North, David	30 Jahre Krieg – Amerikas Griff nach der Weltherrschaft (739 S.)	978-3-88634-142-9	34,90
Rogowin, Wadim S.	Gab es eine Alternative? (6 Bde., 2940 S.)	978-3-88634-099-6	159,00
Trotzki, Leo	Die permanente Revolution (270 S.)	978-3-88634-135-1	16,90
Trotzki, Leo	Fragen des Alltagslebens (284 S.)	978-3-88634-059-0	18,90
Trotzki, Leo	Porträt des Nationalsozialismus (504 S.)	978-3-88634-147-4	22,90
Trotzki, Leo	Verratene Revolution (347 S.)	978-3-88634-105-4	18,90
Vandreier, Christoph	Warum sind sie wieder da? (185 S.)	978-3-88634-140-5	12,90

DRUCKPRODUKTE

Neben dem Katalog der Stiftung prägten früh Einladungskarten das öffentliche Bild der Stiftung. Zudem hier zu sehen: die Urkunden, Visitenkarten und Briefbogen der Stiftung, dazu die Plakate ›Wer bekommt was vom Buch‹ (2023) und ›Was macht ein Verlag‹ (2025).

1. Imageserie ›Bücher KWV‹ 2015, DIN A6
2. Imageserie ›Tiere‹ 2008, DIN A6
3. Einladung Frankfurter Buchmesse 2011, DIN A6
4. Einladung Frankfurter Buchmesse 2012, DIN A6
5. Einladung Leipziger Buchmesse 2013, DIN A6
6. Imageflyer 2016, DIN A6
7. Einladung Neujahrsempfang 2020, DIN A5
8. Infoflyer 2008, DIN A3
9. Einladung Frankfurter Buchmesse 2015, DIN A6
10. Urkunde 2025, DIN A4
11. Visitenkarten Vorstand 2015 und 2021, DIN A8
12. Briefpapier 2021, DIN A4
13. Programm ›Die Unabhängigen‹, Leipziger Buchmesse 2025, DIN C4/C6
14. Pressemappe 2011, DIN C4
15. Infoposter ›Wer bekommt was vom Buch?‹ 2023, DIN A2/A4
16. Infoposter ›Was macht ein Verlag?‹ 2025, DIN A2/A4

MERLIN VERLAG

Website	www.merlin-verlag.com
E-Mail	info@merlin-verlag.de
Anschrift	Merlin Verlag Gifkendorf 38 21397 Gifkendorf
Telefon	04137 / 72 07
Instagram	@merlinverlag

Vor 67 Jahren ursprünglich als Theaterverlag in Hamburg gegründet, zog das erste Buch, Jean Genets Roman ›Notre-Dame-des-Fleurs‹, gleich eine Anklage wegen ›Verbreitung unzüchtiger Schriften‹ nach sich. Der bedeutende Literaturprozess endete 1962 mit einem Freispruch. Seit 1980 residiert der Verlag im ländlichen Gifkendorf bei Lüneburg. Das Verlagsprogramm umfasst Literatur, Theaterwerke und Kunst namhafter internationaler und deutschsprachiger Autoren und Künstler, darunter Tahar Ben Jelloun, Jens Bjørneboe, John von Düffel, Thomas Fritz, Jean Genet, Johannes Grützke, Janosch, Fouad Laroui, Marquis de Sade, Marie NDiaye, Joël Pommerat, Ayfer Tunç, David A. Robertson, Eugen Ruge und Unica Zürn. 2011 wurde Merlins Autor Boualem Sansal mit dem Friedenspreis des Deutschen Buchhandels ausgezeichnet. Auch im 68. Jahr gilt das Merlin-Motto: ›Vielseitig, relevant und unabhängig!‹

1957	Gründung in Hamburg
1984	1. ZEIT-Preis
2019	Kurt-Wolff-Preis für Andreas J. Meyer
2020 + 24	Deutscher Verlagspreis
Verlegerin:	Katharina E. Meyer

Hugo Micheron
›Der Zorn
und das Vergessen.
Die Demokratien
angesichts
des europäischen
Dschihadismus‹
Übers. v. Vincent
von Wroblewsky,
428 S., HC
978-3-87536-351-7
29,90 Euro

Der Politikwissenschaftler Hugo Micheron wirft einen breiten Blick auf den Dschihadismus. Er zeichnet die Entwicklungen seit dem sowjetischen Abzug aus Afghanistan im Jahr 1989 bis zur Rückkehr der Taliban nach Kabul nach und betrachtet die Frage ›Woher kommt der Dschihadismus?‹ unter besonderer Berücksichtigung der europäischen Länder. Wie kam es dazu, dass der Dschihadismus innerhalb von nur einer Generation zu einem zentralen politischen und gesellschaftlichen Thema in den westlichen Ländern geworden ist? Und welche Tendenzen und Herausforderungen folgen daraus für die Zukunft? Neben unveröffentlichtem historischem Archivmaterial aus seiner Forschungstätigkeit an der Princeton Universität stützt sich Micheron auch auf Interviews. In Europa, den Vereinigten Staaten und im Nahen Osten führte er Gespräche mit bekannten und anonymen, freien und inhaftierten islamistischen Aktivisten, ihrem Umfeld und mit Mitgliedern von Sicherheitsdiensten sowie politischen und religiösen Führern, die einen Einblick in die Komplexität des Dschihadismus vermitteln. Ausgezeichnet mit dem Prix du Livre de Géopolitique 2023.

Ali Schindehütte
›Gefiederte Freunde‹
Illu. Gedichtband,
128 S., HC
978-3-87536-354-8
34,00 Euro

›Meine Vogelzeichnungen in kalligraphischer Manier – geschrieben wie gezeichnet, gezeichnet wie geschrieben – haben von Anfang an laut nach literarischen Verwandten gerufen, welche die Vögel besingen mit Gedichten und Geschichten, mit Zeilen und Zitaten.‹ – Albert Schindehütte (Werkstatt Rixdorfer Drucke). Mit Vogelgedichten und -geschichten in Zeilen und Zitaten, u. a. von Ingeborg Bachmann, Bertolt Brecht, Paul Celan, Hermann Hesse, Ernst Jandl, Thomas Mann, Friedrich Nietzsche und Boualem Sansal. Mit einem Vorwort von Michael Krüger und einem Nachwort von Stefan Peker.

Brian Thomas Isaac
›All die ruhigen Orte‹
Roman,
übers. v.
Michael Raab,
292 S., SC
978-3-87536-352-4
28,00 Euro

1956: Der sechsjährige Eddie Toma lebt mit seiner Mutter und seinem kleinen Bruder am Rande des Okanagan Reservats in British Columbia, Kanada. Seine Mutter Grace ist fest entschlossen, ihn auf das Leben in der weißen Community vorzubereiten und schickt ihn auf eine staatliche Schule, während sie erbittert gegen die katastrophalen Lebensbedingungen in ihrer Gemeinde kämpft. Als nach Jahren der Abwesenheit der Vater zurückkehrt, bestimmen Chaos und Instabilität den Familienalltag. Unsentimental und schonungslos ehrlich erzählt Isaac von Eddies Kindheit und Jugend, von alltäglichem Geschwisterstreit, von Eddies Liebe zur Tochter der weißen Nachbarn, von Traumata wie dem tragischen Tod seines besten Freundes, von Rassismus und Brutalität in der Schule. ›All die ruhigen Orte‹ offenbart die Spuren des Kolonialismus im Leben einer Familie, die versucht, sich gegen den Verlust der eigenen Kultur zu wehren.

Autor / Autorin	Titel (Spezifikationen)	ISBN	Preis in Euro
Bremer, Uwe	Nachtstücke (56 S., m. farb. Abb.)	978-3-87536-350-0	24,00
Fritz, Thomas	Kinder des Labyrinths (Roman, 368 S.)	978-3-87536-328-9	24,00
Genet, Jean	Querelle de Brest (Roman, 396 S.)	978-3-87536-349-4	32,00
Golowin, Sergius	Die Magie der verbotenen Märchen (Merlins Magische Bibliothek, 240 S.)	978-3-87536-179-7	19,80
Hegewisch, Erika / Krüger, Michael	Wo die Vögel sich trafen (Bilder u. Gedichte, 80 S.)	978-3-87536-345-6	22,00
Le Clerc, Xavier	Ein Mann ohne Titel (Roman, 116 S.)	978-3-87536-347-0	24,00
Pommerat, Joël	La Révolution #1 – Wir schaffen das schon (Merlin Theater, 160 S.)	978-3-87536-326-5	14,95
Robertson, David A.	Strangers (Roman, 268 S.)	978-3-87536-337-1	12,80
Sansal, Boualem	Das Dorf des Deutschen (Roman, 10. Aufl., 288 S.)	978-3-87536-281-7	18,00
Seven Deers, Sanna	Feuerblume (Roman, 320 S.)	978-3-87536-291-6	12,00
Younging, Gregory	Elemente indigenen Stils (Sachbuch, 200 S.)	978-3-87536-348-7	24,00

MIKROTEXT

Website www.mikrotext.de
E-Mail info@mikrotext.de

Anschrift mikrotext
c/o Colonia Nova
Thiemannstraße 1
12059 Berlin
Instagram @mikrotext

2013	Gründung
2019 + 20 + 23	Deutscher Verlagspreis
2020	weltweit erstes ›Jahr des offenen Verlags‹
2021 + 24	Shortlist Berliner Verlagspreis
2023	Preis der Leipziger Buchmesse für Dinçer Güçyeter ›Unser Deutschlandmärchen‹
2024	Kurt-Wolff-Förderpreis
Verlegerin:	Nikola Richter

mikrotext ist ein unabhängiger Verlag für Texte mit Haltung und für neue Erzählformen mit Sitz in Berlin. Der Verlag veröffentlicht neueste, vor allem deutschsprachige Literaturen, die Zeitgenossenschaft dokumentieren und Perspektiven in die Zukunft schreiben.

Ariel Magnus
›Die Verbliebenen vom Tempelfeld‹
Roman,
248 S., HC
978-3-948631-62-8
25,00 Euro

Mit Humor und satirischem Biss lässt der argentinische Autor Ariel Magnus in seinem ersten auf Deutsch geschriebenen Roman ›Die Verbliebenen vom Tempelfeld‹ einen jungen Mann erzählen: Jamil wurde als syrischer Flüchtling im Containerdorf auf dem Tempelhofer Feld einfach vergessen. Seitdem hat er es nicht verlassen und kommentiert von dort, seinem neuen Zentrum der Welt, das Leben. Berlin ist auf dem Feld so, wie wir uns die ganze Welt wünschen: ein Ort der Freundschaft und der Freiheit und der verrückten Ideen. Ein unglaublich befreiendes Buch. ›Ohne Witz: ein Heimatroman! Und das dann doch mit Witz. Und Ernsthaftigkeit und Gefunkel und fabulierendem Realismus. Das ist nun wahrlich ein weites Feld!‹ (Tilman Rammstedt)

Ragnar Helgi Ólafsson
›Die Bibliothek meines Vaters‹
Requiem,
a. d. Isl. v. Jón Thor Gíslason u. Wolfgang Schiffer,
208 S., HC
978-3-948631-64-2
25,00 Euro

Ragnar Helgi Ólafsson lebt in Reykjavík als Autor, Verleger und Vogelretter. Der Autor muss die Bibliothek seines Vaters, einst Verleger und selbst Autor, ausräumen und nimmt sich dafür ein Wochenende vor. Sehr schnell wird klar, dass diese Zeitplanung eine Schnapsidee ist. Also entscheidet er sich dafür, zufällig Bücher aufzuschlagen: Können wir jemals über den Verlust der verbrannten Bibliothek in Alexandria hinwegkommen? Was haben seltsame regionale Geschichten über Geister, Feen und arme Bauern in Island im 19. Jahrhundert mit dem 21. zu tun? Wann genau wird die Sonne voraussichtlich ausbrennen? Und wie können diese Fragen dazu beitragen, unserem Leben und unserer Existenz heute einen Sinn zu geben? Sind Geschichten vielleicht das Einzige, was wir wirklich weitergeben?

Christiane Frohmann
›Vier Wochen‹
Novelle,
160 S., HC
978-3-948631-60-4
24,00 Euro

›Vier Wochen‹ ist eine aus der Sicht einer Mutter erzählte Coming-of-Age-Geschichte einer Familie, Neuerfindung der klassischen Novelle in Zeiten sozialer Medien, Freude am schöpferischen Umgang mit Sprache, performative Kritik am Kanon, philosophische Reflexion über gesellschaftliche Fragen und unterhaltsame Lektüre. ›Christiane Frohmann hat sich einen großartigen feministischen Scherz in Literatur erlaubt.‹ (Maryam Aras)

Autor / Autorin	Titel (Spezifikationen)	ISBN	Preis in Euro
Ansari, Puneh	Hallo Everybody (Texte u. Zeichnungen, 192 S.)	978-3-948631-30-7	20,00
Artibilov, Anton	Angespannt vapen (Roman, 216 S.)	978-3-948631-50-5	25,00
Breyger, Yevgeniy	Kryptomagie (Zwanzig suesse kleine Cryptopoems, 48 S.)	978-3-948631-23-9	12,00
Conrad, Elfi	Als sei alles leicht (Roman, 120 S.)	978-3-948631-58-1	22,00
Conrad, Elfi	Schneeflocken wie Feuer (Roman, 304 S.)	978-3-948631-33-8	26,00
Güçyeter, Dinçer	Unser Deutschlandmärchen (Roman, 216 S., Fotogr.)	978-3-948631-16-1	25,00
Herzberg, Ruth	Wie man mit einem Mann unglücklich wird (Roman, 176 S.)	978-3-948631-06-2	14,99
Kaprálová, Dora	Winterbuch der Liebe (Prosa, 120 S.)	978-3-948631-55-0	20,00
Kiyak, Mely	Dieser Garten (Erzählung, 160 S.)	978-3-948631-46-8	24,00
Materni, Undine	Vom Folgen und Bleiben (Kurzgeschichten, 100 S.)	978-3-948631-36-9	18,00
Sargnagel, Stefanie	In der Zukunft sind wir alle tot (Statusmeldungen, 104 S.)	978-3-944543-37-6	9,99

MIRABILIS VERLAG

Website www.mirabilis-verlag.de
E-Mail post@mirabilis-verlag.de

Anschrift Mirabilis Verlag
Barbara Miklaw
Lindenhöhe 1
01665 Klipphausen OT Miltitz
Telefon 0163 / 24 80 187

Programmschwerpunkt ist deutsche Gegenwartsliteratur – literarische Erzählungen und Romane, die sich im Sinne von Humanismus und Toleranz mit gesellschaftlich relevanten Themen auseinandersetzen, sprachlich bemerkenswert und oft auch als literarisches Debüt. Von einigen Autor:innen sind bereits mehrere Titel im Verlag erschienen. Alle Bücher sind sorgsam gestaltet – oft in Verbindung mit bildender Kunst. Zeichnungen, Grafiken und Fotografien sollen dabei nicht nur illustrieren, sondern eigene Geschichten erzählen. Ebenfalls wichtig sind für uns erzählende Sachbücher für Kinder, die auch unterrichtsbegleitend eingesetzt werden können, wie der Titel ›Wer denkt sich die Wörter aus?‹ von Brigitte Schniggenfittig und Jörg Wagner oder die Reihe ›Schau hinter die Kulissen‹, die für das Grundschulalter geeignet ist. 2022 erhielt der Verlag den Sächsischen, 2024 den Deutschen Verlagspreis.

2011 Verlagsgründung in Miltitz bei Meißen
2012 Start des literarischen Programms
2017 Beginn Kinderbuchprogramm
Verlegerin: Barbara Miklaw

Achim Kinter
›Ist das dein Ernst, Charlotte?‹
Erzählung,
168 S.,
geb., m. SU, LB
978-3-947857-27-2
22,00 Euro

Sie sind ein unzertrennliches Paar: der Erzähler Florian Hans und Charlotte, sein mittelgroßer schwarzer Hund. Gemeinsam gründen sie eine Detektei, spüren einem geheimnisvollen Krokodilzahn und einem Mord nach, sie beobachten die Menschen um sich herum und lassen die Leser an ihren Gesprächen und Überlegungen zu den großen Lebensfragen, zu Gut und Böse und ihrer Vorliebe für Kierkegaard teilhaben. – Eine hinreißende Erzählung, voller fantastischer Begebenheiten und gewürzt mit einer Prise allerfeinsten Humors. Es gibt immer etwas Gutes in der Welt, meint der Erzähler – dieses Buch gehört auf jeden Fall dazu. Dr. Achim Kinter (geb. 1959 in Oberhausen) lebt in der Normandie. Nach dem Studium von Literatur und Philosophie war er viele Jahre lang Journalist, rezensierte Neuerscheinungen und schrieb zahlreiche Fachbücher. ›Ist das dein Ernst, Charlotte?‹ ist Achim Kinters erste Erzählung. Damit hat er seine berufliche Aufgabe, Lesern die Welt zu erklären, endlich offiziell in weitaus berufenere Hände, genauer gesagt Pfoten, gelegt.

Rasa Bugavičute-Pēce
›Der Junge, der im Dunkeln sah‹
Jugendroman,
a. d. Lett. v. Lil Reif,
186 S., HC m. LB
978-3-947857-29-6
20,00 Euro

Jēkabs soll schon als Kind erwachsen sein. Einerseits, um seinen blinden Eltern durch das alltägliche Leben zu helfen, andererseits, um den Vorstellungen seiner Mutter von einem ›idealen Kind‹ gerecht zu werden. Je älter er wird, desto mehr versucht er, sich aus dieser Enge zu lösen und auch eigene Wege zu gehen. Verschiedene Erlebnisse, vom ersten Schultag bis hin zur ersten großen Liebe, eröffnen einen spannenden und zugleich tief berührenden Blick auf das Leben in der Wahrnehmung mit anderen Sinnen. Parallel wird die Sicht der strengen Mutter geschildert, die verzweifelt versucht, trotz ihrer Blindheit alles richtig zu machen und ihr Kind zu beschützen. Rasa Bugavičute-Pēce (geb. 1988) ist eine lettische Dramatikerin und Autorin. Sie absolvierte 2011 ihr Studium der Theater-, Film- und Fernsehdramaturgie an der Kulturakademie Lettlands und erwarb 2013 einen Master-Abschluss in Kulturmanagement und kreativem Schreiben. Neben Theaterstücken schreibt sie Drehbücher für Filme, Radiosendungen und Konzerte.

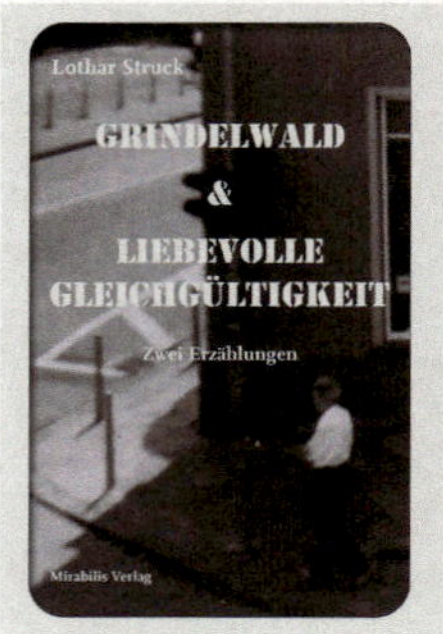

Lothar Struck
›Grindelwald & Liebevolle Gleichgültigkeit‹
Zwei Erzählungen,
148 S., HC m. LB
978-3-947857-30-2
20,00 Euro

›… und vielleicht ist jedes neue Spiel ja immer wieder neu so etwas wie Hoffnung; Hoffnung darauf, dass alles gut wird – der eine Coup, der das Leben geraderückt; aber alles ist schon zusammengebrochen, nichts kann mehr geradegerückt werden.‹ ›Grindelwald‹ ist die aus der Sicht eines Sohnes autofiktional erzählte Lebensgeschichte des spielenden Vaters, der nicht anders kann, als die letzte Mark noch in Wettbüros und Casinos zu tragen, auch wenn er seine Familie damit immer wieder im Stich lässt. Selbstreflexiv, eindringlich, berührend. – Mit der Erzählung ›Liebevolle Gleichgültigkeit‹ wird ›Grindelwald‹ nun ergänzt und fortgeführt, wobei insbesondere der Bruder des Erzählers im Fokus steht. Lothar Struck lebt und arbeitet in Augsburg. Er ist Redakteur beim Online-Literaturmagazin ›Glanz und Elend‹ und betreibt das Weblog Begleitschreiben.net. 2013 erschien im Mirabilis Verlag der Essay ›Der Geruch der Filme – Peter Handke und das Kino‹, 2018 ›Erzähler, Leser, Träumer – Begleitschreiben zum Werk von Peter Handke‹.

Autor / Autorin	Titel (Spezifikationen)	ISBN	Preis in Euro
Al-Robaiy, Muntaha / Nickler, Nicole	Layla aus dem Zauberwald (Kinderbuch, 72 S., Abb., geb.)	978-3-947857-06-7	14,90
Altschäfer, Martina	Andrin (Roman, 264 S., geb.)	978-3-947857-05-0	24,00
Arnold, Florian L.	Das flüchtige Licht (Roman, 264 S., Abb.)	978-3-947857-20-3	24,00
Berscheid, Martina	Fremder Champagner (Erzählungen, 236 S., geb.)	978-3-947857-25-8	24,00
Faßbender, Daniel	Die weltbeste Geschichte vom Fallen (Roman, 240 S.)	978-3-9818484-6-5	17,90
Gleichauf, Riccarda	Nilgül und Hausen (Kinderbuch, 40 S., m. Musik, geb.)	978-3-947857-21-0	18,00
Grüneberger, Ralph	Robert und der elfte Apfel (Kinderbuch, 176 S., geb.)	978-3-947857-26-5	21,00
Kuhnert, Reinhard	Was unvergessen bleibt (Erzählungen, 160 S., geb.)	978-3-947857-19-7	22,00
Schniggenfittig / Wagner / Gilfert	Wer denkt sich die Wörter aus? (Kindersachbuch, 112 S., Abb., geb.)	978-3-947857-12-8	19,00
Struck, Lothar	Erzähler, Leser, Träumer. Begleitschreiben zum Werk von Peter Handke (Essays, 224 S., geb.)	978-3-9818484-1-0	38,00
Vītiņa, Lote Vilma	Der kleine Dichter und der Duft (Kinderbuch, a. d. Lett. v. L. Reif)	978-3-947857-23-4	16,00

Website	www.mitteldeutscherverlag.de
E-Mail	info@mitteldeutscherverlag.de
Anschrift	Mitteldeutscher Verlag GmbH Bernburger Straße 2 06108 Halle (Saale)
Telefon	0345 / 23 32 20
Instagram	@mitteldeutscherverlag

MITTELDEUTSCHER VERLAG

2019 + 21 + 22	Deutscher Verlagspreis
2024	Hotlist Top 10: ›Ein Sommer in Prag‹ (Zdena Salivarová)
2025	ITB-Award: ›Tuschetien entdecken‹ (Stefan Applis)

Kulturelle Vermittlung muss auch abseits der Bestsellerlisten stattfinden! In den 79 Jahren unseres Bestehens sind tausende von Büchern von mehr als 1500 Autor*innen erschienen. Wir sind ein Traditionshaus, das in die Zukunft schaut; ein Regionalverlag mit Weitblick; ein kleines Team mit großem Programm: Literatur – Kunst – Reise – Geschichte. Unsere Leidenschaft sind Fotobände, deren Sujets von fernen Ländern bis hin zu Spezialthemen reichen. Daneben hat anspruchsvolle deutsche Gegenwartsprosa ebenso einen Platz wie niveauvolle Unterhaltungsliteratur. Durch Übersetzungen zeitgenössischer Werke wird Schriftsteller*innen eine deutsche Stimme gegeben. Ein besonderer Schwerpunkt liegt dabei auf Übersetzungen aus kleineren Sprachräumen, wie Tschechien, Georgien und Litauen. Ein breites Spektrum an Reiseliteratur sowie ein umfangreiches Sach- und Fachbuchsegment runden unser Programm ab.

Mareike Klee
›erzähl ich morgen‹
Roman,
225 S., KB
978-3-68948-028-8
22,00 Euro

Als Hedwig den deutlich jüngeren Avi kennenlernt, ist sie von seiner charmanten Unbekümmertheit irritiert. Abenteuer sind in ihrem durchstrukturierten Alltag als Professorin und Mutter nicht vorgesehen. Aber was hilft das, wenn einer so hartnäckig bleibt ... Avi, der als DJ und Produzent in der Berliner Musikszene unterwegs ist, überredet sie zu einem gemeinsamen Abend in seinem Lieblingsclub, wo sie es nicht lange aushält: zu laut, zu voll, die zugedröhnten Leute. Und doch erscheint auf einmal alles möglich. So finden sich die beiden am nächsten Tag in einem Auto wieder, um nach Norden zu fahren, ans Meer. ›Ein Gesellschaftsroman, der noch einmal die 1990er Jahre aufblitzen lässt; ein Roadmovie, das auf der B 96 bis zur Insel Rügen führt.‹ (Kulturjournal NDR 1 Radio MV)

Frank Kreißler
›Dessau 1925.
Das Jahr, im dem das Bauhaus kam‹
Sachbuch,
400 S., geb.
978-3-96311-859-3
28,00 Euro

Im Jahr 2025 jährt sich der Umzug des Bauhauses von Weimar nach Dessau zum 100. Mal. Für sieben Jahre, bis zum von den nationalsozialistisch bestimmten kommunalen Behörden erzwungenen erneuten Umzug nach Berlin 1932, war die Stadt damit Mittelpunkt neuer, avantgardistischer Bestrebungen in Architektur und Design mit Weltausstrahlung. Neben diesem vor allem in der Rückschau bedeutsamen Ereignis wird der damalige Alltag der Menschen betrachtet, ihre Sorgen und Nöte, aber ebenso Anlässe zum Fröhlichsein und Feiern. In Form einer kalendarischen Chronik betrachtet der Autor, der Dessauer Stadtarchivar Dr. Frank Kreißler, dieses für die Muldestadt wichtige Jahr. Vorangestellt sind den Abschnitten parallele Ereignisse aus Deutschland und der Welt. Das reich bebilderte Buch präsentiert wie unter dem Mikroskop eine Alltagsgeschichte der 1920er Jahre, die auch für die heutige Zeit teils erschreckend aktuell ist.

Xenophon Contiades
›Die Nacht,
in der Pavlos ging‹
Roman,
a. d. Griech. v.
Theo Votsos,
272 S., BR
978-3-68948-057-8
22,00 Euro

Mitreißend, erschütternd und hochaktuell – ›Die Nacht, in der Pavlos ging‹ aus dem Jahr 2023 ist ein politischer Thriller, der die erschreckende Geschichte der rechtsextremen Partei ›Goldene Morgenröte‹ und die dramatischen Ereignisse rund um die Ermordung des Musikers und Rappers Pavlos Fyssas erzählt. Basierend auf realen Geschehnissen, führt uns der Roman durch die dunklen Abgründe einer kriminellen Organisation, die unter dem Deckmantel der Politik agierte. Xenophon Contiades lässt in seinem packenden Werk Zeug*innen, Opfer und Betroffene zu Wort kommen und zeichnet ein erschütterndes Bild von Gewalt, Einschüchterung und mutigem Widerstand. Das Buch beginnt mit der Mordnacht an Pavlos Fyssas und endet mit dem historischen Gerichtsprozess, der zur Verurteilung der Neonazi-Partei führte. Ein fesselndes und wichtiges Buch, das nicht nur die jüngste Geschichte Griechenlands beleuchtet, sondern auch als Mahnung vor dem Wiedererstarken der extremen Rechten in Europa dient.

Autor / Autorin	Titel (Spezifikationen)	ISBN	Preis in Euro
Applis, Stefan / Mühlfried, Florian	Tuschetien entdecken. Ein Kultur- und Naturreiseführer für Georgien (Reiseführer, 200 S.)	978-3-96311-984-2	26,00
Baumgarten, P. / Kohout, A. (Hgg.)	Ostflimmern. Wir Wende-Millennials (Bild-Text-Band, 176 S.)	978-3-96311-944-6	30,00
Biene, Ulrich	Der Pirol an der Zapfsäule. Minol – Geschichte und Geschichten (Sachbuch, 160 S.)	978-3-96311-964-4	24,00
Crummey, Michael	Das Wunder von Paradise Deep (Roman, a. d. Engl. v. J. Burger, 448 S.)	978-3-96311-925-5	28,00
Crvenkovska, Biljana S.	Die neun Monde der Miss Sith (Roman, a. d. Maz. v. C. Marks, 144 S.)	978-3-96311-910-1	20,00
Grüneberger, Ralph	Über sieben Brücken ... Helmut Richter. Schriftsteller, Lyriker, Liedautor (Sachbuch, 104 S.)	978-3-96311-978-1	20,00
Ishikawa, Tatsuzō	Die letzte Utopie (Roman, a. d. Jap. v. Y. Mizobuchi u. S. Mangold)	978-3-68948-001-1	28,00
Knoblich, Tobias J.	Osten als Passage (Essays, 300 S.)	978-3-68948-003-5	24,00
v. Waldenfels, Rudolf	In die Nacht (Roman, 148 S.)	978-3-96311-878-4	20,00

MIXTVISION VERLAG

Website	www.mixtvision.de
E-Mail	info@mixtvision.de
Anschrift	Mixtvision Mediengesellschaft mbH Leopoldstraße 25 80802 München
Telefon	089 / 38 37 70 90
Instagram	@mixtvision

Mixtvision will Kinder und Jugendliche für gute Geschichten in Text und Illustration und für das Lesen begeistern – unterhaltsam, anregend, kreativ. Immer mit einer Botschaft, nie mit dem Holzhammer, stets in einer besonders gestalteten Form. Mixtvision-Bücher sind manchmal gewagt, oft innovativ, immer wertig: kunstvolle Bilderbücher, die auf die Kraft der Illustration vertrauen; Kinderromane, die Spaß machen und sich mit feinem Subtext auf aktuelle Themen beziehen; anspruchsvolle Jugendbücher, die auf unterschiedliche Weise in extreme Welten eintauchen und Teenagern Reibungsflächen für die aufregende Coming-of-Age-Phase bieten. Neben besonderen Inhalten suchen wir immer auch nach besonderen Formen des Erzählens – getreu dem Verlagsmotto: Weiter. Erzählen.

2009	Bayerischer Kleinverlagspreis
2019 + 21 + 22	Deutscher Verlagspreis
2020 + 23 + 24	Verlagsprämie des Freistaats Bayern
2024	Spitzenpreis Deutscher Verlagspreis
Verleger:	Sebastian Zembol

Ariana Zustra (Text) / Susanna Harrison (Illu.)
›Don't Stop the Music. Unsterbliche Popstars und was sie verbindet‹
Sachbuch, ab 14. J., 128 S., geb., farb. illu.
978-3-95854-241-9
25,00 Euro

Popmusik ist Zeitgeist, Statement, Weltgefühl. Und sie lebt Kontrast: alt trifft neu, leise trifft laut, Ikone trifft Idol. In ›Don't Stop the Music‹ begegnen sich einige der größten Künstler:innen der Musikgeschichte in 53 Doppelporträts als kreative Seelenverwandte. Stars von gestern und heute – auf einer Bühne der besonderen Art. Jede Doppelseite widmet sich einem Thema aus der Welt der Popmusik, mit je einem Klassiker und einem aktuellen Star. Dazu kommen Fun Facts, visuelle Highlights und jede Menge Aha-Momente. Welche beiden Megastars haben sich mit ihren Tanzeinlagen ins kollektive Gedächtnis getanzt? Was verbindet Prince und Max Martin – ein Bühnenchamäleon und ein stiller Hit-Garant? Durch wen wurde Pop zur Protestform? Wer hat mit Glitzer und Glamour Geschlechterrollen gesprengt – und dabei neue Vorbilder geschaffen? Man liest und staunt, über Verbindungen, die man so noch nie gesehen hat. Über kleine Funken Popgeschichte, die plötzlich groß aufleuchten. Ein Buch wie ein Mixtape: überraschend, bunt, laut und leise zugleich. Für alle ab 14, die Pop nicht nur hören, sondern fühlen.

Kinderkunsthaus (Hg.)
›Mach Kunst draus! 30 kreative Ideen zum Gestalten mit Kindern‹
Kreativbuch, ab 5. J., 72 S., geb., farb. illu.
978-3-95854-255-6
20,00 Euro

Kunst entsteht dort, wo Neugier auf Material trifft, dort, wo echte Kreativität Raum für Entfaltung findet. Weit entfernt von flachen Bastelangeboten zeigt ›Mach Kunst draus!‹ mit 30 ästhetischen Impulsen, wie viel Potenzial in Knete, Pappe, Draht, Schwamm & Co. steckt. Ob abstrahierte Collagen in Yves-Klein-Blau, Einstrichzeichnungen wie Pablo Picasso oder Spachteltechnik mit Farbexplosion: Hier darf gedacht, gebaut, gescheitert und gestaunt werden. Ein leidenschaftliches Plädoyer gegen die kreative Unterforderung von Kindern! Jede Gestaltungstechnik ist mit einer kurzen, über einen QR-Code erreichbaren Videoanleitung ausgestattet, die komplett ohne Sprache auskommt. Da malen Spielzeugautos Farbbahnen, ein Magnet tanzt durch die Farbe, der Wind übernimmt den Pinsel … Immer steht der Prozess im Vordergrund, nicht das perfekte Ergebnis. Pointierte Seitenblicke zu Künstlern wie Mark Rothko, Cy Twombly oder Riko Ueda schlagen Brücken zwischen Kunstgeschichte und Gegenwart, Atelier und Kinderzimmer.

Cornelia Boese (Text) / Stefanie Jeschke (Illu.)
›Arche Boa‹
Vorlesen, ab 5 J.
72 S., geb., farb. illu.
978-3-95854-231-0
20,00 Euro

Eine obdachlose Fledermaus, ein Hai mit Burnout und eine Tigerin, die nicht als Bettvorleger enden möchte: Zwölf Tiere treten im Finale der spektakulären Castingshow auf der ›Arche Boa‹ an, um ein Ticket für lebenslanges QuarTIER an Bord des Luxus-Liners zu gewinnen. Mit Musik, Pathos und Orchester erzählen sie von dem, was ihre Welt bedroht, von Wilderei, Meeresmüll und Klimakrise. Wen wird das Publikum auswählen? Oder findet sich vielleicht eine viel bessere Lösung? Mit feinem Rhythmusgefühl und ausgeprägtem Gespür für Dramaturgie verwandelt Cornelia Boese die großen ökologischen Fragen unserer Zeit in zugängliche, eindringliche Monologe, kindgerecht und ohne Zeigefinger. Illustratorin Stefanie Jeschke inszeniert das tierische Ensemble mit sichtbarem Spaß an Form, Farbe und komischer Zuspitzung. Ihre Arche ist kein Mahnmal, sondern ein lebendiger Ort des Widerstands – mit Popcorn, Protestplakaten und einer Botschaft, die nachhallt.

Autor / Autorin	Titel (Spezifikationen)	ISBN	Preis in Euro
Altarriba i Bigas, Eduard u. a.	Zukunft auf dem Mars (Illu. Sachbuch, ab 8 J., 64 S.)	978-3-95854-239-6	24,00
Evans, Gabriel	Hör mal, Hippo! (Bilderbuch, ab 4 J., 32 S.)	978-3-95854-245-7	17,00
Guo, Ye	Ist okay (Bilderbuch, ab 3 J., 40 S.)	978-3-95854-240-2	18,00
Gusella, Anna	Schnupperbunt (Kinderbuch, ab 7 J., 64 S.)	978-3-95854-246-4	20,00
Hach, Lena (Text) / Dürr, Julia (Illu.)	Tomke gräbt (Bilderbuch, ab 3 J., 32 S.)	978-3-95854-222-8	17,00
Manow, Jona	Spion Nr. 9 und die Kunst, nicht aufzufallen (Kinderroman, ab 9 J., 176 S.)	978-3-95854-251-8	18,00
Schrocke, Kathrin	Freak City (Jugendroman, ab 12 J., 240 S., TB)	978-3-95854-247-1	10,00
van de Wijdeven, Herman	Die schlechteste Idee in der Geschichte der schlechten Ideen (Kinderroman, ab 11 J., 176 S.)	978-3-95854-227-3	16,00

NEOFELIS VERLAG

Website www.neofelis-verlag.de
E-Mail info@neofelis-verlag.de

Anschrift Neofelis Verlag GmbH
Kuglerstraße 59
10439 Berlin

Telefon 030 / 55 20 23 64

2011	Verlagsgründung in Berlin
2012	Zeitschrift ›Tierstudien‹
2012	Reihe ›Jüdische Kulturgeschichte in der Moderne‹
2014	Reihe ›Relationen. Essays zur Gegenwart‹
2015	Zeitschrift ›Expressionismus‹
2017	Zeitschrift und Reihe ›Jalta. Positionen zur jüdischen Gegenwart‹
2018	Reihe ›Drama Panorama. Neue internationale Theatertexte‹
2024	Deutscher Verlagspreis
Verleger:	Matthias Naumann

In einem kleinen Team publizieren wir zu Kultur, Politik und Gesellschaft. Im Vordergrund steht ein Interesse an aktuellen sozialen, politischen und kulturellen Fragen in der (post-)migrantischen Gesellschaft und den Chancen eines gerechten, interkulturellen Zusammenlebens. Wir setzen auf interdisziplinäre Herangehensweisen, um uns diesen Debatten und ihren historischen Zusammenhängen zu nähern. Unterschiedliche wissenschaftliche, essayistische und künstlerische Erkenntnisweisen und Darstellungsformen stehen dabei gleichberechtigt nebeneinander, viele Veröffentlichungen agieren an den Schnittstellen von Wissenschaft, Kunst, Literatur und Theater. Diese Diversität der Stimmen und Methoden geht einher mit Kritik an Geschichtsverdrängung und nach wie vor verbreiteten diskriminierenden, antisemitischen und rassistischen Strukturen.

Andrea von Treuenfeld
›Israelis in Berlin nach dem 7. Oktober‹
200 S.
978-3-95808-514-5
20,00 Euro

Tausende Israelis leben heute in Berlin. Mit einigen von ihnen hat die Journalistin Andrea von Treuenfeld gesprochen und diese Gespräche in biografische Erzählungen gefasst. Sie kamen aus den verschiedensten Gründen, aus geplanten Monaten sind bei einigen inzwischen Jahre geworden. Ihr Dasein hier erleben sie als offen, divers und liberal. Zumindest bis zum 7. Oktober 2023, als Hamas-Terroristen im Süden Israels ein Massaker begingen und damit den Gaza-Krieg auslösten. Der danach erfolgte weltweite Anstieg antisemitischer Übergriffe hat auch die Realität der in Berlin lebenden Israelis drastisch verändert. Ihre sehr persönlichen Schilderungen geben Einblick in eine vielstimmige Community, die nicht nur jüdisch geprägt ist.

Guy Miron
›Jüdisch-Sein im nationalsozialistischen Deutschland. Gelebter Raum, gelebte Zeit‹
A. d. Hebr. v. Almut Laufer,
300 S.
978-3-95808-511-4
29,00 Euro

Ausgehend von privaten Zeugnissen (Tagebücher, Korrespondenzen und Memoiren) und öffentlichen Quellen (jüdische Zeitungen und Zeitschriften) rekonstruiert Guy Miron die jüdische Raum- und Zeiterfahrung während der NS-Verfolgung. Miron zeigt, welche Strategien und Praktiken sie entwickelten, um mit der neuen Realität fertig zu werden. Er schildert, wie sie mit dem immer kleiner werdenden Zugang zum öffentlichen Raum umgingen und im Gegenzug den traditionellen jüdischen Raum gewissermaßen neu erfanden, neue Interpretationen der Vergangenheit schufen und ihre Haltung gegenüber ihrer deutschen Identität überdachten. So bietet sich ein neuer Blick auf das Leben der deutschen Jüdinnen und Juden im Nationalsozialismus.

Uwe Vormbusch / Michael Niehaus / Fabian Fechner / Peter Risthaus / Eryk Noji (Hgg.)
›Glossar der Unsicherheit‹
352 S.
978-3-95808-450-6
24,00 Euro

Wir leben in einer Zeit der Umbrüche, die Irritation und Desorientierung mit sich bringt. In Zeiten überregionaler Kriege, des sich zuspitzenden Klimawandels, des Erfolgs von Extremismus und Populismus, der Instabilität von Demokratien und Neuwahlen unternimmt es das ›Glossar der Unsicherheit‹, die Facetten gegenwärtiger Verunsicherungen und ihre Begriffswelt zu verstehen. Mit Begriffen wie u. a. Risiko, Prognose, Szenario, Antibürgerlichkeit, Katastrophe und Verschwörungsideologie entsteht das Vokabular einer verunsichernden und verunsicherten Welt – und die Reflexion darüber, wie wir uns mit solchen Begriffen heute selbst zu verstehen und zu beschreiben versuchen.

Autor / Autorin	Titel (Spezifikationen)	ISBN	Preis in Euro
Chichester / Gisler (Hgg.)	Koloniale Tiere? Tierbilder im Kontext des Kolonialismus	978-3-95808-439-1	29,00
Domes u. a. (Hgg.)	Fixing Futures. Planetare Zukünfte zwischen Spekulation und Kontrolle	978-3-95808-458-2	29,00
Ebbrecht-Hartmann, Tobias	Gewalt als Bild. Die Bilder vom 7. Oktober im Spiegel der visuellen Erinnerung an die Shoah	978-3-95808-515-2	14,00
Echle, Evelyn	Poetik des Verschwindens. Ruinen, Corona, Lost Places und die Modellierung von Zeit	978-3-95808-436-0	12,00
Eichhorn / Lorenzen (Hgg.)	Else Lasker-Schüler als Expressionistin (Expressionismus 21)	978-3-95808-457-5	18,00
Jütte, Robert	Olga Meerson-Pringsheim. Eine russisch-jüdische Malerin im Umfeld von Wassily Kandinsky, Henri Matisse und Hedwig Pringsheim	978-3-95808-455-1	22,00
Naumann, Matthias (Hg.)	Judenhass im Kunstbetrieb. Reaktionen nach dem 7. Oktober 2023	978-3-95808-452-0	18,00
Segre, Liliana / Mentana, Enrico	Erinnern macht frei. Das unterbrochene Leben eines Mädchens in der Shoah	978-3-95808-451-3	19,00
Ullrich, Jessica (Hg.)	Erdlinge (Tierstudien 27)	978-3-95808-456-8	16,00
Wischermann, Clemens	Der Wert des Kindes. Lebensanfänge in der Neuzeit	978-3-95808-510-7	22,00

NONSOLO VERLAG

Website www.nonsoloverlag.de
E-Mail info@nonsoloverlag.de

Anschrift nonsolo Verlag UG
Büro c/o kulturaggregat e. V.
Hildastraße 5
79102 Freiburg im Breisgau
Telefon 0761 / 88 14 00 61

2017 von Alessandra Ballesi-Hansen gegründet, widmet sich der nonsolo Verlag ausschließlich der Veröffentlichung von zeitgenössischen literarischen Werken aus Italien in erster deutscher Übersetzung. Dabei legen wir den Fokus auf Autor*innen, die sich mit aktuellen Themen beschäftigen und damit – zusätzlich zum literarischen Genuss – den Leser*innen unbekannte, realistische sowie überraschende Perspektiven auf das Italien der Gegenwart geben. Im Herbst 2024 startete unsere neue Reihe NONSOLO limoni – kuratiert von Premio-Strega-Gewinner Mario Desiati –, die sich ausschließlich jungen weiblichen Stimmen der italienischen Literatur widmet.

2020 Nationaler Preis für die Übersetzung & Verbreitung neuerer italienischer Literatur
2022 Preis für die Übersetzung ›Die Tschechow Leserin‹ von Giulia Corsalini
2024 Deutscher Verlagspreis

Alice Urciuolo
›Verehrung‹
NONSOLO limoni
Roman,
a. d. Ital. v.
Verena von Koskull,
ca. 440 S., HC
978-3-947767-28-1
26,00 Euro

In Pontinia, einer Kleinstadt südlich von Rom, wurde die 17-jährige Elena von ihrem Freund getötet. Ein Jahr später stehen ihre Freunde immer noch unter dem Eindruck dieses Traumas, sind hin- und hergerissen zwischen ihrem Schmerz und dem Lebenshunger einer Generation, die ausbrechen möchte aus ihrem Umfeld, in dem tief verinnerlichte patriarchalische Werte gelten. In dieser von Emotionen und sexuellem Erwachen bestimmten Lebensphase, in der Zärtlichkeit und Begehren mit Demütigung und Scham kollidieren, wird Elenas Tod für jeden und jede eine andere Bedeutung haben: Vanessa, Elenas beste Freundin, Giorgio, der in sie verliebt war, Christian, ihr Ex-Freund, Vera, Giorgios jüngere Schwester, und Diana. Im Lauf eines schwülen Sommers zwischen Pontinia und dem Strand von Sabaudia verflechten sich ihre Schicksale. Alice Urciuolos (1994) Debütroman ›Verehrung‹ ist eine Coming-of-Age-Geschichte, so rasant wie eine Serie, von der man nicht mehr loskommt. Das Buch stand in Italien auf der Longlist für den Premio Strega 2021 und wurde 2024 als gleichnamige Netflix- Serie verfilmt.

Emanuela Lucchetti
›Historische Fälschungen. Vier Fälle, die die Welt verändert haben‹
NONSOLO mini
Essay,
a. d. Ital. v. Ruth Mader-Koltay,
48 S., BR
978-3-947767-29-8
12,00 Euro

Historische Fälschungen hat es schon immer gegeben, sie sind ein effizientes und perfides Mittel politischer Machtausübung. Angefangen mit der Konstantinischen Schenkung bis hin zu KI-bearbeiteten Bildern manipulieren Fälschungen die Wahrnehmung und erzeugen plausibel aussehende alternative Wirklichkeiten. Und nicht nur das. Sie liefern Antworten auf Ängste und Verwirrung, die entstehen, wenn die Realität Risse bekommt: indem sie Sicherheiten vorgaukeln und Feindbilder liefern. Die Historikerin Emanuela Lucchetti (1993) zeigt uns vier spektakuläre Fakes, die die Welt verändert haben.

Leseprobe Diana schlüpfte in den Trainingsanzug und verließ die Toiletten, sie betrachtete die Mädchen in dieser zu engen und zu stickigen Umkleide, in der man alles roch und alles sah: die nach Shampoo duftenden Haare, den Muff eines benutzten Tampons, ein zu schweres Parfum, die frisch epilierten Beine, die perfekt lackierten Zehennägel. Manche zogen sich bis auf Unterhose und BH aus und spazierten schaulaufend zum Pinkeln, andere besuchten denselben Tanzkurs und machten vor dem Betreten der Turnhalle komplizierte Dehnübungen an den Wänden, an denen sich faschistische ›Duce Regna‹-Kritzeleien mit Liebeserklärungen mischten. Dianas Lieblingsschriftzug war ein Catull-Zitat, das einer gewissen Chiara gewidmet war: ›Chiara, amo et excrucior‹. Nach zwei Jahren Sportunterricht hatte keine ihrer Klassenkameradinnen sie je nackt gesehen, Diana aber jede von ihnen: In ihrem ganzen Leben hatte sie nichts ausgiebiger betrachtet als Frauen. Seit sie klein war, taxierte ihre Mutter die weiblichen Gäste des Restaurants und kommentierte mit ihr deren Aussehen, deshalb wusste Diana ganz genau, welche Frauen Diletta wunderschön fand, denn alle entsprachen einem bestimmten Typ. Diana hatte gelernt, sie zu kategorisieren: Es gab die mit dem gewissen Etwas, und es gab die anderen – sie gehörte zu den anderen. Auch Vera gehörte zu den anderen, dennoch waren sie grundverschieden. Vera hatte etwas, das es schlicht unmöglich machte, sie zu übersehen. Sie war sich jede ihrer Bewegungen bewusst, beherrschte den von ihr eingenommenen Raum.

Autor / Autorin	Titel (Spezifikationen)	ISBN	Preis in Euro
Campofreda, Olga	Anständige Mädchen (Roman, 216 S.)	978-3-947767-22-9	23,00
Campofreda, Olga	Jugendzimmer. Camerette (Zweispr. Essay, 128 S.)	978-3-947767-26-7	16,00
Carati, Alessandra	Und dann sind wir gerettet (Roman, 296 S.)	978-3-947767-14-4	23,00
Fiorino, Maurizio	K.O. (Roman, 144 S.)	978-3-947767-11-3	20,00
Forti, Laura	Mein Vater, vielleicht (Roman, 184 S.)	978-3-947767-25-0	22,00
Ginzburg, Lisa	Carapax (Roman, 240 S.)	978-3-947767-10-6	22,90
Karšaiová, Jana	Samtene Scheidung (Roman, 184 S.)	978-3-947767-17-5	21,00
Manzini, Gaia	Für uns gibt es keinen Namen (Roman, 232 S.)	978-3-947767-18-2	23,00
Valerio, Chiara	Kein Herz, nirgends (Roman, 184 S.)	978-3-947767-21-2	22,00

Website www.orlanda.de
E-Mail mail@orlanda.de

Anschrift Orlanda Verlag
Karl-Liebknecht-Straße 36
04107 Leipzig
Telefon 0341 / 26 98 030
Instagram @orlandabuchverlag

ORLANDA VERLAG

2017	Gründung in Berlin
2021	Friedenspreis für Tsitsi Dangarembga
2021 + 22 + 24	Deutscher Verlagspreis
2024	Shortlist Berliner Verlagspreis
2025	Umzug nach Leipzig
Verlegerin:	Annette Michael

Frauen – Weltkultur – Bewegung: Orlanda will dem Diskurs für eine gerechtere Weiterentwicklung unserer Gesellschaft und der Welt ohne Vorurteile und vorgefertigte Meinungen eine Bühne geben, wo Solidarität und Verständigung wesentliche Grundsätze sind. Unsere Bücher sollen dazu beitragen, Menschen und ihren Lebensrealitäten ein Gesicht und eine Stimme zu geben, die in unserer Gesellschaft marginalisiert sind und die in der allgemeinen Berichterstattung oft entmenschlicht werden. Feminismus, Literatur aus Afrika und der Welt, Schwarze Perspektiven in Deutschland, Flucht, Migration und Exil sind die zentralen Themen. Unser Programm ist eine Einladung, neue Perspektiven zu gewinnen.

Alice Dussutour
›Als Mädchen geboren.
Mutgeschichten
aus aller Welt‹
A. d. Frz. v.
Tünde Malomvölgyi,
ab 11 J., 176 S., KB,
m. farb. Illu.
978-3-949545-83-2
23,00 Euro

Je nachdem, wo auf der Welt Mädchen geboren werden, ergeben sich für sie sehr unterschiedliche Lebensperspektiven. Fünf Mädchen erzählen ihre persönlichen Erlebnisse vom Erwachsenwerden und was es für sie bedeutet, als Mädchen geboren zu sein. Sie hinterfragen die Ungerechtigkeiten, die Gewalt und die Einschränkungen, mit denen sie konfrontiert sind: Kaneila aus Nepal, Jade aus Frankreich, Mahnoosh aus Afghanistan, Makena aus Kenia und Luisa aus Mexiko. Dieses wunderschön illustrierte Buch zeigt, wie wichtig es ist, Tabus zu brechen und politisch Stellung zu beziehen, damit Mädchen gleichberechtigt, selbstbestimmt und frei leben können – überall auf der Welt.

Lualhati Bautista
›Die 70er‹
Roman,
a. d. Tagalog. v.
Annette Hug,
200 S., KB
978-3-949545-77-1
22,00 Euro

Amanda Bartolome lebt in einer eingezäunten Mittelklassesiedlung in Manila. Der Rest der Stadt und der Welt bleibt ausgesperrt. Aber dann bringen fünf Söhne und ein Ehemann verwilderte Katzen, Neuigkeiten, Schwiegertöchter und verletzte Untergrundkämpfer ins Haus. Bald folgt die Polizei. Amanda denkt über all das nach und stellt Verbindungen her: zwischen Sex im Ehebett, dem Vietnamkrieg und der Abwertung des philippinischen Pesos. Sie verortet sich im ›mittleren Mittelstand‹ und steckt in tausend Widersprüchen. Davon lässt sie sich nicht unterkriegen. Sie ringt darum, eine Gesellschaft unter Kriegsrecht, ihre Söhne und Schwiegertöchter zu verstehen: vom Soldaten in der US-Navy bis zur Guerillera, vom Schulverweigerer und dem angehenden Journalisten bis zur jungen Mutter, die ihren Traum vom eigenen Beruf nicht aufgibt. ›Literatur sorgt dafür, dass man bei Verstand bleibt.‹

Ellen Wagner (Hg.)
›Liebe. Trotz.
Widerstände.
Ein intersektionaler
Blick auf Familie‹
376 S., KB
978-3-949545-81-8
24,00 Euro

Welche Erfahrungen, Herausforderungen und Widerstände prägen Familien in einer Welt, in der Diskriminierungen und Privilegien eng miteinander verwoben sind? ›Liebe. Trotz. Widerstände‹ versammelt 38 einzigartige Texte von Menschen, deren Perspektiven bisher noch zu selten im Fokus gesellschaftlicher Debatten über Familie stehen. Mit Beiträgen von Schwarzen Personen, Menschen of Color, nicht-binären und trans Personen, neurodivergenten, chronisch Kranken, der Arbeiter*innenklasse angehörenden und queeren Menschen wird ein intersektionales Mosaik gezeichnet, das die tatsächliche Vielfalt von Familienmodellen und Lebensrealitäten unserer Gesellschaft sichtbar macht. Von Kinderwunsch über Schwangerschaft, Geburtserlebnisse, Post-partum-Erfahrungen bis hin zu Beziehungen und beruflichen Herausforderungen spannt der Essayband thematisch einen weiten Bogen. Er bietet tiefgehende Reflexionen, berührende Geschichten und praktische Impulse, die inspirieren, bewegen und bestärken.

Autor / Autorin	Titel (Spezifikationen)	ISBN	Preis in Euro
Addonia, Sulaiman	Die Sehenden (Roman)	978-3-949545-69-6	21,00
Altuğ, Barbaros	Ausländer (Roman)	978-3-949545-18-4	19,00
Amadou, Amal	Die ungeduldigen Frauen (Roman)	978-3-949545-02-3	18,00
Ayim / Oguntoye / Schultz (Hgg.)	Farbe bekennen. Afro-deutsche Frauen auf den Spuren ihrer Geschichte	978-3-944666-20-4	18,50
Dangarembga, Tsitsi	Aufbrechen (Roman)	978-3-944666-60-0	22,00
Effah, Charline	Die Frauen von Bidi Bidi (Roman)	978-3-949545-67-2	23,00
El Hachmi, Najat	Am Montag werden sie uns lieben (Roman)	978-3-949545-00-9	22,00
Klima / Göntgen	Wir alle im Stadtgewimmel (Bilderbuch)	978-3-949545-45-0	16,90
Malfatto, Emilienne	Möge der Tigris um dich weinen (Roman)	978-3-949545-30-6	16,00
Owusu, Nadia	Aftershocks (Autobiografie)	978-3-949545-16-0	24,00
Ramadan, Danny	Nebenhorn-Echos (Roman)	978-3-949545-51-1	23,00

PALMARTPRESS

Website www.palmartpress.com
E-Mail info@palmartpress.com

Anschrift PalmArtPress
Pfalzburger Straße 69
10719 Berlin

Telefon 030 / 86 39 04 29

PalmArtPress hat das Ziel, kulturelle Vielfalt und internationalen Austausch jenseits des Massenmarkts zu fördern. Markantes Merkmal ist die experimentierfreudige Verbindung von Literatur, Kunst und Kultur. Das Programm umfasst Literatur, Theaterstücke, Philosophie und Kunstbücher sowie die Herausgabe von Werken, die den kreativen Geist von Künstlern, Autoren und Dichtern greifbar machen. So entwickelt sich ein interdisziplinäres Mosaik aus Bildern und Gedanken, das in unterschiedlichen Ansätzen den Zeitgeist unserer Gesellschaft widerspiegelt. Der Verlag selbst ist ein Gesamtkunstwerk, das sich stetig weiterentwickelt.

2008 Gründung durch Verlegerin Catharine J. Nicely
2009 Erste Veröffentlichung
2011 Erweiterung mit PalmArtPress Galerie und Veranstaltungsort
2011 Beginn des laufenden Projekts ›Einblattdrucke‹
2018 Longlist Deutscher Buchpreis mit Carmen-Francesca Banciu

Yang Lian
›Im Einklang mit dem Tod‹
Essayistik,
a. d. chin. v. Karin Betz,
236 S., geb.
978-3-96258-223-4
25,00 Euro

Yang Lian bezeichnet sich nicht nur als ›Poet‹, sondern auch als ›Poet-Denker‹. Seine Werke werden oft als ›Denk-Poesie‹ beschrieben. Die Essaysammlung ›Im Einklang mit dem Tod‹ bündelt eine Reihe von Yang Lians Schriften, die sich mit der politischen Landschaft nach der Kulturrevolution in China befassen, die moderne Transformation antiker Kulturtraditionen untersuchen und die beispiellose seelische Krise der Menschheit in der Ära der Globalisierung reflektieren. Aus seiner einzigartigen Perspektive als Poet hinterfragt er beständig eine Welt, die von Selbstsucht, Zynismus und profitgetriebenen Motiven beherrscht wird. Der Begriff einer Zeit ohne ›Überlebende‹ wird profund durch die Tiefe poetischer Ausdrucksformen aus verschiedenen Epochen veranschaulicht. Letztendlich vereinen diese Essays ein ›Wörterbuch des chinesischen Denkens‹ und ein ›Wörterbuch des Weltdenkens‹ und fördern das Selbstbewusstsein eines unabhängigen Denkers.

Heinrich Geiger
›Gehen ohne zu gehen.
Belehrte Unwissenheit in der Begegnung mit sich selbst und der Welt‹
Essayistik,
236 S., geb.
978-3-96258-224-1
25,00 Euro

Zu gehen bedeutet, wenn man es nur will, sein eigenes Bewusstsein für ganz konkrete Dinge zu schärfen. Zu gehen bedeutet aber auch, im Fluss zu bleiben, nicht zu erstarren und damit etwas zur eigenen Persönlichkeitsbildung beizutragen. Bildung verlangt ganz offensichtlich eine Sensibilität für den Wandel, die Loslösung von Ort und Zeit, soziale und geographische Mobilität und die Bereitschaft, das Neue auf Kosten der Tradition und der Vergangenheit zu begrüßen – was eine bewegliche Haltung wie die des Gehens erforderlich macht. Um wirklich ›beweglich‹ zu sein, müssen aber auch Wissenstraditionen einbezogen werden, die außerhalb des ›Mainstreams‹ liegen. Beim Gehen findet ein Prozess statt, der zu einer wechselhaften Durchdringung des Physischen mit dem Geistigen, der Innen- mit der Außenwelt führt. Ist dies reine Romantik? Reiner Idealismus? Zur Sprache kommen aufeinanderfolgende Assoziationen mit abrupten Perspektivwechseln von Zeiten und Räumen, Traum und Wirklichkeit.

Monika u. Stephan Wolting (Hgg.)
›Carmen-Francesca Banciu – Facetten ihres Schaffens‹
Essayistik,
340 S., geb.
978-3-96258-225-8
25,00 Euro

Carmen-Francesca Banciu zählt zu den eindrucksvollsten Stimmen der deutschsprachigen Gegenwartsliteratur. Geboren in Rumänien und seit über dreißig Jahren in Berlin beheimatet, schafft sie in deutscher Sprache Werke von bemerkenswerter Tiefe und Originalität. In ihren Romanen verwebt sie meisterhaft autobiografische Erfahrungen mit politischer Analyse und poetischer Reflexion. Daraus entsteht ihre unverkennbar eigene literarische Handschrift, die durch eine eindringliche, fragmentarische und vielstimmige Sprache besticht – stets auf der Suche nach dem Aufscheinen der Wahrheit in der Existenz unterschiedlicher Lebenswelten. Der vorliegende Band versammelt literaturkritische Texte, Rezensionen, Gespräche und Reflexionen zu Carmen-Francesca Bancius vielschichtigem Werk. Es dient als unverzichtbarer Schlüssel zum Verständnis ihres facettenreichen literarischen Kosmos.

Autor / Autorin	Titel (Spezifikationen)	ISBN	Preis in Euro
Balve, Johannes	Schwebungen (Haiku- u. Tanka-Dichtungen)	978-3-96258-231-9	22,00
Brökel, Ingolf	Null-lage (Gedichte)	978-3-96258-234-0	22,00
Buth, Matthias	Pörtschach Passagen (Gedichte)	978-3-96258-228-9	22,00
Hahn, Frank	Baumweise Stimmen (Roman)	978-3-96258-205-0	25,00
Hultenreich, Jürgen	Weltanschauung ist unheilbar (Aphorismen)	978-3-96258-229-6	25,00
Kaminski, Volker	SCHÖNES leben (Roman)	978-3-96258-227-2	25,00
Lavizzari, Alexandra	Was Alina sah (Roman)	978-3-96258-226-5	25,00
Mothes, Ulla	Ich spüre dich leben (Roman)	978-3-96258-203-6	29,00
Poeschel, Thomas	Indische Miniaturen (M. Illu.)	978-3-96258-209-8	30,00
Shemoelof, Mati	Der Preis (Roman)	978-3-96258-243-2	25,00
Wolting, Stephan	Nur noch weg. Zwischen Wendezeit und Zeitenwende (Erzählungen)	978-3-96258-206-7	25,00

PARODOS VERLAG

Website www.parodos.de
E-Mail mail@parodos.de

Anschrift Parodos Verlag
Pappelallee 55
10437 Berlin

Telefon 030 / 75 54 14 03

2005	Gründung durch Ulf Heuner
2006	Reihe ›Klassische Texte‹
2011	Reihe ›Essays‹
2021	Inhaberwechsel
Verleger:	Thomas Müller

Der Parodos Verlag wurde 2005 als philosophischer Fachbuchverlag gegründet. ›Parodos‹ ist der Seiteneingang im griechischen Theater, durch den man auf die Bühne gerät. Ziel des Verlages ist, auch Denkern außerhalb des Mainstreams ein Forum zu bieten. Im Laufe der Zeit wurde das Verlagsprogramm um Essays (als eigenständige Reihe) und Sachbücher ergänzt. Ein besonderer Verlagsschwerpunkt ist die Zusammenarbeit von Philosophie, Psychiatrie, Psychologie und Psychoanalyse. In diesem Bereich kooperiert der Verlag seit seiner Gründung mit der ›Gesellschaft für Philosophie und Wissenschaften der Psyche‹. Die Reihe ›Klassische Texte‹ des Parodos Verlags widmet sich philosophischen Begriffen. Die Bände sind als Lesebücher mit historischen und zeitgenössischen Texten zum jeweiligen Thema konzipiert. Bislang sind ›Klassische Texte‹ zu den Themen Tragik, Glück, Ehe, Raum und Zeit erschienen.

Milan Prucha
›Philosophie als Dialektik‹
Aufsatzsammlung,
hg. v. Stephan Pflanz,
ca. 250 S., SC
978-3-96824-032-9
29,90 Euro

Milan Prucha, 1931 in Pilsen geboren, studierte in Prag und promovierte 1958 in Moskau. Er lebt heute in Paris. Bis 1969 war er wissenschaftlicher Mitarbeiter der Tschechoslowakischen Akademie der Wissenschaften und Chefredakteur der ›Zeitschrift für Philosophie‹. 1970–75 war er wissenschaftlicher Mitarbeiter des Centre National de la Recherche Scientifique in Paris (CNRS) und ab 1975 Professor an der Freien Universität Berlin, an der er bis 2017 lehrte. Pruchas Denken sucht nach philosophischen Antworten u. a. auf den Widerstreit zwischen Freiheit und Natur sowie auf die aktuelle Ökokrise. Auch die unterschiedliche zivilisatorische Ausrichtung Russlands und des Westens nimmt er in den Blick. Das Buch vereint Pruchas späte Vorträge und Aufsätze zur Geschichte der Philosophie, zu einzelnen Philosophen sowie zu zentralen Themen und Begriffen. Die dabei entworfene Auffassung der Philosophie lässt sich nicht irgendeiner der etablierten Richtungen zuordnen. Der aktuelle Stand der Philosophie gilt vielmehr als Ansatz zu tiefgreifenden Umwandlungen.

Uwe Rose
›Die Eule der Minerva. Literarische Streifzüge durch die Welt der Philosophie‹
Erzählungen,
ca. 200 S., SC
978-3-96824-045-9
19,90 Euro

›Wenn die Philosophie ihr Grau in Grau malt, dann ist eine Gestalt des Lebens alt geworden, und mit Grau in Grau lässt sie sich nicht verjüngen, sondern nur erkennen; die Eule der Minerva beginnt erst mit einbrechender Dämmerung ihren Flug.‹ (Hegel) Ist es möglich, Luhmanns Leben aus der Sicht seines Zettelkastens zu erzählen? Sich der Philosophie und den Philosophen erzählerisch nähern heißt, einen besonderen Blick auf ihr Leben und Wirken zu werfen. Der schmale Grat zwischen Fiktion und Faktizität eröffnet in den vorliegenden acht Porträts sehr verschiedene Spielräume für ein launig-ernstes Fabulieren über ungeheure Geister und geistige Ungeheuer: Diotima – Vogellos ragen die dürren Äste ins Grau / Zenons letzter Brief / Lampe macht Schluss / Karibische Absencen – Aus dem Tagebuch der Regine Olsen / Schrödingers Katze / Wittgenstein oder die Schule des Lebens / Die Akte Bloch / Mutmaßungen über Luhmann.

Edda Wilde
›Werden, wer wir nicht waren. Von der Schönheit, sich selbst zu verändern‹
Sachbuch,
ca. 265 S., SC
978-3-96824-044-2
22,00 Euro

Veränderung gehört zum Leben – ob wir wollen oder nicht. Die Frage ist, was wir daraus machen. Dieses Buch ist ein Plädoyer für den Menschen als gestaltendes Wesen und dafür, Vertrauen in die eigene Veränderungsfähigkeit zu entwickeln. Es lädt dazu ein, persönliche Veränderungsprozesse nicht dem Zufall zu überlassen, sondern sie bewusst in die Hand zu nehmen und sein Leben aktiv und reflektiert zu gestalten. Es verdeutlicht, welche Haltungen Veränderungen behindern sowie befördern und zeigt Wege auf, vom Denken ins Handeln zu kommen. Aus der Praxis einer erfahrenen Coachin geschrieben, bietet es gleichermaßen theoretische Fundamente wie praktische Impulse zur Veränderung – jenseits von Selbstoptimierung und Druck. Wer sich auf diesen Weg einlässt, kann die Schönheit von Veränderung erfahren. Wir können werden, wer wir anfangs nicht waren – und gerade dadurch ein gutes Leben finden.

Autor / Autorin	Titel (Spezifikationen)	ISBN	Preis in Euro
Bach, Doris u. a. (Hg.)	Sinnschritte. Ein logotherapeutisches Mitmachbuch (Trainingsbuch, 100 S.)	978-3-96824-038-1	19,90
Blankenburg, Wolfgang	Psychopathologie des Unscheinbaren (Ausgewählte Aufsätze, 292 S.)	978-3-938880-16-6	22,00
Changfu, Xu	Marxism, China and Globalization (216 S., HC)	978-3-938880-84-5	35,00
Hurna, Myron	Worte, Reihen, Phrasen, Gruppen. Wie Stilistik unsere Sprache bestimmt (Fachbuch, 154 S.)	978-3-96824-018-3	14,90
Kupke, Christian (Hg.)	Klassische Texte zur Zeit (Kompilation, 264 S.)	978-3-96824-020-6	17,90
Laux, Matthias	Sind wir zu viele? Oder wie wir moralische Fragen (besser nicht) stellen (Essay, 104 S.)	978-3-96824-034-3	13,90
Otte, Rainer	Wie viel Wahrheit darf's denn sein? (Drei Novellen, 182 S.)	978-3-96824-030-5	14,90
Prüwer, Tobias	Fight Club. Philosophie des Schwertkampfs (Sachbuch, 125 S.)	978-3-96824-041-1	12,90
Raab, Thomas	Intelligenz & Phantasie. Zwei Essays zu künstlicher und menschlicher Intelligenz (Essay, 138 S.)	978-3-96824-036-7	14,90
Rose, Uwe	Verliebt in die Metaphysik. Ein Tag im Leben Kants (Philosophisches Porträt, 264 S.)	978-3-96824-027-5	19,90
Stephan, Paul	Bedeutende Bärte. Eine Philosophie der Gesichtsbehaarung (Sachbuch, 240 S.)	978-3-938880-97-5	22,00

PENDRAGON VERLAG

Website www.pendragon.de
E-Mail kontakt@pendragon.de

Anschrift Pendragon Verlag
Stapenhorststraße 15
33615 Bielefeld
Telefon 0521 / 69 689
Instagram @pendragon_verlag

Seit 1981 folgt Günther Butkus seiner Leidenschaft für das gedruckte Wort – für Literatur und natürlich für Krimis. Das vielfältige Verlagsprogramm zeichnet sich durch die Wiederentdeckung in Vergessenheit geratener großer Literaten aus sowie durch das Engagement, historisch und gesellschaftlich relevante Themen einer breiten Leserschaft packend und literarisch hochwertig zu präsentieren. Mit Kriminalliteratur jenseits des Mainstreams sprengt der Pendragon Verlag die starren Vorstellungen des Genres und gibt fesselnde Bücher heraus, bei denen jegliche Grenzen zwischen ernster und unterhaltender Literatur verschwinden. Das Verlagsteam will beweisen, dass Kriminalliteratur hochliterarisch und Romane wahnsinnig spannend sein können.

2020 + 22 Deutscher Verlagspreis
2024 Pulitzer-Preis: ›Ein Tag im Leben von Abed Salama‹
Deutscher Krimipreis: ›Das Haus, in dem Gudelia stirbt‹

Sophie Morton-Thomas
›Das Nest‹
Kriminalroman,
übers. v. Lea Dunkel,
303 S.
978-3-86532-909-7
22,00 Euro

Fran führt ein ruhiges Leben in einem einsamen englischen Küstenort, wo das Marschland auf den Ozean trifft. Sie kümmert sich um ihren Sohn Bruno, betreibt eine Wohnwagensiedlung und beobachtet Vögel. Dann verschwindet Brunos Lehrerin und der Ort gerät in Aufruhr: Hat Frans Schwager Ellis etwas damit zu tun? Welche Rolle spielen die Roma, die in der Nähe ihr Lager aufgeschlagen haben? Warum findet Fran mehrere tote Vögel, und was wissen Bruno und seine Cousine Sadie? In einer hypnotischen Prosa erzählt die Autorin die Geschichte einer Frau, die ihre Geheimnisse zu schützen versucht.

Andrea Fischer Schulthess
›Noch fünf Tage‹
Kriminalroman,
264 S.
978-3-86532-912-7
22,00 Euro

Was tun, wenn man sich seit jeher wie ein ungewollter Gast auf dieser Welt fühlt? Für Amanda ist die Antwort klar: Wie zuvor schon ihre Großmutter und Mutter wird auch sie sich aus dem Leben verabschieden. Alles ist vorbereitet, selbst der Abschiedsbrief geschrieben. Doch die Realität macht ihr einen Strich durch die Rechnung, denn sie gibt ihrem pflegebedürftigen Großvater ein paar Tage Asyl in ihrem Haus. Und er bringt einen Koffer voller düsterer Familiengeheimnisse mit, die jahrzehntelang totgeschwiegen wurden und nun das Fundament von Amandas Existenz erschüttern. Eine dunkel schillernde Familiensaga über die zerstörerische Macht des Schweigens und Verschweigens. Voller Menschlichkeit in all ihren Abgründen.

Mariana Travacio
›Ein Mann namens Loprete‹
Roman,
übers. v. Kirsten Brandt,
128 S., geb. m. LB
978-3-86532-910-3
22,00 Euro

›Ich suche Pepa.‹ Mit diesen Worten betritt ein Mann namens Loprete die Bar von El Tano in der staubigen Einöde Argentiniens. Fünf Gläser Gin später liegt der Fremde tot am Boden – erstochen im Eifer des Gefechts. Hastig wird er verscharrt. Der junge Manoel hofft, die Sache sei damit erledigt, doch kurz darauf tauchen Lopretes Brüder auf, die Gewalt eskaliert erneut und einer der Dorfbewohner wird getötet. Als Manoel wenig später von El Tano erfährt, dass es ein Loprete war, der seine Eltern ermordet hat, verfällt auch er der Spirale der Rache. Und so macht sich eine Gruppe von zehn Männern auf, um Vergeltung zu üben.

Autor / Autorin	Titel (Spezifikationen)	ISBN	Preis in Euro
Atfah, Lina	Das Buch von der fehlenden Ankunft (152 S.)	978-3-86532-641-6	22,00
Borrmann, Mechtild	Wer das Schweigen bricht (224 S.)	978-3-86532-231-9	9,95
Buchholz, Frauke	Frostmond (288 S.)	978-3-86532-723-9	18,00
Butkus, Günther	Herzband (393 S.)	978-3-86532-647-8	22,00
Ferraro, Nicolás	Ámbar (280 S.)	978-3-86532-901-1	12,00
Knöppler, Florian	Habichtland (320 S.)	978-3-86532-781-9	24,00
Knüwer, Thomas	Das Haus, in dem Gudelia stirbt (290 S.)	978-3-86532-882-3	20,00
Shelley, Mary	Mathilda (196 S.)	978-3-86532-870-0	22,00
Thrall, Nathan	Ein Tag im Leben von Abed Salama (436 S.)	978-3-86532-883-0	26,00
Van Odijk, Patrick	Der falsche Vermeer (520 S.)	978-3-86532-864-9	26,00
Wiik, Øystein	Linges Mission (384 S.)	978-3-86532-899-1	26,00

POETENLADEN

Website	www.poetenladen-der-verlag.de
E-Mail	info@poetenladen.de
Anschrift	poetenladen Verlag Blumenstraße 25 04155 Leipzig
Telefon	0341 / 99 39 647
Telefax	0341 / 23 18 40 28

2020	Büchner-Preis an Elke Erb
2022	Kurt-Wolff-Förderpreis
2023	Lehmann-Preis an J. Nendza
2019 + 20 + 22 + 23	Deutscher Verlagspreis
2022 + 24	Sächsischer Verlagspreis

Der poetenladen Verlag widmet sich der jungen Literatur von der Prosa bis zur Lyrik, die nachhaltig gepflegt wird. Dass Werke mit Anspruch – unabhängig von Trends – Erfolg haben können, zeigen vielfache Auszeichnungen an unsere Autorinnen und Autoren. Der poetenladen Verlag ging aus einem Literaturportal hervor, das digitale Pionierarbeit leistete. Doch führt der verlegerische Weg aus der Netzwelt heraus zum gut gemachten Buch, das man gern in die Hand nimmt. Die Pflege gegenwärtiger Dichtung versteht sich dabei zugleich als Beitrag zur Bereicherung der Literaturlandschaft. Poetenladen-Gründer ist Andreas Heidtmann.

Marit Heuß
›Verschlissenes Idyll‹
Reihe Neue Lyrik
96 S., HC
978-3-948305-29-1
19,80 Euro

Das Lyrikdebüt von Marit Heuß ist der Wahrnehmung der Wirklichkeit verschrieben: von den Wissower Klinken bis zur Küste Portugals. Den Blick begleiten dabei Lektüren und Kunsterlebnisse, aber auch historische Gedächtnisspuren, die der Landschaft eingeschrieben sind. Ein italienischer Palazzo, ein in die Jahre gekommener ›lieblicher Ort‹ mit vergitterten Wegen und unheimlichen Echsen, verleiht dem Gedichtband den Titel: ›Verschlissenes Idyll‹. So vielfältig wie die Szenerien sind die formalen Spielarten des Bandes, in dem sich Langgedichte und kürzere Formen zu einer Art Vexierbild verschränken. Im vielstrophigen Gedicht ›Palacio invisível‹ wird ein lyrischer Redestrom eröffnet, bei dem die Elemente selbst den Text mitschreiben – wenn der ›Wind die Seiten‹ wendet und das Gedicht so auf traumsichere Weise ›verlängert‹. Ein ausdrucksstarkes, klug orchestriertes Debüt!

Anna Zepnick
›rabensingen‹
Reihe Neue Lyrik
120 S., HC
978-3-948305-28-4
19,80 Euro

Mit ›rabensingen‹ legt die Dresdner Musikerin und Autorin Anna Zepnick ihr lyrisches Debüt vor. Ihr Blick richtet sich auf das, was wir vermeintlich als Alltag kennen, vom Freundes- und Familienkreis über die Natur bis hin zu Kinobesuch und Schulweg. Ihr Ton ist frei von Pathos, zuweilen ironisch, sprachlich geschärft. Ganz selbstverständlich gelingt es der Autorin, Alltagsszenen mit Poesie aufzuladen. Der Rabe, dessen ›Singen‹ dem Band den Namen gibt, ist der Symbolvogel schlechthin und wird in der Mythologie mit Hexerei, aber vor allem mit Weisheit assoziiert. Anspielungen an Märchen und Mythen werden nicht nur im Aschenputtel-Gedicht ›ruckedigu‹ deutlich. Anna Zepnick bietet in diesem erstaunlich ausgereiften Band einen Blick in eine Dichtkunst, die ihre Stärke aus dem Lebensalltag bezieht und zugleich sprachspielerisch darüber hinausgeht und Augenblicke großer dichterischer Intensität schafft.

Bertram Reinecke
›Daphne,
ich bin wütend‹
Reihe Neue Lyrik
164 S., HC
978-3-948305-25-3
19,80 Euro

Bertram Reineckes Gedichtband bündelt vieles, was Literatur oder Kunst überhaupt ausmacht. Er betrachtet die Erfahrungen der literarischen Tradition als ein Gemeingut, das Ressourcen bereitstellt und einen utopischen Horizont öffnen kann. Jenseits von Nostalgie bleibt sein oft überraschender, mitunter humorvoller Zugriff auf Vorgefundenes nicht bei ›Bewährtem‹ stehen. Vielmehr experimentiert er mit Sprache und erkundet neue poetische Verfahren. Der Band entfaltet so einen Fächer unterschiedlicher Textformen – vom leichthin gesetzten freien Vers und dem melancholischen Bonmot über klassische Baumuster wie Sonett und Pantum bis zu strengen Montagen, Mutationsformen und Lautspielen. Die Texte suchen ein lesendes Gegenüber, das unterschiedliche Formen von Geschriebenem nicht nur kontemplativ betrachten, sondern sich auch produktiv aneignen möchte.

Autor / Autorin	Titel (Spezifikationen)	ISBN	Preis in Euro
Böhme, Thomas	Grünlaken (Roman)	978-3-948305-18-5	22,80
Braun, Michael (Hg.)	Was ich weiß, geht mich nichts an (Essays)	978-3-948305-15-4	18,80
Domašcyna, Róža	stimmen aus der unterbühne (Gedichte)	978-3-948305-05-5	18,80
Friedrich, Laura	Kleine schwarze Handschuhe (Reihe Lyrik)	978-3-948305-19-2	19,80
Kolbe, Uwe	Die sichtbaren Dinge (Reihe Lyrik)	978-3-940691-98-9	18,80
Martin, Marie T.	Der Winter dauerte 24 Jahre (Gesamtwerk)	978-3-948305-26-0	32,80
Nendza, Jürgen	Auffliegendes Gras (Lyrik)	978-3-948305-13-0	18,80
Schieke, Jörg	Silverman schickt mich (Gedichte)	978-3-948305-22-2	19,80
Schloyer, Christian	Venus – Mars (Gedichte)	978-3-948305-27-7	19,80
Schulz, Tom	Die Erde hebt uns auf (Gedichte)	978-3-948305-23-9	19,80
Thill, Hans	Neue Dörfer (Kleine Prosa)	978-3-948305-21-5	19,80

POLAR VERLAG

Website	www.polar-verlag.de
E-Mail	kontakt@polar-verlag.de
Anschrift	Polar Verlag e. K Rippoldsauer Straße 2 70372 Stuttgart
Telefon	0711 / 50 55 60 00

Es gab den Polar in amerikanischem Schwarz-Weiß. In französischen 68er-Farben. Es gab ihn als Neo-Polar, als hollywoodschwangere Mafia-Variante, als pittoresken Hongkong-Noir oder als britisch unterkühlten Spionagethriller. Geldtransporter werden überfallen, Ehefrauen hintergangen, Geliebte in Salzsäure aufgelöst, Nebenbuhler ausgelöscht. Den Mächtigen müssen die Füße geküsst werden und die Ohnmächtigen glauben für einen Moment, dass alles gut wird. Aus der Schattenwelt heraus wird erpresst, geschmiert, gefoltert, gehasst, entführt, erschossen, betrogen, gelogen, bis einem die Gerechtigkeit an der Kehle sitzt. Der Held ist längst tot. Gab es ihn je? Der Polar ist die Literatur der Krise. Seine Welt hat Dreck am Stecken. Seine Kriminalromane setzen sich aus den zerrissenen Kapiteln unserer Gesellschaft zusammen.

2013	Gründung in Hamburg
2018	Umzug nach Stuttgart und Einführung der Hardcover-Reihe
2020	Beginn der Taschenbuch-Reihe
Verleger:	Jürgen Ruckh

Jon Bassoff
›Todestaufe‹
Kriminalroman,
übers. v. Sven Koch,
328 S.
978-3-910918-28-3
17,00 Euro

Holt Davidson, ein Feuerwehrmann aus Kansas, war seit mehr als zwei Jahrzehnten nicht mehr in seiner Heimatstadt Thompsonville, Colorado. Als er erfährt, dass seine Mutter, zu der er keinen Kontakt mehr hatte, Selbstmord begangen hat, kehrt er zur Beerdigung zurück, in der Hoffnung, mit ihr Frieden zu schließen. Er verbringt die Nacht in seinem Elternhaus, durchsucht jeden Raum nach Erinnerungsstücken aus der Vergangenheit. Doch statt nostalgischer Souvenirs entdeckt er eine Waffe, einen Liebesbrief und ein Polaroidfoto eines Mannes, der in seinem eigenen Blut liegt. Wer ist der Tote? War es seine Mutter, die ihn getötet hat, und wenn ja, warum? Wer hat den Liebesbrief geschrieben? Und welche Rolle spielte seine Schwester, die seit ihrer Jugend in einer Anstalt untergebracht ist, bei diesem Gewaltakt? Als seine eigenen traumatischen Erinnerungen wieder auftauchen, beginnt Holt, die Vergangenheit seiner Mutter und seiner Schwester zu untersuchen – und auch seine eigene.

Malin Thunberg Schunke
›Ein höheres Ziel‹
Kriminalroman,
übers. v.
Stefanie Werner,
376 S.
978-3-910918-18-4
17,00 Euro

Während eines exklusiven Junggesellenabschieds an der französischen Riviera gerät der schwedische Staatsbürger Amir Yasin mitten in ein blutiges Attentat und wird, des Mordes verdächtigt, seiner Freiheit beraubt. Nach mehreren Terroranschlägen hat sich die Stimmung in Europa verschärft und der ehrgeizige Richter Philippe Duvernoy führt die französischen strafrechtlichen Ermittlungen mit eiserner Hand. Die Jagd nach den Attentätern erstreckt sich über mehrere Länder und in Den Haag werden die schwedische Staatsanwältin Esther Edh und ihre italienische Chefin Fabia Moretti in den Fall involviert. Wer ist Amir Yasin und was ist wirklich in der Bar in Juan-les Pins passiert? Die komplizierte Angelegenheit wird bald von Machtspielen und nationalem Revierdenken geprägt. Amir Yasin ist von seiner Familie in Stockholm isoliert und kämpft verzweifelt in Fleury Mérogis, einem der größten und brutalsten Gefängnisse Europas, um sein Überleben und um Gerechtigkeit.

Samuel W. Gailey
›Tiefer Winter‹
Kriminalroman,
übers. v.
Andrea Stumpf,
288 S.
978-3-910918-22-1
26,00 Euro

In der Kleinstadt Wyalusing wird eines Winterabends eine Frau brutal ermordet aufgefunden. Neben der Leiche liegt Danny Bedford, der als Kind eine tragische Hirnverletzung erlitten hatte, die ihn in seinen geistigen Fähigkeiten einschränkt. Trotz seines zurückgezogenen Lebens hat seine einschüchternde Größe dazu geführt, dass er von den Nachbarn aus Angst vor seinen Taten gemieden wird. Als der Deputy Danny neben der Leiche entdeckt, ist es für ihn offensichtlich, dass Danny die Frau umgebracht hat. Eine unaufhaltsame Kette von Gewalt und Verbrechen durchziehen eine eisige Nacht. Angesichts eines drohenden Schneesturms arbeiten der örtliche Sheriff und ein State Trooper bis in die frühen Morgenstunden, um den Anschein von Ordnung aufrechtzuerhalten, während sie ein kompliziertes Lügengeflecht offenlegen, das die Gemeinschaft in Wyalusing in Frage stellt.

Autor / Autorin	Titel	ISBN	Preis in Euro
Corbett, Ron	Mission Road	978-3-910918-16-0	17,00
Galloway, Gregory	Die Verpflichtung	978-3-910918-24-5	17,00
Hinkson, Jake	Die Tochter des Predigers	978-3-910918-32-0	17,00
McLean, Felicity	Cordie	978-3-948392-34-5	15,00
McLean, Felicity	Red	978-3-910918-33-7	17,00
Parks, Alan	Möge Gott Dir vergeben	978-3-910918-26-9	26,00
Scott, J. Todd	Diese Seite der Nacht	978-3-910918-20-7	26,00
Thornton, Chris Harding	Pickard County	978-3-948392-64-2	16,00
Ulin, David L.	Die Frau, die schrie	978-3-910918-14-6	24,00
Vercher, John	Umnachtet	978-3-910918-30-6	26,00

Website www.pulpmaster.de
E-Mail hq@pulmaster.de

Anschrift Frank Nowatzki Verlag
Samariterstraße 6
10247 Berlin

Telefon 030 / 68 68 292

1988	Gründung des Verlags (1993-2006 als Imprint im Maas Verlag)
1991 + 2000 + 19 + 21 + 23	Deutscher Krimipreis
2018	Berliner Verlagspreis (Shortlist)
2020 + 22	Deutscher Verlagspreis
2024	Preis der Hotlist (Shortlist)
Verleger:	Frank Nowatzki

Seit über dreißig Jahren behauptet sich Pulp Master mit seinen Entdeckungen innerhalb der hiesigen Kriminalliteratur und hat die Entwicklung des Genres vorangetrieben: weg von klassischen, starren Genre-Konventionen, hin zu einer anspruchsvollen, Grenzen austestenden und für alle erschwinglichen Taschenbuchreihe. Die Taschenbuchreihe ist eine Reverenz an die Pulp-Magazine und auflagenstarken Paperback Originals, die in den Dreißiger-, Vierziger- und Fünfzigerjahren den stilistischen Grundstein des modernen Realismus bildeten.

Megan Abbott
›Hüte dich vor der Frau‹
A. d. amerik. Engl. v. Peter Hammans,
384 S., PB
978-3-946582-24-3
16,00 Euro

Mit ihrer Hinwendung zum zeitgenössischen psychologischen Thriller vollführte die Autorin einen großen Sprung, stand ihr Stil doch bis dahin stark unter dem Einfluss des Noir-Krimis und des Film noir der 1940er bis 1960er Jahre. In diesem Buch begibt sich Abbott in die Sphären des Schauerromans. Während Abbott immer wieder auf die Traditionen des Hardboiled-Genres zurückgreift und sie gleichzeitig hinterfragt, überschreitet ihre Arbeit zugleich die Grenzen des Genres und offenbart die Autorin als eine neue, wichtige Stimme der zeitgenössischen Kriminalliteratur – auch wenn ihre Romane weiterhin oft als Krimis bezeichnet werden. Mit kraftvoller Prosa und einem perfekten Tempo taucht der Roman auf provokante Weise tief in die Welt des Begehrens, der Liebe und der Geschlechterpolitik ein. Und wenn es dann bei den großen Publikumsverlagen für Megan Abbotts brisante Mischung keine Programmplätze zu geben scheint, muss eben ein Indie her und hierzulande für die längst fällige Publikation sorgen.

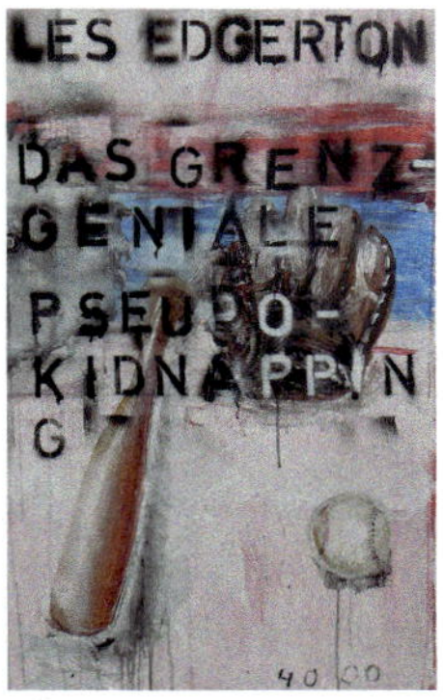

Les Edgerton
›Das grenzgeniale Pseudo-Kidnapping‹
A. d. amerik. Engl. v. Stefan Rohmig,
368 S., PB
978-3-946582-05-2
16,00 Euro

Geht es nach US-Präsident Donald Trump sollen die Vereinigten Staaten wieder zu alter Größe finden, indem mit Hilfe massiver Zölle die verarbeitende Industrie ins Land zurückgeholt wird. In Edgertons drittem Roman bekommt man dagegen den Eindruck, dass diese alte Größe eher mit einem hohen Anteil an Kriminalität zu tun hat. Es handelt sich mitnichten um die übliche Krimikost. Die mitreißende Geschichte ist voller Hinterhältigkeiten, Fehltritte und mit viel schwarzem Humor gespickt. Der Autor, ein ehemaliger Sträfling, greift oft auf persönliche Erfahrungen zurück, was den Ereignissen noch einmal einen ganz anderen Realitätsbezug verleiht. Ungewöhnlich waren alle drei Romane: Während ›Der Vergewaltiger‹ als literarisches Experiment gesehen werden kann, ist ›Primat des Überlebens‹ klassischer Noir-Stoff. Es betrübt uns, dass er die deutsche Ausgabe nicht mehr in Händen halten konnte, genauso wie die schwarze Pulp-Komödie ›Das grenzgeniale Pseudo-Kidnapping‹. Les Edgerton ist hier ein an Überraschungen reiches Potpourri aus düsterer Krimikomödie und Pulp-Parodie gelungen, ein rasanter Trip durch die Unterwelt des Big Easy, wo jeder jeden übers Ohr hauen will.

Autor / Autorin	Titel (Spezifikationen)	ISBN	Preis in Euro
Abbott, Megan	Aus der Balance (Roman, übers. v. Karen Gerwig u. Angelika Müller, 416 S.)	978-3-946582-16-8	16,00
Abbott, Megan	Wage es nur! (Roman, übers. v. Karen Gerwig, 340 S.)	978-3-946582-18-2	16,00
DeMarinis, Rick	Götterdämmerung in El Paso (Roman, übers. v. Ango Laina u. Angelika Müller, 300 S.)	978-3-927734-44-9	13,80
Disher, Garry	Moder (Roman, übers. v. Ango Laina u. Angelika Müller, 270 S.)	978-3-946582-06-9	14,80
Franklin, Tom	Krumme Type, krumme Type (Roman, übers. v. Nikolaus Stingl, 350 S.)	978-3-927734-99-9	15,80
Giovinazzo, Buddy	Cracktown (Roman, übers. v. Angelika Müller, 206 S.)	978-3-929010-26-8	13,80
Kersh, Gerald	Die Toten schauen zu (Roman, übers. v. Angelika Müller, 200 S.)	978-3-927734-74-6	12,80
Lewis, Ted	Schwere Körperverletzung (Roman, übers. v. Angelika Müller, 330 S.)	978-3-946582-04-5	14,80
Nisbet, Jim	Der Krake auf meinem Kopf (Roman, übers. v. Ango Laina u. Angelika Müller, 270 S.)	978-3-927734-48-7	13,80
SaFranko, Mark	Amerigone (Übers. v. Sepp Leeb, 282 S.)	978-3-946582-23-6	16,00
Willeford, Charles	Filmriss (Übers. v. Sepp Leeb, 250 S.)	978-3-946582-17-5	15,00

QUERVERLAG

Website www.querverlag.de
E-Mail mail@querverlag.de

Anschrift Querverlag GmbH
Akazienstraße 25
10823 Berlin

Telefon 030 / 78 70 23 40

Dass sich ein Verlag explizit als schwul-lesbisches Gemeinschaftsprojekt versteht, war im Gründungsjahr 1995 eine Besonderheit – und ist es bis heute in der deutschen Verlags- und Kulturlandschaft geblieben. In einer Zeit, in der neue Herausforderungen – politisch, gesellschaftlich und ökonomisch – auf den Buchhandel zukommen sowie auf die kreativen Menschen, die hier ihr Zuhause gefunden haben, ist es wichtiger denn je, sich zu positionieren, sich einzumischen und Mut zur Vielfalt zu zeigen. Ebendiesen Mut zeigen die Autor*innen im Querverlag – damals wie heute.

1995 Gründung
2019 ›Soul of Stonewall‹-Preis des CSD Berlins
2019 ›Ehrenstöckel‹ der Travestie für Deutschland e. V.
2020 Berliner Verlagspreis
2021 Deutscher Verlagspreis
2025 30-jähriges Verlagsjubiläum
Verlagsteam: Jim Baker, Marc Lippuner

Lennart Herberhold
›Queere Einsamkeit. Queere Gemeinschaft. Wie wollen wir leben?‹
208 S., BR
978-3-89656-360-6
18,00 Euro

Als queere Menschen sind wir besonders durch Einsamkeit bedroht. Isolation vor und nach dem Coming-out, der lange, konfliktreiche Weg zu uns selbst und oft das Fehlen einer Familie, die uns unterstützt, wenn es hart auf hart kommt. Aber: Haben wir nicht eine besondere Fähigkeit zur Solidarität? Sind wir nicht besonders gut darin, Beziehungen neu zu erfinden? Wohnprojekte, Wahlfamilien, Bindungen jenseits der heterosexuellen Rollenmodelle – sie können alle Orte sein, die vor Einsamkeit schützen. Auf der Suche nach Antworten besucht der Autor Wohnprojekte und Menschen, die sich seit Jahrzehnten in unklassischen Beziehungen umeinander kümmern. Dieses Buch ist sowohl ein Nachdenken über queere Lebensmodelle und queeres Alleinsein als auch eine Art Ratgeber, der zeigt: Es gibt viele Wege, nicht mehr einsam zu sein.

Markus Jäger
›Sein Kuss im Regen‹
Roman
264 S., BR
978-3-89656-361-3
18,00 Euro

›Sein Kuss im Regen‹ erzählt die Geschichte einer unwahrscheinlichen Liebe. Benjamin, Innsbrucker, Mitte dreißig, lebt seit einigen Jahren in Wien, wo er als Sanitäter arbeitet. Obwohl seine Eltern sich scheiden ließen, hat er eine Kindheit und Jugend erlebt, die ihm ein unerschütterliches Grundvertrauen ermöglicht haben. Im Theater lernt er eines Tages Konstantin, den Direktor des Hauses, kennen. Konstantin ist Ende vierzig und stammt aus einer Familie, in der Verdrängung dafür gesorgt hat, dass er einzig in seiner Arbeit Lebensinhalt empfindet. Als er dem lebensfrohen Tiroler begegnet, beginnt Konstantin zu erkennen, dass es nie zu spät ist, wieder Vertrauen zu fassen. Im Laufe einiger Monate kreuzen sich ihre Alltagswege immer öfter, und beide Männer stellen fest: Auch unterschiedliche Wurzeln im Leben hindern die Liebe nicht daran, sich ihren Weg zu bahnen.

Lara Eckstein
›Verbrannte Träume‹
Roman,
200 S., BR
978-3-89656-362-0
18,00 Euro

Der Krieg kommt nach Deutschland, und eine junge Frau verschwindet spurlos. Ihre Freundin beschließt, sich auf die Suche zu machen. Dafür lässt Lina, Mitte zwanzig, ihren Job, ihre Wohnung, sogar die beste Freundin in Berlin zurück und begibt sich auf eine Reise durch ein vom Krieg zerrissenes Europa. Die Suche führt sie auf einen französischen Selbstversorgerhof, ins Hauptquartier des baskischen Widerstands und auf eine Gefängnisinsel. Sie lernt, Tomaten selbst anzupflanzen und auf Menschen zu schießen, wie sie illegal Grenzen überquert und wie der Tod riecht. ›Verbrannte Träume‹ ist ein New-Adult-Roman inmitten der Katastrophe. Ein Sommer voller Leidenschaften, Sehnsüchte und Warten auf den Regen. Durch die Risse im Zusammenbruch jeder staatlichen Ordnung reist Lina über geschlossene Grenzen und vergessene Fluchtrouten bis an den Atlantik. Dort holt die Vergangenheit die Gegenwart ein, und sie muss eine Entscheidung treffen.

Autor / Autorin	Titel (Spezifikationen)	ISBN	Preis in Euro
Albendorf, Johannes	Was wir füreinander waren (Roman, 304 S.)	978-3-89656-352-1	18,00
David, Dorit	Lichtgier (Roman, 304 S.)	978-3-89656-353-8	18,00
Gastel, Alex M.	Als in meinem Ausweis noch ... stand (Essay, 64 S.)	978-3-89656-355-2	8,00
Graeff, Alexander	Das Spektrum erweitern (Essay, 64 S.)	978-3-89656-354-5	8,00
Gutsche, Caspar	Ich tanze nun mal nicht gerne Standard (Roman, 264 S.)	978-3-89656-364-4	18,00
Junk, Kevin	Parabolis Virtualis 4 (Lyrik, 96 S.)	978-3-89656-358-3	10,00
Junk, Kevin	Was uns eint (Essay, 64 S.)	978-3-89656-356-9	8,00
Leder, Carolin / Saraç, Tugay (Hgg.)	Liebe ist halal (Sachbuch, 232 S.)	978-3-89656-349-1	20,00
Rosenthal, Ina	beziehungs_weise Lesben (Ratgeber, 296 S.)	978-3-89656-359-0	22,00
Samura, Jenaba	Afrotopia (Essay, 64 S.)	978-3-89656-357-6	8,00
Sanoussi-Bliss, Pierre	Den Rest hab ich verdrängt (Biografie, 256 S.)	978-3-89656-363-7	20,00

VERLAG ANDREAS REIFFER

Website www.verlag-reiffer.de
E-Mail info@verlag-reiffer.de

Anschrift Verlag Andreas Reiffer
Hauptstraße 16 b
38527 Meine
Telefon 05304 / 50 17 83
Instagram @verlagandreasreiffer

2000	Verlagsgründung
2004	Buchmagazin The Punchliner
2012	Start unserer Musikbuchreihe
2020	Start der edition kopfkiosk

Vor 25 Jahren in der südostniedersächsischen Provinz gegründet, veröffentlicht der Verlag Andreas Reiffer unter der Klammer ›Pop, Literatur und Reportage‹ jährlich fünf bis acht neue Titel: eigenwillige Biografien, Oral Historys, literarische Reportagen über Regionen im gesellschaftlichen und wirtschaftlichen Wandel sowie Essays zur Popkultur (edition kopfkiosk). Im Fokus stehen dabei Pioniere, Grenzgänger und Außenseiter, deren kreativer Output sowie ihr sozialer und kultureller Einfluss.

Frank Schäfer
›Rolf Dieter Brinkmann. Ein Zettelkasten‹
160 S., geb.,
zahlr. Fotocollagen
978-3-910335-75-2
18,00 Euro

Der ›BILD‹-Zeitung war er immerhin noch eine Nachricht wert. ›Der 35jährige Dichter Rolf Dieter Brinkmann (›Die Umarmung‹) ist in London von einem Auto überfahren worden. Er starb.‹ Kurz darauf erschien sein voluminöser Gedichtband ›Westwärts 1 & 2‹, der Brinkmanns Comeback einläuten sollte. Kennern der lyrischen Szene galt er als Geheimtipp und literarischen Institutionen als förderungswürdiger Autor, in der breiten Öffentlichkeit aber wurden seine Texte nicht mehr wahrgenommen. Das kurze schrille Feedback Ende der sechziger Jahre war schon fast wieder vergessen – als er zum Mastermind der deutschen Pop-Literatur avancierte, den gutbürgerlichen Kulturbetrieb abkanzelte und wegen seiner unkalkulierbaren Wutausbrüche für Furore sorgte. Nach seinem Tod konnte die Legendenbildung beginnen und Brinkmann zum Dichterrebellen aufsteigen, der einfach ›too much‹ war für diese Welt. Der Zerrissenheit dieses kurzen, schnellen Lebens spürt Frank Schäfer nach mit einem Zettelkasten aus kritischen Essays, literarischen Skizzen und biografischen Annäherungen.

Nicola Bardola
›Die 55 besten Fünften Beatles‹
354 S., KB,
zahlr. Vignetten
978-3-910335-55-4
20,00 Euro

Wie wird man ein Fünfter Beatle? Welche Qualifikationen braucht es? Wer außer John, Paul, George und Ringo ist oder war berechtigt, diesen inoffiziellen Titel zu verleihen? Wie reagieren Fans und Medien, wenn es um die Erweiterung des Quartetts mit Ehrenmitgliedern geht? Und können auch Autos oder Trickfilmfiguren ein Fünfter werden? Gewürzt mit vielen Anekdoten würdigt Nicola Bardola Menschen aus dem Umfeld der Beatles, ohne die es die wichtigste Band der Welt vielleicht nicht gegeben hätte. Ganz bestimmt aber wäre die Geschichte der Vier aus Liverpool ohne Pete Best, Brian Epstein, George Martin, Billy Preston oder Stuart Sutcliffe längst nicht so turbulent und erfolgreich verlaufen. All together now – dieses Buch vereint zum ersten Mal eine wohl nie vollständige Sammlung der Fünften. Von A wie Alan Aldrige bis V wie Klaus Voormann.

Michael Fuchs-Gamböck / Michael Joseph
›Popol Vuh. Die Klangwelten des Florian Fricke‹
188 S., KB,
zahlr. Fotogr.
978-3-910335-13-4
16,00 Euro

Popol Vuh steht für spirituelle Musik, Ambient und experimentelle Klänge. Für die ›Bezwingung‹ des störrischen Moog-III-Synthesizers einerseits und auf der anderen Seite für den Sound, der Werner Herzogs Filme unvergesslich macht. Für die unverwechselbaren Klanglandschaften von Visionär und Pionier Florian Fricke (1944–2001), dessen musikalisches Vermächtnis oft dem Krautrock zugeordnet wird. Michael Fuchs-Gamböck, Journalist und Freund Frickes, sowie Michael Joseph, Journalist und Musiker, zeichnen die ungewöhnliche Geschichte von Popol Vuh nach. Sie sprechen mit ehemaligen Bandmitgliedern sowie Zeitzeugen und ordnen die bedeutenden, genresprengenden Klangwelten von Florian Fricke und Popol Vuh in den Kontext der Musikgeschichte ein.

Autor / Autorin	Titel (Spezifikationen)	ISBN	Preis in Euro
Bröker, Frank	Die Wahrheit über Eishockey (Sachbuch, NA, 200 S.)	978-3-910335-04-2	16,00
Burgwächter, Till	Hard & Dangerous (True Crime im Heavy Metal, 240 S.)	978-3-910335-99-8	20,00
Dörr, Christof	Fast Weltweit (Oral History, 320 S., zahlr. Fotogr.)	978-3-910335-85-1	25,00
Engelmann, Jonas	Gesellschaftstanz (Essays, 130 S.)	978-3-910335-12-7	10,50
Flatt, Beatrix	Grenzraum (Reportagen, 224 S.)	978-3-910335-91-2	22,00
Hempel, Monika	Klaus Nomi (Biografie, 288 S., zahlr. Fotogr.)	978-3-910335-44-8	22,00
Kraft, Thomas	Americana (Sachbuch / Essay, 320 S., zahlr. Fotogr.)	978-3-910335-25-7	25,00
Seiler, Sascha	Bornheim Blues (Essay, 136 S.)	978-3-910335-09-7	10,50
Sotscheck, Ralf	Nordirland (Reportagen, Fotografien von Derek Speirs, 176 S.)	978-3-910335-98-1	18,00
Soul, A.	Gib Gummi! (Foto- u. Textband, 80 S.)	978-3-910335-05-9	16,00
Witthüser, Bernd	Hat Hendrix gespielt? (Memoir, 104 S.)	978-3-910335-10-3	10,50

REIMER VERLAG

Website www.reimer-verlag.de
E-Mail info@reimer-verlag.de

Anschrift Reimer Verlag
Berliner Straße 53
10713 Berlin

Telefon 030 / 70 01 38 80

1845 Verlagsgründung
2012 Schönstes deutsches Buch
2020 Deutscher Verlagspreis, 175. Verlagsjubiläum
Verleger: Hans-Robert Cram

Verlegen heißt ›an Cultur gewinnen‹. Was schon 1845 hochtrabend klang, ist bis heute unser Anspruch: Bücher sollen Substanz haben, Orientierung bieten – und ästhetisch überzeugen. Der Reimer Verlag zählt gemeinsam mit seinen Imprints zu den profiliertesten Adressen in der deutschen Verlagslandschaft für geisteswissenschaftliche Themen. Die wissenschaftlichen Publikationen zu Kunst, Architektur, Ethnologie, Kulturwissenschaften und Archäologie sind geprägt von profunder Forschung, redaktioneller Sorgfalt und einem hohen Anspruch an Gestaltung und Verarbeitung. Gleichzeitig richtet sich ein Teil unseres Programms an eine breitere, kulturinteressierte Leserschaft. Diese Bücher verbinden intellektuelle Tiefe mit Zugänglichkeit – ob es um spannende Biografien, historische Perspektiven oder visuell beeindruckende Themenbände geht. Wir glauben an Bücher, die bleiben – inhaltlich, gestalterisch, im Denken.

Margarete Zimmermann
›Sonia Delaunay. Kunst und Mode im Zeichen von Emigration und Exil‹
380 S., 170 Abb., HC
978-3-496-01725-7
49,00 Euro

›Ich habe meine Kunst gelebt und immer alles um mich herum verändert‹ – im Laufe eines 70-jährigen Schaffens hat die französisch-russische Künstlerin Sonia Delaunay Kunstgeschichte geschrieben. Sie gilt als ›grande dame‹ der europäischen Abstraktion und inspiriert bis heute Designer:innen mit ihrer Mode. Selbst verortete sie sich zwischen den Kulturen. In der neuen, fundierten Biografie geht Margarete Zimmermann daher Sonias russisch-ukrainischer Herkunft nach, schildert die Studienjahre in Karlsruhe – Sonia sprach ein makelloses Deutsch –, ihre Künstlerehe mit Robert Delaunay und ihre engen Beziehungen zu den europäischen Avantgarden wie Der Sturm, Blauer Reiter, Bauhaus und verschiedenen Schweizer Kunstmilieus. Die Erfahrung von Emigration und Exil prägte ihr ganzes Leben. Erschlossen wurden zahlreiche neue Quellen, darunter Sonias deutschsprachige Tagebücher und weitere Dokumente aus dem Delaunay-Nachlass der Bibliothèque nationale de France, der Bibliothèque Kandinsky (Centre Pompidou) und aus Privatarchiven.

Sonja Hilzinger
›Grete Ring. Kunstgelehrte und Kunsthändlerin‹
256 S., HC
978-3-496-01712-7
39,00 Euro

Grete Ring – Kunsthändlerin, -sammlerin und Wissenschaftlerin – gehörte zu den ersten Frauen überhaupt, die zur Zeit des Deutschen Kaiserreichs einen Doktortitel im Fach Kunstgeschichte erlangten. Sie führte ein selbstbestimmtes Leben; in der Emigration musste sie als antisemitisch Verfolgte einen neuen Anfang wagen. In diesem Buch lernen wir Ring als eine kluge, geistreiche, zu Freundschaften begabte Netzwerkerin und umfassend gebildete Gelehrte kennen. Sonja Hilzinger geht den Spuren von Gretes bewegtem Leben nach: von der Kindheit und Jugend im großbürgerlichen Berliner Elternhaus über die Studienjahre, ihre Tätigkeit im Kunstschutz während des Ersten Weltkriegs, ihre Arbeit im Kunsthandel bei Paul Cassirer bis hin zu den schwierigen Jahren im englischen Exil ab 1938, wo sie ihre wichtigste kunsthistorische Schrift verfasste. Zu entdecken ist eine Persönlichkeit, die inspiriert und ermutigt.

Philipp Springer
›Die Hauptamtlichen. Fotografische Einblicke und biografische Skizzen aus den Akten des Ministeriums für Staatssicherheit‹
224 S., 152 Abb., Ln., SU
978-3-7861-2935-6
59,00 Euro

Hauptamtliche Mitarbeiter der DDR-Staatssicherheit haben im Rahmen ihrer geheimpolizeilichen Arbeit Millionen von Fotos angefertigt. Sie selbst sind darauf nur äußerst selten zu sehen. Doch dieses Buch versammelt Fotos derjenigen, die in der Regel hinter der überwachenden Kamera standen. Es ist das Ergebnis umfangreicher Recherchen in den Akten des Stasi-Unterlagen-Archivs, die weitgehend unveröffentlichtes Bildmaterial zutage förderten. Ergänzt durch biografische Skizzen zu den Fotografierten entsteht ein Mosaik der Personalstruktur des MfS und ein Einblick in den Alltag der Geheimpolizei. Der Autor Philipp Springer ist Historiker und Fachbereichsleiter für Sonderausstellungen am Deutschen Historischen Museum in Berlin. Zuvor war er Wissenschaftlicher Mitarbeiter im Stasi-Unterlagen-Archiv.

Autor / Autorin	Titel	ISBN	Preis in Euro
Chichester, K. Lee u. a.	Kunsthistorikerinnen im 20. Jahrhundert	978-3-496-01693-9	35,00
Hild, Andreas / Müsseler, Andreas (Hgg.)	Wohnen weiterbauen. Großwohnsiedlungen in die Zukunft bringen	978-3-7861-2912-7	59,00
Hörner, Unda	Die Architekten Bruno und Max Taut	978-3-7861-2662-1	19,00
Klee, Paul	Pädagogisches Skizzenbuch	978-3-7861-2818-2	59,00
Kollwitz, Käthe	›Ich will wirken in dieser Zeit‹	978-3-7861-2928-8	39,00
Körner, Hans / Wilkens, Manja	Séraphine Louis 1864–1942	978-3-496-01547-5	59,00
Mariani, Massimo	Das Licht in der Kunst	978-3-496-01660-1	24,90
Parks, John A.	Kunst verstehen von A–Z	978-3-496-01550-5	19,95
Reumont, Frederik von u. a.	Auf der Spur der Menschen vor 80.000 Jahren	978-3-496-01702-8	29,90
Taut, Bruno	Das japanische Haus und sein Leben	978-3-7861-1882-4	89,00
Umbach, Kathrin	Die Malweiber	978-3-7861-2749-9	29,90

Website www.reisedepeschen.de
E-Mail info@reisedepeschen.de

Anschrift Reisedepeschen GmbH
Grunewaldstraße 14–15
10823 Berlin

Telefon 0151 / 70 02 21 34

REISEDEPESCHEN VERLAG

2018	Gründung des Verlags
2020	Start der #BookFriday-Initiative
2024	Deutscher Verlagspreis
Verleger:	Marianna Hillmer, Johannes Klaus

Reisedepeschen widmet sich seit 2010 der literarischen Erkundung der Welt – seit 2018 auch als Verlag. Mit unkonventionellen Reiseführern, Reportagen und Essaybänden entstehen Bücher, die Reisen nicht nur beschreiben, sondern reflektieren, hinterfragen und inspirieren. Der Fokus liegt auf nachhaltigem, bewusstem Unterwegssein, dem Sichtbarmachen neuer Perspektiven und dem Fördern bislang ungehörter Stimmen – insbesondere weiblicher Debüts. Reisedepeschen publiziert rund fünf Titel pro Jahr, mit viel Liebe zum Detail gestaltet, mit besonderem Augenmerk auf Ästhetik und Verarbeitung. So entstehen Bücher, die Horizonte erweitern – inhaltlich wie gestalterisch.

Anna Sanner
›Wie man in Japan Go-go-Girl wird‹
368 S., PB
978-3-96348-032-4
20,00 Euro

Lehrerin am Morgen, Ninja im Innern, Go-go-Girl bei Nacht – Anna Sanner erzählt von einem Leben jenseits aller Erwartungen. Nach ihrem vielbeachteten Debüt ›Wie man in Japan Ninja wird‹ taucht die Japanologin und Autorin erneut ein in die Widersprüche und Faszination des japanischen Alltags – und in ihr eigenes Doppelleben. Mit Witz, Tiefgang und viel Selbstironie berichtet sie von nächtlichen Bühnen, überraschenden Begegnungen und einem Job, den man nicht googeln kann. Anna Sanner hat fünf Jahre in Japan gelebt, übersetzt, unterrichtet, getanzt – und gestaunt. Ihre Texte bewegen sich zwischen Reportage, Memoir und Literatur – klug, mutig und mit einem feinen Gespür für das Absurde und das Wesentliche.

Markus Steiner
›Odyssee nach Westafrika‹
288 S.,
HC, FB, LB
978-3-96348-039-3
20,00 Euro

Mara ist fort – und die Liebe, die so intensiv begann, lässt Markus nicht los. Also bricht er auf nach Westafrika, um sie in Guinea-Bissau wiederzusehen. Doch aus der Reise wird mehr: ein Abenteuer durch die kulturellen und geografischen Extreme zwischen Lissabon und Bissau. Unterwegs begegnet Markus Menschen, deren Wege sich mit seinem kreuzen – Träumern, Kämpferinnen, Schmugglern. Er erlebt die Spannungen zwischen Aufbruch und Stillstand, Moderne und Tradition, Sehnsucht und Wirklichkeit. Und am Ende bleibt die Frage: Lässt sich das, was war, wirklich wiederfinden? Ein intimer literarischer Reisebericht über Freiheit, Liebe – und die Suche nach einem Platz in einer widersprüchlichen Welt. ›Markus Steiner spricht darüber, wie man seinen Platz in der Welt findet. … Und erlebt, dass wir unseren Glücksort auch in uns tragen können.‹ (Deutschlandfunk Nova)

Cindy Ruch
›Reisehandbuch Europa mit dem Zug‹
Hg. v.
Marianna Hillmer,
Johannes Klaus,
224 S., KB
978-3-96348-042-3
24,00 Euro

›Europa mit dem Zug‹ ist mehr als ein praktisches Reisehandbuch – es ist eine Liebeserklärung an das bewusste, entschleunigte Reisen im Geiste unserer Zeit. Die erweiterte und aktualisierte dritte Ausgabe lädt dazu ein, Europa klimafreundlich auf Schienen zu entdecken: mit fundierten Informationen zu Streckennetzen in 43 Ländern, Direktverbindungen, Nachtzügen, Buchungstipps und den schönsten Bahnstrecken zwischen Polarkreis und Mittelmeer. Mit Routenvorschlägen, Karten, Tipps für Reisen mit Kindern, Fahrrad oder Haustier sowie Hinweisen zur Barrierefreiheit bietet das Buch eine vielseitige und praxisnahe Planungshilfe. Persönliche Empfehlungen von Bahnreisenden und Zugexpertinnen machen es zu einem inspirierenden Begleiter für alle, die Europa komfortabel, nachhaltig und mit offenen Augen erkunden möchten. ›Komisch, dass es dieses Buch nicht schon viel früher gab. Diese intelligente Mischung aus Nutzwert, Lesevergnügen und Reiselust für alle, die das Zugfahren lieben – egal ob in der Bimmelbahn im Schwarzwald oder im Schlafwagen nach Rom.‹ (Welt am Sonntag)

Autor / Autorin	Titel	ISBN	Preis in Euro
Gehrig, Rebecca	Der Ruf der Lemuren. Bei den stillen Helden Madagaskars	978-3-96348-035-5	20,00
Harre, Simone	China, wer bist du? Eine Reise in die Seele eines unbekannten Landes	978-3-96348-009-6	26,00
Hillmer, Marianna / Klaus, Johannes	Inselguide Thailand	978-3-96348-001-0	22,00
Laage, Philipp	Gipfelrausch. Warum ich auf Berge steige	978-3-96348-019-5	19,50
Lehnert, Magda	Reisehandbuch Slowenien	978-3-96348-026-3	24,00
Lutzenberger, Ida u. Ana	rette rette Fahrradkette. Zwei Künstlerinnen auf großer Radreise	978-3-96348-028-7	36,00
McCann, Jennifer	Afrika ist kein Land. Reisegeschichten von Angola bis Madagaskar	978-3-96348-014-0	19,50
Sanner, Anna	Wie man in Japan Ninja wird	978-3-96348-023-2	20,00
Schumann, Fritz	Japan, wer bist du? Verborgene Orte und unerzählte Geschichten	978-3-96348-033-1	26,00
Seisenbacher, Priska	Im Pamir. Vom besonderen Leben in einer entlegenen Welt	978-3-96348-011-9	39,90
Steinmüller, Robert	Die Meere des Mondes. Eine fiktionale Entdeckungsreise	978-3-96348-029-4	20,00

REPRODUKT

Website www.reprodukt.com
E-Mail info@reprodukt.com

Anschrift Reprodukt
Gottschedstraße 4 / Aufgang 1
13357 Berlin

Telefon 030 / 46 60 76 88

Reprodukt ist ein unabhängiger Berliner Verlag für Comics und Graphic Novels. Bereits 1991 von Dirk Rehm gegründet, bildet das Verlagsprogramm heute einen Querschnitt durch die deutsche und internationale Independent-Comicszene. In den ersten Jahren brachte Reprodukt vor allem deutschsprachige Ausgaben der wegweisenden amerikanischen Reihe ›Love & Rockets‹ heraus – sorgsam übersetzt und hergestellt, die Texte handgelettert. Mitte der 1990er Jahre erweiterte der Verlag sein Programm zunächst um französische Autor:innencomics und begann mit dem Aufbau hiesiger Künstler:innen. Die enge Zusammenarbeit mit den Autor:innen und die Sorgfalt, die Reprodukt jedem einzelnen Buch widmet, bilden wichtige Schwerpunkte der Verlagsarbeit. Auch die jüngsten Leser:innen kommen nicht zu kurz: Seit 2013 gibt es bei Reprodukt ein buntes Kindercomicprogramm voller eigensinniger Figuren und spannender Geschichten.

1991	Verlagsgründung
1994	erste deutsche Autor:innen
2013	erste Kindercomics im Programm
2018 + 24	Berliner Verlagspreis
2019 + 20 + 22 + 23	Deutscher Verlagspreis
2025	Deutscher Sachbuchpreis für Ulli Lust
Verleger:	Dirk Rehm

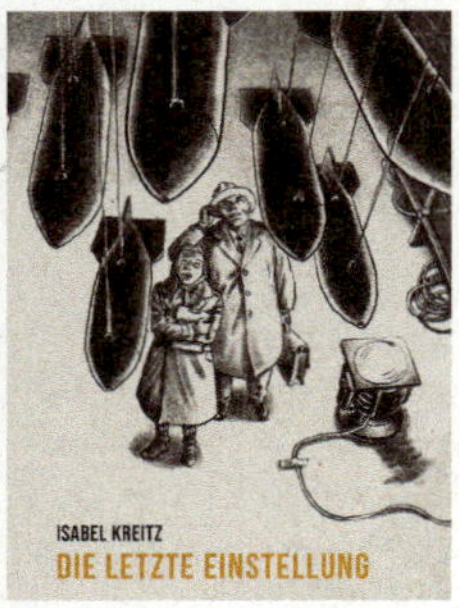

Isabel Kreitz
›Die letzte Einstellung‹
Graphic Novel,
312 S., s/w, HC
978-3-95640-452-8
29,00 Euro

Berlin, Spätsommer 1944: Heinz Hoffmann lebt seit elf Jahren als ›verbotener Autor‹ in der inneren Emigration, als ein Luftangriff seine Wohnung zerstört und er Zuflucht bei seiner ehemaligen Geliebten Erika Harms suchen muss. Die UFA-Mitarbeiterin bringt ihn ins Spiel, als händeringend ein Ghostwriter für das Drehbuch eines vom NS-Propagandaministerium dringlichst angeforderten ›Durchhaltefilms‹ gesucht wird. Durch Widrigkeiten und staatliche Repressalien mürbe geworden, lässt Heinz sich schließlich darauf ein … Als die Filmproduktion dauerhafter Bombardierungen wegen von Babelsberg aufs Land verlegt wird, finden sich auch Heinz und Erika unter den Glücklichen, die mitreisen dürfen. Und während in ihrem Potemkinschen Dorf bald niemand mehr weiß, ob ihr Tun angesichts der auch hier nahenden Alliierten noch zielführend ist, ringt Heinz Hoffmann mit seinem Gewissen: Wie sehr ist er um des Überlebens willen ein Teil des nationalsozialistischen Systems geworden?

Luz
›Zwei weibliche
Halbakte‹
Graphic Novel,
192 S., farb.,
HC, 2. Aufl.
978-3-95640-468-9
29,00 Euro

Ein Jahrhundert Geschichte aus Sicht eines Gemäldes. Alles beginnt 1919 in einem Wald am Rande von Berlin: Otto Mueller malt ›Zwei weibliche Halbakte‹. Im Atelier des expressionistischen Künstlers und von der Wand seines ersten Besitzers aus beobachtet das Gemälde den Alltag, ehe es von den Drangsalen dieser dunklen Zeit mitgerissen wird … Von Hand zu Hand weitergereicht, wird ›Zwei weibliche Halbakte‹ zum Zeugen des Aufstiegs und der Machtübernahme des Nationalsozialismus, des staatlichen Antisemitismus und der Enteignung jüdischer Familien, der nationalsozialistischen Diffamierung moderner Kunst als ›entartet‹, von Verfemung, Verzweiflung, Krieg – und vom Überleben. Mit ›Zwei weibliche Halbakte‹ gelingt Luz (›Vernon Subutex‹) ein außergewöhnlicher Comic: Als Leser:in sieht und hört man einzig, was sich unmittelbar vor Otto Muellers Gemälde abspielt. Und doch entfaltet Luz mit diesem passiven Akteur ein faszinierendes Zeit- und Gesellschaftspanorama und ruft damit auch zur Wachsamkeit gegenüber dem Aufstieg der extremen Rechten und allen Formen der politischen und kulturellen Zensur auf.

Ulli Lust
›Die Frau als Mensch.
Am Anfang der
Geschichte‹
Graphic Novel,
256 S., farb.,
HC, 3. Aufl.
978-3-95640-445-0
29,00 Euro

Stolze Hüften aus Knochen, Stein, gebranntem Ton. Wir nennen sie Göttinnen, doch wer oder was waren sie wirklich? In Büchern über die Steinzeit sehen wir vorrangig Männer beim Jagen, Feuerstein schlagen oder Höhlen bemalen. Die meisten Menschenbilder aber, die uns von Eiszeitmenschen selbst hinterlassen wurden, zeigen Frauen. Was waren das für Gesellschaften, die sie und ihr Geschlecht so zentral und ohne Scham darstellten? Nach Jahren der Recherche kehrt Ulli Lust zurück mit ihrem groß angelegten Sachcomic über die Anfänge der Kunst und die Bedeutung der Empathie für das Überleben unserer Spezies: Rund um die archaisch-weiblichen Figurinen entfaltet sich eine vergessene Welt, in der die Heldenreise Gruppensache war, die nur gemeinsam bestanden werden konnte, von Frauen, Männern, Kindern oder auch nichtbinären Menschen in mitunter reich geschmückter Rolle. ›Mit diesem vielschichtigen Zugang vermag Ulli Lust festgefahrene Vorstellungen aufzubrechen. Das gilt auch für das Genre des Sachbuchs, das durch die virtuose Verbindung von Bild und Wort auf das Schönste erweitert wird.‹ (Aus der Jury-Begründung zum Deutschen Sachbuchpreis)

Autor / Autorin	Titel (Spezifikationen)	ISBN	Preis in Euro
Bagieu, Pénélope	Unerschrocken (Graphic Novel, 312 S. farb., HC)	978-3-95640-472-6	39,00
Feuchtenberger, Anke	Genossin Kuckuck (Graphic Novel, 448 S., zweifarb., HC m. Goldprägung)	978-3-95640-346-0	44,00
Fischels, Michèle	Outline (Graphic Novel, New Adult, 208 S., farb., KB)	978-3-95640-429-0	24,00
Guibert, Emmanuel / Boutavant, Marc	Ariol 18. Alte Flohschleuder (Kindercomic, 128 S., farb., KB)	978-3-95640-457-3	15,00
Haifisch, Anna	The Artist (Graphic Novel, 200 S., farbig, HC m. Leinenrücken)	978-3-95640-309-5	29,00
Kobabe, Maia	Genderqueer (Graphic Novels, Young Adult, 240 S., farbig, SC)	978-3-95640-415-3	20,00
Mairowitz, David / Crumb, Robert	Kafka (Graphic Novel, 176 S., s/w, TB)	978-3-95640-402-3	9,90
Mawil	Kinderland (Graphic Novel, 296 S., farb., KB)	978-3-943143-90-4	29,00
Tsuge, Yoshiharu	Der nutzlose Mann (Manga, 416 S., s/w, HC)	978-3-95640-215-9	24,00
Yelin, Barbara	Emmie Arbel. Die Farbe der Erinnerung (Graphic Novel, 192 S., farbig, HC)	978-3-95640-396-5	29,00

Website	www.salonliteraturverlag.de
E-Mail	info@salonliteraturverlag.de
Anschrift	SALON LiteraturVERLAG Volkartstraße 2 c 80634 München
Telefon	089 / 58 92 76 15
Telefax	089 / 58 92 76 16

SALON LITERATURVERLAG

1997	Gründung
2004	Start Pentalogie ›Der letzte Bericht von Atlantis‹ des preisgekrönten ungarischen Autors Gábor Görgey
2019	Aufnahme ›Der letzte Bericht von Atlantis‹ zu den bedeutendsten 100 Werken Ungarns des 20. Jahrhunderts
2022	25 Jahre SALON LiteraturVERLAG

›Literatur öffnet Horizonte‹ – Im Sinne literarischer Salons verbindet der SALON LiteraturVERLAG Gesellschaftskritik, Humanität und Offenheit in anspruchsvoller Literatur. Schwerpunkte seines Programms bilden geschichtlich fundierte Romane, in denen zeitprägende Themen wie Genozid, die Unterdrückung von Minderheiten, Diskriminierung sowie die Spaltung der Gesellschaft durch politisch motivierte Ideologien in den Mittelpunkt gestellt werden. Die Publikationen suchen Kontroverse und Dialog.

Mona Yahia
›Vier Tage.
Eine nahöstliche Tetralogie‹
Roman,
585 S.,
geb., SU
978-3-947404-52-0
24,50 Euro

Vier Tage, vier Generationen, vier Welten – und doch ein gemeinsames Schicksal. Noch ahnen die beiden Schwestern Rebecca und Serafine nicht, wie sehr sich ihre glückliche Kindheit in Mossul wandeln und sie – wie so viele arabischstämmige Juden – in eine Zukunft ohne Heimat katapultieren wird. November 1918 – ihr Vater Hayim Yahia, Arzt, Vertrauter und Freund des Walis von Mossul, Khalil Bey, ist in der Zwickmühle. Die Briten stehen vor den Toren Mossuls und wollen das osmanische Reich endgültig in die Geschichtsbücher verbannen. Die Freundschaft zu Khalil Bey gebietet ihm, diesem in das verbliebene türkische Reich und die Hauptstadt Istanbul zu folgen. Doch liegt ein unausgesprochener Konflikt zwischen den beiden Männern – die Liebe zu der kleinen Serafine. Yahia trifft eine weitreichende Entscheidung. ›Vier Tage‹ erzählt – anhand jeweils eines Tages – das Leben von vier Generationen in der Familie Yahia. Sie alle, Hayim Yahia, seine Töchter Rebecca und Serafine, Rebeccas Sohn Nemir und dessen Tochter Leila, erleben radikale und einschneidende Veränderungen. Sie alle sind verwoben mit den Traumata des Exils und der Frage nach der inneren Zugehörigkeit. Es sind die Frauen in der Familie Yahia, die ihr Leben in die Hand nehmen, wird Nemir als erwachsener Mann sagen. Und nach einer Verbindung suchen, warum ihn seine Mutter Rebecca zurückgelassen hat, als sie nach Tel Aviv in den neu gegründeten Staat Israel auswanderte; warum auch seine Ziehmutter Serafine ihn und ihre Familie verlassen und Jahre später zu Ende geführt hat, was vor so langer Zeit in Mossul mit Khalil Bey begann; warum seine Tochter Leila unbedingt die ›erste Uniform der Familie‹ werden und erleben musste, wie an Jom Kippur die ägyptische Armee Israel und seine Tochter in den Krieg stürzte. Und er wird sich fragen, was die Geschichte seiner Familie ausmacht, die – wie so viele Juden der arabischen Welt – die Spuren des Exils mit Entwurzelung, Anpassung und Neuorientierung unauslöschlich in sich tragen.

Thomas Hartwig
›Mein Herz brannte nach deinem Herzen‹
Roman,
377 S., geb., SU
978-3-947404-49-0
22,50 Euro

New York – im Museum of Modern Art (MoMA) lernt der Berliner Filmemacher und Drehbuchautor Ferdinand die junge Judith kennen. Es ist zunächst ein Missverständnis, als sie sich vor der Statue ›Der Kuss‹ von Auguste Rodin begegnen. Doch dann findet Ferdinand heraus, dass Judith die Tochter von Holocaust-Überlebenden ist. Seit Jahren beschäftigt er sich mit den Schicksalen der Menschen, die vor den Verbrechen der Nationalsozialisten ihre Heimat verlassen und in der Neuen Welt Zuflucht gefunden haben. Als Judith endlich nach Berlin umzieht, scheint das Glück vollkommen. Doch die Widersprüche in ihren Persönlichkeiten, der Umgang mit Judiths ›Erbe‹ als Tochter von Holocaust-Überlebenden und Jüdin sowie die unterschiedlichen Erwartungen an das jeweils eigene Leben stellen sie vor große Herausforderungen. Wie, fragen sie sich, kann Liebe bestehen, wenn so viele Gegensätze zu überwinden sind?

Autor / Autorin	Titel (Spezifikationen)	ISBN	Preis in Euro
David, Wolfgang	Im Aufwind der Macht (Roman)	978-3-947404-23-0	23,50
Frediani, Andrea	Endstation Hoffnung. Il bibliotecario di Auschwitz (Roman)	978-3-947404-44-5	25,50
Gerhol, Simon	Aufbruch zur Hoffnung (Roman)	978-3-947404-41-4	18,50
Görgey, Gábor	Sirene der Adria. Der letzte Bericht von Atlantis (Hörbuch)	978-3-947404-31-5	15,99
Hartwig, Thomas	Die Armenierin (Roman)	978-3-939321-56-9	26,50
Hjartardottir, Ingibjörg	Tod einer Wissenschaftlerin (Roman, übers. v. Tina Flecken)	978-3-947404-26-1	16,90
Konrad, Kay	Women to Go (Roman)	978-3-947404-40-7	15,50
Körner, André / Frowein, Philip	Archipel (Kunstbuch)	978-3-947404-06-3	39,00
Laufenberg, Walter	Weinkumpane (Romanbiografie)	978-3-947404-48-3	22,50
Orleanu, Ioana	Im Gold des Oktobers (Roman)	978-3-947404-42-1	14,50
Rupel Tera, Tania	Wundebar. Lyrik meets Jazz (Hörbuch)	978-3-947404-18-6	15,99

SALZGEBER BUCHVERLAGE

Website www.salzgeber-buchverlage.de
E-Mail buch@salzgeber.de
Anschrift Salzgeber Buchverlage GmbH
Wilhelmine-Gemberg-Weg 6
Haus K
10179 Berlin
Telefon 030 / 28 52 90 43
Telefax 030 / 28 52 90 99

Die Salzgeber Buchverlage GmbH vereint die Verlage Albino, Männerschwarm und Salzgeber unter einem Dach. Der traditionsreiche Albino Verlag, der 2015 nach längerer Pause wiederbelebt wurde, widmet sich internationaler Belletristik, der Männerschwarm Verlag dem Sachbuch und Salzgeber der Fotografie und Kunst. Weiterhin dabei ist die Bibliothek rosa Winkel mit sorgfältig edierten und kommentierten Klassiker-Neuauflagen. Pro Halbjahr erscheinen sechs bis acht Titel, die den Buchmarkt um queere Perspektiven bereichern. Zum Verlagsprogramm gehören u. a. Bücher von Khaled Alesmael, Herman Bang, James Bidgood, James Cahill, Alexander Chee, Andreas Fux, Jacob Israël de Haan, Saleem Haddad, Magnus Hirschfeld, Alan Hollinghurst, Ralf König, Michael Roes und Edmund White.

1981 Gründung Albino Verlag
1992 Gründung Männerschwarm Verlag
2018 Gründung Salzgeber Buchverlage
2023 Deutscher Verlagspreis
Verleger: Alexander Hamann, Björn Koll

Blaise Campo Gacoscos
›Der Junge aus Ilocos‹
Roman,
a. d. Engl. v. Andreas Diesel,
152 S.
978-3-86300-389-0
22,00 Euro

Die Sonne über dem Quinarayan-Fluss, die Felsen am Strand und die Flugdrachen, die in Vollmondnächten über dem Meer aufsteigen – das ist die Welt von Victors Kindheit, die Welt von Ilocos. Um zu sich selbst zu finden, muss Victor ihr entfliehen. In der Großstadt Manila lernt er den Reichtum, den Glamour und den Sex kennen, aber auch das Scheitern, die Armut und die Einsamkeit. Dann wird er eines Tages Zeit zurückzukehren. Dorthin, wo alles begann … In acht konzisen Kapiteln beleuchtet Blaise Campo Gacoscos in ›Der Junge aus Ilocos‹ schlaglichtartig unterschiedliche Phasen in Victors Leben – von frühen Aufbrüchen über die erste Liebe bis hin zu zweifelhaften Erfolgen und der Ernüchterung danach. In Victors Erfahrungen und Begegnungen spiegeln sich teils die Spannungen der philippinischen Gegenwartsgesellschaft, teils die Biografie des Autors wider. Ein wahrhaftiges und lebenskluges Buch über die Aussöhnung mit der eigenen Herkunft.

Alan Hollinghurst
›Unsere Abende‹
Roman,
a. d. Engl. v. Joachim Bartholomae,
576 S.
978-3-86300-394-4
28,00 Euro

Dave Win ist dreizehn, als er zum ersten Mal zu den Hadlows kommt, denen er ein Stipendium für das örtliche Internat verdankt. Das Wochenende bei der einflussreichen Familie eröffnet dem Jungen Möglichkeiten, die zuvor undenkbar schienen. Dave hat seinen birmanischen Vater nie kennengelernt und ist bei seiner Mutter aufgewachsen, einer englischen Schneiderin. Bei den Hadlows offenbart sich ihm eine bislang ungekannte Welt des Wohlstands. Er ist aber auch den neidvollen Attacken von Giles Hadlow ausgesetzt, dem gleichaltrigen Sohn des Hauses. So verschieden die beiden Jungen sind, so unterschiedlich verlaufen ihre Lebenswege. Während Dave als Schauspieler Erfolge feiert, aber auch mit Vorurteilen und Diskriminierung konfrontiert ist, macht Giles als konservativer Politiker Karriere und kämpft für den Brexit. Mitreißend und bewegend, geistreich und feinsinnig schreibt Alan Hollinghurst über die Höhen und Tiefen des menschlichen Daseins – ein Meisterwerk von einem der größten Schriftsteller unserer Zeit.

James Bidgood
›Dreamlands‹
Bildband,
160 S.
978-3-95985-718-5
59,00 Euro

Mit seinen glamourösen Traumwelten revolutionierte der amerikanische Künstler James Bidgood (1933–2022) in den 1960er Jahren die Fotografie. Seine schillernden und meisterhaften Inszenierungen nackter junger Männer in überbordenden Kulissen gehören – als provokanter Gegenentwurf zur gesellschaftlichen Prüderie – zum Kanon der Fotografie des 20. Jahrhunderts. ›Dreamlands‹ vereint ikonische Motive des Bidgood-Œuvres mit bislang unveröffentlichten Fotos und ist ein fantastischer Bilderrausch, der strahlt, glitzert und verführt. ›Eine visuelle Orgie – ein schillerndes Kompendium queerer Fantasie, das von der ersten bis zur letzten Seite in Zuckerwatte, Glitzer und homoerotischer Verführung badet.‹ (GGG.at)

Autor / Autorin	Titel (Spezifikationen)	ISBN	Preis in Euro
Cahill, James	Tiepolo Blau (Roman, a. d. Engl. v. Joachim Bartholomae, 448 S.)	978-3-86300-378-4	28,00
Clarke, Kevin (Hg.)	Glitter and Be Gay Reloaded (Sachbuch, 352 S.)	978-3-86300-381-4	25,00
De Haan, Jacob Israël	Quartette (Lyrik, a. d. Ndl. v. Olaf Knechten, 240 S.)	978-3-86300-083-7	26,00
Firth, Ed	Horny & High Vol. 2 (Comic, a. d. Engl. v. Timm Stafe, 76 S.)	978-3-86300-374-6	18,00
Gruenholtz	The Fine Art of Erections (Bildband, 176 S.)	978-3-95985-665-2	59,00
Haslund-Gjerrild, Rakel	Adam im Paradies (Roman, a. d. Dän. v. Andreas Donat, 328 S.)	978-3-86300-341-8	26,00
Hollinghurst, Alan	Die Schönheitslinie (Roman, a. d. Engl. v. Thomas Stegers, 576 S.)	978-3-86300-388-3	20,00
Koll, B. / Künemund, J. / Weber, Ch.	Queer Cinema Now (Text-Bild-Band, 352 S.)	978-3-95985-620-1	50,00
Mars-Jones, Adam	Box Hill (Roman, a. d. Engl. v. Gregor Runge, 144 S.)	978-3-86300-375-3	24,00
Sollorz, Michael	Abel und Joe (Roman, Nachwort v. Katja Oskamp, 160 S.)	978-3-86300-380-7	22,00
Wolkenfeld, Gabriel	Wir Propagandisten (Roman, 304 S.)	978-3-86300-362-3	24,00

SATYR VERLAG

Website	www.satyr-verlag.de
E-Mail	info@satyr-verlag.de
Anschrift	Satyr Verlag Volker Surmann Auerstraße 23–25 10249 Berlin
Telefon	030 / 32 50 90 29

2005	Verlagsgründung
2011	Übernahme durch Volker Surmann
2021	Kalenderpreis des dt. Buchhandels in 2 Kategorien
2022	Deutscher Verlagspreis
2025	20. Verlagsjubiläum

Der Satyr Verlag ist ein Berliner Independentverlag für erzählende Literatur mit Schwerpunkt auf Satire und Humor. Er wurde im Jahr 2005 gegründet und wird seit 2011 vom Berliner Autor und Satiriker Volker Surmann fortgeführt. Satyr ist verankert in der deutschen Lesebühnen-, Satire- und Poetry-Slam-Szene und publiziert acht bis zehn Titel pro Jahr: Romane, Geschichtensammlungen und thematische Anthologien.

Jasper Fforde
›Wie die Karnickel‹
Übers. v.
Miriam Neidhardt,
408 S., HC
978-3-910775-35-0
25,00 Euro

In seinem ›bisher ernüchterndsten und realistischsten Buch‹ (The Guardian) spielt der postmoderne Fantasy- und Bestsellerautor Jasper Fforde alle Mechanismen von Rassismus und Xenophobie klug und unterhaltsam durch, und zwar in einer absurd-komischen Parallelwelt, die – abgesehen von vermenschlichten Kaninchen – der unseren doch aktuell erschreckend ähnelt. Das britische Dörfchen Much Hemlock, nah an der walisischen Grenze, war immer ein Hort des Friedens. Sauber. Traditionell. Die Menschen aufrecht und beflissen. Doch dann kommen ›sie‹: mit ihrer seltsamen Religion, ihrer aggressiven veganen Agenda und viel zu vielen Kindern. Zwar geben sie sich ruhig und friedliebend, aber wer weiß, wie lange noch? ›Sie‹ sind eine Familie vermenschlichter Kaninchen – das Ergebnis eines unerklärlichen Ereignisses vor rund einem halben Jahrhundert. Ihr Nachbar, der langjährige Dorfbewohner Peter Knox, muss sich entscheiden: Kann er Zaungast der Entwicklung bleiben und weiterhin eine ruhige Kugel bei der Rabbit Compliance Taskforce schieben oder soll er den neuen Nachbarn beistehen, denen, wie 1,2 Millionen weiteren Kaninchen im Vereinigten Königreich, die Zwangsumsiedlung nach Wales droht?

Bernd Gieseking
›Seepferdchen mit 60.
Bekenntnisse
eines sportlichen
Spätzünders‹
216 S., HC
978-3-910775-38-1
22,00 Euro

Bernd Gieseking hat die sechzig überschritten – und auch einige Grenzen auf der Waage. Seine Lebensgefährtin aber möchte auf die Zugspitze. Ihr Lebenstraum, aber nicht seiner. Sie ist vom Typ her Bergziege, er eher Gallowayrind. Kann er mit? Will er mit? – Der Kabarettist und ›Spiegel‹-Bestsellerautor Gieseking muss hoch hinaus. Nach mehr als zwanzig Jahren kauft er sich wieder eine Jahreskarte fürs Schwimmbad und macht – endlich – sein ›Seepferdchen‹, mit sechzig. Kaum ein Jahr später steht er auf der Zugspitze! Bis dahin ist es aber ein weiter Weg. – Texte voller Witz über die Mitte des Lebens, aber auch die Mitte des Körpers; über Selbstüberwindung, Haribo-Abhängigkeit, das erste Bad im Eisloch und eine Alpenüberquerung auf eigenen Füßen.

Alexander Estis
›Am Anfang
war Schmonzes.
Jüdische Satiren‹
ca. 176 S., HC
978-3-910775-42-8
ca. 20,00 Euro

Wollen Sie wissen, wovon die ganze ›Mischpoche‹ sofort ›meschugge‹ wird? Was übrig bleibt, wenn man dem jüdischen Witz den Witz entfernt? Oder inwiefern eine jüdische Mutter genau wie alle übrigen Mütter ist – nur anders? Wer all das ebenfalls wissen möchte – und womöglich sogar noch viel weniger –, wird in diesem Buch Antworten finden, die vielleicht sogar beinahe stimmen. Denn in seinen sprachakrobatischen Satiren redet Alexander Estis Tacheles, selbst wenn er Schmonzes erzählt. Der Tucholsky-Preisträger des Jahres 2023 ist nämlich um keine Antwort verlegen.

Autor / Autorin	Titel (Spezifikationen)	ISBN	Preis in Euro
Barmeyer, Mareike	Lauf, Mama, lauf!	978-3-910775-33-6	17,00
Birr, Tilman	Wie sind Sie hier reingekommen? (Roman)	978-3-910775-17-6	23,00
Bittner, Michael	Deutsche im Wind	78-3-91077527-5	16,00
Borowiak, Simon	Falsche Dampfer (Gedichte)	978-3-910775-30-5	20,00
Buddenkotte, Katinka / Werner, Ella Carina	Niemand hat die Absicht, ein Matriarchat zu errichten	978-3-947106-85-1	22,00
Gieseking, Bernd	Das kuriose Ostwestfalen-Buch	978-3-910775-06-0	24,00
Luksan Wunder	Eine mögliche Geschichte der deutschen Popmusik	978-3-910775-29-9	25,00
Nicolai, Thomas	Maulberg (Roman)	978-3-910775-31-2	24,00
Riedel, Susanne M.	Lebensmittelallergie. Mein Leben in Autokorrektur	978-3-910775-12-1	17,00
Streisand, Lea / Werning, Heiko / Bittner, Michael	Sind Antisemitisten anwesend? (Anthologie)	978-3-910775-18-3	26,00
Wack, Joahnna	Mehr Allergien als Freunde	978-3-910775-40-4	16,00

VERLAG HERMANN SCHMIDT

Website www.typografie.de
E-Mail info@verlag-hermann-schmidt.de
Anschrift Verlag Hermann Schmidt
Gonsenheimer Straße 56
55126 Mainz
Telefon 06131 / 50 600
Telefax 06131 / 50 60 80

Im Verlag Hermann Schmidt erscheinen Bücher und Kalender, die kreative Köpfe kribbeln und die Herzen von Gestalter:innen höherschlagen lassen. Sie treten an, den Kreativ-Alltag leichter und erfolgreicher zu gestalten – oder kürzer: Sie bringen Kreativen Nutzen und Freude. Der Verlag versteht sich als Seismograph der Grafikdesignwelt und Heimat für Kreative, denen Bücher von Schmidt nicht selten den Einstieg in die Lehre oder den Aufstieg ihrer Agenturen ebnen. Als kleiner unabhängiger Verlag arbeiten wir partnerschaftlich und respektvoll mit dem unabhängigen Sortiment und beglückt mit leidenschaftlichen Buchgestalter:innen zusammen. Als langjähriger Druckereimanager versteht es Bertram Schmidt-Friderichs, jedes Buch zu einem individuellen und faszinierenden Buch-Individuum zu machen.

1992 Erster Auftritt des Verlag Hermann Schmidt auf der Frankfurter Buchmesse
2018 Antiquaria-Preis an KBSF für das bisherige Lebenswerk
Verleger: Karin Schmidt-Friderichs, Bertram Schmidt-Friderichs

Rolli / Keller
›365 neue Seiten von dir. Der Journaling-Kalender 2026 mit Schreibimpulsen für die tägliche Auszeit mit dir selbst‹
375 Tagesabreißblätter, 20,5 × 14 cm
42 6017281 103 3 (EAN)
29,80 Euro

Wie viel Zeit planen Sie in Ihrem Kalender für sich ein? Wie sorgen Sie für sich und wie stellen Sie sicher, dass Sie vor lauter Erwartungen anderer nicht das Wertvollste verlieren: den Kontakt zu sich selbst und zu Ihren Bedürfnissen? Wer es sich zur Routine macht, jeden Tag ein paar Minuten in sich hineinzuhören, begegnet Stress, Kritik und anderen Außeneinflüssen mit mehr Resilienz und Gelassenheit. Wer täglich ein paar Minuten schreibt, erlebt Selbstwirksamkeit und Sinnhaftigkeit. Daneben erweitert tägliches kurzes Schreiben den Wortschatz und die Fähigkeit, Dinge auf den Punkt zu bringen. Mit 365 Schreibimpulsen ist der Journaling-Kalender von Jrene Rolli und Andrea Keller eine Einladung zu einem täglichen Dialog mit dem wichtigsten Menschen in Ihrem Leben: mit Ihnen!

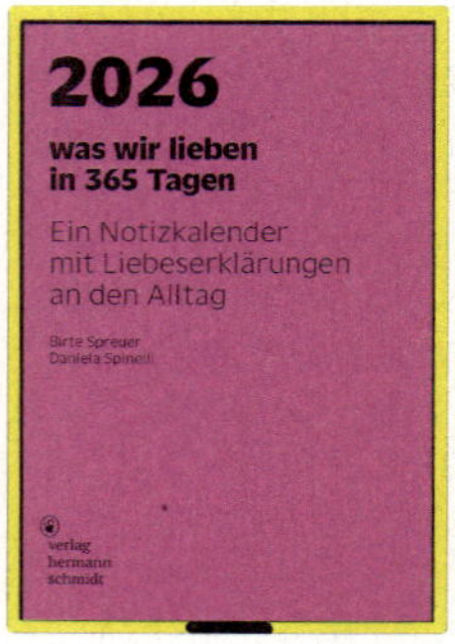

Spinelli / Spreuer
›was wir lieben: in 365 Tagen. Ein Notizkalender für 2026 mit Liebeserklärungen an den Alltag‹
368 Blatt, 9 × 13,5 cm
42 6017281 102 6 (EAN)
20,00 Euro

Wenn Ihr Herz und Hirn an einem Strang ziehen, wenn Sie manchmal heimlich die Marmelade aus Berlinern, Kreppeln oder Krapfen saugen und Sie im Herzen immer noch ein Draußenkind sind – dann werden Sie den ›was wir lieben‹-Kalender lieben. Vor zehn Jahren erschien der Notizkalender mit 365 Liebeserklärungen an den Alltag zum ersten Mal: Für uns war es Liebe auf den ersten Blick und diese Liebe wirkt ansteckend. Jahr für Jahr ist er ausverkauft. Tag für Tag zaubert er ein Schmunzeln aufs Gesicht. Warum nicht mal zur Tageslaune farblich passendes Gemüse kaufen, wie ein Meerschweinchen in der Sonne liegen und für stärkere Verben eintreten? Die im monatlichen Wechsel power-pinken und schneeweißen Blätter begleiten Sie täglich als Notiz- oder Einkaufszettel, für kleine Grußbotschaften oder als Reminder. Und jeden Tag ist Ihnen zumindest ein Lächeln sicher!

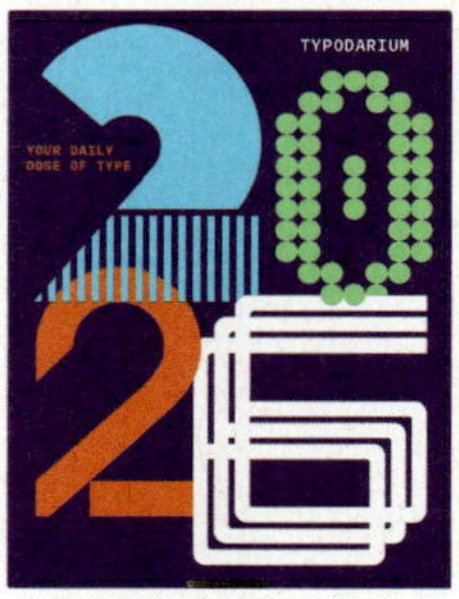

Ruddigkeit / Harmsen
›Typodarium 2026. A 365 Day Type Calendar‹
384 Tagesblätter, Engl., 8,5 × 12 cm
verpackt in einer soliden Sammelbox
42 6017281 101 9 (EAN)
20,00 Euro

Typedesign ist das subtilste Instrument der visuellen Kommunikation. Buchstaben, die Elementarteilchen jeder Gestaltung, werden in erster Linie dekodiert, um Text zu erfassen. Über dieser dienenden Funktion vergessen wir schnell, wie stark Typedesign die Rezeption des Textes beeinflusst. Jenseits der bewussten Wahrnehmung interpretiert Schrift den in ihr gesetzten Inhalt. Kreative, die sich dieser subtilen Note im Gestaltungsprozess bewusst sind, können gar nicht genug neue Schriften entdecken. Dabei unterstützt Sie das ›Typodarium‹ mit einer ›daily dose of Typography‹. Lars Harmsen und Raban Ruddigkeit scouten jedes Jahr neue Typedesigner:innen aus der ganzen Welt und entlocken ihnen die latest trends im Typedesign. Diese finden dann Eingang ins jeweils aktuelle ›Typodarium‹. 2026 werden 330 Schriftdesigner aus 33 Nationen für tägliche typografische Inspiration sorgen. An den Sonntagen – 100 Jahre nach dem Umzug des Bauhauses nach Dessau – stehen modulare Schriften aus geometrischen Formen in der Tradition von Josef Albers und Herbert Bayer. Was damals als formal-ästhetisches Experiment begann, gewinnt heute dank digitaler, bewegter Oberflächen.

Autor / Autorin	Titel	ISBN	Preis in Euro
Bergmann, Roberta	Kreative Identität und Selbsterkenntnis	978-3-87439-972-2	35,00
Brückner / Herlo	Design als Haltung. Handlungsfelder jenseits des Kommerziellen	978-3-87439-977-7	35,00
Friedli, Martina	Dein Skizzenbuch-Buch	978-3-87439-964-7	20,00
Greitemann, Leander	Unfollow Your Dreams. Leben, Ziele, Sinn und Erfolg neu denken	978-3-87439-968-5	32,00
von Gwinner / von Gehlen	Macht Marke: Orientierung. Sinn. Vertrauen	978-3-87439-969-2	35,00
Hanecke, Marko	Nachhaltig drucken. Gestaltung umweltgerechter Druckprojekte	978-3-87439-974-6	32,00
Marriott / Spreuer	worklove. Von der Liebe zur Arbeit und der Arbeit an der Liebe	978-3-87439-986-9	25,00
Morlock / Waszelewski	Vom Blatt zum Blättern. Falzen, Heften, Binden für Gestalter	978-3-87439-899-2	55,00
Mosch, Martin	Die typografische Komposition	978-3-87439-873-2	68,00
Schneider, Tilo	Ins Freie! Draußen zeichnen	978-3-87439-978-4	35,00
Wrede / von Sperber	... und dann? Wie Kinderbücher Gestalt annehmen	978-3-87439-941-8	36,00

Website www.schoeffling.de
E-Mail info@schoeffling.de

Anschrift Schöffling & Co. Verlags-
buchhandlung GmbH
Kaiserstraße 79
60329 Frankfurt am Main
Telefon 069 / 92 07 870

SCHÖFFLING & CO.

1993	Gründung
2016	Binding-Kulturpreis
2017	Kurt-Wolff-Preis
2019	Hessischer Verlagspreis
2019 + 20	Deutscher Verlagspreis

›Im Mittelpunkt die Autor:innen‹ – das ist seit gut 30 Jahren das einfache und entscheidende Credo von Schöffling & Co. Neben deutsch- und fremdsprachiger Gegenwartsliteratur gehört die Wiederentdeckung literarischer Klassiker zu den Schwerpunkten des Verlags. Weiterhin die literarischen Kalender, insbesondere der alljährliche Bestseller ›Der Literarische Katzenkalender‹. Neben Katzen wird die Lyrik gemäß der Frage ›Ihr lest keine Lyrik, seid ihr wahnsinnig?‹ bei Schöffling & Co. geschätzt, gefördert und veröffentlicht.

Eva Baltasar
›Mammut‹
Roman,
a. d. Kat. v.
Petra Zickmann,
ca. 128 S.
978-3-69097-007-5
20,00 Euro

Tagsüber im Altersheim Interviews für eine wissenschaftliche Studie führen, nachts ungeschützter Sex mit fremden Männern: Frustriert von ihrem schlecht bezahlten Uni-Job und ihren erfolglosen Versuchen, schwanger zu werden, beschließt die Erzählerin von ›Mammut‹, der Stadt den Rücken zu kehren. Was sie sucht, ist ein ursprünglicheres, einfacheres Leben, fernab der Gesellschaft und der Menschen, die sie so unerträglich machen. Doch auch auf dem Land sind die Mieten wucherisch, und das Geld reicht gerade mal für ein halb verfallenes Bauernhaus. Was sie dort findet, ist kein ländliches Idyll, sondern ein arbeits- und entbehrungsreicher Alltag. Sie putzt, hackt Holz, legt Vorräte für den Winter an und gibt Lämmern die Flasche. Ihre einzige Gesellschaft: ein alter Schäfer und ein dreckiger Hund. Und schon bald wird sie eins mit ihrer Umgebung, als würde das Wilde wie ein Keim in ihr austreiben. Schonungs- und schnörkellos und mit einer Menge schwarzem Humor schreibt Eva Baltasar über die Widersprüche des modernen Lebens und die Versuche, daraus auszubrechen.

Anette Selg
›Das Jahr, bevor ich verschwand‹
Roman,
208 S.
978-3-69097-000-6
24,00 Euro

Kurz vor Weihnachten liegt der Bewilligungsbrief auf dem Küchentisch: In einem Jahr hat sie ein Jahr frei. Reisen will sie, allein – nach Vietnam vielleicht? Weg von ihrem Job als Lehrerin, den sie liebt. Raus aus ihrem Berliner Nest, wo auch Darling und Kim sind, ohne die sie sich ihr Leben nicht vorstellen kann. Gesagt hat sie Mann und Kind von dem Plan noch nichts. Anette Selg erzählt von einer Frau in der Mitte des Lebens, die einer Sehnsucht folgt. Noch einmal das an sich spüren, was als Ehefrau, Lehrerin, Mutter nicht zum Vorschein kommt. In welchen Momenten gab es das? Damals, als Au-pair in Aix? Oder beim Backpacken in Thailand? Zwischen Familien- und Arbeitsalltag, Lektüren und Reisevorbereitungen kehren in den zwölf Monaten vor Aufbruch Erinnerungen zurück. An kleine und große Ereignisse, schöne und schreckliche. Ein Jahr, in dem die Erzählerin lernt, wie sie zu der Frau wurde, die sie ist. Bis Vergangenheit und Gegenwart kollidieren – und ihre ganze Wirklichkeit infrage steht.

Nils Langhans
›Irgendwann kommt immer ein Meer‹
Roman,
128 S.
978-3-69097-010-5
20,00 Euro

Sein Lachen, als er eingebuddelt im Ostseesand liegt. Das Sparguthaben, berechnet mit dem Aldi-Computer aus dem Sonderangebot. Teewurstbrötchen, am Vorabend für die Autofahrt geschmiert. Die minzgrüne Morphiummaschine. Noch sechseinhalb Jahre nach seinem Tod ist der Vater anwesend: als Bilder in der Erinnerung des Erzählers. Als genetische Spur, in seinen Haaren, seiner Haut. Als warmes Gefühl. Aber manches verflüchtigt sich, wird unscharf, denn wir vergessen, und anderes haben wir nie gewusst. Was bleibt von einem Menschen nach seinem Tod? Was können wir konservieren, wenn wir von ihm erzählen? Wie schreiben wir selbst ihn fort? In einer eindringlichen, poetischen Sprache beschwört der Erzähler in Langhans' autofiktionalem Roman liebevoll den verstorbenen Vater, erzählt in Miniaturen von seinen Gesten, seinen Eigenheiten und von seinem Sterben. Schreibend füllt er eine Lücke, die dort klafft, wo der Vater war – in seinem Leben und in sich selbst.

Autor / Autorin	Titel (Spezifikationen)	ISBN	Preis in Euro
Bachstein, Julia (Hg.)	Der literarische Eulenkalender 2026	978-3-89561-361-6	23,95
Bachstein, Julia (Hg.)	Der literarische Katzenkalender 2026	978-3-89561-760-7	23,95
Bonné, Mirko	Wege durch die Spiegel (Gedichte)	978-3-69097-004-4	22,00
Brophy, Brigid	Der Schneeball	978-3-69097-013-6	22,00
Lange, Peter	Vertraute Fremde. Exil in Prag 1933–1939	978-3-69097-011-2	28,00
Mitford, Nancy	Englische Liebschaften	978-3-69097-003-7	24,00
Narine, Vidya	Der Orchideenhändler	978-3-69097-001-3	22,00
Peters-Reimann, A. (Hg.)	Der literarische Gartenkalender 2026	978-3-89561-892-5	24,95
Scheuermann, Silke	Zweites Buch der Unruhe (Gedichte)	978-3-89561-380-7	22,00
Thomalla, Erika	Gegenwart machen. Eine Oral History des Popjournalismus	978-3-69097-005-1	36,00

BILDSTRECKEN

ES GEHT UM DAS BUCH
2006–2024

1. 2006/07 ›Tiere produzieren ein Buch‹
2. 2007/08 Assoziationsbilder ›Grundlagen Lesen‹
3. 2008/09 ›Sonnenuntergang‹ in allen Farben
4. 2009/10 Aufbau Bücher, mit Büchern des Kurt Wolff Verlags
5. 2010/11 Buchbinderische Aspekte, mit Büchern des Kurt Wolff Verlags
6. 2011/12 Buchreihe ›Der Jüngste Tag‹, Kurt Wolff Verlag
7. 2012/13 Albert Renger-Patzsch: ›Die Welt ist Schön‹, Kurt Wolff Verlag 1927
8. 2013/14 August Sander: ›Antlitz der Zeit‹, Kurt Wolff Verlag 1929
9. 2014/15 Rabindranath Tagore, Bücher im Kurt Wolff Verlag
10. 2015/16 Frans Masareel, Bücher im Kurt Wolff Verlag
11. 2016/17 Sno' Boy Magazin– unabhängiges Verlegen in der DDR
12. 2017/18 März Verlag
13. 2018/19 A1 Verlag
14. 2019/20 Eremiten-Presse
15. 2020/21 Die 40 Preisträger des Kurt-Wolff-Preises 2001–2020
16. 2021/22 Frauenoffensive
17. 2022/23 Maistrassenpresse
18. 2023/24 Gerhard Wolf Janus Press
19. 2024/25 Edition Plasma / Edition Sirene

SCHÜREN VERLAG

Website www.schueren-verlag.de
E-Mail info@schueren-verlag.de

Anschrift Schüren Verlag GmbH
Universitätsstraße 55
35037 Marburg
Telefon 06421 / 63 084
Telefax 06421 / 68 11 90

Der Verlag wurde in den 80er Jahren gegründet, in einer Zeit, als viele Verlage gegründet wurden – oft aus dem Impuls, zur Reflexion und Analyse der bestehenden Verhältnisse beizutragen. Auch der Schüren Verlag ist ein Kind dieser Zeit und sieht bis heute die Auseinandersetzung mit gesellschaftlich relevanten Themen im Fokus der verlegerischen Tätigkeit. Audiovisuelle Medien – Film, Fernsehen, PC, Smartphone – beanspruchen heutzutage bei den meisten von uns viel Zeit und prägen unser Bild von der Welt. Um so notwendiger ist die kompetente Auseinandersetzung mit ihnen. Das Konzept unserer Filmbücher zielt darauf ab, fundierte Informationen und Lesevergnügen miteinander zu verbinden. Daher lautet unser Motto: Kino lesen! Im Bereich politisches Sachbuch erscheinen Titel zum politischen Alltagsgeschehen, zur Erinnerungskultur und zu grundsätzlichen Problemen der Weiterentwicklung einer demokratisch und sozial verfassten Gesellschaft.

1980	Gründung
1984	Umwandlung in eine GmbH
1991	Die erste Ausgabe des Filmkalenders erscheint.
2020	Blog FILMgeblätter
2024	Hessischer Verlagspreis

Edgar Reitz
›Leibniz – Chronik eines verschollenen Bildes.
Das Filmbuch‹
192 S.,
zahlr. Abb., HC
978-3-7410-0524-4
28,00 Euro

Charlotte ist eine kluge junge Frau und wurde mit dem preußischen König verheiratet. Wehmütig denkt sie an ihre Zeit im Elternhaus am Fürstenhof in Hannover zurück und den Unterricht, den ihr der Universalgelehrte Gottfried Wilhelm Leibniz gegeben hat. Sie bittet ihre Mutter, Kurfürstin Sophie, ein Porträt des verehrten Philosophen anfertigen zu lassen. Leibniz willigt ein. Und dann wird es spannend … Ein faszinierendes Kammerspiel, bei dem es um Wahrheit, die Wissenschaft und unerfüllte Wünsche geht. Das Buch enthält die Nacherzählung des Films ›Leibniz – Chronik eines verschollenen Bildes‹, Auszüge aus der Korrespondenz zwischen Regisseur Edgar Reitz und Leibniz-Darsteller Edgar Selge, Interviews mit Robert Fischer und einen Beitrag von Kameramann Matthias Grunsky zur Licht-Gestaltung des Films sowie Gert Heidenreichs Essay über Leibniz und seine Erinnerung an die umfangreichen historischen Studien bei der Drehbuchentwicklung.

Josef Schnelle
›Der Mann, der das Kino liebte.
François Truffaut und seine Filme‹
156 S., PB, zahlr. Abb.
978-3-7410-0497-1
25,00 Euro

Alle lieben Truffaut: seine einzigartigen Filme, seine integrative Persönlichkeit und seinen intensiven Einsatz für die von ihm mitgegründete legendäre Nouvelle Vague, das frische Neue französische Kino der 1960er Jahre. Sein Leben war geprägt von der leidenschaftlichen Liebe zum Kino, angefangen mit dem Überraschungserfolg ›Sie küssten und sie schlugen ihn‹, der ihm 1959 einen Senkrechtstart zur Filmkarriere bescherte. Ungewöhnliche Liebesgeschichten wie das Dreiecksverhältnis um Jeanne Moreau in ›Jules und Jim‹ oder ›Zwei Mädchen und die Liebe zum Kontinent‹ mit Jean-Pierre Léaud zwischen zwei Frauen machten ihn zu einem der kreativsten Regisseure des französischen Kinos. Mit seinem Film ›Die Amerikanische Nacht‹ gewann er 1974 den Oscar. Eine Reise durch die Filme von François Truffaut in Zeitdokumenten und in Gesprächen mit dem deutschen Truffaut-Kenner Robert Fischer, der feministischen Filmprofessorin Gertrud Koch, dem ehemaligen Kritiker und Filmregisseur H. C. Blumenberg und dem Filmemacher Michael Klier.

Nick Deocampo
›Das philippinische Kino.
Essays und Betrachtungen‹
Übers. v. Ingo Petzke,
280 S., zahlr. s/w u. farb. Abb., PB
978-3-7410-0508-4
34,00 Euro

Wir wissen in aller Regel recht wenig über die Philippinen. Und noch weniger über den philippinischen Film und seine Hintergründe. Am bekanntesten sind vielleicht noch die Namen der Regisseure Lino Brocka, Lav Diaz oder Kidlat Tahimik. Tatsächlich aber kam das Kino sehr früh durch herumziehende amerikanische Filmemacher auf die Philippinen, die dort seit 1899 drehten. Der erste ›philippinische‹ Film entstand 1919. Heute gilt das Land mit einer jährlichen Flut von Spielfilmen als eines der größten Produzenten, wenn nicht weltweit, dann zumindest von Südostasien. Nick Deocampo lässt mit seinen Essays die Geschichte des philippinischen Kinos lebendig werden. Sie begann in der tumultuösen Zeit der Loslösung von der spanischen Kolonialmacht und den langen Kämpfen gegen die Amerikaner, die als angebliche Freunde kamen und dann doch lieber als neue Kolonialmacht blieben. Recht ähnlich versuchten es die Japaner im Zweiten Weltkrieg, aber vergeblich. Und den Jahren des Kriegsrechts unter der eisernen Marcos-Diktatur folgte eine Eruption des Alternativen Kinos – einmalig in Asien.

Autor / Autorin	Titel	ISBN	Preis in Euro
	Lexikon des internationalen Films. Filmjahr 2024 / 2025	978-3-7410-0495-7	28,00
	Filmkalender 2026	978-3-7410-0494-0	12,00
Hattendorf, M. / Groß, St. / Berning, J.	40 Jahre Debüt im Dritten. Eine Chance für den Nachwuchs	978-3-7410-0519-0	38,00
Niasseri, Sassan	Defcon 1. Die Geschichte des Atombombenkinos	978-3-7410-0496-4	25,00
Pathé, Suzanne	Erinnerungen einer Filmpionierin	978-3-7410-0500-8	38,00
Quaresima, Leonardo	Die Realität, existiert sie? Siegfried Kracauer im digitalen Zeitalter neu lesen	978-3-7410-0521-3	18,00
Töpke, Renatus	The Shark is not working. Die größten Desaster der Filmgeschichte	978-3-7410-0516-9	28,00
Vieregge, C. Juliane	Was wirklich zählt. 18 mal Hoffnung in Krisenzeiten	978-3-7410-0295-3	28,00

Website www.sisifo.de
E-Mail post@l-lv.de

Anschrift sisifo / Leipziger Literaturverlag
Brockhausstraße 56
04229 Leipzig
Telefon 0341 / 26 42 70 38
Telefax 0341 / 26 32 90 56

SISIFO / LEIPZIGER LITERATURVERLAG

1998	Gründung
2007	inskriptionen.de
2018	›Zhuangzi‹
2022	›Laozi‹
2025	›Fangnei‹

Die westlichen Gesellschaften holpern und stolpern, nichts scheint mehr sicher – wie haben es die einstigen Hochkulturen auf diesem Planeten geschafft, Stabilität zu entwickeln? Die Inka, die Maya, die indischen und chinesischen Dynastien? Sie waren imstande, über Generationen hinweg für Stabilität zu sorgen. Stabilität: das heißt weniger technischer Fortschritt. Die Chinesen haben fast alles erfunden: ihre universelle Schrift und das Rad, Seide, Papier, Porzellan und Schwarzpulver ... Sie waren nahe davor, Elixiere der Unsterblichkeit zu entwickeln, doch verlegten sich dann auf die Innere Alchemie. Uns ist sie bis heute fremd. Ihr Erfolgsgeheimnis: ein auf Verhältnismäßigkeit der Geschlechter orientiertes Sexualleben. Wir finden, was uns fehlt, in alten Schriften.

Tamba Yasuyori
›Fangnei.
Spielregeln der Liebeskunst‹
Kapitel 28 des ›Ishinpo‹,
a. d. Chin. v.
Viktor Kalinke,
392 S.
978-3-86660-306-6
124,95 Euro

Das ›Fangnei‹ wird in Fernost als die ›Bibel des Sex‹ gefeiert. Für sein Kompendium standen Tamba Yasuyori Texte zur Verfügung, die später zum Großteil verloren gegangen sind. Von Viktor Kalinke erstmals ins Deutsche übertragen, eingeleitet und kommentiert, widmet sich dieses Buch der Frage, wie es gelingen kann, mit Hilfe sexueller Praktiken das Leben zu verlängern. Es geht um innere Anziehung, passende und reizvolle Stellungen, aphrodisierende Substanzen und um den Umgang mit unvermeidlichen körperlichen Unzulänglichkeiten. So wird aus der Liebe eine Liebeskunst. Männer können sie erlernen, damit Frauen glücklich werden. Die Texte stehen in einer über 2000 Jahre alten Tradition chinesischer Handbücher zur Sexualität und gehörten zum Geheimwissen der Kaiser von Japan. Als das Buch zu Beginn des 20. Jahrhunderts erstmals in Japan veröffentlicht wurde, fiel es zunächst unter die Zensur.

Christian Bobin
›Selbstporträt am Heizkörper‹
Roman,
a. d. Frz. v.
Stefanie Golisch,
140 S.
978-3-86660-312-7
19,95 Euro

In seinen Aufzeichnungen hält der Autor die täglichen Eindrücke und Gedanken nach dem Tod einer geliebten Frau fest. Sein Buch sei aber gar kein Tagebuch, sagt er selbst, sondern ein Licht, das er entzünde, oder ein Tier, das er füttere. Durch radikale Introspektion gelingt es ihm, ein facettenreiches Bild dessen zu entwerfen, was ein Mensch über sich selbst erfahren kann, wenn er bereit ist, sich selbst zu begegnen. Ebenso gegenwärtig wie der Tod ist in seinen Aufzeichnungen allemal das Leben. Denn er ist ein feinfühliger Beobachter des scheinbar Einfachen und Selbstverständlichen, ein Narr, der das Nichts feiert, sich der Nacktheit der menschlichen Existenz bewusst ist. Er folgt keinen Regeln. Je dunkler sie wirkt, desto klarer entfaltet sich seine Sprache. ›Wie sehr hätten wir uns alle gewünscht, so geliebt zu werden. Der allgegenwärtige Tod in diesem Buch öffnet uns die Türen zur Freiheit. Ich habe alle seine Werke gelesen, es ist eine Freude!‹ (Mélanie Mercier)

Christine Pfammatter
›Blumen für Rosa Luxemburg‹
Kurzprosa,
156 S.
978-3-86660-309-7
19,95 Euro

Diese Welterkundungen sind Denkanregung und literarischer Genuss. Erneut erweist sich die Autorin als präzise Beobachterin der Gegenwart. Sei es eine Wiese im Wallis, eine stille Straße mitten in Berlin oder Menschen, die Verluste erleben. Und was macht Rosa Luxemburg? Ihr wird ein Strauß gewunden als fiktives Kunstwerk. Trotz düsterer Weltlage stirbt die Hoffnung zuletzt. Nach dem Untergang folgt der Neubeginn. Christine Pfammatter gelingt es mit Gespür für Bilder und Konstellationen, gegenwärtige Verwerfungen sprachlich auf den Punkt zu bringen. Sie spendet nicht einfach nur Trost, sondern regt das Nachdenken durch hintergründigen Humor und Doppeldeutigkeit zwischen den Zeilen an.

Autor / Autorin	Titel (Spezifikationen)	ISBN	Preis in Euro
Baumann, Benjamin	Kollateralschädel (Ein Gedicht zu später Stunde, 148 S.)	978-3-86660-301-1	16,95
Dafé, Amadú	Jasmim (Roman, a. d. Port. v. Rosa Rodrigues, 200 S.)	978-3-86660-300-4	19,95
Helbig, Axel	Der eigene Ton. Gespräche mit Dichtern (3 Bände)	978-3-86660-299-1	29,95
Hodjak, Franz	Gedenkminute für verschollene Sprachen (Gedichte, 122 S.)	978-3-86660-292-2	19,95
Laozi	Gesamttext und Materialien (A. d. Chin. v. Viktor Kalinke, zweispr., 700 S.)	978-3-86660-286-1	124,95
Ruch, Karl-Gustav	Linas Baum (Roman, 244 S.)	978-3-86660-303-5	19,95
Sawjalow, Sergej	nahe der brandung (Gedichte, zweispr., a. d. Russ. v. Christine Hengevoß, 260 S.)	978-3-86660-302-8	24,95
Siwczyk, Krzysztof	Offener Brief (Gedichte, zweispr., a. d. Poln. v. Bernhard Hartmann, 164 S.)	978-3-86660-296-0	19,95
Stanković, Bora	Erzählungen vom Balkan (A. d. Serb. v. Robert Hodel, 360 S.)	978-3-86660-293-9	29,95
Zhuangzi	Gesamttext und Materialien (A. d. Chin. v. Viktor Kalinke)	978-3-86660-222-9	124,95

SPEAK LOW

Website www.speaklow.de
E-Mail info@speaklow.de
Anschrift speak low
Hasenheide 54
Höfe am Südstern,
2. Hof, 1. Etage
10967 Berlin
Telefon 030 / 58 58 18 111
Telefax 030 / 58 58 18 101

2006	Gründung
2011 + 25	Deutscher Hörbuchpreis
2012	Umzug in neue Räume mit eigenem Tonstudio
2019 + 22 + 23	Deutscher Verlagspreis
Verleger:	Vera Teichmann, Harald Krewer

speak low zeichnet sich durch ein vielfältiges Programm mit Fokus auf literarische und politisch engagierte Titel aus. Unsere Hörbücher sind akustische Gesamtkompositionen, die oft losgelöst von einer Buchvorlage existieren. So entstehen Werke, bei denen die Möglichkeiten des Mediums ausgeschöpft werden; zuletzt etwa ›Sounds of Stabi‹, eine akustische Vermessung der Staatsbibliothek zu Berlin am Kulturforum, die eine binaurale und eine Stereofassung enthält. Inhaltlich prägt die Auseinandersetzung mit Exilerfahrung und dem Holocaust das Programm, u. a. in ›Versuche, dein Leben zu machen‹ von Margot Friedländer. Zudem verlegen wir engagierte Gegenwartsliteratur, z. B. von Fien Veldman, Myriam Leroy und Suzie Miller.

Angela Winkler
›Mein blaues Zimmer‹
Autobiographische Erzählung,
gel. v. d. Autorin,
1 MP3-CD, 240 Min.
978-3-948674-29-8
22,00 Euro

Die Schauspielerin Angela Winkler führt mehr als ein Leben: für die Bühne, für den Film – und gleichermaßen für ihre Familie. In ›Mein blaues Zimmer‹ erzählt sie von diesen Leben und nimmt uns mit hinter die Kulissen ihres geliebten Theaters. Sie erinnert sich an ihre Anfänge als Schauspielerin in Castrop-Rauxel und beim Neuen Deutschen Film, an die vielen fast verfallenen Häuser in Italien und Frankreich, die sie gemeinsam mit ihrem Mann umgebaut und zum Leben erweckt hat, und lässt uns an ihrer Liebe zur Natur teilhaben. Wir begleiten sie bei ihrer Zusammenarbeit mit Regisseuren wie Peter Zadek, Klaus-Michael Grüber, Robert Wilson oder Volker Schlöndorff – und bei ihren kleinen und großen Fluchten aus dem Theaterbetrieb. Einfühlsam erzählt sie von ihrer Familie, von der Geburt ihrer vier Kinder und nicht zuletzt vom Alt-Sein als Künstlerin. In ihrer unverwechselbaren Eigensinnigkeit liest Angela Winkler für dieses Hörbuch ihre autobiographischen Skizzen. Und denkt gar nicht daran, sich an ihren Text zu halten, sondern lässt sich vom eigenen Kopf auf lustvolle Umwege leiten. Durch ihre ergänzenden Kommentare, weitergeführte Gedanken und wieder aufgenommene Fäden wird aus dem Hörbuch etwas ganz Eigenes.

Stefanie de Velasco
›Heiss‹
Gel. v. Bettina Hoppe,
digital only, 216 Min.
978-3-948674-98-4
22,00 Euro

Die grauen Haare waren ein Schock, dann kamen die Schlafstörungen und diese unkontrollierte Wut auf alles und jeden, aber Wechseljahre? – das ist doch übertrieben, dachte Stefanie de Velasco und fühlte sich radikal verunsichert. Die meisten erwischt es kalt, wenn die erste Hitzewallung kommt. Niemand bereitet Frauen auf diese Zäsur vor. Sie ist gesellschaftlich derart negativ konnotiert, dass man sie lieber totschweigt. In ›Heiß‹ erzählt Stefanie de Velasco auf sehr persönliche Weise von einem der größten Tabus unserer Gesellschaft: der Menopause – mit all ihren Schrecken, aber auch ihrer Verheißung. Bettina Hoppe folgt Stefanie de Velascos Suche nach dem Potenzial dieser Lebensphase energisch und einfühlsam. Denn was wäre, wenn diese Zeit nicht das Ende des Frauseins und den Anfang der Unsichtbarkeit markierte, sondern eine lebendige Neuorientierung, den Aufbruch in eine neue, kraftvolle, wirklich unabhängige Identität?

Carlo Levi
›Die doppelte Nacht.
Eine Deutschlandreise
im Jahr 1958‹
Gel. v.
Thomas Sarbacher,
digital only, 295 Min.
978-3-948674-97-7
20,00 Euro

Im Jahr 1958 reist der italienische Autor Carlo Levi nach Deutschland. Von München bis Berlin sieht er wundersam wiederaufgebaute Städte – und dahinter das Schweigen, die Verdrängungen und die Verwüstungen der Vergangenheit. Er lässt sich durch Münchner Nachtlokale treiben und spricht mit schlesischen Vertriebenen, die in den Baracken des KZ Dachau wohnen. Von Augsburg über Ulm bis Tübingen begegnet er der deutschen Geschichte seit dem Mittelalter und versucht sie mit den jüngsten Verbrechen in Zusammenhang zu bringen. Er streift durch die beiden Hälften des geteilten Berlins, im Pergamonmuseum wird er Zeuge der Rückkehr von Kunstwerken, die während des Kriegs nach Moskau verbracht wurden. Durchdringend schaut Levi in die menschlichen Abgründe Nachkriegsdeutschlands und horcht in die ›hohle Stille aus Fragen und Erschütterung‹. Sein Reisebericht, der sich nie zur Anklage erhebt, besticht durch seinen feinen, warmherzigen Ton, den Thomas Sarbacher eindrucksvoll aufgreift. So entsteht ein genau beobachtetes Zeugnis von den Spuren einer gewalttätigen Geschichte in einem ganzen Land. Eine Koproduktion mit dem Norddeutschen Rundfunk

Autor / Autorin	Titel (Spezifikationen)	ISBN	Preis in Euro
Bachmann, Ingeborg / Frisch, Max	Wir haben es nicht gut gemacht (2 MP3-CDs, 966 Min.)	978-3-948674-19-9	36,00
Friedländer, Margot	Versuche, dein Leben zu machen (1 MP3-CD, 620 Min.)	978-3-948674-15-1	25,00
Giraud, Brigitte	Schnell leben (1 MP3-CD, 277 Min.)	978-3-948674-23-6	22,00
Lausund, Ingrid	Bin nebenan. Monologe für zuhause (1 MP3-CD, 245 Min.)	978-3-948674-16-8	25,00
Leroy, Myriam	Rote Augen (Digital only, 260 Min.)	978-3-948674-86-1	22,00
Miller, Suzie	Prima Facie (1 MP3-CD, 617 Min.)	978-3-948674-27-4	25,00
Salle, Grégory	Superyachten (Digital only, 213 Min.)	978-3-948674-90-8	16,00
Sanyal, Mithu	Antichristie (Digital only, 1033 Min.)	978-3-948674-95-3	25,00
Sounds of Stabi	Eine akustische Vermessung der Staatsbibliothek zu Berlin am Kulturforum (2 MP3-CDs, 557 Min.)	978-3-948674-21-2	20,00
Veldman, Fien	Xerox (Digital only, 370 Min.)	978-3-948674-94-6	23,00
Znak, Maxim	Zekamerone (1 MP3-CD, 116 Min.)	978-3-948674-25-0	16,00

SPECTOR BOOKS

Website	www.spectorbooks.com
E-Mail	mail@spectorbooks.com
Anschrift	Spector Books Verlagsgesellschaft mbH Harkortstraße 10 04107 Leipzig
Telefon	0341 / 26 45 10 12

2001	Gründung
2019	Spitzenpreis Deutscher Verlagspreis
2021 + 22 + 24	Deutscher Verlagspreis
2022	Sächsischer Verlagspreis
2023	Gutenberg-Preis der Stadt Leipzig
Verleger:	Markus Dreßen, Anne König, Jan Wenzel

Spector Books verlegt Bücher am Schnittpunkt von Kunst, Film, Architektur, Theorie und Design. Der Leipziger Verlag lotet dabei die Möglichkeiten eines lebendigen Austauschs zwischen allen an einer Buchproduktion Beteiligten aus: zwischen Künstlern, Textautoren, Buchgestaltern, Lithografen, Druckern und Buchbindern. Das Medium Buch soll hier zur Bühne werden: zu einem Ort der Begegnung und der produktiven Auseinandersetzung. Denn der innovative Umgang mit dem Medium besteht heute nicht zuletzt darin, ein reflektiertes Wechselspiel zwischen Inhalt, Gestaltung und der Materialität des Buchkörpers neu zu erproben. Spector Books arbeitet mit europäischen Gestaltern und gibt mit seinen Büchern der zeitgenössischen Buchgestaltung wichtige Impulse.

Florian Ebner /
Olga Frydryszak-Rétat (Hgg.)
›Wolfgang Tillmans.
Nothing Could Have Prepared Us – Everything Could Have Prepared Us‹
272 S.
978-3-95905-921-3
38,00 Euro

Vom 13. Juni bis 22. September 2025 erteilt das Centre Pompidou dem deutschen Künstler Wolfgang Tillmans Carte Blanche, um das Programm der Pariser Institution mit einem originellen Projekt abzurunden. Tillmans experimentelle Installation erstreckt sich über die gesamte zweite Ebene der Bibliothèque publique d'information (Bpi), deren Raum sie komplett umgestaltet. Im Dialog mit der ehemaligen Bibliothek befragt er diese als architektonisches Gebilde und als Ort der Weitergabe von Wissen. Die Ausstellung blickt auf mehr als 35 Jahre künstlerischer Praxis in verschiedenen fotografischen Gattungen zurück und lässt so eine neue, sehr persönliche Repräsentation seines Universums entstehen, deren Ordnung und Logik sich aus der Interaktion mit den Räumen der Bibliothek ergeben. Der Katalog dokumentiert dieses einzigartige Projekt. Auf den Doppelseiten der Bildstrecke wechseln sich Abbildungen der fotografischen Arbeiten mit Installationsaufnahmen ab, die zeigen, wie der Künstler sich den Raum angeeignet hat. Essays jüngerer Autor·innen werfen einen neuen Blick auf verschiedenste Aspekte von Tillmans Werk.

Petra Lutz / Martin Naundorf /
Martin Peschken / Nanny Schedler
(Klassik Stiftung Weimar) (Hgg.)
›Goethes Faust.
Nachrichten an das 21. Jahrhundert‹
240 S.
978-3-95905-881-0
29,00 Euro

Goethes Faust behandelt Themen von großer Aktualität: künstliche Intelligenz, fluide Identitäten, Kapitalismus – und nicht zuletzt die Aporien des modernen Naturverhältnisses. Goethe entwickelt dafür Sprache und Bilder und bezieht alle Wissens- und Formbestände ein, auf die er Zugriff hat. Im Buch und der begleitenden Ausstellung zeigen die Herausgeber·innen, von welchen Vorstellungen, Objekten und Wissensformen Goethe in seiner im ›Faust‹ geführten Auseinandersetzung mit der entstehenden Moderne ausgeht. Mit vielen historischen wie zeitgenössischen Bildern und pointierten Texten führen sie diese Auseinandersetzung in die Gegenwart mit ihren global kulminierenden Problemen – eine Dechiffrierung, die den ›Faust‹ als Flaschenpost liest, versandt aus der beginnenden Moderne ins Kapitalozän.

Rudolf A. Fischer / Antonella B. Meloni /
Przemyslaw Strozek / David Wittinghofer (Hgg.)
›Moderne Zeiten. Transatlantische Begegnungen in den 1920er Jahren‹
246 S.
978-3-95905-885-8
34,00 Euro

In den 1920er Jahren definierten die transatlantischen Begegnungen zwischen den USA und Europa, was es wirklich bedeutete, modern zu sein. Diese Begegnungen umfassten zahlreiche soziopolitische und kulturelle Phänomene wie den ›Amerikanismus‹, Hollywood, Jazz, Fordismus, Taylorismus und das Maschinenzeitalter, die in einem komplexen Netzwerk gegenseitiger Einflüsse verwoben waren. ›Moderne Zeiten‹ zeigt, dass auch die europäischen ›Ismen‹ wie Futurismus, Purismus, Dada, Poetismus und Konstruktivismus in enger Wechselwirkung mit diesen Phänomenen standen, welche die Dekade der ›Roaring Twenties‹ prägten.

Autor / Autorin	Titel (Spezifikationen)	ISBN	Preis in Euro
Badior, Daria / Platonova, Anastasiia	Wir, die wir uns verändert haben (143 S.)	978-3-95905-813-1	18,00
Baumann, Jana (Hg.)	Rebecca Horn (304 S.)	978-3-95905-779-0	54,00
Gourinovitch, Oxana	Raising the Curtain. Operatic Modernism in the Soviet Republics (352 S.)	978-3-95905-802-5	42,00
Graw, Isabelle	Angst und Geld (240 S.)	978-3-95905-845-2	22,00
Klein, Jens	Ballons (40 S.)	978-3-95905-722-6	24,00
Kluge, Alexander	Der Konjunktiv der Bilder. Meine virtuelle Kamera (K.I.) (480 S.)	978-3-95905-836-0	26,00
Levin, Boaz (C/O Berlin) / Hauschild, Annette / Kohle, Kathrin (OSTKREUZ) (Hgg.)	Träum Weiter – Berlin, die 90er (348 S.)	978-3-95905-851-3	39,00
Rytka, Zygmunt	Stones, Ants, and Television. Photographic Works 1971–2010 (278 S.)	978-3-95905-801-8	36,00
Stattler, Herbert	Spitzenwaren. Ein Album 1900–1954 (176 S.)	978-3-95905-883-4	86,00
Trolle, Lothar	Heimatland. Texte 1 (178 S.)	978-3-95905-637-3	18,00

STARFRUIT PUBLICATIONS

Website www.starfruit-publications.de
E-Mail info@starfruit-publications.de

Anschrift starfruit publications
Hardenbergstraße 31
90768 Fürth

Telefon 0170 / 93 49 267

Der unabhängige Verlag starfruit publications wurde 2009 gegründet. Hier erscheinen außergewöhnliche Gemeinschaftsprojekte von Schriftsteller*innen und Künstler*innen, Biografien, Gedicht- und Interviewbände, Kunst- und Sachbücher. starfruit bietet wichtigen künstlerischen Positionen und Haltungen eine Plattform – der Inhalt der Bücher spiegelt sich auch in ihrer äußeren Erscheinung. Wir legen großen Wert auf einen bewussten Umgang mit den Möglichkeiten der Gestaltung und Herstellung, auf die Auswahl von Typografie und Papier, auf ein Büchermachen mit allen zur Verfügung stehenden Sinnen. Unsere Bücher werden von Karin Kolb und Timo Reger gestaltet, die inhaltliche Programmatik verantwortet Manfred Rothenberger.

2009	Verlagsgründung
2015 + 19 + 21 + 25	Auszeichnung durch die Stiftung Buchkunst
2023	Bayerns beste Independent Bücher
2020 + 22 + 23	Deutscher Verlagspreis

Leonhard Hieronymi / Christian Metzler
›Dämonium. Geisterbahnen in Deutschland‹
ca. 240 S., geb.,
ca. 70 farb. Abb.
978-3-922895-65-7
ca. 26,00 Euro

Mit ihrer Feldstudie ›Mostro – Pinocchio-Eis in Deutschland‹ feierten Leonhard Hieronymi und Christian Metzler einen echten Überraschungserfolg (›Ein Werk voller Witz und Tragik‹, Frankfurter Rundschau). Nun haben sie sich einem weiteren bisher von der Hochkultur ignorierten Topoi gewidmet, nämlich dem Phänomen ›Geisterbahnen in Deutschland‹. Ohne Rücksicht auf die eigene psychische Gesundheit sind Hieronymi und Metzler tief eingetaucht in die Welt der Skelette und Totenköpfe, der gefletschten Zähne und weit aufgerissenen Augen, in die Abgründe grell aufblitzenden Stroboskoplichts und entfesselt schnaubender Pneumatik. Ja, die Schrecken der Geisterbahn sind plakativ und laut, aber sind die Schrecken unserer Welt nicht um ein Vielfaches lauter?

Uwe Schütte / Christine de Grancy
›Sternenmenschen – Bowie in Gugging‹
248 S., geb.,
31 s/w-Abb.
978-3-922895-67-1
26,00 Euro

Im September 1994 besuchte David Bowie die ›Künstler aus Gugging‹ – Patienten der Niederösterreichischen Landesnervenklinik in Gugging bei Wien, deren künstlerisches Talent der Psychiater Leo Navratil erkannte und förderte. Dieses Zusammentreffen von dauerhospitalisierten Außenseitern und dem weltberühmten Musiker nimmt Uwe Schütte zum Anlass, den Biografien von Künstlern wie August Walla, Ernst Herbeck oder Oswald Tschirtner nachzuspüren. In seinem Essay rekonstruiert er die komplexe Entstehungsgeschichte von Bowies Ausnahmealbum ›1. Outside‹ und erläutert den biografischen Hintergrund von dessen Interesse am Thema Schizophrenie und Kunst. Dass Bowie bei seinem Besuch im Gugginger ›Haus der Künstler‹ von der Fotografin Christine de Grancy begleitet wurde, ist ein Glücksfall. Ihre ebenso intimen wie respektvollen Fotografien zeigen den Popstar von einer bislang unbekannten und sehr persönlichen Seite.

Marian Wild u. a.
›Einhorn, Leder, Sternenstaub. Blicke in das Universum der Queerkultur‹
ca. 464 S, geb.,
ca. 240 farb. Abb.
978-3-922895-58-9
ca. 32,00 Euro

Das Universum queerer Kultur ist so bunt und vielfältig wie die Menschheit selbst. Und die Geschichte der Menschen, die sich als queer verstehen, reicht weiter zurück, als man auf den ersten Blick vermuten könnte. Denn Schwule, Lesben, Trans*- und Inter-, aber auch nicht-binäre Personen und viele weitere LGBTIQ*-Identitätsentwürfe gab es – gerade in der Kunst – schon lange bevor dafür Begriffe gefunden wurden. Dieses Buch dokumentiert Geschichte und Erscheinungsformen queerer Kunst und Kultur, erklärt Schlüsselereignisse und entführt die Leser*innen – ob sie selbst Teil der queeren Community sind oder thematisches Neuland betreten – in das weitläufige Universum queerer Kunst und Kultur. Mit Werken u. a. von Francis Bacon, Amy Cousins, General Idea, Gilbert & George, Hannah Höch, Rebecca Horn, Marc Quinn, Man Ray, Rosemarie Trockel und Andy Warhol.

Autor / Autorin	Titel (Spezifikationen)	ISBN	Preis in Euro
Borcherdt, Gesine	Dream on Baby. Wie viel Kindheit steckt in Kunst? (352 S., geb., Abb.)	978-3-922895-57-2	32,00
Erb, Elke	Tanzende Ordnungslust. Manfred Rothenberger im Gespräch mit Elke Erb (Interviewband, 272 S., Abb.)	978-3-922895-63-3	26,00
Groß, Joshua / Tröger, Sebastian	Kiwano Tiger (SciFi-Märchen, 88 S., Abb.)	978-3-922895-55-8	20,00
Hieronymi, Leonhard / Metzler, Christian	Mostro. Pinocchio-Eis in Deutschland (Reisebericht, 192 S., Abb.)	978-3-922895-48-0	25,00
Krusche, Lisa / Schäfer, Jenny	Die Anrufung der Riesin (Essay, 128 S., Abb.)	978-3-922895-68-8	24,00
Laudenbach, Peter / Kluge, Alexander	Zum Himmel, zur Hölle, zum Mehrwert (Interviewband, 152 S., Abb.)	978-3-922895-50-3	22,00
Mayer, K. / Rothenberger, M. / Thurmann-Jajes, A. (Hgg.)	Wissensspeicher der Kultur – Geschichte, Funktion und Auftrag der Kulturarchive im deutschsprachigen Raum (272 S., Abb.)	978-3-922895-62-6	32,00
Siegler, Bernd	Max Morlock. Hoch hinaus (Biografie, 528 S., Abb.)	978-3-922895-64-0	32,00
Zillig, Steffen	Ästhetik des Asozialen – Leerstellen der Gegenwartskunst (Polemik, 240 S., Abb.)	978-3-922895-60-2	25,00

Website www.stroux-edition.de
E-Mail info@stroux-edition.de

Anschrift STROUX edition
Donnersbergerstraße 32
80634 München
Telefon 089 / 16 78 31 56
Instagram @stroux_edition

STROUX EDITION

2015	Gründung in München
2022	Verlagsprämie des Freistaats Bayern
2022 + 24	Auszeichnung Bayerns beste Independent Bücher
2023	Kandidat Hotlist
Verlegerin:	Annette Stroux

STROUX edition richtet als Literaturverlag den Fokus auf das Thema ›Erinnerung‹. Seit Gründung stellen wir mit diesem Schwerpunkt unser Interesse am direkten und authentischen Zugang zu historischen Momenten und gesellschaftlichen Ereignissen in den Mittelpunkt unseres Programms. Mit unseren Buchveröffentlichungen wollen wir zum kulturellen Gedächtnis beitragen, insbesondere bei den Themen Krieg und Bürgerkrieg, Flucht und Emigration. Von Anfang an haben wir uns dabei nicht nur auf Deutschland beschränkt, sondern bringen mit Erstübersetzungen Werke zeitgenössischer europäischer Autor*innen unserem Lesepublikum näher.

Birgitta M. Schulte
›Ruhrgemüse, polnisch‹
Roman,
188 S., HC
978-3-948065-40-9
25,00 Euro

Eine Familiengeschichte im Ruhrgebiet, die vom Ankommen in der Fremde, von Zusammenhalt, Kampf gegen Ausgrenzung, Ungerechtigkeit und Armut erzählt – am Ende des 19. Jahrhunderts bis in die 1930er Jahre. Adam und Zuzanna erleben als polnische Zuwanderer ein Dortmund im Pulsschlag der enormen industriellen Entwicklung. Nach dem Verlust seines Auges bei einem Arbeitsunfall tritt Adam einem Spar- und Bauverein bei, engagiert sich bei den Socialdemokraten und für die neue Arbeiter-Zeitung. Um die Familie zu unterstützen, verdingt sich Zuzanna als Näherin. Die Familie wächst, kämpft um ihre Identität und die neue Heimat. Birgitta M. Schulte spürt in ›Ruhrgemüse, polnisch‹ familiären Wurzeln nach. Wie es den Urgroßeltern ergeht, die als Westpreußen und Polen in stürmischen Zeiten im Ruhrgebiet gegen Widerstände von verschiedenen Seiten – Kirche, Nationalverbände, politische Positionen, Arbeitshierarchien – zu kämpfen haben. Wie sie gezwungen werden, den Familiennamen zu ändern – aus Koszyński wird Kosshofer. Wie sie aber dennoch ihren Platz finden.

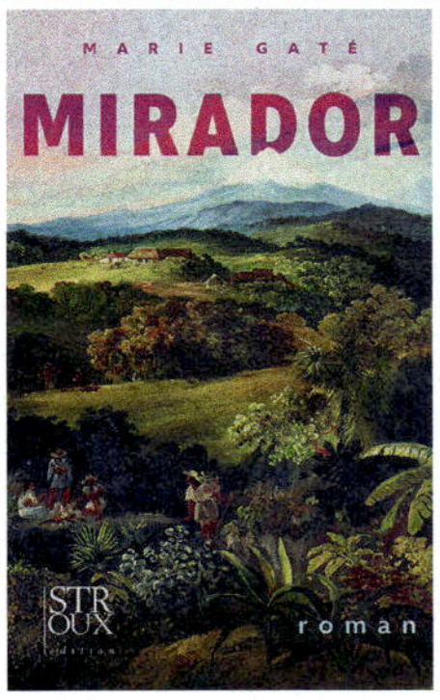

Marie Gaté
›Mirador‹
Roman,
204 S., HC
978-3-948065-39-3
26,00 Euro

Im Jahre 1833 besucht der Augsburger Zeichner und Maler Johann Moritz Rugendas auf seiner Reise durch Mittel- und Südamerika deutsche Emigranten in der Hacienda ›El Mirador‹. Hier in Mexiko wollen die Geflüchteten aus Preußen ein neues politisch freies und wirtschaftlich erfolgreiches Leben aufbauen. Als Gast der Hacienda darf Rugendas an lebhaften Diskussionen über die politische Lage und an Visionen für eine bessere Zukunft teilhaben. Inspiriert von der farbgewaltigen Landschaft und als Dank für die Gastfreundschaft entsteht das Gemälde ›Blick auf die Hacienda El Mirador und den Pico de Orizaba‹. Die Geschichte dieses Gemäldes und seines erstaunlichen Weges zurück in die Geburtsstadt seines Schöpfers wird von Marie Gaté als Zeitreise durch Kriege, Bürgerkriege und immer weitere Neuanfänge zwischen Europa und Südamerika erzählt.

Eva M. Bauer
›Brennnesseltage‹
Roman
188 S., HC
978-3-948065-41-6
25,00 Euro

›Brennnesseltage‹ ist ein Roman über die Geschehnisse innerhalb einer Familie, in einem Dorf und auf den Höfen oberhalb des Inntals über mehr als dreißig Jahre. Babett ist schwanger, aber von wem, darüber verliert sie kein Wort. Ihr Vater kann ihr das nicht verzeihen und so steht mit dem Testament des Altbauern nach dem Tod des als Hoferben vorgesehenen Bruders die gesamte Existenz von Babett infrage. Im ärmlichen Bergbauernhof muss sie in den Jahren nach dem Krieg um ihre Eigenständigkeit und das Überleben kämpfen. Die harte Arbeit macht sie wortkarg und unnahbar – auch als sie eine kleine Familie gründet und wieder verliert. Erst die nächste Generation kann sich lösen und eigene Wege finden.

Autor / Autorin	Titel (Spezifikationen)	ISBN	Preis in Euro
Bjørgaas, Hanna	Das geheime Leben in der Stadt. Nachrichten aus der urbanen Wildnis (Sach-Tagebuch, a. d. Norw. v. Sabine Richter, 304 S.)	978-3-948065-27-0	26,00
Brekke, Toril	Ein rostiger Klang von Freiheit (Roman, a. d. Norw. v. Gabriele Haefs, 332 S.)	978-3-948065-22-5	24,00
Dressler, Anette L.	Brockesstraße Beletage (Roman, 328 S.)	978-3-948065-28-7	24,00
Gans, Angela von	Emma Bonn. Spurensuche (Mit bisher unveröffentlichten Gedichten, 148 S.)	978-3-948065-20-1	20,00
Gromača, Tatjana	Die göttlichen Kindchen (Kurzroman, a. d. Kroat. v. Will Firth, 132 S.)	978-3-948065-24-9	20,00
Johansen, Inghill	Ein Bungalow (Kurzroman, a. d. Norw. v. Ina Kronenberger, 124 S.)	978-3-948065-31-7	23,00
Rubra, Kristin	Keloid. Vom Überleben und Lieben (Roman, 328 S.)	978-3-948065-33-1	26,00
Scherz, Anja	Goldstein – ein phantastisches Leben (Biogr. Spurensuche, 344 S.)	978-3-948065-30-0	26,00
Schmidt, Alfred	Gröttrup und das Universum der erfinderischen Zwerge (Romanbiographie, 354 S., m. Abb.)	978-3-948065-29-4	24,00
Torfason, Mikael	Lost in Paradise (Biogr. Roman, a. d. Isl. v. Tina Flecken, 240 S.)	978-3-981843-02-6	23,00
Weyer, Eva-Martina	Tabakpech (Roman, 300 S.)	978-3-948065-31-7	25,00

SUKULTUR

Website www.sukultur.de
E-Mail post@sukultur.de

Anschrift SUKULTUR
Wachsmuthstraße 9
13467 Berlin
Telefon 030 / 64 49 10 735
Instagram @sukultur

Der Programmschwerpunkt des Verlags liegt auf Gegenwartsliteratur von deutschsprachigen Autor*innen. Hauptpfeiler des Programms sind die Belletristik-Reihe ›Schöner Lesen‹, in der bis heute 218 Bände erschienen sind, und die Essay-Reihe ›Aufklärung und Kritik‹ mit bislang 37 Bänden. Im Dezember 2021 startete zudem ›Die grüne Reihe‹ mit Texten des Gartens, in der bislang 15 Bände veröffentlicht wurden.

1995	Gründung
2011	V.O.-Stomps-Förderpreis
2020	Zukunftsprämie der Hamburger Behörde f. Kultur u. Medien
2021 + 22 + 24	Deutscher Verlagspreis

paula van well
›PUSSY TEICH LA MER‹
Schöner Lesen 217
20 S., BR
978-3-95566-186-1
3,00 Euro

Rudi stellt sich vor, wie er zu jens hinübergeht durch den matsch und ihm was nettes sagt, in etwa, du kannst richtig gut angeln. und jens würde sagen, er kenne die gewässerstruktur – besser als seine westentasche – aber dann müssten sie wieder schweigen, wegen der fische, und überhaupt.

Julia Ingold
›Warum ich keine Männer mehr lese‹
Aufklärung und Kritik 536
24 S., BR
978-3-95566-185-4
3,00 Euro

Frauen und alle anderen nicht-Männer müssen der Sprache jedes Wort und ihre Anwesenheit darin abringen, indem sie sie mühsam umformen. Die Männer haben kein Problem mit der Sprache. Sie steht ihnen zur Verfügung, sie spricht von ihnen, sie kommen in ihr vor. Sie schreiben ›man‹ und ›einer‹ und ›jemand‹ und ›wer‹ und merken gar nicht, dass sie darin heimisch sind und wir ›Anderen‹ nicht.

Asmus Trautsch
›Erdgärten‹
Die grüne Reihe 14
32 S., BR
978-3-95566-187-8
4,00 Euro

Ich trete in einen Garten. In Trudering, Verona, Winchester. Der Eintritt durch eine Pforte, eine Öffnung in der Hecke, eine unterbrochene Mauer ist fast immer mühelos. Ich atme und blicke freier, empfinde unmittelbar Gastfreundschaft. Ein Lustgefühl am Dasein ist die Summe der Sinne, die mit dem Eintritt offener werden. Ich sehe, höre, rieche, spüre gleichzeitig. Im lebendigen Erleben wächst sich die Lust zum Impuls aus, in diesem Reich tätig zu werden. Der Garten stimmt mich auf sich ein, als wäre ich nicht nur willkommen, sondern bereits in meine Umgebung gewachsen.

Autor / Autorin	Titel (Spezifikationen)	ISBN	Preis in Euro
Adnan, Etel	Schreiben in einer fremden Sprache (Schöner Lesen 152)	978-3-95566-057-4	3,00
Altıntaş, Fikri Anıl	Geografie der Unruhe (Schöner Lesen 215)	978-3-95566-181-6	4,00
Bendixen, Blum u. a. (Hgg.)	other writers need to concentrate	978-3-95566-164-9	24,00
Dröscher / Fürstenberg (Hgg.)	check your habitus (Schöner Lesen 191)	978-3-95566-134-2	4,00
Kollodzieyski, Tanja	Ableismus (Aufklärung und Kritik 527)	978-3-95566-125-0	3,00
Lichtenstein, Sofie	Bügeln	978-3-95566-157-1	24,00
Schäfer, Jenny	Arbeitstage	978-3-95566-147-2	24,00
Schick, Sibel	Deutschland schaff' ich ab (Aufklärung und Kritik 525)	978-3-95566-108-3	3,00
Thomas, Ruth-Maria	wie ich frau bin (Schöner Lesen 203)	978-3-95566-154-0	3,00
Walser, Katharina (Hg.)	(Nicht-)Urlaub (Aufklärung und Kritik 534)	978-3-95566-174-8	4,00
Yaghoobifarah, Hengameh	Ich war auf der Fusion, und alles, was ich bekam, war ein blutiges Herz	978-3-95566-082-6	3,00

THEATER DER ZEIT

Website	www.tdz.de
E-Mail	abo-vertrieb@tdz.de
Anschrift	Theater der Zeit Winsstraße 72 10405 Berlin
Telefon	030 / 44 35 28 512
Telefax	030 / 44 35 28 544

1946	Gründung der Zeitschrift
1996	Gründung des Buchverlags
2019	Deutscher Verlagspreis
2023	Start von tdz.de
2025	Kurt-Wolff-Preis
Verleger:	Paul Tischler

Bei Theater der Zeit erscheinen Zeitschriften, Bücher und Musik zu allen Bereichen der Darstellenden Künste. Schwerpunkt bildet das internationale Gegenwartstheater. Der Verlag veröffentlicht jährlich ca. 40 Bücher, darunter Ausbildungsbücher, Porträts prägender Bühnenkünstler, Stücke in Erstveröffentlichung und Forschungsergebnisse aus der Theaterwissenschaft. Viele Titel erscheinen zweisprachig, auf Deutsch und Englisch.

Hannah von Sass (Hg.)
›Neue Dramatik‹
Lektionen 8
160 S.
978-3-95749-581-5
18,00 Euro

Neue Theatertexte verstehen und schreiben: Der nächste Band aus der erfolgreichen ›Lektionen‹- Reihe ist ein unverzichtbarer Leitfaden für alle, die sich mit zeitgenössischer Dramatik auseinandersetzen. Expert:innen aus Literatur- und Theaterwissenschaft sowie der Schreibpraxis beleuchten praxisnah, analytisch und didaktisch zentrale Aspekte und Herausforderungen moderner Dramatik. Wie hat sich die dramatische Sprache nach der Postdramatik verändert? Welche Rolle spielen Musikalität, Körperlichkeit und Mehrsprachigkeit? Wie lassen sich Texte interpretieren, die Genregrenzen bewusst überschreiten? Der Band bietet nicht nur theoretische Grundlagen, sondern auch praktische Einblicke in das Schreiben, Übersetzen und Inszenieren neuer Theatertexte. Eine Übersicht zu Ausbildungsmöglichkeiten und Publikationsadressen rundet diese bisher einmalige Zusammenschau zur Gegenwartsdramatik ab. Mit Beiträgen von Adrienn Baszó, Anton Bröll, Paul Brodowsky, Edith Draxl, Anne Fleig, Pola Groß, Tina Hartmann, Fabian Hinrichs, Maria Kuberg, Felix Lempp, Ilja Mirsky, Ramona Mosse, Clemens Özelt, Artur Pełka, Kathrin Röggla, Hannah von Sass, Martin Jörg Schäfer, Martin Schneider, Nele Stuhler, Irina Sulaver und Giulia Weis.

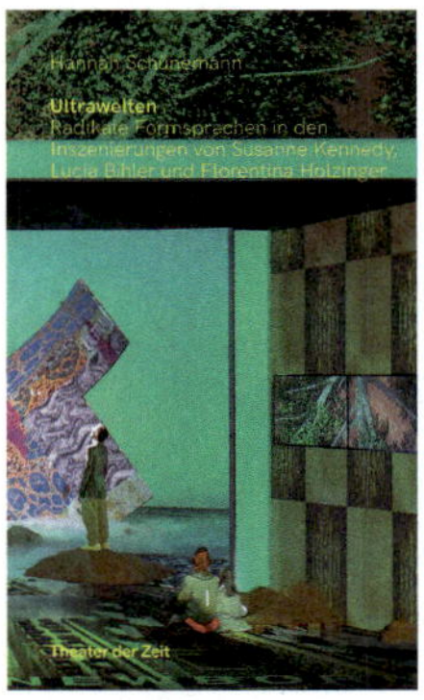

Hannah Schünemann
›Ultrawelten.
Radikale Formsprachen in den Inszenierungen von Susanne Kennedy, Lucia Bihler und Florentina Holzinger‹
Recherchen 176
360 S., Abb.
978-3-95749-590-7
26,00 Euro

In der digitalen Welt des 21. Jahrhunderts verändert sich das Theater radikal: Neue Formsprachen gehen nicht vom klassischen Text oder seiner Dekonstruktion aus, sondern nutzen vielfältige Medien, innovative Technologien und interdisziplinäre Ansätze, um ganze Welten zu entwerfen. Die wegweisenden Inszenierungen von Susanne Kennedy, Lucia Bihler und Florentina Holzinger stehen exemplarisch für diesen formalen Wandel, der seit den 2010er-Jahren in den Darstellenden Künsten sichtbar wird. Dieses Buch untersucht anhand fundierter theoretischer Reflexion und ausführlicher Interviews die formalen Strategien der drei Künstlerinnen und ihrer Teams. Dabei zeigt es auf, wie sie die Ästhetik des postdramatischen Theaters ins 21. Jahrhundert überführen und eine zeitgemäße Bühnensprache entwickeln. Die Autorin analysiert, wie diese innovativen Produktionen Kommunikationsweisen, Wahrnehmungsmuster und emotionale Dynamiken des Web 2.0 in komplexe ›Ultrawelten‹ übersetzen – Theaterwelten, die am Puls der Zeit entstehen und die Gegenwart herausfordern.

Katharina Christl /
Angela Rannow (Hgg.)
›Mut Palucca.
Faszination
und Verantwortung‹
192 S., Abb.
978-3-95749-577-8
22,00 Euro

Palucca (1902–1993) wollte nicht hübsch und lieblich tanzen und war noch keinesfalls berühmt, als sie im Alter von 23 Jahren eine private Tanzschule gründete. Das war schon damals mutig. Heute gilt Palucca als eine der bedeutendsten Vertreter:innen des modernen Tanzes in Deutschland. Palucca schuf keine Technik und hinterließ kein Repertoire. Ihre Schule jedoch besteht als Hochschule des Tanzes weiter. Eine einzigartige Erfolgsgeschichte! Auf den Titelseiten von Paluccas Werbebroschüre der Spielzeit 1926/27 findet sich allein der Schriftzug TANZ PALUCCA. Einprägsam, knapp, kühn. Inspiriert davon reflektieren Palucca-Schüler:innen und Absolvent:innen der Palucca Schule verschiedener Generationen sowie der Soziologe Dirk Baecker das Thema ›MUT‹. Zudem kommen Studierende des 2. und 3. Studienjahres Tanz der Palucca Hochschule für Tanz Dresden und selbstverständlich Palucca höchst persönlich zu Wort.

Autor / Autorin	Titel (Spezifikationen)	ISBN	Preis in Euro
Hübner, Lutz	Frau Müller muss weg und andere Stücke. Dialog 13 (Stücke, 236 S.)	978-3-942449-23-6	15,00
Hurtzig, Hannah (Hg.)	IMITATION OF LIFE. Bert Neumann Bühnenbilder (Bildband, 208 S.)	978-3-934344-08-2	10,00
Irmer, Thomas	René Pollesch – Arbeit. Brecht. Cinema. Interviews und Gespräche (Interviewband, 92 S.)	978-3-95749-519-8	15,00
Kosky, Barrie	On Ecstasy (Essay, 104 S.)	978-3-95749-342-2	15,00
Lehmann, Jörg (Hg.)	Puppe50. Fünf Jahrzehnte Puppenspielkunst an der HfS Ernst Busch Berlin (Bildband, 200 S.)	978-3-95749-484-9	20,00
Richter, Dan	Improvisationstheater. Band 1: Grundlagen (Sachbuch, 280 S.)	978-3-95749-419-1	18,00
Schmidt, Viola	Mit den Ohren sehen (Sachbuch, 352 S.)	978-3-95749-192-3	19,50
Stegemann, Bernd (Hg.)	Dramaturgie. Lektionen 1 (Sachbuch, 350 S.)	978-3-940737-34-2	18,00
Stegemann, Bernd	Wutkultur (Essay, 100 S.)	978-3-95749-341-5	12,00
Witkiewicz, Jan Stanislaw	Rudolf Nurejew. Die Biographie (Biographie, 160 S.)	978-3-95749-068-1	16,00

TRABANTENVERLAG

Website	www.trabantenverlag.de
E-Mail	post@trabantenverlag.de
Anschrift	Trabanten Verlag Berlin Damaschkestraße 43 10711 Berlin
Instagram	@trabantenverlag

Wir sind ein junger unabhängiger Verlag aus Berlin. Am Anfang der Verlagsgründung stand vor allem der Wille, Lyrik wieder zurück in den Alltag zu holen. Nachdem die ersten Gedichtbände große Erfolge feiern konnten, erweiterte sich das Verlagsprogramm schnell um gesellschaftspolitische Sachbücher und kurz darauf folgten die ersten Romane. Inzwischen steht das Sachbuch im Mittelpunkt des Verlagsprogramms. Wir wollen Wege finden, um Menschen wieder stärker für Bücher zu begeistern und experimentieren dafür mit neuen medialen Formen und Konzepten. Wir wollen unserer Generation in ihrer schöpferischen Energie Flügel verleihen und literarisch-ästhetischen Anspruch mit dem Puls der Zeit in Einklang bringen. Dabei ist es nicht nur unser Ziel, gute Bücher zu machen, sondern auch soziale Verantwortung zu übernehmen und zu politisieren.

2020	Verlagsgründung
2021	Anthologie ›#Lockdownlyrik‹
2022	Irene Solà: ›Singe ich, tanzen die Berge‹
2024	Erweiterung Sachbuchprogramm

Phil Wildschütz
›Hinterm Beton das Meer‹
Roman,
250 S.
978-3-98697-109-0
18,00 Euro

Was, wenn alle um dich herum vorankommen – nur du bleibst stehen? Aufgewachsen in einer Kleinstadt, zwischen grauem Beton und dem ständigen Gefühl, festzustecken, kämpft ein junger Mann mit den Anforderungen einer Welt, die zu schnell geworden ist. Während andere scheinbar mühelos Karriere machen, Beziehungen führen und sich im Leben zurechtfinden, stolpert er von einem unsicheren Tag in den nächsten. Dating ist kompliziert, Social Media lenkt nur kurz ab, und der Job ist nichts weiter als Mittel zum Zweck. Freundschaften verändern sich, manche gehen, andere kommen – das Gefühl, nicht dazuzugehören, wird immer lauter. Seine Leichtigkeit geht im Chaos verloren. Trotzdem weigert er sich aufzugeben. Zwischen Atlantikbrise und eingefahrener Großstadtroutine, flüchtigen Begegnungen und der Unsicherheit des Erwachsenwerdens bleibt die Hoffnung, dass sich irgendwann alles richtig anfühlt.

Zohre Ceylan
›Als Hebamme gegen die Müttermafia‹
Ratgeber,
140 S.
978-3-98697-119-9
20,00 Euro

Lasse dich von Zohre auf eine Reise einladen, die Mut macht, du selbst zu sein und deinen eigenen Weg als Mutter zu gehen. In einer Welt, in der Mütter sich ständig gegenseitig verurteilen und die Druckwelle von Erwartungen immer größer wird, tritt die Hebamme Zohre als einfühlsame Kämpferin gegen die ›Müttermafia‹ auf. Ob es die Schwangerschaft, Geburt, das Stillen oder die Erziehung ist – niemand scheint vor der Kritik der ›idealen Mutter‹ sicher zu sein. Zohre Ceylan möchte aufklären, Platz und Solidarität für Mütter schaffen, die sich nicht mehr in eine perfekte, oft unerreichbare Rolle zwängen. Mit Empathie und Klarheit stellt sie sich gegen den Druck und plädiert für mehr Toleranz, Freiheit und Selbstbestimmung. ›Als Hebamme gegen die Müttermafia‹ ist ein aufheiternder, ehrlicher und zum Nachdenken anregender Mutmacher, der das Bild der modernen Müttergesellschaft hinterfragt.

Antonia Valentina
›Fashion Undressed‹
Sachbuch,
120 S.
978-3-98697-114-4
20,00 Euro

Wer entscheidet eigentlich, was ›In‹ oder ›Out‹ ist und ist dieses Konzept überhaupt noch zeitgemäß? Gibt es den eigenen Stil überhaupt und wenn ja: Wie finde ich meinen? Warum sind die Deutschen modisch zurückhaltender und was hat die Evolutionspsychologie damit zu tun? Wieso ist die Modeszene eigentlich so elitär und welche Menschen haben sie geprägt? Dieses Buch beweist, dass Mode nicht nur schöner Schein, sondern ein aufschlussreicher Spiegel der Gesellschaft ist. Modejournalistin Antonia Valentina Herbort erklärt anschaulich, dass Kleider nicht nur Leute machen, sondern auch Geschichte schreiben. Sie gibt hilfreiche Tipps für jeden, der noch an seinem persönlichen Stil feilen möchte und nimmt uns mit hinter die Kulissen der vermeintlich schillernden Modewelt. Ganz ohne veraltete Kleidungsregeln, Überheblichkeiten, sondern mit viel Spaß an Mode und (Pop-)Kultur. Damit holt sie nicht nur Modebegeisterte, sondern auch diejenigen ab, die vorher wenig mit dem Thema anfangen konnten. Denn Mode ist unvermeidlich, wieso sollte man sie dann nicht für sich nutzen?

Autor / Autorin	Titel (Spezifikationen)	ISBN	Preis in Euro
Bräunig, Anatol	Der Psychotherapie-Kompass (Sachbuch, 220 S.)	978-3-98697-095-6	16,00
Durstewitz, Christian	Generation Depressiv (Biografie, 180 S.)	978-3-98697-105-2	16,00
Erdmann, Felix	Glücklicher Widerstand (Lyrik, 80 S.)	978-3-98697-065-9	14,00
Henning, Karla	Die Gleichzeitigkeit der Dinge (Ratgeber, 140 S.)	978-3-98697-087-1	16,00
Linde, Louisa	Die Oberfläche des Chaos (Roman, 230 S.)	978-3-98697-088-8	20,00
Peneder, Julia	45 Spielideen nach Montessori (Sachbuch, 170 S.)	978-3-98697-083-3	16,00
Roediger, Andrina Lara	Und plötzlich Stille: ADHS-Diagnose als Erwachsene (Sachbuch, 110 S.)	978-3-98697-091-8	18,00
Schneider, Isabelle	Eine Minute Hebammenwissen (Sachbuch, 140 S.)	978-3-98697-072-7	16,00
Schneider, Susanne Renate	KI leicht gemacht (Sachbuch, 130 S.)	978-3-98697-101-4	16,90
Solà, Irene	Singe ich, tanzen die Berge (Roman, 200 S.)	978-3-98697-000-0	22,00
Titze, Eva	Dein Einstieg in modernes Feng Shui (Sachbuch, 220 S.)	978-3-98697-093-2	18,00

:TRANSIT BUCHVERLAG

Website www.transit-verlag.de
E-Mail transit@transit-verlag.de

Anschrift : Transit Buchverlag
Postfach 120307
10593 Berlin

Telefon 0171 / 65 43 653

1981 Gründung
2011 Kurt-Wolff-Preis
2019 Deutscher Verlagspreis
2024 Berliner Verlagspreis

Sorgfältig gestaltete Bücher, die gewohnte Schubladen oder Sichtweisen sprengen und Historisches, Politisches, Literarisches intelligent mischen – ob als Roman, Erzählung, Reportage oder Satire. Geschichten über Menschen, die auf Unterdrückung, Ausgrenzung, Verfolgung in riskanter Weise reagiert, ihre kreativen Energien bewahrt und immer wieder neu begonnen haben. Deutschsprachige Belletristik, die literarisch aus dem gängigen Rahmen fällt und auch provoziert: sperrig, phantasievoll, erheiternd, sprachlich überraschend. Übersetzungen und damit auch Entdeckungen hierzulande weitgehend unbekannter Autorinnen und Autoren, in deren Texten die jeweiligen gesellschaftlichen Eigenarten und Widersprüche pointiert, mal witzig, mal drastisch präsentiert werden. Und schließlich die kleine, manchmal sogar bibliophile Form: Feuilletons, schön illustrierte Bände, souveräne Frechheiten, Trouvaillen.

Wolf-Rüdiger Baumann / Claudia Saam
›Deutsche »Alien Enemies« in den USA. Camp Oglethorpe 1917–1920‹
160 S., geb., m. 4-farb. Abb.
978-3-88747-421-8
24,00 Euro

Ein Buch, das die ganz andere, schon lange existierende Seite eines vorgeblich weltoffenen, toleranten, Menschenrechte garantierenden Amerikas zeigt. Als die USA 1917 in den Krieg eintraten, mussten sich alle Deutschen registrieren lassen, unter ihnen prominente Künstler, wohlhabende Kaufleute und Gewerkschaftler. Sie wurden nach ihren politischen Überzeugungen, ihrer Einstellung zum Krieg und zu den USA befragt. Deutsche Bücher wurden öffentlich verbrannt, Häuser, in denen Deutsche wohnten, wurden mit gelben Kreuzen markiert. Die Festnahmen erfolgten willkürlich auf der Grundlage eines Gesetzes, des ›Alien Enemy Act‹ aus dem Jahr 1798. Es ermächtigt den Präsidenten, in Kriegszeiten Verhaftungen ohne Gerichtsbeschluss oder Haftbefehl vornehmen zu lassen. Etliche tausend Menschen wurden als ›Alien Enemies‹ in Lagern interniert. über die Gefährlichkeit der Internierten wurde in den US-Medien breit und hysterisch berichtet, Hass und Hetze wurden gegenüber ›den‹ Deutschen geschürt, die nach der russischen Revolution auch noch zu potentiellen Bolschewiken erklärt wurden.

Andriy Lyubka
›Die Rückseite des Krieges. Literarische Reportagen‹
A. d. Ukr. v. Alexander Kratochvil u. Johannes Queck,
160 S., geb., Abb., SU
978-3-88747-419-5
20,00 Euro

Andriy Lyubka schreibt in plastischer, spannend zu lesender, manchmal auch mit intellektuellem Humor bereicherter Sprache von Menschen an der Front und Menschen weit hinter der Front. Er begegnet Soldatinnen und Soldaten, freiwillige und eingezogene, er begegnet Frauen und Kindern, die sich plötzlich ohne Väter und Männer durchschlagen müssen, er begegnet Menschen aus unterschiedlichen Regionen, Roma, geflohene Tschetschenen, Familien, die nach Ausbruch des Krieges aus der Emigration in die Ukraine zurückgekommen sind – eine Gesellschaft, deren Leben sich durch den Krieg auch dort, wo er noch fern ist, sehr plötzlich und radikal verändert hat. Immer wieder muss Andriy Lyubka persönliche Grenzen überschreiten, er beobachtet Menschen, die ihr gewohntes Leben verlassen müssen und in eine völlig neue, gefährliche und bedrohte Existenzform hineingeraten. Das Buch zeichnet ein Gesamtporträt der heutigen kriegsversehrten Ukraine.

Elli Unruh
›Fische im Trüben‹
200 S., geb., SU
978-3-88747-420-1
24,00 Euro

Elli Unruh erzählt die Geschichte einer deutsch-mennonitischen Familie, die bis Ende der achtziger Jahre in der Sowjetunion, im südlichen Kasachstan, lebte. Sie taucht ein in die Zeit ihrer Vorfahren, Großeltern und Eltern. Einprägsam und lebendig schildert sie das Leben von Menschen, die durch den Lauf der Geschichte und ständig wechselnde Lebensumstände und -orte nicht mehr aus noch ein wissen, aber in Traditionen, Religion und eigener Sprache Halt finden. Faszinierend lernt man eine ganz und gar fremde Welt kennen, fremde Lebensweisen, fremd auch, was das sowjetische System im Alltag betrifft mit der allgegenwärtigen Miliz und den ›Bevollmächtigten‹. Geschrieben in einer einfachen, poetischen Sprache, die angereichert wird durch das Deutsch, das die Mennoniten aus Westpreußen nach Russland mitgebracht hatten. Das alles vor dem Hintergrund einer unbekannten, wunderschönen, fruchtbaren Landschaft mit riesigen Apfelplantagen, wilden Flüssen und weiten Steppen.

Autor / Autorin	Titel (Spezifikationen)	ISBN	Preis in Euro
Baumann / Saam	Ein Haus schreibt Geschichte. Berlin, Mommsenstraße 6 (160 S., geb., Abb.)	978-3-88747-415-7	24,00
Çapaliku, Stefan	Tirana. Ein kurzer Traum (Roman, 144 S., geb., SU)	978-3-88747-410-2	20,00
Dalisay, Jose	Killing Time in a Warm Place (Roman, 200 S., geb., SU)	978-3-88747-414-0	22,00
Dalisay, Jose	Last Call Manila (Roman, 224 S., geb., SU)	978-3-88747-399-0	22,00
Gebauer, Rosemarie	Die Villenkolonie Lichterfelde in Berlin. Ein sprudelnder Brunnen aus Architektur, Gartenkultur und Geschichte (160 S., geb., 4-farb. Abb.)	978-3-88747-422-5	28,00
Hoffmann, Andreas	Unmögliche Begegnungen (160 S., geb., Abb.)	978-3-88747-418-8	24,00
Mvogdobo, Melara	Großmütter (Roman, 128 S., geb., SU)	978-3-88747-416-4	18,00
Roth, Beate	Jean Paul häppchenweise (Kochbuch, 244 S., geb., 4-farbig)	978-3-88747-413-3	44,00
Soden, Kristine von	Schreiben am Meer (180 S., geb., Abb.)	978-3-88747-412-6	20,00
Zafra, Jessica	Ein ziemlich böses Mädchen (Roman, 144 S., geb., SU)	978-3-88747-417-1	20,00

VERBRECHER VERLAG

Website www.verbrecherei.de
E-Mail info@verbrecherei.de

Anschrift Verbrecher Verlag GmbH
Gneisenaustraße 2 a
10961 Berlin

Telefon 030 / 28 38 59 54

Der Verbrecher Verlag steht in der Tradition linker Literaturverlage mit dem Schwerpunkt auf der Belletristik, zudem haben Sachbücher sowie wissenschaftliche Publikationen hier ihren festen Platz. Der Verlag veröffentlicht Werkschauen von Giwi Margwelaschwili, Christian Geissler und Ronald M. Schernikau; zudem gab er die ›Tagebücher‹ Erich Mühsams in fünfzehn Bänden heraus und hat den Monumentalroman ›Das Büro‹ von J. J. Voskuil in sieben Bänden veröffentlicht. Der Verlag publiziert auch regelmäßig Debütromane. Esther Becker, Dietmar Dath, Nino Haratischwili, Marlen Hobrack, Manja Präkels und Bettina Wilpert seien hier stellvertretend genannt. Renommierte Autor*innen publizieren ebenfalls im Verbrecher Verlag, etwa Anke Stelling, Marion Poschmann oder David Wagner. ›Gute Bücher!‹ ist das Motto.

1995	Gründung
2014	Kurt-Wolff-Preis
2019	Preis der Leipziger Buchmesse für Anke Stelling
2019	Berliner Verlagspreis
2019 + 20 + 22 + 23	Deutscher Verlagspreis
2025	Fontane-Literaturpreis für Lisa Kränzler

Lisa Kränzler
›Individualverkehr‹
Roman,
ca. 160 S.
978-3-95732-624-9
20,00 Euro

Eine Frau. Ein Mann. Ein entzogener Führerschein. Kunst. Darum geht es in ›Individualverkehr‹, dem neuen Roman von Lisa Kränzler. Die Künstlerin K nutzt, nachdem sie ihren Führerschein abgeben musste, den Fahrdienst des Künstlers Z, um täglich zu ihrem Atelier zu gelangen. Während der Fahrten entspinnen sich im Auto Gespräche, in denen es um Sicherheit und Unsicherheit, um Geist und Körper, um Liebe und Hass, um die Kunst und das Leben, kurzum: um alles, geht. ›Umsonst ist die Kunst – drum kostet sie das Leben.‹ Wie immer zieht Kränzler, die im Juni 2025 für ›Mariens Käfer‹ mit dem mit 40.000 Euro dotierten Fontane-Literaturpreis der Fontanestadt Neuruppin und des Landes Brandenburg ausgezeichnet wurde, die Leser*innen mit ihrer immensen Sprachgewalt in den Bann. Denn reden über das Leben und die Kunst kann man nur in einer lebendigen Sprache, die auf der Höhe der Kunst ist.

Esther Becker
›Notfallkontakte‹
Erzählungen,
ca. 120 S.
978-3-95732-625-6
20,00 Euro

Eine Frau trennt sich. Endlich. Eine andere pinkelt in den Schnee. Schwarze Löcher öffnen und vergrößern sich in Küchen, nehmen immer mehr Raum ein und machen den Alltag allmählich unmöglich. Rettungsringe verschwinden am Kanal. Zähne und Herzen brechen, Bonsais werden begraben. Auf Parkplätzen und in Bars, auf Brücken und in Parks, in Krankenhäusern und Gerichtssälen wird die Fassung verloren. ›Notfallkontakte‹ erzählt von Menschen in Situationen größter Verletzlichkeit, von Kontrollverlust und dem Bedürfnis nach Zeug*innenschaft. Esther Beckers feministische Erzählungen bestechen durch eine präzise Beobachtungsgabe und ein hohes Maß an Empathie. Wie bereits in ihrem Debütroman ›Wie die Gorillas‹ beleuchtet sie die verschiedensten emotionalen Notlagen ihrer Protagonist*innen poetisch und melancholisch, aber niemals ohne eine Portion ihres feinen Humors.

Maria Kanitz /
Lukas Geck
›Lauter Hass.
Antisemitismus als popkulturelles Ereignis‹
ca. 220 S.
978-3-95732-632-4
20,00 Euro

Galt Popmusik einst als Medium der Emanzipation, scheint davon nicht mehr viel übrig zu sein. Musiker*innen unterschreiben offene Briefe und Statements, die den 7. Oktober 2023 verharmlosen. Es wird zu Boykotten aufgerufen, Konzerte werden zu israelfeindlichen Kundgebungen. Das Massaker der Hamas war auch ein Angriff auf die Welt der Musik, auf Emanzipation und Freiheit. Die Weigerung weiter Teile der Popmusik, dies anzuerkennen, ist ebenso bemerkenswert wie die Selbstdarstellung einiger Musiker*innen als Freiheitskämpfer*innen. Maria Kanitz und Lukas Geck nehmen antisemitische Entgleisungen in der Popkultur genauer unter die Lupe. Anhand zahlreicher Beispiele aus den letzten Jahren – etwa Roger Waters, Kanye West oder Macklemore – zeigen sie, in welchem Ausmaß Antisemitismus mittlerweile ins popkulturelle Repertoire eingesickert ist und wie breit Antisemitismus popkulturell zelebriert wird.

Autor / Autorin	Titel (Spezifikationen)	ISBN	Preis in Euro
Bakić, Asja	Leckermäulchen (Erzählungen, 192 S.)	978-3-95732-609-6	22,00
Baldy, Juliane	Frau Fünf (Roman, 224 S.)	978-3-95732-626-3	22,00
Gericke, Henryk	Tanz den Kommunismus. Punkrock DDR 1980 bis 1989 (Sachbuch, 280 S.)	978-3-95732-584-6	20,00
Goldschmidt-Lechner, Simoné	Nerd Girl Magic (Sachbuch, 184 S.)	978-3-95732-611-9	22,00
Güngör, Dilek	A wie Ada (Roman, 112 S.)	978-3-95732-579-2	20,00
Kramberger, Nataša	Mauerpfeffer (Essay, 126 S.)	978-3-95732-566-2	16,00
Simmel, Lorena	Ferymont (Roman, 176 S.)	978-3-95732-580-8	22,00
Tucholsky, Kurt	Wenn wir einmal nicht grausam sind, dann glauben wir gleich, wir seien gut	978-3-95732-595-2	20,00
Wilpert, Bettina	Die bärtige Frau (Roman, 192 S.)	978-3-95732-608-9	22,00
Winkens, Bela	Brief an die Mutter (Memoiren, 216 S.)	978-3-95732-610-2	22,00
Zerbe, Zara	Phytopia Plus (Roman, 280 S.)	978-3-95732-581-5	25,00

Website www.verlagberlinbrandenburg.de
www.quintus-verlag.de
E-Mail info@verlagberlinbrandenburg.de
info@quintus-verlag.de

Anschrift Verlag für Berlin-Brandenburg
Kissingenstraße 33
13189 Berlin
Telefon 030 / 70 22 34 06

1993	Gründung
2010	Übernahme durch André Förster
2016	Gründung des Quintus-Verlages
2019 + 21	Deutscher Verlagspreis

VERLAG FÜR BERLIN-BRANDENBURG / QUINTUS-VERLAG

Der Verlag für Berlin-Brandenburg ist ein Sachbuchverlag mit Titeln zur Kultur-, Zeit- und Landesgeschichte. Um den kulturwissenschaftlichen Programmbereich des Verlages unabhängig von regionaler Zuordnung weiterzuentwickeln, wurde 2016 der Quintus-Verlag gegründet, dessen Programm heute überwiegend von Prosa und Essayistik geprägt ist. Neben Vertreter:innen der literarischen Moderne stehen Autor:innen der Gegenwartsliteratur. Wir kooperieren mit literarischen Institutionen und Gesellschaften, darunter dem Kleist-Museum, Frankfurt (Oder), dem Gerhart-Hauptmann-Museum, Erkner, der Anna-Seghers-Gesellschaft und der Rudolf-Borchardt-Gesellschaft.

Edmund Edel
›Das Glashaus.
Ein Roman
aus der Filmwelt‹
Hg. v. Björn Weyand,
ca. 240 S., geb.
978-3-96982-110-7
22,00 Euro

Der Ausbruch des Ersten Weltkrieges zwingt den Journalisten und Bohemien Robert Büchner und die Varietétänzerin Martha Stängel zur Rückkehr ins Deutsche Reich. In Berlin schlagen sie sich als Komparsen beim Film durch. Büchner gelingt der Aufstieg zum Drehbuchautor und Regisseur. Sein Ziel: eine Reform des Films als Kunst. Sein Film ›Die schwingende Seele‹ wird von der Kritik gefeiert und Martha van Goes alias Martha Stängel zum neuen Star der Filmbranche. Gelingt es Büchner, diesen Erfolg mit einer Verfilmung von Goethes ›Faust‹ noch zu überbieten? ›Das Glashaus‹ erschien erstmals 1917. Edels Roman ist ein einzigartiges Dokument über die frühe Stummfilmära – und eine wunderbare Satire über die Widersprüche von Kunst und Kommerz, Literatur und Film, Konkurrenz und Liebe.

Regina Scheer
›Max Liebermann
erzählt aus
seinem Leben.
Mit Original-Tondokument‹
104 S., geb.
978-3-96982-103-9
20,00 Euro

Die Original-Tonaufnahme, die mit dieser Publikation vorgestellt wird, zeigt Liebermann als humorvollen Berliner, der mit volkstümlicher Sprache über seine Jugend erzählt. Sie ist eine von ganz wenigen vollständig erhaltenen Tondokumenten des Künstlers. ›Aus meinem Leben‹ heißt der Vortrag des fast 85-jährigen Malers, den der Deutschlandsender am 13. April 1932 sendete. Es war eine Rundfunkstunde für Kinder. Vielleicht hat Max Liebermann deshalb zugesagt, die Redakteure in seinem Haus am Pariser Platz zu empfangen. Die Liebermann-Biografin Regina Scheer führt sachkundig und liebevoll in Liebermanns Lebensgeschichte ein und verwebt den Rundfunkvortrag mit der Familienbiografie der Liebermanns und mit der Geschichte der Stadt, der Liebermann zeitlebens verbunden war.

Ralph Hammerthaler
›Das automatische
Reich‹
Roman,
440 S., geb., SU
978-3-96982-109-1
25,00 Euro

Tief im 21. Jahrhundert: Die Erde hat sich weiter erhitzt, Roboter sind in die Gesellschaft integriert, und die ersten Menschen landen auf dem Mars. Auf den Trümmern der EU ist ein Gebilde entstanden, das sich Tri-Staat nennt, bestehend aus Frankreich, Deutschland und Polen – ein autoritärer Staat, der sein Volk durch technologische Errungenschaften an sich zu binden sucht. Während der Tri-Staat den Fortschritt feiert, gründen sich auf seinem Territorium eine ganze Reihe von Kommunen, die ein anderes Lebens- und Wirtschaftsmodell praktizieren, das auf Selbstbeschränkung, Selbstversorgung und Nachhaltigkeit beruht. Der Staat versucht, die rebellischen Kommunen mit Hilfe von Spitzeln zu kontrollieren. Einer von ihnen, Simon Loher, Deckname Lohengrin, verzweifelt zunehmend an seiner Rolle. Da wird er auf die politische Aktivistin Yuna angesetzt, seine frühere Geliebte …

Autor / Autorin	Titel (Spezifikationen)	ISBN	Preis in Euro
Baumeister-Frenzel, Katja (Hg.)	Das Romanische Café im Berlin der 1920er Jahre	978-3-96982-098-8	25,00
Bose, Günter Karl	Franz Kafka im Ostseebad Müritz [1923]	978-3-96982-090-2	20,00
Edel, Edmund	Berlin W. Ein paar Kapitel von der Oberfläche	978-3-96982-045-2	20,00
Haufs, Rolf	Steinstücken (Roman)	978-3-96982-049-0	22,00
Hoffmann, Andreas	Versteckt in Berlin	978-3-96982-081-0	22,00
Leiner, Jakob (Hg.)	Ah, ein Herz verstehe. Gedichte von Heilenden und Kranken aus 500 Jahren	978-3-96982-102-2	25,00
Lesser, Katrin / Buschfeld, Ben	Tautes Heim. Story & Details	978-3-96982-105-3	16,00

VERLAG VOLAND & QUIST

Website www.voland-quist.de
E-Mail info@voland-quist.de

Anschrift Verlag Voland & Quist GmbH
Gleditschstraße 66
10781 Berlin

Telefon 030 / 13 88 00 220

Voland & Quist, kurz VQ, steht für mutige, emanzipierte, frische Literatur, die in keine Schublade passt, für Komik und Lyrik, für besondere illustrierte Kinder-, Jugend- und Erwachsenenbücher (Graphic Novels). Wir lieben gute Geschichten, aber auch Grenzgänge, Ungewöhnliches, Experimentelles. Stimmen, die man unter hunderten wiedererkennt. Gegründet wurde Voland & Quist 2004 in Dresden von Leif Greinus und Sebastian Wolter als Zwei-Mann-Projekt, als Verlag mit ostdeutschen Wurzeln, europäischer Identität und Weltoffenheit, zu Beginn noch mit starkem Fokus auf Autor*innen aus der Spoken-Word- und Lesebühnenszene. Seitdem hat VQ sein literarisches Profil geschärft, sich weiterentwickelt und auch das Team hat sich verfünffacht.

2004	Gründung des Verlags
2010	Kurt-Wolff-Förderpreis
2019 + 20 + 22 + 24	Deutscher Verlagspreis
2022	K.-H. Zillmer-Verlegerpreis für Leif Greinus
2024	Großer Berliner Verlagspreis
Geschäftsführung:	Leif Greinus, Ilka Winkler

Béla Rothenbühler
›Polyphon Pervers‹
Roman,
a. d. Luzern-Dt. v. Uwe Dethier,
212 S., KB
978-3-86391-446-2
22,00 Euro

In einer beschaulichen Kleinstadt in der Schweiz passiert Erstaunliches: Kaum gegründet, mischen Sabine und Schanti mit ihrem Verein ›Polyphon Pervers‹ die Kulturszene auf. Risikofreudig und clever agierend, steigen sie als Theater-Produzentinnen zu nationalen Grössen auf und scharen eine illustre Runde um sich: vom eitlen Regisseur Lucien über den versoffenen Ghostwriter Yves, den Lebemenschen und DJ Milan und die opportunistische Schauspielgrösse Chantal bis zu Jules und seinen Hanf-Bauern, die unversehens als Performance-Künstler brillieren. Dem Erfolg ordnet der Verein für Unterhaltung im Laufe der Geschichte alles unter, und so folgen auf erste Unsauberkeiten schon bald alle möglichen Formen des Betrugs. Béla Rothenbühlers satirische Reise durch Kultur, Unterhaltung und Geld ist nicht nur clever, sondern selbst ein Meisterwerk der Unterhaltung.

Ishbel Szatrawska
›Die Tiefe‹
Roman,
a. d. Poln. v. Andreas Volk,
ca. 450 S., geb.
978-3-86391-414-1
26,00 Euro

›Die Tiefe‹ erzählt die Geschichte mehrerer Generationen einer Familie, deren Schicksal tief mit dem einstigen Ostpreußen verwoben ist, einer Region, wo sich seit Jahrhunderten polnische, masurische, deutsche und litauische Identitäten miteinander verflechten: die Geschichte der Großmutter Janka, der Aristokratin Gudrun, ihres Geliebten Max, eines deutschen Chirurgen, der Tante Gertraud, die von Jankas Sohn, Wolf, und Alicja, dem jüngsten Familienmitglied und einer Anthropologin, die nur schwer damit zurechtkommt, das Elternhaus an der Guber zu verkaufen – ein geheimnisumwobenes Gebäude voller Erinnerungen. Wir folgen den Lebensschicksalen beginnend mit der Zeit des Krieges über die Ära des kommunistischen Polens, in der über die Vergangenheit gar nicht oder nur im Flüsterton gesprochen wird, bis hin zur Gegenwart, in der sich ein neuer Konflikt entwickelt.

Nora Gomringer
›Am Meerschwein übt das Kind den Tod‹
Roman,
ca. 160 S., geb.
978-3-986391-461-5
22,00 Euro

Ihre Mutter hinterlässt drei Kinder und einen Bindestrich. Sie hinterlässt ihrer Tochter, Nora Gomringer, ihre Freundinnen, ihre Bibliothek, ihr Unbehagen. Nora Gomringer schreibt ihr hinterher als vermissende Tochter, als wütende Frau, als verstummte Dichterin und wundert sich, wie wenig sie sich beschwören lässt, wenn sie es will. Sie hat sich – nun himmlisch – endlich emanzipiert. Nora Gomringer schreibt in ihrem Roman über ihre mannigfaltige Mutter, deren Weisheit und Komik, deren Mann, die Sache mit den Meerschweinchen und sich selbst.

Autor / Autorin	Titel (Spezifikationen)	ISBN	Preis in Euro
Afanasjew, Nikita	Sputnik (Roman, 224 S.)	978-3-86391-403-5	24,00
Bach, Kathrin	Lebensversicherung (Roman, 240 S.)	978-3-942375-72-6	24,00
Elze, Carl-Christian	William und der Fliegenkönig (Kinderbuch, 64 S.)	978-3-86391-438-7	18,00
Marković, Barbi	Piksi-Buch (108 S.)	978-3-86391-424-0	12,00
Nenik, Francis	Der Gescheite(rte) Kalender (Immerwährender Abreißkalender, 376 Blatt)	978-3-86391-420-2	24,00
Paris, Frieda	Nachwasser (Langgedicht, 136 S.)	978-3-942375-69-6	22,00
Rehlein, Susann	Ab ins Bett! (Ratgeber, 264 S.)	978-3-86391-439-4	20,00
Ruckpaul, Lea	Bye Bye Lolita (Roman, 312 S.)	978-3-86391-422-6	24,00
Scharbert, Simone	Für Anna. Eine Belichtung (180 S.)	978-3-942375-75-7	22,00
Šehić, Faruk	Von der Una (Roman, 240 S.)	978-3-86391-429-5	24,00
Somalvico, Noemi	Das Herz wirft in der Brust keinen Schatten (Erzählungen, 216 S.)	978-3-86391-421-9	22,00

VERLAG VORWERK 8

Website www.vorwerk8.de
E-Mail verlag@vorwerk8.de

Anschrift Verlag Vorwerk 8
Großgörschenstraße 5
10827 Berlin
Telefon 030 / 78 46 101
Telefax 030 / 78 70 61 04

1994	Verlagsgründung
1995	Reihe ›Traversen‹
1996	Reihe ›Texte zum Dokumentarfilm‹ / dfi Köln
2006	Reihe ›Mosse-Lectures‹ / HU Berlin
2016	Kurt-Wolff-Förderpreis
2019	Lyrik-Reihe ›Takt & Metrik‹
2021	Reihe ›Archiv für Mediengeschichte‹
Verleger:	Reinald Gußmann

Die Verlagsgründung stand unter dem Eindruck des Credos von Kurt Wolff, demnach Bücher zu publizieren seien, nicht die das Publikum lesen ›wolle‹, sondern lesen ›solle‹. Dabei ist es geblieben. Schwerpunkte sind Film, Medien, Theater, Literatur. Lesen ist nicht einfach nur schön. Es erfordert z. B. eine extreme Disziplinierung des Auges. Deswegen legen wir Wert auf eine lesefreundliche Gestaltung der Bücher: Vom inhaltlichen Lektorat übers Korrektorat bis hin zur Typographie und zum Satz besteht die Verlagstätigkeit in nichts anderem, als alle Mühen, die in Text und Buch eingeflossen sind, wieder unsichtbar zu machen.

Matthias Bauer /
Reto Rössler (Hgg.)
›Kapitelkommentare zum
»Mann ohne Eigenschaften«.
Vierter Band: Europa‹
134 S., geb.
978-3-947238-48-4
14,00 Euro

Europa ist in ›Der Mann ohne Eigenschaften‹ ein durchgängiges, wenn auch oft nur indirekt angesprochenes Thema. Einerseits hallen im Roman Echos auf Robert Musils Europa-Essays nach – andererseits wird das Schicksal des Kontinents in der Figurenrede, oft ironisch gebrochen, in ein dichtes Netz von Querbezügen zum zeitgenössischen Patriotismus und Orientalismus, Militarismus und Antisemitismus eingewoben. Die siebzehn Kapitelkommentare des Bandes zeichnen den Europadiskurs im ›Mann ohne Eigenschaften‹ in seiner Vielschichtigkeit wie in seiner Weitsichtigkeit nach, sowohl in seiner ideologiekritischen Funktion als auch in dramaturgischer Verschränkung mit dem Verlauf der Parallelaktion. Mit Beiträgen von: Matthias Bauer, Maximilian Bergengruen, Artur R. Boelderl, Antonia Eder, Alexander Honold, Jan Niklas Howe, Roland Innerhofer, Christian Kirchmeier, Robert Krause, Maren Lickhardt, Inka Mülder-Bach, Tobias Nanz, Iulia-Karin Patrut, Lucas Prieske, Reto Rössler, Burkhardt Wolf.

Manfred Kappeler
›»Ewige Kinderzeit«.
Franz Kafka – Kinder,
Jugendliche und Erziehung‹
344 S., geb.
978-3-947238-47-7
39,00 Euro

Die Seelen der Kinder, sie werden nicht gesehen. Auch nicht, wenn sie zu Jugendlichen herangewachsen sind. Sie sind – zumal zu Zeiten Kafkas eigener Kindheit, aber mitunter bis heute – Zurichtungsmaterial der Erwachsenen, die ihre eigene Kindheit und Jugend vergessen haben und sich, bei aller Liebe, in der Erziehung zum Maß der Dinge über die Kindheit ihrer eigenen Kinder erhoben haben. Erziehung ist ein höchst konfliktuöses Feld bis heute geblieben, weil die Erwachsenen stets größer und stärker, mächtiger und sprachgewaltiger sind als ihre Schutzbefohlenen, die aber doch Schutzbedürftige im eminenten Sinne sind. Kafka, hingerissen von seinem sehnlichen Wunsch nach Familie mit eigenen Kindern und hergerissen von seiner eigenen, nicht glücklichen Kindheit, die ihn immer wieder aufs Neue bekunden lässt, nie ein guter Vater und Ehemann sein zu können – diesen Franz Kafka mit seinem besonderen Interesse und Einfühlungsvermögen für Kinder nimmt Manfred Kappeler in den Blick. Quellen sind dem Autor Kappeler die Tagebücher, Briefe, die Romanfragmente und Erzählungen Kafkas sowie Berichte von Zeitgenossen. Es handelt sich um eine Zusammenschau in erziehungswissenschaftlicher Hinsicht, deren Spektrum von realen Begegnungen mit Kindern und Jugendlichen aus Kafkas sozialem und familiärem Umfeld bis hin zu Haupt- und Nebenfiguren seiner Romane wie z. B. dem 16-jährigen Karl Roßmann aus ›Der Heizer‹ bzw. ›Amerika‹ reicht. Vor dem Hintergrund etwa der Briefe an Felice Bauer im Zusammenhang mit ihrer Arbeit am Jüdischen Volksheim in Berlin untersucht Kappeler Franz Kafkas Stellung zu zeitgenössischen Erziehungskonzepten wie F. W. Foersters Moralpädagogik, aber auch solchen der Reformpädagogik und Ansätzen jüdischer Pädagogiken.

Autor / Autorin	Titel (Spezifikationen)	ISBN	Preis in Euro
Brombach, Ilka / Kaiser, Tina (Hgg.)	Über Christian Petzold (264 S., Abb.)	978-3-940384-99-7	19,00
Geulen, Reiner	Leben im freien Fall. Die Zerstörung der Biosphäre und die Gegenwart des Menschen (144 S.)	978-3-947238-42-2	24,00
Görtz, Anne-Felicitas	Tableaux vivants. Näherrückende Landschaften (120 S.)	978-3-947238-30-9	19,00
Götz, Veruschka	Fixierte Gedanken. Eine Kurzgeschichte der Schrift (120 S.)	978-3-930916-90-0	10,50
Hamilius, Jean-Claude	Im Wort der BILD (160 S., Abb.)	978-3-947238-13-2	19,00
Hodjak, Franz	Hin und nicht zurück (Gedichte, 120 S.)	978-3-947238-39-2	24,00
Krautkrämer, Florian (Hg.)	Aufschub. Das Lager Westerbork und der Film von Rudolf Breslauer und Harun Farocki (128 S., Abb.)	978-3-940384-94-2	24,00
Lie, Sulgi	Gehend kommen. Adornos Slapsticks (408 S.)	978-3-947238-27-9	24,00
Schnabel, Stefan (Hg.)	Volkstheater der Zukunft. Die Gruppe Volker Lösch und der Dresdner Bürgerchor (288 S., Abb.)	978-3-947238-43-9	24,00
Schlüpmann, Heide	Raumgeben – der Film dem Kino (144 S.)	978-3-947238-24-8	19,00
Weitzner, Peter	Der unbekannte Raum. Theater der Befreiung (124 S.)	978-3-947238-11-8	14,00

VERLAGSHAUS BERLIN

Website www.verlagshaus-berlin.de
E-Mail post@verlagshaus-berlin.de

Anschrift Verlagshaus Berlin
Chodowieckistraße 2
10405 Berlin

Telefon 030 / 67 51 55 00

2005	Gründung
2018	Förderpreis des 1. Berliner Verlagspreises
2019 + 20 + 22 + 23	Deutscher Verlagspreis
2025	20 Jahre Verlagshaus Berlin

Das Verlagshaus Berlin wird 20 Jahre alt! Was als Idee unter Freund*innen begann, ist heute eine der wichtigsten Stimmen für Lyrik im deutschsprachigen Raum. Seit zwei Jahrzehnten steht das Verlagshaus Berlin für Lyrik, die sich einmischt, die Fragen stellt und Antworten sucht – für Gedichte, die in ihrer Zeit verwurzelt sind und zugleich über sie hinausweisen. Mit einem konsequent gesellschaftsorientierten Fokus veröffentlichen wir Texte, die etwas zu sagen haben und die bleiben. Dabei geht innovative Buchgestaltung Hand in Hand mit innovativer Arbeit an der Sprache: Gestaltung und Inhalt verstärken sich gegenseitig, um Lyrik als ästhetisch wirksame Kraft erlebbar zu machen. In den letzten 20 Jahren haben wir mit unserer Arbeit als Verleger*innen bewiesen, dass Lyrik dort entsteht, wo Sprache auf Gesellschaft trifft – in Debatten und Diskursen, auf Straßen, in Büchern und in Köpfen. Das Verlagshaus Berlin wird geführt von Andrea Schmidt, Jo Frank und Tillmann Severin.

Sandra Gugić /
Sarah Sassoon /
Lily Shehady
›The In-Between‹
Gedichte, zweispr.,
a. d. Engl. v. Jo Frank,
m. Illu. v.
Oliver Hummel,
128 S.
978-3-910320-17-8
24,90 Euro

Inmitten von Chaos und Zerstörung schaffen Sandra Gugić, Lily Shehady und Sarah Sassoon in ihrem gemeinsamen Schreiben einen Raum der Solidarität, der Empathie, des Verständnisses und der Stärkung. ›The In-Between‹ ist ein gemeinschaftlicher Text, der von Vielfalt lebt: Lily Shehady, Sarah Sassoon und Sandra Gugić begegnen sich in Gedichten und lyrischen Essays über vermeintliche Grenzen hinweg: nationale, religiöse, sprachliche, kulturelle. Vordergründig eint sie nur, dass sie in Israel leben. Ihre Texte verweben den Vordergrund mit einem komplexen Netz der Beziehungen, Referenzen, Fragen, Klagen, Hoffnungsrufen. Gugić, Shehady und Sassoon befassen sich mit Fragen zu den Ursprüngen der Geschichte, der Sprache der Zugehörigkeit und den Überschneidungen zwischen persönlichen, politischen und literarischen Erzählungen. Vor dem Hintergrund des 7. Oktober und des darauf folgenden Krieges ist ›The In-Between‹ ein Buch, das schmerzhafte Fragen stellt; es beschreibt Alltag zwischen Angst, Verwirrung, Resignation und Hoffnung; es appelliert an die Menschlichkeit trotz allem und für alles. Es ist ein Gespräch zwischen Verzweiflung und alltäglicher Freude, zwischen Zähneknirschen und Küssen, zwischen Reflexion und Schrei, Flüstern und Behauptung. Es appelliert an die Menschlichkeit – trotz allem und für alle.

Galina Rymbu
›Meine Vagina‹
Gedichte, a. d. Russ. v.
Tillmann Severin,
m. Illu. v.
Moana Vonstadl,
304 S., zweispr.
978-3-910320-14-7
24,90 Euro

In Galina Rymbus Gedichten trifft individuelles Sprechen auf kollektives Schreiben, historische Analyse auf gegenwärtiges Rufen, gewaltsames Brüllen auf zärtliches Raunen. Sie speisen sich aus der Auseinandersetzung mit Propaganda, aus der allgegenwärtigen Gewalt und aus der intimen Sphäre von Liebe und Körperlichkeit. Rymbus Gedichten wohnt etwas Utopisches inne, ohne dass sie sich einer konkreten gesellschaftlichen Utopie verschreiben: Widerständig in ihrer Zartheit, kritisch in ihrer Hinwendung, provozieren sie ein Umdenken ausgetretener Gedankenpfade. In diesen Gedichten spricht ein sich zusammensetzendes Wir fernab von Vereinnahmungen durch Staaten, Identitäten, Gruppen oder Ideologien. ›Meine Vagina‹ ist Galina Rymbus erste Gedichtsammlung in deutscher Übersetzung.

Alexander Graeff
›Deine Revolution
für Ungenauigkeit
hat Zukunftswert‹
Gedichte,
124 S.
978-3-910320-25-3
22,00 Euro

In ›Deine Revolution für Ungenauigkeit hat Zukunftswert‹ findet Alexander Graeff eine poetische, eine verbindende Sprache für die klima-, körper- und sozialpolitischen Herausforderungen der Gegenwart. Was wäre eine geeignete Metapher, eine Lebensweise, ein Lebewesen, das aus dem Alltag von ›Raufasertapeten myzelische Fantasieimmobilien‹ flicht? Irgendwann wird klar: Die Fantasieimmobilie ist eine Realitätsimmobilie. Diese Revolution ist keine Bilderstürmerei, sie ist ein sanftes Bevölkern der Gegenwart mit Bildern, die sich anschmiegen wie das Farbspiel des Oktopus an seine Umgebung. Alexander Graeffs Gedichte sind witzig, wütend, liebevoll. Begleitet werden sie von einer kommentierenden Stimme, die den Gedichten Realitätssplitter beigibt, Fakten hinzufügt, Hintergrund auskleidet, manchmal auch einfach erzählt. So ist diese Revolution ein sachtes Wachstum, gebaut auf einer nonbinären, ozeanischen Wirklichkeit. Es streckt seine tastenden Tentakel behutsam in alle Richtungen: um zu verbinden – nicht zu vereinen, denn ›mein achter Tentakel / macht was er will‹.

Autor / Autorin	Titel (Spezifikationen)	ISBN	Preis in Euro
Czollek, Max	Gute Enden (Gedichte, 120 S.)	978-3-910320-24-6	22,00
Frank, Jo	TRAUER (Essay, 48 S.)	978-3-910320-09-3	8,90
Gugić, Sandra	FLÜSTERN (Essay, 48 S.)	978-3-910320-02-4	8,90
Hetzer, Anna	Pandoras Playbox (Gedichte, 80 S.)	978-3-910320-00-0	19,90
Juch, Barbara	SPORT (Essay, 48 S.)	978-3-910320-08-6	8,90
Junk, Kevin	Re: Re: AW: Liebe (Gedichte, 48 S.)	978-3-910320-04-8	9,90
Kennel, Odile	Irgendetwas dazwischen (Essay, 196 S.)	978-3-910320-06-2	22,00
Kuhligk, Björn	GRENZE (Essay, 48 S.)	978-3-910320-16-1	8,90
Piekar, Martin	Livestream & Leichen (Gedichte, 156 S.)	978-3-910320-07-9	22,00
Tcheishvili, Ana	Der Tote ist nicht von uns (Gedichte, 48 S.)	978-3-910320-15-4	9,90

VOLK VERLAG

Website www.volkverlag.de
E-Mail info@volkverlag.de

Anschrift Volk Verlag
Neumarkter Straße 23
81673 München
Telefon 089 / 42 07 96 980
Telefax 089 / 42 07 96 986

2003	Gründung in München
2014	Bayerischer Kleinverlagspreis
2019	Erstes Belletristik-Programm
2020 + 22 + 23	Verlagsprämie des Freistaats Bayern
Verleger:	Michael Volk

Der Volk Verlag bietet nicht nur, im wahrsten Sinne des Wortes, ausgezeichnete Romane. Wir erwecken Kinderbuch-Held*innen zum Leben, inszenieren magische Orte im Großformat, schicken Wanderlustige auf märchenhafte Pfade und werfen fundierte Blicke auf die bairische Sprache und schätzen das hochwertige Sachbuch ebenso wie nervenaufreibende Krimis. Kurz: Roman, Kinderbuch, Sachbuch, Bildband und Reiseliteratur aus Bayern für den gesamten deutschsprachigen Buchmarkt.

FC Bayern München
›»Elf Rebellen
müsst ihr sein«‹
Sachbuch,
400 S., geb., SU
978-3-86222-531-6
30,00 Euro

Am Anfang des FC Bayern steht eine Rebellion. 17 junge Männer spalten sich am 27. Februar 1900 vom ›MTV München‹ ab, da dort der Fußball als Wettbewerbssport abgelehnt wird. Im Münchner Café-Restaurant Gisela wird schließlich die Gründung des ›F. C. Bayern‹ beschlossen. Das offizielle Buch des FC Bayern München zu seinem 125. Jubiläum widmet sich den 17 Vereinsgründern und taucht dabei tief in die Anfangszeit des deutschen Fußballs und in das alte München der Prinzregentenzeit ein. Renommierte Historikerinnen und Historiker würdigen diese Pioniere des Fußballs erstmals in fundiert recherchierten, biografischen Porträts. Ein einleitender Beitrag, verfasst vom FC Bayern Museum, gewährt einen faszinierenden Einblick in die Gründungszeit des heute 400.000 Mitglieder zählenden Vereins.

Peter Becher
›Über den Dächern
von Dachau‹
Roman,
160 S., geb., SU
978-3-86222-536-1
20,00 Euro

Paul Bergmann war einer jener Schüler, an die sich kaum jemand erinnert. In einer Zeit, in der sich die mediale Aufmerksamkeit zunehmend an Aufregungen und Empörungen orientierte, war er nahezu unsichtbar. Kindheits- und Jugendjahre verbrachte er in München, als Dozent des Goethe-Instituts war er mehrere Jahre im Ausland. Kleine Abenteuer bestimmten sein Leben, keines war sensationell und doch jedes voll intensiver Wahrnehmungen. Ein zentrales Erlebnis war für ihn die Geburt seiner älteren Tochter in Dachau, wo er Zivildienst geleistet hatte und dem KZ-Überlebenden Max Mannheimer begegnet war. Aufgezeichnet von einem Schulfreund, mit dem er in seinen letzten Jahren enger verbunden war, erscheint Bergmanns Lebensweg als subtiler Spiegel der Zeit von den 1950er Jahren bis zur Coronakrise der Gegenwart.

Axel Lawaczeck
›Über allem
der Gesang des Pirols‹
Roman,
224 S., geb., SU
978-3-86222-532-3
24,00 Euro

Ein brandenburgisches Gesindehaus im kleinen Dorf Friedenfelde bei Gerswalde – Axel Lawaczeck kann sein Glück kaum fassen, als er den Zuschlag für den Kauf erhält. Doch das einsturzgefährdete Gebäude, das vor Jahrhunderten neben dem ehemaligen Gutshaus Achim von Arnims errichtet wurde, muss erst aus seinem Dornröschenschlaf erweckt werden. 13 Jahre wird die Sanierung schließlich dauern. Immer wieder stößt der neue Eigentümer dabei auf Fundstücke aus der Vergangenheit, auf Zeugnisse der Menschen, die hier einst lebten. Seine Spurensuche führt ihn durch Zeiten und Räume – von der Gegenwart bis in den Barock, von Pommern und Ostpreußen bis nach Bessarabien und in die Karibik. Ein Mosaik aus Schicksalen entsteht, vom Leben selbst in die Schönheit einer einzigartigen Landschaft gelegt, in der sich deutsche Geschichte und uckermärkische Überlieferung spiegeln wie die Sonne in einem stillen See.

Autor / Autorin	Titel (Spezifikationen)	ISBN	Preis in Euro
Altmann, Sandra	Triebwasser (Roman, 176 S.)	978-3-86222-503-3	22,00
Berger, Barbara	Wassertürme im Wandel (Sachbuch, 180 S.)	978-3-86222-522-4	29,00
Eichenseer, Erika	Der Klappermichl und die Wilde Jagd (Märchen, 208 S.)	978-3-86222-502-6	22,90
Gebhardt, Heinz	Münchens verrückte 80er (Fotoband, 160 S.)	978-3-86222-542-2	29,90
Hagenreiner, Rosi	Max lässt's krachen (Kinderbuch, 176 S.)	978-3-86222-511-8	16,90
Koreck, Claudia / Graewert, Gunnar	Sing lauter, Heidi! (Roman, 300 S.)	978-3-86222-535-4	20,00
Muggenthaler, Thomas	Mit dem Leben davongekommen. Bayerisch-jüdische Lebenswege (Sachbuch, 240 S.)	978-3-86222-523-1	24,90
Oberleitner, Konrad X.	Hubertilied (Wilderer-Drama, 120 S.)	978-3-86222-528-6	18,00
Oppler, Wolfgang	Traxl und der linke Rechtsanwalt (Krimi, 280 S.)	978-3-86222-534-7	18,00
Schmiedbauer, Christian	Menschen am Fluss (Graphic Novel, 208 S.)	978-3-86222-524-8	25,00
Unterholzner, Georg	Doggendämmerung (Tierarztkrimi, 216 S.)	978-3-86222-527-9	18,00

VSA: VERLAG

Website www.vsa-verlag.de
E-Mail info@vsa-verlag.de

Anschrift VSA: Verlag Hamburg
St. Georgs Kirchhof 6
20099 Hamburg
Telefon 040 / 28 09 52 770
Instagram @vsa_verlag

1972 Gründung in Westberlin
1979 Umzug nach Hamburg
2019 Mitarbeit in der Liste unabhängiger Verlage Hamburg (LuV)

Der Kultursenator der Freien und Hansestadt Hamburg, Dr. Carsten Brosda, schrieb uns zum 50-jährigen Verlagsjubiläum: ›Der VSA: Verlag ordnet die Diskurse der Zeit ein, widerspricht, trägt zu Debatten bei oder lässt diese erst entstehen. Es freut mich, dass Sie Ihren Autorinnen und Autoren eine geeignete Bühne bieten, auf der eine Vielfalt von Meinungen und Ansichten ihren Platz hat. Wir Leserinnen und Leser profitieren so alle davon.‹ In der Tat organisieren wir seit inzwischen mehr als 50 Jahren Debatten der gewerkschaftlichen und politischen Linken, inzwischen vor allem mit dem Ziel, die demokratische Kultur gegen rechts zu verteidigen. Wir entwickeln als Autor*innen-Verlag Buchprojekte – u. a. gemeinsam mit diversen Kooperationspartnern – zu Strukturproblemen der globalen Entwicklungen, auch im Rückgriff auf die Tradition der Kritik der politischen Ökonomie. Zum Verlagsprofil gehören kritische Gesellschafts- und Sozialwissenschaften, Bücher zur Geschichte des Widerstands gegen den Nationalsozialismus und zu Hamburgs Stadtentwicklung. Wir kooperieren zudem mit dem Zeitschriftenprojekt Sozialismus.de.

David Harvey
›Marx' »Grundrisse« lesen. Ein Begleiter für Einsteiger und Fortgeschrittene‹
440 S., a. d. Engl.
978-3-96488-187-8
29,80 Euro

Der Autor bringt den nicht leicht erschließbaren Text von Karl Marx einem breiten Publikum näher. Und er macht zugleich die Relevanz von dessen Analysen für das Verständnis des schwierigen Zustands des aktuellen Kapitalismus anhand vieler instruktiver Beispiele deutlich. ›Harveys neuestes Werk ist für erfahrene Leser ebenso erhellend wie hilfreich für diejenigen, die sich zum ersten Mal mit Marx' großem Text auseinandersetzen.‹ (Nancy Fraser) ›David Harvey hat eine Revolution auf seinem Gebiet ausgelöst und eine ganze Generation von radikalen Intellektuellen inspiriert. Lesen Sie dieses Buch.‹ (Naomi Klein)

Joachim Rock
›Armut? Abschaffen! Wege zur Überwindung von Ausgrenzung in einem reichen Land. Fakten, Hintergründe, Vorschläge‹
Eine Flugschrift,
120 S.
978-3-96488-249-3
12,00 Euro

Armut ist mitten unter uns, sie wächst und die Armen werden immer ärmer. In einem der reichsten Länder der Welt ist sie für immer mehr Menschen ein riesiges Problem. Aber was ist Armut und – wenn ja – wie viel? Der Vorwurf der ›Dramatisierung‹ der Armutszahlen ist unberechtigt. Denn Armut ist verbreiteter und tiefgreifender, als öffentlich eingestanden wird, das Ausmaß von Vermögensungleichheit ist hoch: 60 Prozent haben kein oder kaum Vermögen, 10 Prozent haben Schulden. Zudem verschärfen Kaufkraftverluste aufgrund der Inflation die schwierige finanzielle Lage von Millionen Betroffenen. Eine Gesellschaft frei von Armut und Ausgrenzung ist möglich und dringend erforderlich! Joachim Rock liefert Fakten, klärt Zusammenhänge auf und zeigt konkrete Alternativen auf.

Claus-Jürgen Göpfert
›Zeitung im Kampf. 80 Jahre »Frankfurter Rundschau« oder: Niedergang des linksliberalen Journalismus?‹
232 S., zahl. farb. Abb., HC
978-3-96488-233-2
16,80 Euro

In diesem Jahr feiert die ›Frankfurter Rundschau‹ – von ihren Leserinnen und Lesern liebe voll FR genannt – ihren 80. Geburtstag. Der Autor erzählt aus eigenen Erfahrungen als Redakteur und zuletzt auch Betriebsratsvorsitzender die Geschichte der Tageszeitung vor dem Hintergrund der gesellschaftspolitischen Auseinandersetzungen. Er lässt Zeitzeuginnen und Zeitzeugen zu Wort kommen, darunter ehemalige Angehörige der FR-Redaktion. Die FR steigt in den 1960er-Jahren zu einer progressiven Tageszeitung für die gesamte Bundesrepublik auf. Immer nahmen ihre Journalistinnen und Journalisten eine kritische Haltung zur Gesellschaft ein, engagierten sich für Bürgerrechte, gegen Militarismus, Antisemitismus, Rechtsradikalismus und für die Belange von Migrantinnen und Migranten. Das ist bis heute so. Aber auch die technischen Veränderungen der Branche und die Auseinandersetzungen mit den wechselnden Eigentümern spart der Autor nicht aus.

Autor / Autorin	Titel (Spezifikationen)	ISBN	Preis in Euro
Bourdieu, Pierre	Die verborgenen Mechanismen der Macht (176 S.)	978-3-89965-687-9	16,80
Brumlik, Micha	Postkolonialer Antisemitismus? (164 S.)	978-3-96488-154-0	14,80
Elsner, Gine / Tinnemann, Peter	Bevölkerungsmedizin & Öffentliche Gesundheit (256 S.)	978-3-96488-241-7	24,80
Fiori, Giuseppe	Das Leben des Antonio Gramsci (304 S.)	978-3-96488-218-9	19,80
Fisher, Mark	Kapitalistischer Realismus ohne Alternative (120 S.)	978-3-89965-421-9	12,80
Karuscheit, Heiner	Der deutsche Rassenstaat (160 S.)	978-3-96488-237-0	14,80
Nix, Christoph	Gramscis Geist (144 S.)	978-3-96488-223-3	14,00
Solty, Ingar	Trumps Triumph? (120 S.)	978-3-96488-238-7	12,00
Urban, Hans-Jürgen (Hrsg.)	Gute Arbeit gegen Rechts (136 S.)	978-3-96488-225-7	10,00
Vollmer, Antje u. a.	Den Krieg verlernen (120 S.)	978-3-96488-211-0	12,00

Website www.wagenbach.de
E-Mail mail@wagenbach.de

Anschrift Verlag Klaus Wagenbach
Emser Straße 40 / 41
10719 Berlin
Telefon 030 / 23 51 510
Telefax 030 / 21 16 140

VERLAG KLAUS WAGENBACH

Der Verlag wurde 1964 von Klaus Wagenbach gegründet und wird seit 2002 von Susanne Schüssler geleitet.

Warum ›so‹ verlegen? Der Verlag ist seit 61 Jahren unabhängig und macht davon Gebrauch, seine Meinungen vertritt er auf eigene Kosten. Er ist nicht groß, aber erkennbar. Seine Arbeit dient nicht dem Profit, sondern folgt inhaltlichen Absichten: Wir veröffentlichen Bücher aus Überzeugung und Vergnügen, mit Sorgfalt und Ernsthaftigkeit. Wir wollen unbekannte Autoren entdecken, an Klassiker der Moderne erinnern und unabhängigen Köpfen Raum für neue Gedanken geben. Es erscheinen Literatur, Geschichte, Kunst- und Kulturgeschichte, Politik aus den uns geläufigen Sprachen: Italienisch, Spanisch, Englisch, Französisch und natürlich Deutsch. Und unsere Bücher sollen schön sein, aus Zuneigung zum Leser und zum Autor und als Zeichen gegen die Wegwerfmentalität.

Joseph Croitoru
›Das System Netanjahu‹
256 S., geb. m. SU
978-3-8031-3759-3
28,00 Euro

Benjamin Netanjahu wird von den einen glühend verehrt und unverbrüchlich unterstützt, von den anderen zutiefst gehasst oder gefürchtet. Spätestens seit der Internationale Strafgerichtshof einen Haftbefehl gegen ihn ausgestellt hat, ist seine kontroverse Position auf der Weltbühne unübersehbar. Aber wer ist dieser Mann, wo kommt er her, was treibt ihn an, und wie hat er sein Netzwerk aus Verbündeten aufgebaut? Diesen Fragen geht das Buch entlang wichtiger Stationen von Netanjahus politischem Aufstieg nach, der sich von Anfang an engen Beziehungen zu einflussreichen proisraelischen Kreisen in den USA verdankte. Gemeinsam mit seinem ultrarechten Vater Benzion trat Netanjahu schon in seiner Studienzeit in Boston als begabter Netzwerker und Kommunikator auf. Joseph Croitoru, ein profunder Kenner der Nahost-Politik, hat in Archiven bislang unentdeckte Unterlagen und Briefe gefunden: Sie sind Schlüssel zu Ideologie und Strategien des langjährigen israelischen Ministerpräsidenten. Und Croituru zeigt, wie sich Netanjahu trotz aller Proteste und Korruptionsvorwürfe seit mehr als 15 Jahren an der Macht halten kann.

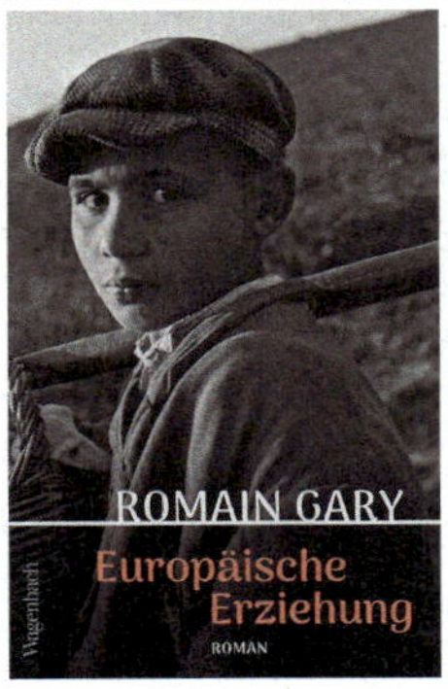

Romain Gary
›Europäische Erziehung‹
224 S., geb. m. SU
978-3-8031-3378-6
24,00 Euro

Janek ist beinahe noch ein Kind, als ihn sein Vater im Wald versteckt. Tagelang haben sie die unterirdische Höhle gegraben, mit Schlafplatz, Feuerstelle und einem großen Vorrat an Kartoffeln. Wenigstens der jüngste Sohn soll diesen Krieg überleben. Es ist Winter, der Schnee liegt hoch, und in der Ferne tobt die Schlacht um Stalingrad. In anderen Höhlen, tiefer im Wald, verstecken sich die ›Waldler‹: Polen, Ukrainer, Juden im Kampf gegen die Besatzer. Für sie wird Janek Kundschafter und Bote und trifft eines Tages auf Zosia, die mit anderen Mitteln eine ähnliche Aufgabe erfüllt. Die Überlebenschancen für sie und ihre Liebe stehen schlecht. Und doch begreifen sie unter den extremsten Bedingungen von Hunger, Kälte und Not, wofür es sich zu kämpfen lohnt. Mit großer Wärme für seine Figuren erzählt Romain Gary diese existenzielle Geschichte. Entstanden mitten im Zweiten Weltkrieg, ist sein Roman eine Hymne an europäische Werte. Ein eindringliches, unbedingtes Plädoyer für Solidarität, Freiheit und Frieden. Ein notwendiges Buch.

Alan Bennett
›See you later‹
Salto
112 S., rotes Ln, FH
978-3-8031-1388-7
20,00 Euro

Die Seniorenresidenz Hill Topp hat wahnsinnig viel zu bieten: einmal die Woche trockenen Sherry, Ausflüge zum Flamingo auf dem lokalen Bauernhof und einen Hausmeister, der nicht nur Fenster putzt, sondern auch sexuelle Dienste für alle Geschlechter anbietet. Zähne, Perücken und Gesprächsfäden gehen regelmäßig verloren oder werden in wilde Tauschgeschäfte verwickelt. Dann greift plötzlich das Coronavirus um sich und befördert als Erstes das Personal ins Krankenhaus. Im unbeaufsichtigten Domizil bricht die Anarchie aus – und wenn es die Arthritis zulässt, wird heftig gehüpft und so manches Freudenfeuer entzündet …

Autoren / Autorinnen:

Alarcón, Daniel
Assani-Razaki, Ryad
Azzeddine, Saphia
Barnes, Djuna
Bassani, Giorgio
Bennett, Alan
Benni, Stefano
Berger, John
Berggruen, Heinz
Beyer, Andreas
Bobbio, Norberto
Bobrowski, Johannes
Bredekamp, Horst
Brückner, Peter
Burke, Peter
Camilleri, Andrea
Caminito, Giulia
Celati, Gianni
Cipolla, Carlo M.
Cohn-Bendit, Daniel
Flašar, Milena M.
Fried, Erich
Gadda, Carlo E.
Ginzburg, Carlo
Ginzburg, Natalia
Glanz, Berit
Heesen, Anke te
Heine, Peter
Hermlin, Stephan
Jandl, Ernst
Kafka, Franz
Kaleck, Wolfgang
Kálnay, Juliana
Kisch, Egon Erwin
Lampugnani, Vittorio Magnago
Leggewie, Claus
Malerba, Luigi
Marsé, Juan
Meinhof, Ulrike M.
Melandri, Francesca
Melchor, Fernanda
Möllers, Christoph
Morante, Elsa
Moravia, Alberto
Müller, Lothar
Murgia, Michela
Nanz, Patrizia
Nova, Alessandro
Pasolini, Pier Paolo
Pastoureau, Michel
Perotti, Simone
Piglia, Ricardo
Pirandello, Luigi
Richter, Dieter
Richter, Hans W.
Scarpa, Tiziano
Sciascia, Leonardo
Settis, Salvatore
Shakespeare, William
Tabori, George
Trotha, Hans von
Ullrich, Wolfgang
Vasari, Giorgio
Vázquez Montalbán, M.
Vian, Boris
Viel, Tanguy
Vollenweider, Alice
Wagenbach, Klaus
Wolff, Kurt
Zemon Davis, Natalie

WALLSTEIN VERLAG

Website www.wallstein-verlag.de
E-Mail info@wallstein-verlag.de

Anschrift Wallstein Verlag
Geiststraße 11
37073 Göttingen
Telefon 0551 / 54 89 80
Instagram @wallsteinverlag

Seit fast 40 Jahren verlegt Wallstein anspruchsvolle Bücher aus den Bereichen Literaturwissenschaft, Kulturwissenschaft und Geschichte sowie Neuausgaben von Texten der deutschsprachigen literarischen Tradition. Seit 2005 ist der Verlag auch mit einem belletristischen Programm erfolgreich, darunter Bücher von Anna Baar, Safiye Can, Daniela Danz, Ralph Dutli, Julia Friese, Georges-Arthur Goldschmidt, Thea Mengeler, Cécile Wajsbrot und Ulf Erdmann Ziegler. 2024 wurde der Weidle Verlag übernommen und wird seither als Imprint bei Wallstein fortgeführt. 2018 übernahm der Verlag mit Konstanz University Press (KUP) außerdem ein Imprint mit geisteswissenschaftlichem Schwerpunkt und seit 2012 verlegt Wallstein die Literaturzeitschrift ›die horen‹.

1986	Gründung
1996	Niedersächsischer Verlagspreis
2005	Start literarisches Programm unter Thorsten Ahrends Verantwortung
2013	Kurt-Wolff-Preis
2020 + 23	Deutscher Verlagspreis
Verleger:	Thedel v. Wallmoden

Hinrich von Haaren
›Wildnis‹
Roman,
290 S., geb., SU
978-3-8353-5913-0
24,00 Euro

Gottfried Schult lehrt Geschichte in Cambridge. An seinem 60. Geburtstag lernt er den um 30 Jahre jüngeren Ely kennen. Die Beziehung setzt nach und nach ein lang verborgenes Trauma in Schult frei. Erinnerungen an den Hamburger Feuersturm von 1943 kehren zurück und an seine Schwester Toni, die während des Bombardements umgekommen ist. Je mehr Schult die verschlossene Vergangenheit öffnet, desto größer wird der damit verbundene Schrecken. Ist Toni durch seine Schuld umgekommen? Kann ein sechsjähriger Junge für ein solches Ereignis verantwortlich gemacht werden? Doch Gottfried Schult will keine schweigende Existenz mehr führen. Nur in der Sprache und in der Aussprache kann er eine Chance zum Glück und Weiterleben finden. Souverän zwischen Campus-, Liebes- und historischem Roman wechselnd, erzählt ›Wildnis‹ vom Ringen mit dem Verdrängten und dem Versuch eines Menschen, sich eine neue Vergangenheit zu schaffen.

Jehona Kicaj
›ë‹
Roman,
176 S., geb., SU
978-3-8353-5949-9
22,00 Euro

Der ungewöhnliche Titel ›ë‹ steht für einen Buchstaben, der in der albanischen Sprache eine wichtige Funktion hat, obwohl er meist gar nicht ausgesprochen wird. Als Kind von Geflüchteten aus dem Kosovo ist die Erzählerin auf der Suche nach Sprache und Stimme. Sie wächst in Deutschland auf, geht in den Kindergarten, zur Schule und auf die Universität, sucht nach Verständnis, aber stößt immer wieder auf Zuschreibungen, Ahnungslosigkeit und Ignoranz. Als der Kosovokrieg Ende der 90er-Jahre wütet, erlebt sie ihn aus sicherer Entfernung. Doch auch in der Diaspora sind Krieg und Tod präsent – sie werden nur anders erlebt als vor Ort. Der Roman ›ë‹ erzählt von dem in Deutschland kaum bekannten Kosovokrieg und erinnert an das Leid von Familien, die ihre Heimat verloren haben, deren ermordete Angehörige anonym verscharrt wurden und bis heute verschollen oder nicht identifiziert sind. Eine Vergangenheit, die nicht vergehen kann, weil sie buchstäblich in jeder Faser des Körpers steckt, wird von Jehona Kicaj im wahrsten Wortsinn zur Sprache gebracht.

Anselm Oelze
›Die da oben‹
Roman,
272 S., geb., SU
978-3-8353-5977-2
24,00 Euro

Als Tess mit ihrer Freundin Moyra in eine schöne Altbauwohnung im Leipziger Zentrum zieht, gehen für sie gleich mehrere Träume in Erfüllung. Ihre Beziehung hat endlich ein Zuhause, und mit der Unterstützung von Moyras Eltern kann sie sogar ihre eigene Schneiderei eröffnen: und zwar im Erdgeschoss des Hauses, wo Rolf, der Mann ihrer Nachbarin Heike, einen Getränkeladen betrieben hatte, bis dieser der Konkurrenz durch die Lieferservices und der steigenden Ladenmiete zum Opfer fiel. Seit über dreißig Jahren lebt das ältere Paar im obersten Stock des Hauses. Als ihm nun auch die Wohnung gekündigt wird, bieten die jungen Frauen Hilfe an. Aber je mehr Heike und Rolf auf ›das kaputte System‹ und ›die korrupten Eliten‹ schimpfen und allerorten Verschwörungen wittern, desto entschlossener geht Moyra auf Distanz. Tess dagegen gerät in arge Solidaritätskonflikte, und schließlich sind alle gezwungen, zu entscheiden, was sie retten wollen: ihre eigenen Überzeugungen oder die Beziehungen zu den Menschen, die sie lieben. In seinem neuen Roman erzählt Anselm Oelze nicht nur die Geschichte eines Hauses und dreier Frauen. Er befasst sich auch mit den Spaltungen in der Gesellschaft und fragt danach, wie Zusammenleben wider alle Erwartungen gelingen kann.

Autor / Autorin	Titel (Spezifikationen)	ISBN	Preis in Euro
Bruttmann, Tal / Hördler, Stefan / Kreutzmüller, Christoph	Ein Album aus Auschwitz. Die fotografische Inszenierung des Verbrechens	978-3-8353-5743-3	38,00
Friese, Julia	delulu. Der Roman	978-3-8353-5810-2	22,00
Hirschel, Alma / Dane, Gesa (Hg.)	Überleben. Zwei Erzählungen	978-3-8353-5877-5	24,00
Mengeler, Thea	Nach den Fähren (Roman)	978-3-8353-5585-9	20,00
Nicolosi, Riccardo	Putins Kriegsrhetorik	978-3-8353-9184-0	20,00
Peters, Sebastian	Hitlers Fotograf Heinrich Hoffmann. Eine Biografie	978-3-8353-5828-7	34,00
Tôhara, Hisashi	Hiroshima. Eine Stimme aus der Hölle	978-3-8353-7595-6	16,00
Valla, Kristin	Die Schüsse von Tiflis. Auf den Spuren der Künstlerin Dagny Juel	978-3-8353-7593-2	24,00
Wagner, Andreas	Zwischen Reben und Rüben	978-3-8353-5822-5	24,00
Ziegler, Ulf Erdmann	Es gibt kein Zurück (Roman)	978-3-8353-5860-7	22,00

WEHRHAHN VERLAG

Website www.wehrhahn-verlag.de
E-Mail info@wehrhahn-verlag.de

Anschrift Wehrhahn Verlag
Stiegelmeyerstraße 8 A
30519 Hannover
Telefon 0511 / 89 88 906
Telefax 0511 / 89 88 245

1996 Gründung
2006 Niedersächsischer Verlagspreis
2009 Kurt-Wolff-Förderpreis
2021 Deutscher Verlagspreis
Verleger: Matthias Wehrhahn

Der Wehrhahn Verlag engagiert sich insbesondere für Autor:innen und Texte des 18. bis frühen 20. Jahrhunderts, darunter viele kaum bekannte. Zahlreiche Editionen wurden bislang veröffentlicht, vor allem in den Reihen ›Theatertexte‹, ›Edition Wehrhahn‹ und ›Die Anderen Klassiker‹. Einen weiteren Arbeitsschwerpunkt bilden literatur- und kulturgeschichtliche Studien sowie historische, musik- und theaterwissenschaftliche Arbeiten in Kooperation mit zahlreichen Institutionen und Universitäten.

Lou Andreas-Salomé
›Russland mit Rainer. 1900‹
Hg. v. Oxana Leingang,
208 S., HC
978-3-98859-082-4
20,00 Euro

Von Mai bis August 1900 bereisen Lou Andreas-Salomé, eine der schillerndsten Frauen der Jahrhundertwende, und Rainer Maria Rilke Russland und die westliche Ukraine. Mit dem Baedeker im Gepäck sind sie auf der Suche nach dem ›echten Antlitz Russlands‹. Ihre Stationen sind die Zentren des kulturellen Gedächtnisses: die geschichtsträchtigen Städte der alten Rus und ihre Sehenswürdigkeiten, die wichtigsten Pilgerstätten der orthodoxen Christen und die malerischen Abschnitte der Wolga. Das Reisejournal zeigt eindrucksvoll die Bedeutung dieser ›unsagbar feierlichen Ferienzeit‹ für Andreas-Salomé und ihr literarisches Œuvre.

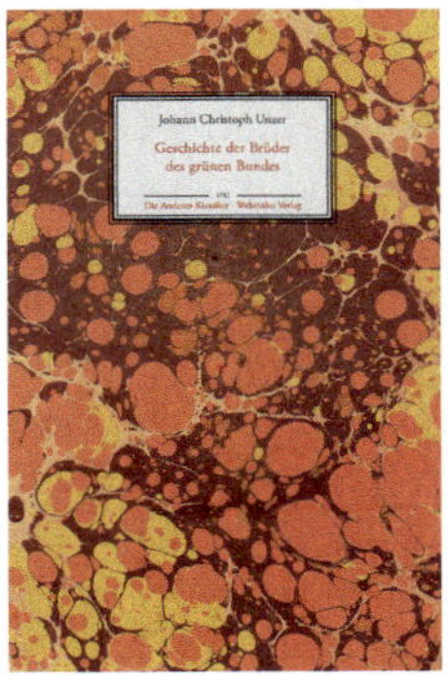

Johann Christoph Unzer
›Geschichte der Brüder des grünen Bundes. Erster Band. Lambergs Geschichte‹
Die Anderen Klassiker
Hg. v. Arne Klawitter,
272 S., HC, 2 Abb.
978-3-98859-094-7
25,00 Euro

Nur selten hat ein Roman der Spätaufklärung einen derart einstimmigen Beifall erhalten wie Johann Christoph Unzers (1747–1809) ›Geschichte der Brüder des grünen Bundes‹, die 1782 im Nachhall zu Goethes ›Werther‹ erschien. Literaturkritiker wie Wieland und Eschenburg waren voll des Lobes für diesen exzeptionellen, fesselnd erzählten Roman. In vielerlei Hinsicht war der Bruder des Autors, Ludwig August Unzer, der 1774 an Schwindsucht starb, Vorbild für das Schicksal des Protagonisten.

Rose Austerlitz
›Café Größenwahn. Roman aus der Berliner Künstlerwelt‹
Die Anderen Klassiker
Hg. v. Georg-Michael Schulz,
160 S., HC
978-3-98859-091-6
14,80 Euro

Erstmals wird dieser Erfolgsroman aus dem Jahr 1906 von Rose Austerlitz (1876–1939) wieder veröffentlicht. Die Künstlerwelt in Berlin um 1900 bildet den Rahmen für eine lebendige Schilderung von vielerlei meist künstlerisch tätigen Personen. Ihr Treffpunkt ist das ›Café des Westens‹, ein ›literarisches Café‹ in Berlin. Zwar ironisch als ›Café Größenwahn‹ bezeichnet, ist es jedoch ein fester Bestandteil der Bohème-Kultur und bringt Schriftsteller, Maler und Musiker in Kontakt mit Journalisten, Publizisten und Gelehrten. Dabei geht es dem Roman nicht um bestimmte zeitgenössische Kunststile und auch nur gelegentlich um Probleme der Kunstproduktion. Vielmehr werden die Lebensverhältnisse etlicher künstlerisch tätiger Personen sehr unterhaltsam vermittelt, auch ihre Beziehungen untereinander.

Autor / Autorin	Titel (Spezifikationen)	ISBN	Preis in Euro
Gätje, Hermann / Singh, Sikander (Hgg.)	Fake, Lüge, Desinformation. Über die Literatur zwischen Fiktion und Täuschung (292 S.)	978-3-98859-761-8	25,00
Kesting, Hanjo	Auch das Schöne muß sterben. Zur deutschen Literatur von Goethe bis Nietzsche (440 S.)	978-3-98859-123-4	34,00
Leiß, Ingo	›Looking through a glass onion …‹ Quellenkritische, textgenetische und motivgeschichtliche Untersuchungen zu Arno Schmidts ›Caliban über Setebos‹ (288 S.)	978-3-98859-131-9	28,00
Lorenz, Matthias N. / Mansberg, Anna v. (Hgg.)	Poppostkolonialismus. Mithu Sanyals Roman ›Identitti‹ in seinen theoretischen Bezügen (200 S.)	978-3-98859-120-3	18,00
Rector, Martin	Comödianten zur Brunnenzeit. Theater in Pyrmont im 17. und 18. Jahrhundert (248 S., 5 Abb.)	978-3-98859-118-0	28,00
Rossi, Christina / Schenk, Klaus (Hgg.)	Genese und Struktur. Dortmunder Lyrikgespräche 1 – Monika Rinck / Dinçer Güçyeter / Uljana Wolf (88 S., HC)	978-3-98859-119-7	12,80
de Staël, Germaine	Frühe Erzählungen. Versuch über die Dichtungen Doris und Rudolf Behrens. (160 S.)	978-3-98859-132-6	14,00
Wieland, Magnus	Schreibmaschinen. Eine Geschichte des Tippens (388 S., 83 Abb.)	978-3-98859-129-6	29,50

WEISSBOOKS

Website www.weissbooks.de
E-Mail info@weissbooks.de

Anschrift Weissbooks
Verlagsgesellschaft mbH
Winsstraße 27
10405 Berlin
Telefon 030 / 62 93 04 50

Wir publizieren ein kleines, zugleich vielfältiges und internationales Literaturprogramm. Pro Halbjahr erscheinen zwei Romane, deutschsprachig und international, flankiert von entweder Essayistik, Erzählungen oder einer Wiederentdeckung. Unregelmäßig erscheint ein besonderes Bilderbuch zu einem universellen Thema, das uns künstlerisch überzeugt und Kinder ebenso begeistert wie Erwachsene. Wir achten auf Eigenwilligkeit, literarische Qualität und gesellschaftliche Relevanz. Seit 2023 gehört die Literaturzeitschrift ›Krachkultur‹ zu uns, um den erzählerischen Zugang zur Welt noch weiter zu öffnen.

2008 Gründung des Verlags durch Rainer Weiss und Anya Schutzbach in Frankfurt am Main
2021 Übernahme und Wiederbelebung des Verlags und Umsiedlung nach Berlin
2023 ›Der Wal‹ von Cheon Myeong-kwan auf der Shortlist des Interntional Booker Prize, Deutscher Verlagspreis
Verleger:innen: Dr. Christian Augustin, Bärbel Brands, Dr.Martin Brinkmann

Jasmin Ramadan
›Reality‹
248 S., FH, PB
978-3-86337-230-9
24,00 Euro

Jasmin Ramadan, Jahrgang 1974, gelang mit ihrem Debüt ›Soul Kitchen‹, dem Roman vor Fatih Akins gleichnamigem Film, der Durchbruch. In ihrem neuen Roman ›Reality‹ giert die erfolglose, mittelalte Künstlerin Lit nach den Gefühlen anderer – und fordert sie heraus. Gerade fliegt sie aus ihrer WG und schaut der eigenen Katastrophe mit Interesse zu. Nachdem Lits Mutter, eine populäre Psychotherapeutin, ihr in ihrem Podcast Alexithymie diagnostiziert – ein Leiden, bei dem man seine Gefühle nicht wahrnimmt –, und ein Galerist ihr eine Ausstellung gegen einen Blowjob anbietet, steigt sie in den nächsten Nachtzug und landet auf einer Nordseeinsel. Dort nehmen absonderliche Dinge ihren Lauf, und es verwundert nicht weiter, dass ihr ein Yoda-artiges Wesen namens Plü ein 89-Millionen-Euro-Erbe in Aussicht stellt. Die Realität nimmt eine neue Dimension an, in der es Lit endlich gelingt, ihrem erschreckenden Trauma auf die Spur zu kommen. Lit erinnert an eine hypermoderne Großcousine Holden Caulfields, die einen herausfordert, zum Lachen und Weinen bringt und nicht mehr loslässt.

Sabine Scholl
›Die zweite Haut‹
224 S., FH, PB
978-3-86337-231-6
24,00 Euro

Die in Oberösterreich geborene Schriftstellerin Sabine Scholl lebte in Aveiro, Chicago, New York, Nagoya, wo sie an Universitäten lehrte – und lange in Berlin. Für ihre Romane und Essays hat sie zahlreiche Auszeichnungen erhalten, zuletzt den Literaturpreis der Stadt Wien 2022. ›Die zweite Haut‹ ist ihr bisher persönlichster Roman. Stoffe, Nähen, Fäden bildeten für eine ganze Generation ein wesentliches Element des Aufwachsens. So auch für die Erzählerin und ihre Brüder, die in prekären Verhältnissen in einem kleinen Dorf in Oberösterreich von ihrer Mutter geradezu eingenäht wurden. Anhand einzelner Kleidungsstücke wird ein ganzes Leben nachgezeichnet, Armut und Ausgrenzung, Scham, aber auch ein Ringen um Emanzipation der Erzählerin als Studentin, Schriftstellerin und Mutter. Sabine Scholl hat einen literarischen Zugriff auf die tiefen Wunden des Lebens gefunden, auf die Scham der Armut, auf den Mangel an mütterlicher Liebe, auf die Prägung der Herkunft, die einen ein Leben lang begleitet. ›Die zweite Haut‹ rührt einen tief an und steht den Werken Annie Ernauxs in nichts nach.

Katja Kettu
›Forschungen einer Katze‹
A. d. Finn. v. Tanja Küddelsmann,
392 S., FH, PB
978-3-86337-222-4
28,00 Euro

Katja Kettu (1978) ist eine der renommiertesten finnischen Autorinnen und als so kraftvolle wie eigenwillige Erzählerin mit ihrem neuen Roman zurückgekehrt. Als die Protagonistin in ›Forschungen einer Katze‹, die ›Schriftstellerin‹, eine Fehlgeburt erleidet, verliert sie die Fähigkeit zu sprechen und zu schreiben. Ihr wird ein Geistführer vom Amt für himmlische Forschung zu Hilfe geschickt. Doch etwas geht schief, und der Abgesandte findet sich im ländlichen Finnland des frühen 20. Jahrhunderts wieder, im Körper einer Katze. Diese findet ein Tagebuch der Urgroßmutter, reist durch Zeit und Raum und erzählt gleichzeitig das Leben der beiden Frauen – im Helsinki der Gegenwart und auf dem Land vor hundert Jahren. Durch die Kraft der Sprache und mit Anklängen des magischen Realismus fängt dieser Roman nicht nur die Essenz der menschlichen Erfahrung ein, sondern wirft auch ein scharfes Licht auf die Geschichte und die Traditionen der abgelegenen finnischen Grenzgebiete zu Sowjetrussland und enthüllt die Geheimnisse, die im Herzen eines uralten und wilden Landes verborgen sind.

Autor / Autorin	Titel (Spezifikationen)	ISBN	Preis in Euro
Cheon, Myeong-kwan	Der Wal (Roman, a. d. Kor. v. M. Augustin u. K. Park)	978-3-86337-197-5	28,00
Cheon, Myeong-kwan	Eine Bumerangfamilie (Roman, a. d. Kor. v. M. Augustin u. K. Park)	978-3-86337-216-3	26,00
Holmegaard, Luka	Look (Essay, a. d. Dän. v. André Wilkening)	978-3-86337-198-2	22,00
Lutz, Garielle	Ich wirkte lebendig (Erzählungen, a. d. Engl. v. C. Fricker)	978-3-86337-224-8	22,00
Ó Conghaile, Micheál	Die Insel, die unsere war (Erzählung, a. d. Ir. v. Gabriele Haefs)	978-3-86337-217-0	22,00
Obexer, Maxi	Odysseus' Hund (Erzählungen)	978-3-86337-223-1	18,00
Obexer, Maxi	Unter Tieren (Roman)	978-3-86337-211-8	22,00
Ray, Mary Lyn	Ein Stein für dich (Illu. v. Felicita Sala)	978-3-86337-219-4	16,00
Scholl, Sabine	Transit Lissabon (Roman)	978-3-86337-215-6	26,00
Solèr, Pia	Die Weite fühlen. Aufzeichnungen einer Hirtin	978-3-86337-199-9	18,00
Tjutjunnyk, Hryhir	Drei Kuckucke und eine Verbeugung (Erzählungen, a. d. Ukr. v. B. Kersten)	978-3-86337-213-2	24,00

Website	www.dampfboot-verlag.de
E-Mail	info@dampfboot-verlag.de
Anschrift	Verlag Westfälisches Dampfboot Thien / Wienold GbR Nevinghoff 14 48147 Münster
Telefon	0251 / 38 44 00 20
Telefax	0251 / 38 44 00 19

VERLAG WESTFÄLISCHES DAMPFBOOT

1984	Verlagsgründung durch Prof. Dr. Hans-Günter Thien u. Prof. Dr. Hanns Wienold
Verleger:	Hans-Günter Thien

Woher der Name, der manchen kurios oder lustig erscheint? Mit ihm knüpft der Verlag an die Zeitschrift ›Westphälisches Dampfboot‹ an, die im Vormärz von 1845 bis 1848 im Kraftfeld zweier Industrialisierungsgebiete erschien: der bergisch-märkischen Eisenindustrie und der ravensbergischen Leinenindustrie. Mit der Zeitschrift wurde versucht, aufklärend in die gesellschaftlichen und politischen Auseinandersetzungen einzugreifen. Dieses Anknüpfen hat in der Entwicklung des Verlages zur Herausbildung seiner Schwerpunkte geführt. Gerade heute, unter geänderten gesellschaftlich-politischen Verhältnissen, ist diese Zielrichtung wichtiger denn je. Beim Dampfboot-Verlag handelt es sich deshalb auch nicht primär um einen wissenschaftlichen Fachverlag, sondern um einen Programmverlag, der vor dem Hintergrund der wissenschaftlich-politischen Diskussion bestimmte Thematiken behandelt und in jene eingreift.

Doris Bühler-Niederberger / Manfred Liebel (Hgg.)
›Palästinensische Kindheit und Jugend.
Aufwachsen in Konstellationen von Ausgrenzung und Gewalt‹
355 S., BR
978-3-89691-142-1
30,00 Euro

Das Buch handelt von jungen Menschen palästinensischer Herkunft, die in Palästina und Israel leben oder deren Eltern und Großeltern dort gelebt haben. Sie haben Diskriminierung und Gewalt erfahren: von rassistischer Ausgrenzung und Benachteiligung, Flucht und Vertreibung, Aufwachsen in Flüchtlingslagern, militärischer Unterdrückung bis zur physischen Vernichtung. Die erlebte Geschichte dieser jungen Menschen wird sichtbar und zeigt, wie sie sich wehren und zu befreien versuchen. Das Buch greift auf Studien israelischer und palästinensischer Historiker*innen und Menschenrechtsaktivist*innen zurück und rekonstruiert anhand lebensgeschichtlicher Interviews Kindheits- und Jugenderinnerungen, um zu zeigen, wie kritische und engagierte Kindheits- und Jugendforschung das Verständnis von einer hierzulande wenig bekannten Kindheit und Jugend verbessern kann; in der Hoffnung zur Konfliktlösung, zu Gerechtigkeit und einem friedlichen Zusammenleben in der Region beizutragen und eine Debatte dazu zu eröffnen.

Thomas Böhm / Stephan Kaufmann / Katrin Gerlof / Sigrun Matthiesen
›Finanzialisierung von Gesundheit und Pflege.
20 Jahre DRGs und Profite mit Kranken‹
M. e. Vorw. v. Mario Candeias u. Fanni Stolz,
309 S., BR
978-3-89691-141-4
35,00 Euro

Die DRGs gibt es seit über 20 Jahren. Im ersten Teil des Buches werden der Prozess ihrer Einführung und die Positionierungen der verschiedenen gesellschaftlichen Akteure untersucht. Bereits Anfang der 1980er Jahre vor Einführung des Fallpauschalengesetzes wurde dieser Prozess der Ökonomisierung eingeleitet, der die Gesundheitsversorgung in der Bundesrepublik nachhaltig zum Schlechten veränderte. Seit Jahren drängen transnationale Konzerne (häufig großer Finanzinvestoren) immer stärker in den Gesundheitsmarkt und treiben die Finanzialisierung der Branche in Europa voran. Der zweite Teil des Buches zeigt: Investoren wählen die lukrativen Bereiche des Gesundheits- und Pflegemarktes und überlassen die weniger profitablen medizinischen und pflegerischen Leistungen den öffentlichen Trägern. Die Studie beschreibt diesen Prozess an den Beispielen der Konzerne Asklepios (Deutschland, Griechenland), Helios-Fresenius (Deutschland, Spanien), Ramsay Santé (u. a. Norwegen, Schweden, Frankreich) und Penta Hospitals International (u. a. Polen, Tschechien, Slowakei).

Autor*innenkollektiv Terra-R (Hg.)
›Das Ende rechter Räume.
Zu Territorialisierungen der radikalen Rechten‹
Raumproduktionen Band 46
288 S., BR
978-3-89691-137-7
30,00 Euro

Weltweit verstärken sich autoritäre, rechte Mobilisierungen sowie in der Folge nationalistische und rassistische Politiken. Für viele von ihnen spielen räumliche Bezüge eine zentrale Rolle – von Nationalität und Geopolitik über Globalisierung und Migration bis hin zu Stadt-Land-Beziehungen. Wie lassen sich diese Dimensionen analysieren und für die politische Opposition zugänglich machen? Das Autor*innenkollektiv entwickelt in diesem Band das Konzept der Territorialisierung. In rechter Raumproduktion, so eine zentrale These, greifen Territorialisierungspraktiken seitens der Rechten mit Territorialisierungen bezüglich der Rechten ineinander. In einer Reihe theoretisch und empirisch geleiteter Kapitel werden Aspekte rechter Territorialisierung beleuchtet und in Konversationen mit zivilgesellschaftlichen Akteur*innen und einer forschungsbezogenen Reflexion Implikationen für Beschäftigungen mit antifaschistischer und antirassistischer Praxis aufgezeigt.

Autor / Autorin	Titel (Spezifikationen)	ISBN	Preis in Euro
Aulenbacher, Brigitte u. a.	Feministische Kapitalismuskritik (3. Aufl., 179 S.)	978-3-89691-679-2	18,00
Belina, Bernd u. a. (Hg.)	Handbuch kritische Stadtgeographie (6. vollst. überarb. Aufl., 430 S.)	978-3-89691-955-7	48,00
Dörre, Klaus	In der Warteschlange. Arbeiter*innen und die radikale Rechte (2. aktual. Aufl., 355 S.)	978-3-89691-048-6	30,00
Gerstenberger, Heide	Staatsgewalten (324 S.)	978-3-89691-090-5	32,00
Lindemann, Kai	Die Politik der Rackets (2. überarb. u. erw. Aufl., 178. S.)	978-3-89691-067-7	16,00
Rodrian-Pfennig u. a. (Hg.)	Dirty Capitalism. Politische Ökonomie (in) der politischen Bildung (224 S.)	978-3-89691-092-2	25,00
Schneider, E. / Syrovatka, F. (Hg.)	Politische Ökonomie der ›Zeitenwende‹ (282 S.)	978-3-89691-688-4	30,00
Zeilinger, Doris (Hg.)	VorSchein 40. Jahrbuch 2023 der Ernst-Bloch-Assoziation. Brecht, Bloch, Benjamin, Berlin 1923–2023 (175 S.)	978-3-89691-136-0	22,00

W_ORTEN & MEER

Website www.wortenundmeer.net
E-Mail kontakt@wortenundmeer.net

Anschrift w_orten & meer
Süderende 86
18565 Insel Hiddensee

Telefon 0157 / 51 77 37 43

w_orten & meer schafft ein Meer von Worten für Respekt sich selbst und allem Lebendigen gegenüber. Wir verändern die Welt zu einem besseren Ort mit unseren Büchern: wertschätzend, ressourcenschonend, fair bezahlt, empowernd für Diskriminierte, die für sich selbst sprechen und inspirierend für alle Lesenden. Hin zu einer Welt ohne Kapitalismus und struktureller Diskriminierung, mit vielen positiven neuen Beispielen und Worten. Wir sind ein aktivistischer unabhängiger Verlag, der wertschätzende hoffnungsvolle Bücher in die Welt bringt, ohne dafür Natur und Menschen auszubeuten. Unsere Ziele von Fairness setzen wir umfassend um: als Non-Profit-Verlag streben wir nach Zugänglichkeit und Lesbarkeit, produzieren nachhaltig und gestalten Arbeitsverhältnisse fair.

2014 Gründung
2021 + 23 Deutscher Verlagspreis
Verlegerische Leitung: Lann Hornscheidt

Tamer Düzyol / Alina Plohmann (Hgg.)
›Bad Time Poetry. Schluss mit schönen Worten‹
Lyrik,
ca. 150 S.
978-3-945644-54-6
11,00 Euro

Es gibt keine schlechten Zeiten für Lyrik – politische Gedichte sind wichtiger denn je! ›Bad Times Poetry‹ ist ein Schwarm poetischer, nachdenklicher, selbst vergewissernder und nachtrauernder Lyrik und Kurztexte. Die rund 50 Beitragenden formulieren in über 80 Texten ihre Betroffenheit und ihr Nachdenken, Nachworten, Nachspüren zu Ausgrenzung und Gewalt der derzeitigen Gesellschaft in poetischer Form. Die Themen der Gedichte reichen über Rechtsextremismus, Rassismus, Hass, Erinnern bis hin zu dem gemeinsamen Bemühen für ein besseres Morgen. Eine Anthologie, die in Lyrik gegossen Wut und Trauer ebenso Raum gibt wie Hoffnung, Mut und Empathie und so dazu einlädt, Bündnisse zu schmieden.' ›Bad Times Poetry‹ vereint Gedichte in schlechten Zeiten für schlechte Zeiten und schlechten Zeiten zum Trotz. Die Texte klingen tief, schwingen nach und lassen nachfühlen.

Gavin Van Horn / Robin Wall Kimmerer / John Hausdoerffer (Hgg.)
›wesen verbunden sein‹
Reihe verbunden sein
Bd. 3
A. d. US-amerik. Engl. v. Friederike Hofert,
ca. 200 S.
978-3-945644-49-2
21,00 Euro

Die fünf Bände der Reihe ›verbunden sein‹ vermitteln ein umfassendes, vor allem Indigen geprägtes Wissen zu Formen und Weisen der Verbindung mit Erde, Ort, anderen Menschen, anderen Wesen und dem eigenen Handeln. Band 3, ›wesen verbunden sein‹, der Reihe fokussiert arten-übergreifende Verbundenheit. Wie wird unser Verständnis davon, welche Lebewesen wir als verwandt ansehen, von unseren kulturellen und gesellschaftlichen Normen, von Traditionen, Erzählungen und Mythologien geprägt? In allen fünf Bänden wird mit unterschiedlicher Fokussierung ausdifferenziert, was es heißt, nicht-menschliches Leben als gleichberechtigt anzusehen, Menschen als Teil lokaler Ökologien aufzufassen und eine Sprache zu finden, die neue Formen von Bezugnahmen auf anderes Lebendige ermöglicht. Die Bände erscheinen halbjährlich bis zum Herbst/Winter 2026.

Lann Hornscheidt
›Lebendig sein. Kapitalismus die Grundlage entziehen‹
Politischer Lebensratgeber,
792 S.
978-3-945644-47-8
20,00 Euro

Lebendigkeit ist widerständiges Handeln im Kapitalismus: persönlich, politisch, strukturell. Lebendig-Sein verändert das eigene Leben grundsätzlich – und entzieht sich so kapitalistischen Normen, Grundsätzen und Leblosigkeit. Lebendig zu sein ist, verbunden zu sein mit allem Lebendigen und in Balance von Denken, Fühlen, Körpern und Spüren. Kapitalismus basiert darauf, dass Menschen zersplittert sind, unverbunden und ihr Glück in Erfolg, Leistung und finanziellem Reichtum suchen statt in Verbundenheit und Jetzt-Zeitigkeit. Auf der Grundlage von vor allem Indigenen Ansätzen wird anschaulich deutlich: Lebendig-Sein durchzieht alle Lebensbereiche, ist im Kleinen wie im Großen umsetzbar. Das Buch versammelt einführende Texte, vielschichtige Herleitungen und Ausformulierungen der Themen von Bequemlichkeit über Sicherheit, Misstrauen und Angst bis zu Lust und Trauer, Spüren und Körpern. In allen Kapiteln ergänzen Übungen das Gelesene, um für sich allein und in Gruppen mit den Konzepten und Ideen weiter wachsen zu können.

Autor / Autorin	Titel (Spezifikationen)	ISBN	Preis in Euro
de Bruijn, Maurits / Mensing, Lisa (Übers.)	Wie ich merkte, dass die Shoah nachts an meinem Bett steht. Eine autobiografische Erzählung	978-3-945644-36-2	18,00
Chacón, Dulce / Hofert, Friederike (Übers.)	Was Hortensia nicht mehr erzählen konnte	978-3-945644-45-4	28,00
Farahbakhsh, Elnaz	nah_weh. kurze texte und gedichte	978-3-945644-37-9	7,00
Haines, Staci / Bitar, Sharif (Übers.)	Körper lügen nicht. Trauma transformieren in der Welt und in uns selbst	978-3-945644-40-9	23,00
Jensen, Ulrike	So lebendig ist Hiddensee. Ein wimmelnder Insel-Atlas (Bilderbuch)	978-3-945644-53-9	23,00
korientation (Hg.)	raumnehmen. Menschen aus asiatisch-diasporischen Communitys in Deutschland erzählen	978-3-945644-52-2	23,00
Lieffe, Kes Otter / Lemke, Stefanie Frida (Übers.)	Von wo wir kommen werden	978-3-945644-38-6	18,00
Palzkill, Birgit	nicht binär leben	978-3-945644-46-1	15,00
Singh, Anneliese / Kallies, Heidi Ksyd* (Übers.)	Du bist ok! Resilienz und Empowerment für Trans* und Queers (Übungsbuch)	978-3-945644-41-6	17,00
Sirri, Lana / Kurt, Irem (Illu.)	Shababz! Jung. Muslimisch. Selbstbestimmt (Graphic Novel)	978-3-945644-43-0	13,00

Website www.wunderhorn.de
E-Mail wunderhorn.verlag@t-online.de

Anschrift Verlag Das Wunderhorn
Rohrbacher Straße 18
69115 Heidelberg
Telefon 06221 / 40 24 28
Telefax 06221 / 40 24 83

1978	Gründung
1996 + 2018	Verlagspreis Baden-Württemberg
2008	Nobelpreis JMG Le Clézio
2012	Kurt-Wolff-Preis
2019 + 20 + 22	Deutscher Verlagspreis
2023	Spitzenpreis
	Deutscher Verlagspreis
Verleger:	Angelika Andruchowicz
	Manfred Metzner

VERLAG DAS WUNDERHORN

Die Erneuerung der Literatur kommt aus den Peripherien und nicht aus den Metropolen. Und die Poesie liegt auf der Straße. Daraus wurde seit 1978 ein anspruchsvolles Verlagsprogramm, dessen Schwerpunkte deutschsprachige und internationale Poesie / Literatur, Surrealismus, Sachbuch, Kunst, Bauhaus (Ré Soupault) und internationale Koproduktionen sind. Die ›Weltkarte der Poesie‹ wird mit den Reihen ›VERSschmuggel‹, ›Poesie der Nachbarn‹, ›Zwiesprachen‹, ›Kontinentaldrift‹ und ›P‹ erstellt. In der Kunst nehmen die Sammlung Prinzhorn und das Museum Ritter einen besonderen Platz ein. Im interkulturellen Dialog setzt der Verlag seit Jahren mit Patrick Chamoiseau, Aya Cissoko, Édouard Glissant, Dany Laferrière und seit 2010 mit der Reihe AfrikAWunderhorn ganz besondere Akzente.

Caroline Hau
›Stille im August‹
Roman,
a. d. Engl. v.
Susann Urban,
350 S., HC
978-3-88423-722-9
28,00 Euro

Erzählt wird die Geschichte eines mysteriösen Verschwindens aus zwei völlig unterschiedlichen Frauenperspektiven: zum einen der von Racel, einer Hausangestellten aus Singapur, die von der fiktiven Insel Banwa auf den Philippinen stammt. Ihre Mutter betreute dort das Herrenhaus der reichen und mächtigen Familie Agalon ebenfalls als Hausangestellte. Als Racel erfährt, dass ihre Mutter seit einem Taifun, der Banwa und die umliegenden Inseln verwüstet hat, verschwunden ist, erhält sie zwei Wochen Urlaub, um nach ihr zu suchen. Die andere Perspektive stammt von Lia, die zur selben Zeit von Singapur nach Manila und von dort weiter nach Banwa reist. Sie ist die Tochter der Agalons und wurde von ihrer Familie in die Provinz verbannt, bis die Gerüchte über ihre Scheidung vom Sohn einer chinesischen Oligarchenfamilie und ihre Affäre mit einem Fitnesstrainer in Manila verstummen. Spürbar treten die Spannungsverhältnisse hervor, die neben dem Erbe des Kolonialismus durch wachsende Bildungsmöglichkeiten und globale Migration auch abgelegenste Orte der Welt in Unruhe versetzen.

Annette Pehnt
›Die Umarmung des Materials‹
lyrik live writing
M. Zeichnungen v.
Harald Kimmig,
80 S., BR
978-3-88423-736-6
20,00 Euro

›Drinnen haben wir gewohnt, eine lange Zeit, da haben wir es warm gehabt.‹ Annette Pehnt erzählt in ihren fluiden Kurztexten von einer aufgerissenen Zeit jenseits vertrauter Zusammenhänge. Absprachen werden nicht mehr eingehalten, Gewissheiten sind brüchig geworden. Das Ich in diesen Textminiaturen, die sich über Gattungsgrenzen hinwegsetzen und mit lyrischen Verfahren genauso arbeiten wie mit erzählerischen, bewegt sich suchend durch Randgebiete, Zwischenräume, leere Landschaften und Restbestände. ›Wir böseln und wundern uns ständig.‹ Annette Pehnt findet verstörende, bizarre, zuweilen auch komische Bilder für die Turbulenzen und Irritationen einer aus den Fugen geratenen Welt. Während sich die Konturen des Ich und seiner Kompliz*innen immer wieder verschieben, entstehen zugleich vorübergehende Bündnisse: mit Nagetieren, mit Fledermäusen, mit Überbleibseln. In Scherben und Schlieren, in improvisierten Spielen und der Unvorhersehbarkeit eines unsicheren Geländes findet sich überraschende Schönheit.

Sebastian Schmidt
›Powerschaum‹
Roman,
200 S., HC
978-3-88423-734-2
24,00 Euro

Sebastian Schmidts Debütroman ›Powerschaum‹ ist Science-, mehr aber noch Social-Fiction: Sascha erzählt von seiner Arbeit in einem Supermarkt für exquisite Lebensmittel und versucht sich selbst als Autor in verschiedenen Zeitschriften. Literatur und E-Mails sind seine Möglichkeit, über die Wirrnisse klassistischer und habitueller Prägungen zu sprechen. Der Text wird so auch zu einem Nachdenken über die Möglichkeiten und Bedingungen des Schreibens in der digitalen Zeit. Einmal mehr lässt sich durch die Projektion in die Zukunft unsere Gegenwart in einem anderen Licht betrachten. Der Android Charly lebt als ›Testlauf‹ bei Saschas Freund Jan. Mit dem Androiden als Brennspiegel verhandelt der Roman die Schwierigkeiten sozialer Mobilität, zu der wir in unserem kapitalistisch geprägten Lebensalltag dauerhaft aufgefordert sind. Das ›Uncanny Valley‹ wird zum sozialen Gefühl, Bourdieus ›feine Unterschiede‹ präsentieren sich als beißende Erfahrbarkeit im literarischen Kosmos.

Autor / Autorin	Titel (Spezifikationen)	ISBN	Preis in Euro
Bulucz, Alexandru	Es drängt dich zu schreiben ... (Essay, 32 S., BR)	978-3-88423-729-8	18,00
Cissoko, Aya	Kein Kind von Nichts und Niemand (Roman, 120 S., HC)	978-3-88423-688-8	22,00
Drost-Abgarjan, Armenuhi / Thill, Hans (Hg.)	Poesie der Nachbarn. Der doppelte Sisyphos. Gedichte aus Armenien (Zweispr., 216 S., HC)	978-3-88423-728-1	26,00
Nyanzi, Stella	Im Mundexil (Gedichte, 194 S., BR)	978-3-88423-727-4	24,00
Ridder, Matthijs de	Kataklump, Paul van Ostaijen ... und der Kampf um den Expressionismus (Roman, 318 S., BR)	978-3-88423-712-0	28,00
Roschal, Slata	Ich brauche einen Waffenschein ein neues bitteres Parfum ein Haus in dem mich keiner kennt (Gedichte, 126 S., HC)	978-3-88423-726-7	24,00
Rotzoll, M. / Röske, T.	normal#verrückt. Zeitgeschichte einer erodierenden Differenz (Prinzhorn Sammlung, 112 S., BR)	978-3-88423-731-1	18,00
Soupault, Ré	Kaffee mit Croissant in Avignon (Reisetagebuch, 94 S., HC)	978-3-88423-724-3	23,00
Zoderer, Beat	Nimbus des Alltäglichen (Katalog Museum Ritter, 72 S., BR)	978-3-88423-730-4	19,00

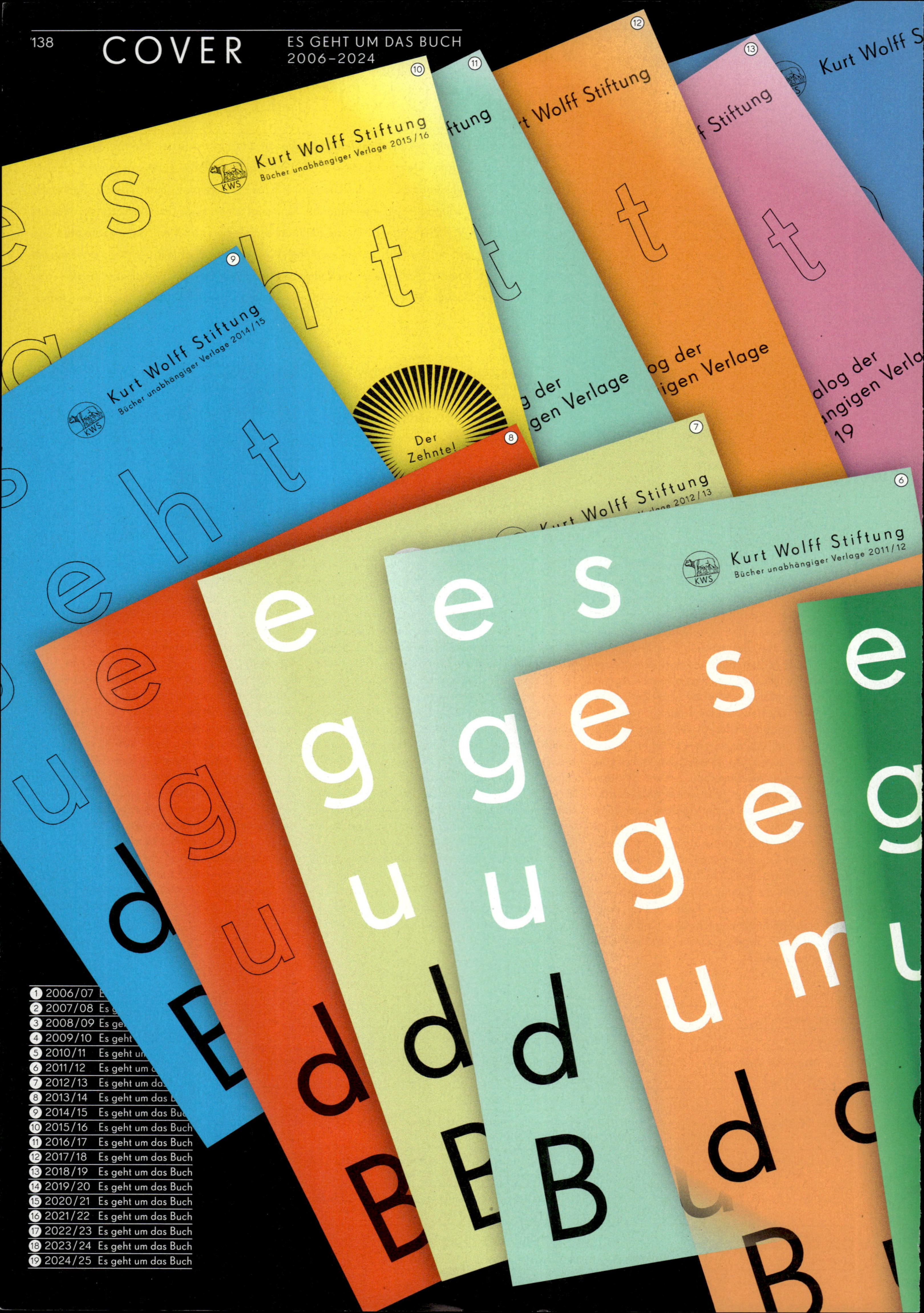

1 2006/07 E
2 2007/08 Es g
3 2008/09 Es ge
4 2009/10 Es geht
5 2010/11 Es geht u
6 2011/12 Es geht um
7 2012/13 Es geht um da
8 2013/14 Es geht um das
9 2014/15 Es geht um das Bu
10 2015/16 Es geht um das Buch
11 2016/17 Es geht um das Buch
12 2017/18 Es geht um das Buch
13 2018/19 Es geht um das Buch
14 2019/20 Es geht um das Buch
15 2020/21 Es geht um das Buch
16 2021/22 Es geht um das Buch
17 2022/23 Es geht um das Buch
18 2023/24 Es geht um das Buch
19 2024/25 Es geht um das Buch

Kurt Wolff Stiftung
Bücher unabhängiger Verlage 2006/07
es geht um das Buch
KWS
Kurt Wolff Stiftung
Kurt Wolff Stiftung
Kurt Wolff Stiftung
20 Jahre
Verlage

Dieser Katalog kann vom Buchhandel jederzeit kostenfrei bei der Kurt Wolff Stiftung, den Barsortimenten Libri und Zeitfracht sowie den Verlagsauslieferungen GVA, LKG oder Prolit nachbestellt werden. Gegen Einsendung von 1,80 Euro versendet die Geschäftsstelle der Stiftung gern Einzelexemplare.

KURT WOLFF STIFTUNG zur Förderung einer vielfältigen Verlags- und Literaturszene

Gerichtsweg 28	04103 Leipzig	Tel.: 0341 / 96 27 187
info@kurt-wolff-stiftung.de	www.kurt-wolff-stiftung.de	Fax: 0341 / 99 38 42 90
Deutsche Bank	BLZ: 820 700 00	Konto: 2 84 26 80
IBAN: DE62 8207 0000 0284 2680 00		BIC: DEUTDE8EXXX

IMPRESSUM

Herausgeber	Kurt Wolff Stiftung zur Förderung einer vielfältigen Verlags- und Literaturszene
Redaktion und Einführungstext	Karsten Dehler
Schlussredaktion	Dörte Karsten
Gestaltung und Bildstrecke	Lamm & Kirch: Jakob Kirch, Florian Lamm mit Jim Kühnel
Schrift	Super Grotesk C
Papier	Umschlag 300 g/m² Invercote Creato – FSC® zertifiziert Innenteil 80 g/m² Circle Volume – FSC® zertifiziert
Druck	Optimal Media GmbH, Röbel/Müritz
Bild	Fotorechte bei den jeweiligen Verlagen
	Umschlag vorn: Kurt Wolff, 1907, Fotograf*in unbekannt Umschlag hinten: Kurt Wolff, 40er Jahre, Foto: Lotte Jacobi
	Bildstrecke: Copyright für alle Bilder: Kurt Wolff Stiftung (Bettina Baltschev, Carolin Callies, Tini Wangemann, Karsten Dehler); außer: S. 6/7: 1: Cordula Kache, 3: Peter Hinke, 5: Nils Kahlefendt. S. 34/35: 14: Leipziger Messe / Tom Schulze. S. 60/61: 1+2: Barbaras Bücherstube, 4: Fabian Fenk, 14: BKM / Reimold, 15: BKM / Orlowski, 16: BKM / Christian Werner. Gestaltung ›Es geht um das Buch‹: S. 4/5 + S. 112/113 + S. 138/139: 1: Fabian Fenk, Lina Maria Grumm, Jakob Kirch, Lydia Sperber, Tobias Steinert; Klasse Systemdesign, HGB – Hochschule für Grafik und Buchkunst Leipzig; Prof. Daniela Haufe, Prof. Detlef Fiedler. 2: Fabian Fenk, Jakob Kirch, Tobias Steinert. 3–9: Fabian Fenk, Jakob Kirch. 10–25: Jakob Kirch, Lamm & Kirch. Gestaltung Druckprodukte: S. 86/87: 2: Fabian Fenk, Lina Maria Grumm, Jakob Kirch, Lydia Sperber, Tobias Steinert; Klasse Systemdesign, HGB – Hochschule für Grafik und Buchkunst Leipzig; Prof. Daniela Haufe, Prof. Detlef Fiedler. 8: Fabian Fenk, Jakob Kirch. 15+16: Golden Cosmos (Doris Freigofas, Daniel Dolz). Alle weiteren: Lamm & Kirch (Florian Lamm, Jakob Kirch)

Leipzig, 14. September 2025

ISBN 978-3-912114-00-3

Die Verwendung von gendergerechter Sprache sowie alter oder neuer Rechtschreibung folgt der Vorgabe des jeweiligen Verlages.

MIX
Papier | Fördert gute Waldnutzung
FSC® C108521
www.fsc.org

Herstellung und Druck des Kataloges wurden gefördert von dem Beauftragten der Bundesregierung für Kultur und Medien aufgrund eines Beschlusses des Deutschen Bundestages.

Der Beauftragte der Bundesregierung für Kultur und Medien